Diálogos de Teoria do Direito e Processo

Coordenadores
Antonio Carlos F. de Souza Jr.
Antonio Carvalho
Clayton Maranhão
Fredie Didier Jr.
Roberto Campos Gouveia Filho

Diálogos de Teoria do Direito e Processo

2018

www.editorajuspodivm.com.br

www.editorajuspodivm.com.br

Rua Mato Grosso, 164, Ed. Marfina, 1º Andar – Pituba, CEP: 41830-151 – Salvador – Bahia
Tel: (71) 3045.9051
• Contato: https://www.editorajuspodivm.com.br/sac

Copyright: Edições JusPODIVM

Conselho Editorial: Eduardo Viana Portela Neves, Dirley da Cunha Jr., Leonardo de Medeiros Garcia, Fredie Didier Jr., José Henrique Mouta, José Marcelo Vigliar, Marcos Ehrhardt Júnior, Nestor Távora, Robério Nunes Filho, Roberval Rocha Ferreira Filho, Rodolfo Pamplona Filho, Rodrigo Reis Mazzei e Rogério Sanches Cunha.

Capa: Ana Caquetti

D536	Diálogos de Teoria do Direito e Processo / coordenadores Antonio Carlos de Souza Jr, Clayton Maranhão, Fredie Didier, Antonio Carvalho, Roberto Campos Gouveia Filho. – Salvador: Ed. Juspodivm, 2018.
	448 p.
	Vários autores
	ISBN 978-85-442-1728-3.
	1. Direito I. Souza Jr., Antonio Carlos II. Maranhão, Clayton III. Didier Jr., Fredie IV. Carvalho Filho, Antônio V. Gouveia Filho, Roberto Campos VI. Título.
	CDD 340

Todos os direitos desta edição reservados à Edições JusPODIVM.

É terminantemente proibida a reprodução total ou parcial desta obra, por qualquer meio ou processo, sem a expressa autorização do autor e da Edições JusPODIVM. A violação dos direitos autorais caracteriza crime descrito na legislação em vigor, sem prejuízo das sanções civis cabíveis.

Sobre os Autores

Alexandre Freire Pimentel

Professor do PPGD da Universidade Católica de Pernambuco. Professor da Faculdade de Direito do Recife (UFPE). Pós-doutorado (Universidade de Salamanca – Espanha, com bolsa da CAPES), Doutor e Mestre (FDR-UFPE), Consultor ad-hoc da CAPES. Membro da Associação Norte e Nordeste dos Professores de Processo (ANNEP). Membro da Associação Brasileira de Direito Processual (ABDPro). Advogado (1989-1991). Promotor de Justiça (1991-1992). Juiz de Direito Titular da 29ª Vara Cível do Recife – TJPE. Desembargador Eleitoral do TRE-PE.

Álvaro Núñez Vaquero

Profesor de Teoría del derecho de la Universidad Austral de Chile. Una versión más reducida de este trabajo es publicado por la revista Doxa en su número 39 de 2016. Este trabajo se enmarca en mi proyecto Fondecyt "Realismo jurídico e indeterminación del derecho" (nº 11130311) concedido por el Conicyt chileno. Debo agradecer a Carla Iuspa su trabajo de edición sobre este texto y sus agudos comentarios que me han obligado a precisar algunas tesis de este trabajo.

Antonio Carlos F. de Souza Júnior

Secretário-Geral e Membro Fundador da Associação Brasileira de Direito Processual – ABDPro. Mestre em Direito pela Universidade Católica de Pernambuco (UNICAP). Pós-graduação em Direito Tributário pelo IBET/SP. Professor do Curso de Pós-graduação do IBET/IPET em Recife/PE e em João Pessoa/PB. Membro da Associação Norte e Nordeste de Professores de Processo – ANNEP. Advogado. Doutorando em Direito Tributário pela Universidade de São Paulo (USP).

Antônio Carvalho Filho

Doutorando em Direito pela Pontifícia Universidade Católica de São Paulo (PUC/SP), Mestre em Processo Civil pela Universidade de Coimbra,

Especialista em Direito Internacional Público e Direitos Humanos pela Universidade de Coimbra e Instituto Ius Gentium Conimbrigae, Professor de Direito Processual Civil nos cursos de especialização da UNISUL, CESUL, Toledo-Prudente, EBRADI e UFP, Parecerista da Revista Brasileira de Direito Processual (RBDPro) Membro-Fundador e Diretor de Comunicação Social da Associação Brasileira de Direito Processual (ABDPro) e Juiz de Direito no TJPR. E-mail: antoniocarvalho@abdpro.com.br

Cesar Antonio Serbena

Doutor e Mestre em Direito pela Universidade Federal do Paraná (UFPR). Bacharel em Direito pela Faculdade de Direito de Curitiba e em Filosofia pela Universidade Federal do Paraná (UFPR). Professor dos cursos de Graduação, Mestrado e Doutorado em Direito da UFPR. Coordenador dos Núcleos de Pesquisa "Fundamentos do Direito" e "e-Justiça", ambos do Programa de Pós-Graduação em Direito da UFPR. E-mail: cserbena@gmail.com.br.

Clayton Maranhão

Doutor em Direito pela Universidade Federal do Paraná. Professor Adjunto de Direito Processual Civil na Faculdade de Direito da Universidade Federal do Paraná. Desembargador do Tribunal de Justiça do Estado do Paraná.

Diego Crevelin de Sousa

Membro Permanente da Associação Brasileira de Direito Processual – ABDPro.

Professor do Curso de Direito das Faculdades Integradas de Aracruz – FAACZ-ES

Especialista em Direito Processual Civil.

Advogado no ES.

Eduardo José da Fonseca Costa

Juiz Federal Substituto em Ribeirão Preto/SP. Especialista, Mestre e Doutor em Direito Processual Civil pela PUC/SP. Pós-Doutorando pela UNISINOS. Presidente e Membro Fundador da Associação Brasileira de Direito Processual. Membro do Instituto Brasileiro de Direito Processual, do Instituto Pan-Americano de Direito Processual e do Instituto Ibero-Americano de Direito Processual. Membro dos Conselhos Editoriais da Revista Brasileira de Direito Processual e da Revista Latinoamericana de Direito Processual

Fabiana Del Padre Tomé

Mestre e Doutora em Direito pela PUC/SP. Professora no Curso de Pós-graduação stricto sensu da PUC/SP. Professora nos Cursos de Especialização em Direito Tributário da PUC/SP e do IBET. Autora do livro "A Prova no Direito Tributário". Advogada.

Fernando Andreoni Vasconcellos

Doutor e Mestre em Direito pela Universidade Federal do Paraná. Juiz de Direito em Curitiba.

Fernando F. Rossi

Advogado. Diretor da *Revista Brasileira de Direito Processual*. Mestre em Direito. Membro do Instituto Ibero-Americano de Direito Processual. Membro do Instituto Brasileiro de Direito Processual. Presidente da 1ª Seção do Instituto dos Advogados de Minas Gerais.

João Maurício Adeodato

Professor Titular da Faculdade de Direito de Vitória (FDV) e da Faculdade Damas, Mestre, Doutor e Livre Docente da Faculdade de Direito da Universidade de São Paulo, Titular Aposentado da Faculdade de Direito do Recife (UFPE), Pesquisador 1-A do CNPq e Professor Visitante em diversas Universidades estrangeiras. Currículo completo em http://lattes.cnpq.br/8269423647045727

Lúcio Delfino

Pós-doutor em Direito (UNISINOS). Doutor em Direito (PUC-SP). Membro fundador da Associação Brasileira de Direito Processual (ABDPro). Membro do Instituto Brasileiro de Direito Processual (IBDP). Membro do Instituto dos Advogados Brasileiros (IAB). Membro do Instituto dos Advogados de Minas Gerais (IAMG). Diretor da *Revista Brasileira de Direito Processual* (RBDPro). Advogado.

Lúcio Grassi de Gouveia

Professor Adjunto II da Universidade Católica de Pernambuco (Graduação e Mestrado). Pesquisador do grupo de pesquisa Processo, Tecnologia e Hermenêutica. Doutor em Direito pela Universidade de Lisboa. Mestre em Direito pela UFPE. Juiz de Direito.

Mateus Costa Pereira

Mestre em Direito Processual. Professor Assistente de Direito Processual Civil da Universidade Católica de Pernambuco (Unicap). Diretor de Comunicação Social da Associação Brasileira de Direito Processual (ABDPro). Membro da Associação Norte Nordeste de Professores de Processo (Annep). Vice-Presidente da Comissão de Defesa da Pessoa com Deficiência da OAB/PE. Advogado.

Paulo de Barros Carvalho

Professor Emérito e Titular de Direito Tributário da PUC/SP e da USP

Renê Chiquetti Rodrigues

Mestrando em Direito das Relações Sociais na Universidade Federal do Paraná (UFPR) na linha de pesquisa "Novos Paradigmas do Direito" (bolsista CAPES). Especialista em Filosofia Moderna e Contemporânea: Aspectos Éticos e Políticos pela Universidade Estadual de Londrina (UEL) e em Direito Constitucional Contemporâneo pelo Instituto de Direito Constitucional e Cidadania (IDCC). Bacharel em Direito pela Universidade Estadual de Londrina (UEL). Advogado criminalista. E-mail: rene.rodrigues@outlook.com.

Renê Francisco Hellman

Mestre em Ciência Jurídica pela UENP – Universidade Estadual do Norte do Paraná. Diretor Pedagógico da FATEB. Professor de Direito Processual Civil. Advogado. Membro da ABDPRO e do IBDP.

Roberto P. Campos Gouveia Filho

Bacharel, Mestre e Doutorando em Direito pela Universidade Católica de Pernambuco (UNICAP). Professor de Direito Civil e Processual Civil da mesma Instituição de Ensino Superior. Vice-Presidente da Associação Brasileira de Direito Processual (ABDPro).Membro do Conselho Editorial da Revista Brasileira de Direito Processual (RBDPro). Advogado em Pernambuco e Minas Gerais.

Apresentação

Esta obra surgiu a partir de uma coincidência própria dos debates acadêmicos e muito se deve à bondade do amigo e Professor Fredie Didier Jr. em encampar o projeto editorial, convidando-nos a colaborar na coordenação.

Já era hora de se publicar uma coletânea de artigos científicos que tivesse como fio condutor as interfaces entre a teoria do direito e o direito processual. Trata-se de um diálogo profícuo entre filósofos do direito, teóricos do direito e processualistas.

Após a leitura de todos os textos apresentados pelos coautores, percebe-se que naturalmente emerge como tema central diversos aspectos da multifacetada e complexa *teoria da decisão judicial*. Os textos dialogam entre si, contrapõem-se, dando azo a muitas outras reflexões que se projetam do seu conjunto!

Há várias maneiras de abordar o *ato de decidir*: como silogismo ou muito mais do que isso, como justificação interna e externa das convicções do julgador a respeito das questões de direito e de fato; como mera declaração da norma posta pelo legislador ou como resultado da atividade interpretativa do juiz; como uma moldura que admite várias interpretações, todas possíveis; como textura fechada ou aberta; como uma única resposta correta fundada numa comunidade de princípios ou, ao contrário, como a melhor decisão possível; com ou sem juízos morais; mediante ponderação de princípios, dentre tantas outras possibilidades de análise. Todas estas abordagens se encontram presentes nesta obra!

Em *Norma jurídica como expressão simbólica*, João Maurício Adeodato assevera que a norma jurídica deve se expressar por símbolos ao enaltecer a distinção entre significante e significado, formulando uma crítica ao preconceito ontológico, à coisificação do significado, isto é, à asserção de que há um significado correto para cada significante.

Em *Lógica, cognição e hermenêutica processual*, Alexandre Freire Pimentel e Lúcio Grassi discutem se o direito se submete a uma lógica geral ou se há uma lógica propriamente jurídica, e, nesse âmbito, sob certa perspectiva, refutam a argumentação jurídica enquanto lógica não formal, afirmando que a lógica do processo eletrônico é do tipo formal, posto transformadora da linguagem jurídica deôntica em linguagem jurídica alética.

Em *Sin precedentes: una mirada escéptica a la regla del stare decisis*, Álvaro *Nuñez* pretende demonstrar que um ordenamento jurídico que não tenha um grau mínimo de vinculatividade do precedente judicial terá dificultada a identificação da *ratio decidendi*, situação que implica em elevado grau de indeterminação do precedente, recaindo no paradoxo de sua não aplicação.

Em *O prejuízo e a sua posição sintática em relação às normas invalidadoras do ato processual*, Antonio Carlos de Souza Jr analisa a validade jurídica a partir do aspecto normativista para enfrentar o tema do não pertencimento do prejuízo ao suporte fático da regra invalidadora e a consequente permanência do ato processual defeituoso no sistema jurídico.

Antônio Carvalho Filho trata da crítica ao instrumentalismo processual e dos efeitos deletérios que os escopos metajurídicos e nomeadamente o escopo social pode trazer ao exercício da jurisdição em *Precisamos falar sobre o instrumentalismo processual*. Estabelece a necessidade de o juiz julgar de acordo com o direito e da impossibilidade de utilização da moral para a sua correção.

Em *Jurisprudência, precedente e súmula no direito brasileiro*, *Clayton Maranhão* aborda as principais diferenças entre jurisprudência e precedente nos países de tradição romano-canônica, com especial enfoque para o direito brasileiro vigente, procedendo a uma investigação mais detida sobre os graus de vinculatividade dos precedentes no direito brasileiro em vigor, finalizando com uma proposta de diferenciação entre jurisprudência e precedente, deixando em segundo plano a noção de súmula, considerando-a absorvida naqueles dois institutos examinados.

Em *O que deve ser dito sobre (e enfrentado n)a compreensão de precedentes dos hermeneutas*, Diego Crevelin de Souza dialoga com o pensamento precedentalista majoritário e propõe críticas ao modo como o debate na doutrina brasileira é tratado, tendo em vista equívocos metodológicos, imputação de interpretações enviezadas ao discurso hermeneuta, privação da discussão por divergência de premissa, nomeadamente no tocante à vinculação dos precedentes, dentre outros pontos que merecem a leitura atenta dos juristas.

Em *Discursos processuais: validação e sistematicidade*, Eduardo José da Fonseca Costa parte da chamada 'análise do discurso' para se ocupar da "validade entendida como a *aceitabilidade* estrategicamente construída de todo e qualquer discurso juridicamente significativo [visão pragmática supranormativa], e não como a pertinência da norma ao ordenamento [visão sintática normativa], perspectiva que faz da validade um fenômeno poliédrico, não unidimensional".

Em *Teoria da prova e o processo: análise pela perspectiva do constructivismo* lógico-semântico, Fabiana Del Padre Tomé toma como referencial metodológico a circunstância de o direito ser constituído por linguagem e de que o sujeito sempre intervém no objeto, motivo pelo qual cabe reduzir os espaços de vagueza e ambiguidade inerentes ao discurso, com especial referência para a linguagem das provas no sistema jurídico-processual, implicador de um modelo de 'verdade.

Em *A coerência e a integridade da jurisprudência conforme o NCPC*, Fernando Andreoni Vasconcellos parte da premissa teórica do direito que considera incompatível a normatização de uma das correntes do 'conceito de direito', notadamente a referência à integridade e à coerência no art. 926 do CPC/15, e propõe uma análise coerentista a partir da teoria de revisão de crenças como uma das possíveis interpretações daquele dispositivo.

Em *Da Teoria Geral do Direito à Teoria Geral do Processo: um ensaio sobre possíveis formas de pensar o fenômeno processual brasileiro e seus vínculos ideológicos, Mateus Pereira* transita pela filosofia da ciência e pela epistemologia, adentrando à história das ideias que formularam ou tentaram formular uma 'teoria geral do processo', percebida na tese de *Fredie Didier Jr.* como 'uma desconhecida', obra com a qual, por sua vez, o autor procura estabelecer uma intertextualidade dialética e dialógica.

Lúcio Delfino e Fernando Rossi em *Juiz contraditor?* distinguem os fenômenos do contraditório e da colaboração. Apontam, ademais, o risco de trabalhá-los como se idênticos fossem, numa perspectiva que não apenas maximizaria demasiado os poderes do juiz, mas que também limitaria a ingerência das partes no âmbito processual.

Em produção solo, *Lúcio Delfino* traz o texto *Cooperação Processual: inconstitucionalidades e excessos argumentativos trafegando na contramão da doutrina*, pelo qual questiona posicionamento doutrinário que defende a inserção do juiz como destinatário do contraditório, em paridade com as partes no diálogo processual (CPC-2015, art. 6º.). Busca-se demonstrar que tal linha de entendimento desdenha os limites semânticos do art. 5º, LV, da CRFB e representa fonte de possíveis arbítrios no plano judicial, em desprezo à essência litigiosa do processo e à liberdade das partes e de seus advogados. Mais que isso, ofende dispositivo constitucional contramajoritário (CRFB, art. 60, §4º, IV), que subtrai a possibilidade de decidir contra determinadas matérias, entre as quais se insere o direito fundamental ao contraditório

Em *Cumprimento de decisão judicial e inexigibilidade de conduta diversa, Paulo de Barros Carvalho* parte do método sistemático de interpretação do texto para "investigar a composição lógico-jurídica e a possibilidade ou não de atribuir-se os efeitos da mora a sujeito que, sendo detentor de liminar ou decisão judicial favorável, tenha esse entendimento revertido pelo julgador".

Em *Formalismo jurídico e "interpretação literal" no direito: uma abordagem a partir de dois estudos de H.L.A. Hart, Cesar Antonio Serbena* e *Renê Chiquetti Rodrigues* enfrentam o problema da compreensão do que seja o 'significado literal' das palavras e dos enunciados e o seu uso pelos juristas quando da chamada 'interpretação literal', tema esse diretamente correlacionado com a doutrina do 'formalismo jurídico', do cognitivismo e do ceticismo.

Em *A decisão judicial e os dilemas do pós-positivismo*, Renê Francisco Helmann perpassa a doutrina que busca revisar a teoria das fontes, a teoria da norma e a teoria da interpretação, enfrentando os dilemas do neoconstitucionalismo e do chamado pós-positivismo jurídico, com especial referência para a força normativa da Constituição, a normatividade dos princípios constitucionais e o problema da discricionariedade judicial.

Em *Decisão justa: <mero slogan>? Por uma teorização da decisão judicial no processo civil contemporâneo*, Renzo Cavani critica o problema do 'uso arbitrário e injustificado dos conceitos' e defende que 'não há uma resposta correta' mas sim 'a melhor resposta possível', o que, segundo seu ponto de vista, pode ser obtido mediante a 'convergência de, pelo menos, três fatores: (1) procedimento em respeito dos direitos fundamentais e da legalidade; (2) adequada apuração (*accertamento*) dos fatos relevantes da causa com o fim da busca pela verdade; e (3) adequada individualização do segmento normativo, interpretação do texto (enunciado normativo) ou do elemento não textual e aplicação da norma ao caso concreto'.

Em *Uma crítica analítica à ideia de relação processual entre as partes*, Roberto P. Campos Gouveia Filho propõe a definição dos contornos da ideia de relação jurídica processual é fundamental à compreensão não só do processo em si, já que ela é uma parte dele, mas também das outras tantas relações jurídicas que, no âmbito processual, podem surgir. Se todas essas relações, principalmente aquelas existentes entre as partes, são enquadradas, pela Ciência do Direito, como relação jurídica processual, este conceito se perde, podendo causar uma série de problemas na comunicação processual (nível pragmático). São, diante disso, objetivos deste ensaio: a) primeiramente, após definir os limites analíticos da expressão "relação jurídica processual", possibilitar um maior rigor na análise das tantas outras relações jurídicas que podem ocorrer no processo; b) e, além disso, contribuir para a diminuição dos diversos problemas práticos que o mau emprego da mesma expressão pode causar.

Em *Diretrizes para a solução de questões problemáticas de direito processual intertemporal: precedentes, coerência e direito como integridade, Simone Trento* empreende um questionamento de direito intertemporal a respeito de *quais* 'condições um ato processual já praticado ou já omitido terá criado um direito adquirido ou terá operado algo análogo a uma preclusão', apresentando uma proposta de resolução a partir da interpretação sistemática dos dispositivos normativos e dos precedentes das Cortes Supremas.

Como se vê da qualificação profissional dos autores e do excelente nível dos textos, trata-se de obra coletiva de estatura científica que muito contribuirá para o desenvolvimento do direito. Congratulamo-nos com os coautores e com a Editora Juspodivm por acreditarem nesse projeto que já nasce com sucesso editorial garantido!

Curitiba/Recife/Salvador, primavera de 2017.

Os coordenadores.

Sumário

CAPÍTULO 01

Lógica, cognição e hermenêutica processual... 19
Alexandre Freire Pimentel, Lúcio Grassi de Gouveia

CAPÍTULO 02

Sin Precedentes: Una Mirada Escéptica a la Regla del *Stare Decisis* (versión extendida) 33
Álvaro Núñez Vaquero

CAPÍTULO 03

O prejuízo e sua posição sintática em relação às normas invalidadoras do ato processual 89
Antonio Carlos F. de Souza Júnior

CAPÍTULO 04

Jurisprudência, precedente e súmula no direito brasileiro 109
Clayton Maranhão

CAPÍTULO 05

Discursos processuais: validação e sistematicidade.................................... 133
Eduardo José da Fonseca Costa

CAPÍTULO 06

Teoria da prova e o processo: análise pela perspectiva do constructivismo lógico-semântico 153
Fabiana Del Padre Tomé

CAPÍTULO 07

A coerência e a integridade da jurisprudência conforme o NCPC 175
Fernando Andreoni Vasconcellos

CAPÍTULO 08

Norma Jurídica como Expressão Simbólica 193
João Maurício Adeodato

CAPÍTULO 09

Da Teoria Geral do Direito à Teoria Geral do Processo: um ensaio sobre possíveis formas de pensar o fenômeno processual brasileiro e seus vínculos ideológicos 221
Mateus Costa Pereira

CAPÍTULO 10

Cumprimento de decisão judicial e inexigibilidade de conduta diversa. 253
Paulo de Barros Carvalho

CAPÍTULO 11

Formalismo jurídico e "interpretação literal" no direito: uma abordagem a partir de dois estudos de H.L.A. Hart 267
Renê Chiquetti Rodrigues, Cesar Antonio Serbena

CAPÍTULO 12

A decisão judicial e os dilemas do pós-positivismo 291
Renê Francisco Hellman

CAPÍTULO 13

Precisamos falar sobre o instrumentalismo processual 325
Antônio Carvalho Filho

CAPÍTULO 14

Cooperação Processual: Inconstitucionalidades e Excessos
Argumentativos Trafegando na Contramão da Doutrina 337
Lúcio Delfino

CAPÍTULO 15

Juiz contraditor?.. 363
Lúcio Delfino, Fernando F. Rossi

CAPÍTULO 16

O que deve ser dito sobre (e enfrentado n)a compreensão de
precedentes dos hermeneutas 395
Diego Crevelin de Sousa

CAPÍTULO 17

Uma crítica analítica à ideia de relação processual entre as partes.......... 417
Roberto P. Campos Gouveia Filho

Capítulo 01

LÓGICA, COGNIÇÃO E HERMENÊUTICA PROCESSUAL

Alexandre Freire Pimentel
Lúcio Grassi de Gouveia

Sumário: 1. Lógica e teoria do conhecimento: especificações sobre a lógica do processo eletrônico; 2. A complexidade cognitiva do dado de fato processual; 3. Hermenêutica, cognição e lógica processual; 4. Considerações finais; 5. Referências.

1. LÓGICA E TEORIA DO CONHECIMENTO: ESPECIFICAÇÕES SOBRE A LÓGICA DO PROCESSO ELETRÔNICO

O advento da informática, sucedido pelo da telemática, outorgou uma nova realidade à lógica, transformando-a em algo concreto e palpável. A aplicação desses saberes ao direito processual, por sua vez, exige o estudo interdisciplinar das estruturas formais do pensamento. Porém, nossas injunções analíticas sobre a lógica não devem ser interpretadas como demonstração de adstrição de nossa forma de enxergar o direito ao universo estritamente formal-abstrato, livre dos influxos das valorações ideológicas inerentes aos que prolatam decisões judiciais.[1] Não desprezamos o conhecimento sociológico, psicológico, econômico e demais influências alopoiéticas sobre o direito. A visão proporcionada

---

1. Parodiando Nelson Saldanha, cremos não merecer qualquer reparo a asserção dita, para além do seu *Ordem e hermenêutica,* mas também em aulas e outras tertúlias, no sentido de que direito é, antes de tudo, *interpretação.* Exemplo concreto e típico a confirmar este aforismo foi o fato de a Alemanha Oriental ter sido regida pela mesma ZPO que vigeu na Alemanha Ocidental, quando as duas diferentes formas de Estado e de Governo centravam-se sobre princípios e alicerces diametralmente conflitantes.

pela lógica não exaure o universo jurídico-processual, como diz Lefebvre: ela *não se basta e não basta*, tanto que inclusive Lourival Vilanova, lógico sabidamente positivista, apresentava-se contrário aos extrem*ismos* do dogmat*ismo*, do sociolog*ismo*, do jusnatural*ismo* e do logic*ismo*, também.[2]

Pois bem, como se pôde antever, é grande a dificuldade de precisar-se uma definição para a *lógica*, e isto se deve tanto à ambivalência que a expressão derivativa (logos) possui quanto à diversidade de sentidos atribuídos por cada pensador, de acordo com suas respectivas ideologias. Em Hegel, por exemplo, encontramos a expressão *ciência da lógica* a designar o "... *sistema de leis ontológicas, um conjunto articulado de categorias que expressam os modos de ser da própria realidade*".[3] Do ponto de vista linguístico, de acordo com Newton da Costa, o sistema lógico pode ser representado por uma classe de técnicas capazes de proporcionar a extração de novas proposições a partir de conjuntos dados de proposições. Logo, através da lógica, é possível: "... *efetuar inferências e edificar teorias. Com o auxílio da lógica, assim, obtêm-se conclusões de dadas premissas e, ademais, pode-se deduzir conseqüências dos princípios básicos que definem uma ciência*".[4] A lógica, portanto, proporciona sempre um *ponto de vista* sobre o conhecimento, mas, apesar disso, não se deve considerar como sinônimas as expressões: 'lógica' e 'teoria do conhecimento'. Johannes Hessen esclarece que, em sua acepção restrita, a lógica vincula-se à correção formal do pensamento, prescindindo da referência concreta aos objetos, ao passo que a teoria do conhecimento

---

2. Como observou Geraldo Ataliba: *"O reducionismo da norma ao fato (sociologismo), da norma positiva à norma ideal (jusnaturalismo), dos valores e normas às estruturas lógicas (logicismo) é sempre um desconhecimento da experiência integral do Direito".* Vide prefácio de As estruturas lógicas e o sistema de direito positivo. São Paulo: Max Limonad, 1997, p. 23. A propósito, Adeodato também enxerga que o conhecimento lógico não é, por si só, exauriente: *"A lógica não é tudo, porém. Como objeto real, o direito é positivo, histórico, fático, enfim. Seu conceito é conceito de algo, de algum objeto efetivo. Daí a necessidade de uma ontologia jurídica, determinação de elementos palpáveis como coercitividade, bilateralidade, positividade etc. É a* **ontognoseologia** *de que fala Miguel Reale, a necessidade do aliquid de que falam Husserl e Hartmann".* ADEODATO, João Maurício. *Ética e retórica. Para uma teoria da dogmática jurídica.* São Paulo: Saraiva, 2002, p. 23.
3. HEGEL, ap. LEFEBVRE, Henri. *Lógica formal/lógica dialética.* Tradução por Carlos Nelson Coutinho. 2. ed. Rio de Janeiro: Civilização Brasileira, 1979, p. 49.
4. COSTA, Newton Carneiro Affonso da *et alli*, op. cit. p. 13.

verte-se precisamente para a significação objetiva do pensamento, sem, no entanto, prescindir daquela referência aos objetos.[5]

Disto se evidencia que a lógica incide tanto sobre o mundo real quanto sobre o conhecimento construído a partir da realidade, possibilitando, inclusive, uma valoração cognitiva em níveis diferentes.[6] Aliás, já em Kant encontramos uma subdivisão do conhecimento derivada de suas duas principais fontes: receptividade das impressões; e a capacidade decorrente da representação da receptividade das impressões, e que nos permitem conhecer um dado objeto. Na primeira, o objeto do conhecimento nos é *oferecido*. Na segunda, ele é *pensado* com base naquela representação, de modo que o conhecimento é constituído por *intuições* e *conceitos*.[7] Assim, pode-se subdividir os planos cognitivos em: transcendental e empírico--positivo, sendo que aquele condiciona este. A *teoria do conhecimento*, por sua vez, arrima-se na correlação indispensável que prioritariamente é posta: *"em sua universalidade, entre o sujeito que conhece e o objeto do conhecimento em geral".*[8] Para Reale, bem que seria possível denominar a teoria do conhecimento de *lógica*, no entanto, tal proposta estaria a empregar a expressão (lógica) em sua acepção ampla, de maneira a abranger a *lógica* transcendental *(gnoseologia)* e a *lógica* positiva, acarretando a inconveniência da imprecisão bem anotada por Hessen, como vimos acima.

Em homenagem ao desiderato que nos propomos, parece-nos lucidamente possível vincular a *lógica* a dois distintos tipos de investigação científica: *a formal ou analítica*, com destinação às pesquisas pertinentes à validade formal das proposições, onde situamos a lógica informática, telemática e cibernética; e a *concreta (metodologia)*, afeta às injunções fáticas estabelecidas entre o sujeito cognoscente e o objeto cognoscível do sistema processual, constituindo-se num processo explicativo dos

---

5. Johannes Hessen comprova que: *"Enquanto que a lógica pergunta pela correção formal do pensamento, isto é, pela sua concordância consigo mesmo, pelas suas próprias formas e leis, a teoria do conhecimento pergunta pela verdade do pensamento, isto é, pela sua concordância com o objecto. Portanto, pode-se definir também a teoria do conhecimento como a teoria do pensamento verdadeiro, em oposição à lógica, que seria a teoria do pensamento correto".* H, Johannes. Teoria do conhecimento. Coimbra: Arménio Amado, 1987, 8. ed. Tradução de António Correia, p. 20.
6. CASTRUCCI, Benedito. *Introdução à lógica matemática*. São Paulo: Nobel, 1977, p. 10.
7. KANT, Immanuel. *Crítica da razão pura*. 4. ed. Lisboa: Calouste Gulbenkian, 1997, p. 88.
8. Segundo Reale, a teoria do conhecimento insere-se no âmbito da *ontognoseologia*. REALE, Miguel. *Filosofia do direito*. 15. ed. São Paulo: Saraiva, 1993, p. 27.

seus mais variados setores. Aquela se revela como atividade abstracionista, esta é empirista.

O fato de o processo judicial constituir-se num fenômeno possuidor de uma metodologia própria denuncia que bem se lhe aplica a lógica concreta, sem dúvida, pois que consiste em atividade jurídica ontológica, sobretudo porque tem por causa de pedir determinados *fatos jurídicos* ocorrentes no mundo do ser e que, associados ao pedido, designam o objeto litigioso da cognição processual a ser procedida pelo juiz (sujeito cognoscente). Mas, apesar disso, nem a lógica do processo tradicional cartáceo e, menos ainda, a do processo eletrônico podem ou devem ser concebidas apenas como metodologias (lógicas concretas), ou, por outro lado, como meras espécies do gênero *lógica geral* (analítico-formal) aplicadas à atividade jurisdicional (como quis Kelsen). A lógica do processo eletrônico exige indispensavelmente uma transmudação da linguagem jurídica em linguagem computacional, algoritmizada. Assim, requererá o uso de proposições aléticas (mas não binárias, pois têm de ser compostas por mais de dois valores) tradutoras da realidade jurídico-deôntica a fim de permitir o processamento eletrônico de informações processuais. Logo, a lógica do processo eletrônico é também lógica formal[9] (própria e diferenciada da lógica geral utilizada com exemplificações processuais) vertida para uma duplicidade metodológica: a jurídico-processual e a telemática, donde também se realça explícito o seu enquadramento na modalidade de lógica paraconsistente.

2. A COMPLEXIDADE COGNITIVA DO *DADO DE FATO* PROCESSUAL

Na generalidade lógica, o conhecimento é considerado como um fato, ainda que seja possível discutir as possibilidades de expandi-lo ou aperfeiçoá-lo. Na especificidade da lógica processual, o conhecimento também há de ser aceito como um fato. Ao tratar do assunto, Lefebvre aponta as seguintes características do conhecimento: *praticidade*, isto é, antes de se elevar ao nível teórico deve-se começar pela experiência, pois apenas a prática notabiliza-se como capaz de pôr-nos em contato

---

9. A linguagem processual, por si só, já *formaliza* a lógica processual sem prejuízo de ungi-la ao sítio metodológico da jurisdição.

com as exigências objetivas; *socialização* e *historicidade*.[10] Trasladando as características genéricas do conhecimento para a especificação do direito processual, constatamos a presença de todas elas, mas realçamos o caráter relacional da cognição processual sem o qual os demais não se concretizam no universo jurisdicional. Na lógica processual, independentemente de tratar-se de relação processual telemática ou cartácea, a idéia de causa de pedir está a exigir a ocorrência de um *fato*,[11] que não deixa de ser social e histórico, sobre o qual se centrará a cognição judicial. Aliás, a propositura de uma demanda judicial requer a demonstração não apenas de um único fato, mas de dois: crono***logica***mente falando, primeiramente, exsurge o fato referente à causa de pedir remota (fato instituidor do direito material em face das partes), porque historicamente antecede à causa próxima; em seguida, ocorre o segundo fato, que representa a causa próxima (fato agressor ou ameaçador de agressão do direito subjetivo a ser discutido no processo). Esses dois fatos devem constar da petição inicial, porque assim impõe a metodologia processual. E é por conta dessa metodologia que, na lógica processual, o *dado de fato* objeto do conhecimento jurisdicional será sempre complexo, pois pressupõe a ocorrência de dois fatos jurídicos.[12]

O conhecimento processual, então, inicia-se pela experiência fática traduzida pelo objeto litigioso do processo (causa de pedir associada ao pedido) e daí formaliza-se pela análise lógica das questões suscitadas e discutidas na relação jurídica processual, bem como pelas cognoscíveis de ofício pelo juiz. A ideia de Kant de secionar o conhecimento em empírico e formal cai como uma luva na nossa teorização processual, pois assim como todo conhecimento tem como ponto de partida a

---

10. LEFEBVRE, op. cit. p. 49.
11. Neste sentido, José Rogério Cruz e Tucci, em estudo específico sobre a *causa de pedir*, oferece conceito atualíssimo: *"Contudo, da análise de seu conteúdo, iremos observar que, em época mais recente, acompanhando a evolução da ciência processual,* **causa petendi é locução que indica o fato ou o conjunto de fatos que serve para fundamentar a pretensão (processual) do demandante...".** TUCCI, José Rogério Cruz e. *A causa petendi no processo civil.* São Paulo: Revista dos Tribunais, 1993, p. 18.
12. Não interessa enveredar pelas hipóteses das ações fundadas em direito real, nas quais parte da doutrina defende ser necessário apenas a demonstração da causa próxima, isto porque a teoria adotada pelo CPC foi a da *substanciação*.

experiência,[13] todo processo pressupõe e parte da experiência relacional humana, ainda quando vinculado a ato advindo da natureza ou perpetrado por animais referirá mediatamente a relações humanas. Mas isto não quer significar, necessariamente, que a experiência sempre designe um fato concreto, como reconheceu Kant. É que o nosso próprio conhecimento pode ser considerado como ponto de partida dele mesmo, neste contexto é que se pode falar de conhecimento: 01- *apriori*, ou seja, independente da experiência fática e de todas as impressões dos sentidos, subdividindo-se em puro e não puro (neste último, a proposição embute um conceito extraído da experiência, mas dela se afasta); 02- e a *posteriori*, isto é, atrelado ao empirismo.[14] Para nós, a lógica do processo telematizado atrela-se a uma vivência *fático-causal-pretérita* representada pela lide,[15] isto é, pelo conflito de interesses *pré-processual* motivador da propositura subsequente de uma demanda judicial,[16] porém em ambiência digitalizada, algoritmizada em mídia eletrônica. Assim, inserir-se-á na classificação kantiana de cognição *a posteriori*. E o dado de fato na lógica processual telemática é complexo não apenas em razão da dualidade fática inerente à causa de pedir, mas, sobretudo, porque a telematização do fenômeno processual pressupõe a criação de um novo fato processual: a digitalização da relação processual, que requer o emprego de notações algorítmico-aléticas em substituição às notações linguísticas tradicionais representativas dos atos processuais.

13. *"Assim, na ordem do tempo, nenhum conhecimento precede em nós a experiência e é com esta que todo o conhecimento tem o seu início".* KANT, op. cit. p. 37.
14. Explicando o que se deve entender por conhecimento *a priori*, Kant escreve o seguinte: *"... designaremos, doravante, por juízos a priori, não aqueles que não dependem desta ou daquela experiência, mas aqueles em que se verifica absoluta independência de toda e qualquer experiência. Dos conhecimentos a priori, são puros aqueles em que nada de empírico se mistura. Assim, por exemplo, a proposição, segundo a qual toda a mudança tem uma causa, é uma proposição a priori, mas não é pura, porque a mudança é um conceito que só pode extrair-se da experiência".* KANT, op. cit. p. 37.
15. Aqui, fugimos do conceito endoprocessual de Liebman acerca da lide, para localizá-la no fato jurídico anterior e motivador do processo e que abrange a causa da relação processual.
16. E a causa de um processo não reside, necessariamente, no âmbito do direito material, é possível que se localize no contexto relacional de outro processo, como ocorre, por exemplo, com a ação anulatória do artigo 486 do CPC e com o atentado (CPC, 879 a 881).

3. HERMENÊUTICA, COGNIÇÃO E LÓGICA PROCESSUAL

A lógica do processo, portanto, consiste numa atividade cognitiva *a posteriori*, pois, sendo a relação processual do tipo "causal", está a exigir a ocorrência de fatos jurídicos antecedentes ao processo (a *causa petendi*). O processo, contudo, apresenta-se sempre como relação jurídica *angular--consequente*. Até mesmo as ações incidentais têm uma causa antecedente.[17] A lógica do processo eletrônico, por sua vez, além disso, impõe a ocorrência do *fato eletrônico*, que acentua a graduação da complexidade processual porque importa na digitalização da relação processual.

Entretanto, a hermenêutica processual condiciona a lógica que se formaliza a partir da linguagem tradutora desse mesmo fenômeno, elegendo, inclusive, aspectos da cognição que devem se sobrepor a outros em conformidade com a valoração ideológica do julgador. Sem deixar de consistir numa análise formal do pensamento jurisdicional, o desenvolver da lógica processual é caracterizado por inegável paraconsistência (no sentido lógico da expressão), que dentre outros escopos, presta-se à aplicação do princípio da proporcionalidade ao processo visando à superação do princípio lógico-formal da contradição. Nesse panorama, podemos afirmar que é a hermenêutica quem condiciona o sentido lógico da decisão judicial, a qual é sempre pautada por uma escolha antecedente à elaboração da decisão. Ninguém inicia uma decisão judicial sem saber como vai terminar, como se seguisse uma estruturação lógico-formal desassociada dos valores em conflito. Ao contrário, primeiro decide-se (opção ideológico-hermenêutica) e somente em seguida estrutura-se a decisão, a qual se amolda à escolha antecedente.

Por sua vez, a cognição permitida pela lógica do processo consubstancia-se em conhecimento: *inercial*, para fins de propositura da demanda, pois, segundo o princípio da inércia ou dispositivo, nenhum juiz poderá prestar a tutela jurisdicional senão quando a parte (nos casos de jurisdição contenciosa) ou o interessado (nos de jurisdição voluntária) o requererem nos casos e formas legais; e *oficioso*, para efeito de impul-

---

17. Obviamente que o juiz deve levar em consideração fatos ocorridos depois da propositura da ação. De acordo com o artigo 462 do CPC: *Se, depois da propositura da ação, algum fato constitutivo, modificativo ou extintivo do direito influir no julgamento da lide, caberá ao juiz tomá-lo em consideração, de ofício ou a requerimento da parte, no momento de proferir a sentença.*

sionamento da prática de atos processuais. A cognição da lógica incidente sobre a relação processual também há de observar o fenômeno 'metodológico' da extensão da *provocação* da parte autora, para fins de análise cognitivo-consequente (CPC, 128 e 460), isto é, no sistema jurídico brasileiro não se pode desenvolver raciocínio lógico-processual para além do postulado pelo demandante, pois adviria uma conclusão incompatível com a metodologia respectiva, exceto para as exceções admitidas pela própria lei. Em resumo: o pedido delimita a sentença e, da mesma forma, a consequência conclusiva da lógica do processo.

4. CONSIDERAÇÕES FINAIS

Na época clássica, a lógica arcaica era vertida para a ontologia, consistia numa forma de *dizer* e descrever as estruturas do real. Mas não era apenas um exercício mental metafísico ou ontológico, pois já em Parmênides vislumbrava-se a lei lógica da identidade, todavia, a concepção de uma lógica material em sentido proposicional rigoroso, à época, não é crível.[18] É que o *material*, o concreto de que se serve a lógica, não deixa de ser *formal*: "*No campo da lógica tudo é formal*",[19] não obstante o ponto de partida do conhecimento possa quedar-se no mundo existencial. Na atualidade, o corte feito entre o concreto e o formal é apenas uma renúncia momentânea e metodológica, pois o interesse pelo mundo real é sempre retomado porque é nele que se encontra o sujeito cognoscente (o juiz, no caso da lógica processual). Neste contexto, hodiernamente, a lógica material é definida como uma função pragmática e semântica da própria lógica.[20]

Para bem situar a lógica no plano do conhecimento deve-se estabelecer que o ponto de partida de toda ciência empírica reside na experiência dos fatos. Ao passo que o ponto de partida da lógica formal está na linguagem científica. Tanto a lógica aristotélica quanto a lógica simbólica são formais e são, também, sempre posteriores à reflexão material metodológica proferida com base nos fatos.[21] Pela mesma razão, ao

---

18. MORA, Ferrater, *Dicionário de filosofia*. São Paulo: Loyola, 2001, tomo 3, p. 1776.
19. Ressaltando a distinção entre lógica material e positiva veja-se REALE, Miguel, op. cit. p. 27. E vinculando os juízos lógicos à realidade consulte-se LEFEBVRE, op. cit. p. 49.
20. VILANOVA, Lourival. *Lógica jurídica*, p. 60.
21. VILANOVA, Lourival. *Lógica jurídica*, p. 60-5.

juízo lógico-processual precedem os fatos vinculados à causa de pedir e que delineiam o conflito objeto da demanda, e que serão formalizados por denotação linguística específica, onde apenas os *sujeitos de direito processual* (os incapazes, inclusive)[22] e *condutas processuais* podem ser tidos como valores das variáveis das respectivas proposições lógico--processuais.

A metodologia é tarefa dos cientistas de cada uma das áreas específicas do conhecimento, somente eles são aptos a investigar o seu campo científico particular.[23] Por isso, a lógica processual há de ser desenvolvida por juristas, e não por qualquer jurista, mas por juristas processualistas também conhecedores das estruturas lógicas. A distinção entre lógica e metodologia, portanto, reside na constatação de que cada campo científico tem um método próprio, assim o método de uma determinada ciência não é eficaz para se aplicar a outras. Cada ramo científico, então, é detentor de método particular. Lógica, todavia, não é metodologia porque suas proposições são aplicáveis para qualquer ramo do conhecimento humano.[24] A metodologia encontra-se localizada no sítio interior de cada ramo científico, ao passo que a lógica está *sobre* qualquer um desses ramos.[25]

Mas a distinção entre lógica e metodologia não impede a concepção de uma lógica verdadeiramente jurídica. A lógica jurídica, da qual a processual faz parte, não perde a sua característica formal, posto que possuidora de uma estrutura capaz de abranger o objeto jurídico, cuja natureza é deôntica. E o que torna possível a ideia de uma lógica jurídico-processual é o fato de ela proporcionar a formalização da linguagem jurídica denotativa dos conteúdos exclusivos do universo jurídico-processual, o conteúdo das normas jurídicas processuais. Podemos dizer

---

22. Parece oportuno realçar que a incapacidade das partes não nulifica a relação processual. Neste sentido, dispo o CPC, 8°: *Os incapazes serão representados ou assistidos por seus pais, tutores ou curadores, na forma da lei civil.*
23. VILANOVA, Lourival. *Lógica jurídica*, p. 66. Este autor invoca PIAGET, Jean, na obra *Traité de logique, essai de logistique opératoire*, para consignar que: *"... la méthodologie ne fait partie de la logique et rien n'est plus équivoquée que le terme logique appliquée".* Traduzimos da seguinte maneira a expressão entre aspas: *"... a metodologia não faz parte da lógica e nada é mais equivocado que o termo lógica aplicada".*
24. Isto, entretanto, não quer significar que a lógica do direito e do processo sejam representadas pela aplicação da lógica geral ao fenômeno jurídico, pura e simplesmente.
25. VILANOVA, Lourival. *Lógica jurídica*, p. 68.

que a lógica processual, apesar de constituir-se como espécie do gênero 'lógica jurídica geral', distingue-se desta porque sua ocorrência perpetra-se numa ambiência conotada por um verdadeiro *empirismo deôntico*, isto é, porque pressupõe o conhecimento do ordenamento jurídico em sua dinâmica normativa na qual os atos processuais constituem-se em realidade pragmática. E quando a tecnologia telemática é aplicada ao fenômeno processual, aí este *empirismo deôntico* há de ser traduzido em proposições lógico-aléticas, sem as quais o computador não é capaz de traduzir a realidade processual em universo digitalizado.

Diferentemente de Kelsen, que não admite a existência de uma lógica jurídica, mas apenas a aplicação da lógica formal para resolver problemas jurídicos,[26] com motivos e visões diferentes, Vilanova e Perelman, dentre outros, provam sua existência. Este último, contudo, considera a lógica jurídica como espécie de *argumentação retórica*, ou seja, como lógica não formal veiculada através de silogismos que, porém, não garantem as respectivas conclusões (entimemas).[27] Lourival Vilanova,

---

26. Neste sentido, Kelsen já distinguia: *"Por conseguinte, não se pode falar, especificamente, de uma Lógica 'Jurídica'. É a Lógica Geral que tem aplicação tanto às proposições descritivas da Ciência do Direito – até onde a Lógica Geral é aqui aplicável – quanto às prescribentes normas do Direito. Ilmar Tammelo manifestou-o de modo inequívoco. Ele afirma, em sua publicação 'Sketch for Symbolic Juristic Logic', Journal of Legal Education, vol. 8, 1955, p. 278 ss.: 'Lógica Jurídica, como eu a entendo, é Lógica Formal empregada no raciocínio jurídico. Não constitui um ramo especial, mas é uma das aplicações especiais da Lógica Formal"*. KELSEN, Hans. Teoria geral das normas. Tradução de José Florentino Duarte. Porto Alegre: Sérgio Antônio Fabris Editor, 1986, p. 349. Esta questão, entretanto, não é pacífica. O próprio Kelsen o admite na página 344 da mesma obra, onde cita o posicionamento contrário de Chaïm Perelman.

27. De fato, consultando Perelman, encontramos a seguinte lição: *"Nada impede, no final das contas, que o raciocínio judiciário seja apresentado sob a forma de um silogismo, mas de tal forma não garante, de modo algum, o valor da conclusão. Se esta é socialmente inaceitável, é porque as premissas foram aceitas levianamente: não devemos esquecer que todo o debate judiciário e toda a lógica jurídica concernem apenas à escolha das premissas que forem mais bem motivadas e suscitem menos objeções. (...) A lógica jurídica, especialmente a judiciária, que procuramos discernir com análise do raciocínio dos juristas, mais particularmente das Cortes de Cassação, apresenta-se, em conclusão, não como uma lógica formal, mas como uma argumentação que depende do modo como os legisladores e os juízes concebem sua missão e da idéia que têm do direito e de seu funcionamento na sociedade"*. PERELMAN, Chaïm. Lógica jurídica. Tradução de Virgínia K Pupi. São Paulo: Martins Fontes, p. 242-3. Entre nós, Sílvio de Macedo também admite a existência de uma lógica própria do direito. Entende que o principal fator caracterizador da lógica jurídica é a *persuasão*, vejamos: *"A lógica judiciária ou lógica jurídica é uma lógica especial, e não uma lógica formal aplicada ao direito. Seu conteúdo específico é a persuasão que é carregada de elementos lógicos e retóricos. Essa lógica é uma verdadeira ciência da persuasão, de grande importância atual não só para a*

contrariamente, a enxerga como lógica que formaliza a linguagem jurídica e expressa a conotação das normas jurídicas, possuindo estruturas formais acolhedoras do objeto deôntico-jurídico. E sendo este objeto deôntico-normativo particular e distinto dos objetos gerais, resta subjacente que as variáveis da norma jurídica, apesar de poderem ser substituídas por fatos naturais, coisas ou pessoas, somente sujeitos de direito e condutas jurídicas podem ser valores das variáveis da lógica jurídica.[28]

Nesta última explicação encontra-se a motivação que adotamos para defender a existência de uma lógica jurídica geral. E é dela que extraímos substratos para concluirmos que a lógica do processo eletrônico é formal, pois parte da linguagem jurídica, que é descrita sob modais deônticos, para transformá-la em linguagem computacional cujos conectivos são aléticos. Somente assim, com esta tradução da linguagem jurídica deôntica em alética, que é perpetrada por *softwares* tradutores dotados de inteligência artificial (provando a compatibilidade entre lógica alética e deôntica), é que os computadores capacitam-se para retratar a realidade processual em mídia eletrônica. E o fato de até as máquinas computacionais de última geração terem de recorrer ao alfabeto binário para que o *hardware* possa

---

ciência e a filosofia jurídica, mas também para o diálogo interdisciplinar que mantém com as ciências sociais e filosofia da linguagem". MACEDO, Silvio. *Lógica judiciária I. Enciclopédia Saraiva do Direito*, São Paulo, v. 52, p. 434, março. 1980.

28. VILANOVA, Lourival. *Lógica jurídica*, p. 91-91. Mais adiante, o autor explicita a razão pela qual concebe a existência de uma lógica verdadeira jurídica: **"Dizemos que a lógica é jurídica sem deixar de ser formal porque está vinculada a uma região ou domínio de objetos – as normas jurídicas – e se apresenta como uma formalização da linguagem que serve de expressão aos significados que são as normas. Sendo uma formalização dessa linguagem, a lógica jurídica, por sua vez, é uma linguagem, quer dizer, por mais simbólica (algorítmica) que se construa, sempre seus símbolos fazem referência geral ao domínio dos objetos jurídicos".** Ibidem, p. 111. Partindo do finlandês Von Wright, a quem se atribui o título de criador da lógica deôntica, Arthur José Faveret Cavalcanti também reconhece a existência de uma lógica específica do jurídico: *"A chamada lógica jurídica é uma variação da lógica modal. Para entender em que ela consiste, é preciso, pois, esclarecer o que vem a ser a lógica modal. Simplificando um pouco, a distinção básica entre a lógica elementar e a modal está em que a primeira estuda proposições no indicativo, enquanto a segunda tem por objeto proposições no subjuntivo. As proposições da lógica elementar afirmam o que é, enquanto as estudas pela lógica modal afirmam o que é possível ou necessário que seja. Assim, enquanto o juízo "todo A é B" pertence à lógica elementar, os juízos "é necessário que todo A seja B" e "é possível que todo A seja B" pertencem à lógica modal. Há, contudo, sistemas de lógica modal que incluem também proposições da lógica elementar. Assim, seria mais exato dizer que enquanto a lógica elementar se exaure no indicativo, a lógica modal compreende o indicativo e o subjuntivo".* CAVALCANTI, Arthur José Faveret. *A estrutura lógica do direito*. Rio de Janeiro: Renovar, 1996, p. 319.

executar comandos emanados do *software*, não significa isto que apenas proposições jurídicas de dois valores possam ser retratadas na lógica do processo eletrônico. Os programas expertos dotados de inteligência artificial já são plenamente capazes de executar comandos lógicos com proposições de inúmeros valores, e não apenas dois. Concluindo, a lógica do processo eletrônico é do tipo formal, porque transforma a linguagem jurídica deôntica em linguagem jurídica alética expressando os significados e permitindo a concretização das normas jurídicas processuais.

Enfim, a questão da ideologia da decisão judicial constitui-se num problema extralógico, onde se constata que a lógica processual atua na condição de mecanismo serviente à vontade judicial. A questão dos possíveis sentidos decisionais permitidos pelo sistema jurídico, a bem da verdade, reflete o problema contido na tensão existente entre dogma e liberdade, que, segundo Tércio Sampaio Ferraz Júnior, designa mesmo "... *uma tensão entre a instauração de um critério objetivo e o arbítrio do intérprete*". E como não se pode admitir que os juízes decidam apenas baseados em suas convicções pessoais, até porque não possuem legitimidade para isso, e, sobretudo, porque se correria o indesejado risco de a sociedade civil cair na balbúrdia da arbitrariedade jurisdicional, por tudo isso é que se deve vincular as decisões judiciais aos valores contidos nos princípios jurídicos, como quer Tércio: *"deve haver uma interpretação e um sentido que prepondere e que ponha um fim prático à cadeia das múltiplas possibilidades interpretativas"*.[29] Assim, apesar de ser possível a construção de interpretações conflitantes e, ao mesmo tempo válidas, não se pode admitir a imposição de valoração pessoal do julgador em detrimento dos valores do Estado Democrático de Direito: nenhum juiz tem poder para decidir contra princípio jurídico ou, maiormente, de norma constitucional. Essa ideia vem cada vez mais ganhando adeptos na atualidade, tanto que sentenças proferidas contra a Constituição não fazem, jamais, coisa julgada material.

5. REFERÊNCIAS

ADEODATO, João Maurício. *Ética e retórica. Para uma teoria da dogmática jurídica.* São Paulo: Saraiva, 2002.

ARISTÓTELTES. *Órganon.* Tradução: BINI, Edson. 1. ed. São Paulo: Edipro, 2005.

---

29. FERRAZ JÚNIOR. Tércio Sampaio. *Função social da dogmática jurídica.* São Paulo: Max Limonad, 1998, p. 138-142. Os grifos são meus.

---- *Retórica*. Tradução de Alberto Barnabé. Madri: Alianza Editorial, 2002.

BORGES, José Souto Maior. *O contraditório no processo judicial (Uma visão dialética)*. São Paulo: Malheiros, 1996.

CASTRUCCI, Benedito. *Introdução à lógica matemática*. São Paulo: Nobel, 1977.

CARVALHO, Fábio Romeu. *Lógica paraconsistente aplicada em tomadas de decisão. Uma abordagem para a administração de universidades*. São Paulo: Alepf Editora, 2002.

CAVALCANTI, Arthur José Faveret. *A estrutura lógica do direito*. Rio de Janeiro: Renovar, 1996.

COSTA, Newton Carneiro Affonso da; ABE, Jair Minoro; SILVA FILHO, João Inácio; MUROLO, Afrânio Carlos; LEITE, Casemiro Fernando S. *Lógica paraconsistente aplicada*. São Paulo: Atlas, 1999.

HESSEN, Johannes. *Teoria do conhecimento*. Tradução de António Correia. Coimbra: Arménio Amado, 8. embargos de declaração, 1987.

FERRAZ JÚNIOR. Tércio Sampaio. *Função social da dogmática jurídica*. São Paulo: Max Limonad, 1998.

KANT, Immanuel. *Crítica da razão pura*. 4. ed. Lisboa: Calouste Gulbenkian, 1997.

KELSEN, Hans. *Teoria geral das normas*. Tradução de José Florentino Duarte. Porto Alegre: Sérgio Antônio Fabris Editor, 1986.

LEFEBVRE, Henri. *Lógica formal/lógica dialética*. Tradução por Carlos Nelson Coutinho. 2. ed. Rio de Janeiro: Civilização Brasileira, 1979.

MACEDO, Silvio. *Lógica III*. Enciclopédia Saraiva do Direito, São Paulo, v. 52, março. 1980.

---- *Lógica judiciária I*. Enciclopédia Saraiva do Direito, São Paulo, v. 52, março. 1980.

MORA, Ferrater, *Dicionário de filosofia*. Tomo 3. São Paulo: Loyola, 2001.

OLIVEIRA, Ana Paula Kanan. *Espécies de tutela jurisdicional*. In *Elementos para uma nova teoria geral do processo*. Coord: OLIVEIRA, Carlos Alberto Álvaro de. Porto Alegre: Lael, 1997.

PERELMAN, Chaïm. *Lógica jurídica*. Tradução de Virgínia K Pupi. São Paulo: Martins Fontes, 1998.

REALE, Miguel. *Filosofia do direito*. 15. ed. São Paulo: Saraiva, 1993.

SALDANHA, Nelson. *Ordem e hermenêutica*. Rio de Janeiro: Renovar,1992.

TUCCI, José Rogério Cruz e. *A causa petendi no processo civil*. São Paulo: Revista dos Tribunais, 1993.

VILANOVA. *Lógica jurídica*. São Paulo: José Bushatsky, 1976.

---- *As estruturas lógicas e o sistema de direito positivo*. São Paulo: Max Limonad, 1997.

WATANABE, Kazuo. *Da cognição no processo civil*. 2. ed. Campinas: Bookseller, 2000.

WIENER, Norbert. *Cibernética e sociedade o uso humano de seres humanos*. 5. ed. São Paulo: Cultrix, 1993.

CAPÍTULO 02

SIN PRECEDENTES: UNA MIRADA ESCÉPTICA A LA REGLA DEL *STARE DECISIS* (VERSIÓN EXTENDIDA)

Álvaro Núñez Vaquero

> "El precedente es como una madre judía.
> No tienes que hacer lo que te dice,
> pero te hará sentir terriblemente si no lo haces"
> (S. Sedley, *On Never Doing Anything for the First Time*,
> Reform Club, London, 2001, Atkin Lecture, p. 6)

Sumário: 1. Introducción; 2. Qué es un Precedente; 2.1. Una noción amplia de precedente; 2.2. Qué es vinculante del precedente; 2.2.1. Obiter dicta y ratio decidendi; 2.2.2. Reglas y casos paradigmáticos; 2.3. Grados de vinculatoriedad del precedente; 3. Cuándo Existe la Regla del Precedente; 3.1. La necesidad funcional de la regla del precedente; 3.2. La aproximación tradicional basada en las fuentes del derecho; 3.3. Siete formas en las que puede "existir" la regla del precedente; 4. Descubriendo el Precedente; 4.1. Problemas de interpretación del precedente en sentido estricto; 4.2. Problemas de interpretación en sentido amplio; 4.3. El problema la inducción; 4.4. La identificación de la ratio decidendi como caso paradigmático; 5. Qué Hacer con un Precedente; 5.1. No aplicar el precedente; 5.2. Aplicación del precedente; 6. Algunas Conclusiones Provisionales; 7. Bibliografía.

1. INTRODUCCIÓN

Hace ya algunos años, cuando era todavía estudiante de grado, oí una noticia que sencillamente me horrorizó. Los hechos, aunque no he sido capaz nunca de contrastarlos, fueron más o menos los siguientes. La Sala Penal de la Audiencia Provincial de Madrid tuvo un problema en la distribución de las causas entre tres magistrados que componían una

Sección de dicha Sala. En breve: el mismo caso fue distribuido dos veces, encargando la ponencia de sentencia a dos magistrados distintos, siendo llevados a Sala en días consecutivos, con el lamentable resultado de que la misma sección aprobó dos resoluciones incompatibles – no de dos casos parecidos sino exactamente – del mismo caso.

La reacción habitual que genera este tipo de casos – sea verdad o no, poco importa (*se non vero, ben trovato*) – es de indignación. Indignación precisamente porque parece ir directamente en contra de nuestras intuiciones más básicas acerca de qué es el derecho y cómo debe funcionar. Si el derecho es aplicado para decidir la misma controversia de maneras completamente opuestas, entonces el derecho pierde su capacidad de orientar la conducta.

En el presente trabajo no me voy a ocupar, salvo tangencialmente, de las razones por las que un ordenamiento debe o no debe tener un sistema de precedentes. Antes bien, mi objetivo es mostrar cómo, pese a las dificultades para establecer qué es un precedente y cuáles son las partes vinculantes del mismo, es difícil imaginar un ordenamiento en el que no exista, al menos con un algún mínimo grado de vinculatoriedad, una norma sobre el precedente vinculante (regla del *stare decisis*). No obstante, la identificación de cómo ha sido decidido el caso puede resultar, y de hecho frecuentemente resulta, endiablada o sencillamente imposible.

Pretendo llegar a esta paradójica conclusión mediante los siguientes cuatro pasos. En primer lugar, intentaré aclarar la noción de precedente, y otras aledañas como *ratio decidendi*. En segundo lugar, trataré de establecer bajo qué criterios podemos afirmar que existe una regla sobre el precedente en un ordenamiento jurídico. En tercer lugar, me ocuparé de los problemas relativos a la identificación del precedente. En cuarto y último lugar, trataré de identificar qué podemos hacer con un precedente.

2. QUÉ ES UN PRECEDENTE

El primer problema que debemos abordar para poder avanzar en nuestro objetivo es el esclarecimiento de la noción de "precedente". Sin embargo, la revisión del concepto de precedente nos llevará también a revisar qué parte de las decisiones jurisdiccionales y en qué sentido son vinculantes.

2.1. Una noción amplia de precedente

El primer problema que nos encontramos es aquel relativo a qué es, o cómo definimos el término "precedente". En la literatura más extendida sobre los precedentes, se define aquellos como decisiones judiciales pasadas vinculantes que obligarían al mismo u otros órganos a decidir casos similares de la misma manera: "Hablamos de precedente judicial cuando una decisión de un tribunal constituye una autoridad obligatoria para el mismo tribunal y para otros de igual o inferior rango"; "[D]ecisiones tomadas previamente por otros tribunales que resolvieron un problema semejante"; "El problema de la vinculatoriedad de la doctrina judicial se unió desde el principio a la enumeración de las fuentes del Derecho [...] aunque nunca faltaron quienes, como Puig Brutau, defendieran líneas muy proclives al precedente"[1]. Es decir, se trata de una sentencia judicial que resuelve el fondo de la controversia jurídica que se le presenta, y que obligaría a sí mismo y/o a otros órganos a decidir futuras controversias parecidas de la misma manera. Esta es, por decirlo así, la noción estándar de "precedente"[2].

Sin embargo, dicha definición de "precedente" es, por un lado, reductiva y, por el otro, imprecisa, desde tres puntos de vista. En primer lugar, una definición como esta excluye del análisis otras decisiones judiciales diferentes de la sentencia a las que, de hecho, se les atribuye valor de precedente. En segundo lugar, una definición como esta excluye del análisis las decisiones de otros órganos que califican jurídicamente casos genéricos o individuales pero que no calificaríamos como órganos judiciales en sentido estricto. Por último, esta definición resulta algo oscura o vaga en la medida en que la noción de "decisión pasada" puede excluir del análisis decisiones a las que puede ser discutible o extraño calificar como pasadas. Analicemos cada una de estas tres dificultades por separado.

---

1. Cfr. V. Iturralde, "Precedente judicial", en *Eunomía*, 6, 2014, p. 195; S. Legarre y J.C. Rivera, "Naturaleza y dimensiones del 'stare decisis'", en *Revista Chilena de Derecho*, 33, 1, 2006, p. 109; F.J. Laporta, "Vindicación del precedente judicial en España", en *Anuario de la Facultad de Derecho de la Universidad Autónoma de Madrid*, 1, 1997, p. 268.
2. Es preciso señalar como si bien muchas definiciones de "precedente" no hacen referencia intensionalmente a las decisiones judiciales, la práctica totalidad, y salvo expresa referencia en contrario, versan extensionalmente sobre el papel de decisiones judiciales pasadas en futuras decisiones judiciales.

2.1. Respecto del tipo de decisiones. La visión tradicional acerca del precedente es reductiva porque excluye del análisis, en primer lugar, todas aquellas decisiones judiciales (o provenientes del órgano judicial) previas o incidentales que emanan de los tribunales, que resuelven algún caso (genérico o individual), pero diferentes de la sentencia judicial[3]. Es decir, excluye un buen número de decisiones que no son sentencias judiciales en sentido estricto pero que resuelven controversias sin entrar en el fondo de la cuestión.

Excluye, en primer lugar, todos aquellos actos que provienen del órgano jurisdiccional pero que no son emanados por ningún sujeto que pertenezca orgánicamente a la organización judicial como, por ejemplo, las comunicaciones y decisiones emanadas por los secretarios judiciales u otros funcionarios dependientes del órgano jurisdiccional.

Pero, en segundo lugar, y sobre todo, existe un buen número de decisiones emanadas por jueces y magistrados, diferentes de una sentencia judicial, que pueden tener un valor de precedente. Entre ellas juegan un papel especialmente importante como los actos procesales de admisión a trámite que, al menos en algunas ocasiones, establecen criterios de carácter general[4], o todas aquellas de carácter incidental; o, por otro lado, las resoluciones administrativas internas a la organización de juzgados y tribunales.

Además, a las anteriores, al menos desde una determinada definición de *ratio decidendi*, se podría añadir todas aquellas decisiones lógicamente previas que forman parte de la justificación externa de la sentencia. Estas carecen de valor procesal autónomo pero, sin embargo,

---

3. Hay que añadir que, según algunos autores, podrían constituir precedentes únicamente las decisiones de algunos tribunales; en concreto, aquellos que están situados más arriba en la organización judicial de un sistema jurídico. No obstante, parece que se trata claramente de una cuestión puramente contingente, que puede cambiar en cada ordenamiento. Véase para esta tesis M. Gascón, *La técnica del precedente y la argumentación racional*, Tecnos, Madrid, 1993, p. 11. A este respecto, véase, por ejemplo, el análisis de Cross sobre el precedente en el sistema inglés. R. Cross y J.W. Harris, *El precedente en el Derecho inglés*, Marcial Pons, Madrid, 2012, pp. 129 ss.

4. Por ejemplo, antes de la última modificación de la Ley orgánica del Tribunal constitucional española, fue práctica asentada de dicho tribunal a principios del presente siglo admitir solo recursos con relevancia constitucional. O, de modo similar, el Tribunal Supremo español admite algunos recursos solo cuando tengan interés casacional. Algo parecido sucede con los criterios de admisibilidad por parte del Tribunal Constitucional chileno.

pueden tener valor en cuanto precedentes de forma autónoma, es decir, independiente del resto de la sentencia[5]. Y, por supuesto, los votos concurrentes de las sentencias[6].

2.2. *Respecto del órgano jurisdiccional.* La noción tradicional de "precedente" excluye del análisis, en segundo lugar, también las decisiones de órganos que no pertenecen en sentido estricto al poder judicial pero que funcionan, o pueden funcionar, como precedentes. Es decir, la noción estándar de precedente presupone una visión excesivamente formalista de "jurisdicción" o de "órgano jurisdiccional", con el resultado de dejar fuera del análisis el posible valor vinculante de decisiones que resuelven casos genéricos o individuales y a los que el ordenamiento les concede (algún) valor jurídico.

En primer lugar, excluye todas aquellas decisiones de órganos pertenecientes al Estado pero cuyas decisiones no generan efectos inmediatamente vinculantes para las partes, como aquellas de los órganos consultivos que deciden casos genéricos como, por ejemplo, los informes de legalidad o constitucionalidad. Sin embargo, aunque dichas decisiones no sean vinculantes (eficaces), es posible que se les conceda algún valor o especial peso para decidir otros casos. Ahora bien, si concedemos valor puramente persuasivo a algunas decisiones judiciales, como hace buena parte de la doctrina[7], y sostenemos de consecuencia que son precedentes con un bajo grado de vinculatoriedad, no parece que haya motivo para excluir las decisiones de tales órganos puedan – aunque no desplieguen efectos jurídicos entre las partes – ser sentidos como vinculantes (aunque sea en un grado mínimo).

---

5. Es cierto, como veremos, que al menos una de las concepciones de la *ratio decidendi* identifica aquella con la norma general aplicada por el tribunal más los hechos considerados relevantes. Sin embargo, nada – desde el punto de vista conceptual – impide que sean tenidos en cuenta como precedentes los criterios de decisión empleados por los tribunales para determinar cuándo el material probatorio es suficiente para dar por probada una parte de los hechos.

6. Por ejemplo, el voto concurrente del juez Jerome Frank en el caso Roth v. Goldman se convirtió en un texto sumamente citado y empleado como base para el posterior desarrollo del derecho de libertad de prensa. Es decir, es empleado como argumento en favor de la justificación de decisiones.

7. Véase, por todos, N. MacCormick y R.S. Summers (eds.), *Interpreting precedents. A Comparative Study*, Aldershot, Ashgate, 1997.

Excluye, en segundo lugar, las decisiones de aquellos órganos que ejercen funciones jurisdiccionales (desplegando efectos jurídicos para las partes) pero que no pertenecen a la administración de ningún Estado, como los arbitrajes o algunos tribunales internacionales. Nuevamente, si se concede valor puramente persuasivo a algunas decisiones jurisdiccionales, no parece razonable excluir este tipo de decisiones de la noción de precedente pues nada impide que, de hecho, árbitros o incluso tribunales, se sientan vinculados por laudos arbitrales.

Excluye, por último y más importante, las decisiones de todos aquellos órganos cuyas resoluciones desplieguen efectos jurídicos vinculantes para las partes, forman parte de algún ordenamiento, pero no pueden ser considerados parte del poder judicial. Dentro de esta categoría es posible distinguir entre tres tipos de órganos diferentes que cumplen funciones jurisdiccionales.

En primer lugar, las decisiones de todos los órganos de la Administración del Estado que resuelven casos genéricos o individuales. En efecto, si lo que pretendemos es reconstruir una noción de precedente útil para estudiar cuándo un ordenamiento contiene una regla del precedente vinculante, entonces la exclusión del precedente administrativo resulta injustificada. En este mismo ámbito habría que incluir además todas las decisiones del poder ejecutivo que resuelven sobre casos individuales con base en normas.

En segundo lugar, los actos jurisdiccionales de todos aquellos órganos u organismos autónomos, independientes en alguna medida de la Administración, que llevan a cabo actos de carácter jurisdiccional. Me refiero, en concreto, a aquellos órganos independientes que controlan y enjuician la actividad de sujetos en determinados ámbitos normativos como, por ejemplo, la Comisión Nacional del Mercado de Valores española, el *Garante della Privacy* italiano, o la Contraloría General de la República o el Consejo para la Transparencia chilenos.

En tercer lugar, todas aquellas decisiones de órganos del poder legislativo que resuelven controversias con base en normas anteriores como, por ejemplo, todas aquellas que toman las Mesas de las Cámaras de representantes respecto a cuestiones procedimentales parlamentarias; o las decisiones sobre nombramientos de cargos públicos por parte de dichas cámaras[8] o, por último, las decisiones plenamente jurisdiccionales que toman órganos legislativos (como los procedimientos de acusación constitucional o los actos de desafuero de parlamentarios)[9].

2.3. La dimensión temporal. La noción estándar de "precedente" de la que hemos partido – como decisión judicial pasada vinculante – tiene, por último, el problema de incluir una dimensión temporal que, contra lo que pudiera inicialmente parecer[10], es bastante engañosa: en primer lugar, por vaga y, en segundo, por estar basada en una asunción falsa.

Evidentemente, una decisión judicial pasada es la candidata ideal para convertirse en precedente vinculante. Ahora bien, se trata de una propiedad imprecisa, ya que no es en absoluto claro a partir de qué momento una decisión adquiere valor vinculante para otras decisiones. ¿Puede tener valor vinculante hacia otros órganos una decisión jurisdiccional recurrida?, ¿y hacia sí misma? ¿En qué momento una decisión se convierte en vinculante?

En segundo lugar, se trata de una propiedad – el hecho de que sea pasada – que está basada en asunciones falsas. En efecto, algunos autores han insistido en que la regla del auto-precedente, antes que un valor hacia el pasado, tendrían fuerza normativa hacia el futuro en la medida en que obliga al órgano a resolver la controversia mediante una norma universalizable, aplicable también a casos similares en el futuro[11].

---

8. F. Schauer, "Precedent", en *Stanford Law Review*, 39, 1986-1987, p. 603.
9. Sobre el papel de los precedentes en las asambleas legislativas, véase N. Lupo (ed.), *Il precedente parlamentare tra Diritto e politica*, Il Mulino, 2014.
10. Es frecuente que se dé por buena y aproblemática dicha dimensión temporal de los precedentes. Véase por ejemplo, P. Chiasssoni, "¿Los precedentes civiles son vinculantes?", en *Desencantos para abogados realistas*, Universidad del Externado, Bogotá, 2012, pp. 214 ss.; L. Moral Soriano, *El precedente judicial*, Marcial Pons, Madrid, 2002, p. 127, 129.
11. Este aspecto es tratado por F. Schauer, "Precedent", op. cit. Lo que sostiene este autor es que cuando un órgano jurisdiccional sabe que su decisión será considerado precedente, será mucho más cuidadoso al tomar y elaborar su decisión. La cuestión no es menor porque el tribunal puede modificar su decisión si sabe que en el futuro no tendrá el mismo margen de discrecionalidad para decidir. Por ejemplo, es posible que la decisión haga referencia a categorías más o menos generales y abstractas, por lo que el precedente afectaría hacia el futuro a un mayor o menor grupo de casos. Cuando los tribunales son conscientes de este aspecto, entonces racionalmente tenderán a tomar en cuenta dicha situación para fallar el caso actual.

Por su parte, señala Marina Gascón en relación al autoprecedente que "aunque los casos sustancialmente idénticos resueltos por un mismo tribunal con posterioridad a la reso-

No solo sino que también es posible (y plausible) preguntarse si una decisión judicial que todavía no ha sido dictada puede resultar vinculante. Por extraño que pueda parecer, se encuentran algunos buenos y conocidos ejemplos de este fenómeno. Este sería el caso, por ejemplo, de las cuestiones incidentales de constitucionalidad presentes en algunos ordenamientos (como casi todos los europeos) o la cuestión prejudicial comunitaria en el ámbito de la UE[12]. Otro ejemplo: cuando un órgano debe juzgar un caso sustancialmente idéntico a otro ya decidido por sí mismo pero que ha sido recurrido, ¿debe esperar a la resolución del recurso contra su decisión anterior?

Desde luego, el tema de la eficacia temporal de los precedentes es una cuestión contingente, que cambia de ordenamiento a ordenamiento y que, además, se ve modificada con el paso del tiempo. No obstante, si lo que nos interesa es analizar qué son los precedentes y su posible vinculatoriedad más allá de algún concreto ordenamiento, es preciso adoptar un concepto amplio de precedente que tenga en cuenta las diferentes modalidades temporales que aquellos pueden adoptar.

Para solucionar los anteriores defectos, es conveniente partir adoptando una noción amplia de "precedente". Con el fin de no limitar *a priori* el objeto de estudio, por un lado, es preciso adoptar una noción lo más amplia posible de jurisdicción y de decisión judicial y, por el otro, es preciso excluir consideraciones de tipo temporal pues, como hemos visto, es posible que, en cierto sentido, una decisión judicial sea vinculante incluso antes de ser emanada. Por tanto, por "precedente" entenderé

---

lución impugnada no sean en principio válidos «como término de comparación», sí que sirve para comprobar si la decisión impugnada [...] es una decisión con carácter genérico o no, en la medida en que haber resuelto casos posteriores a la decisión divergente conforme al criterio interpretativo anterior a la misma parece un claro indicio de su naturaleza voluntarista y arbitraria". Cfr. Marina Gascón, *La técnica del precedente y la argumentación racional*, Tecnos, Madrid, 1993, p. 101. En términos similares L. Prieto Sanchís, "Notas sobre la interpretación constitucional", en Revista del Centro de Estudios Constitucionales, 9, pp. 188 ss. Véase también, J. Waldron, "Stare Decisis and the Rule of Law: a Layered Approach", en Michigan Law Review, 111, 2012, pp. 1-31.

12. M. Orozco Muñoz, *La creación judicial del derecho y el precedente vinculante*, Aranzadi, Madrid, 2011, pp. 183 y 245 ss. No obstante, es preciso señalar que cuando el autor define la noción de precedente, afirma que se trata de una decisión jurisdiccional pasada. Sin embargo, el mismo autor admite que en la práctica jurisdiccional española y de la Unión Europea se concede eficacia a los precedentes de forma inmediata, incluso para procesos ya iniciados o, incluso, recurridos. Cfr. Ídem, p. 185 y 224-226.

aquellas decisiones jurisdiccionales que resuelven algún caso genérico o individual, y a las que se les reconoce algún grado de vinculatoriedad (*infra* 2.3)[13].

2.2. Qué es vinculante del precedente

Una vez que hemos identificado cuáles son las posibles decisiones candidatas a ser precedentes vinculantes (decisiones jurisdiccionales que en algún sentido se convierten en obligatorias para otras decisiones respecto de otros casos similares), podemos preguntarnos qué es, dentro de toda la decisión jurisdiccional, aquello vinculante para resolver otros casos similares.

2.2.1. Obiter dicta y ratio decidendi

Cuando nos preguntamos sobre qué es un precedente, e identificamos algunas decisiones jurisdiccionales como vinculantes, la pregunta que surge inmediatamente a continuación es qué parte exactamente de la decisión jurisdiccional es la que puede resultar, en algún sentido aún por precisar, vinculante. Tradicionalmente ha venido considerándose que no es toda la decisión jurisdiccional en su conjunto la que resulta vinculante sino solo una parte.

En este orden de cosas, suele distinguirse entre *obiter dicta* y *ratio decidendi*. En síntesis, aquello que sería vinculante de la decisión jurisdiccional sería la *ratio decidendi*, considerándose el resto *obiter dicta* sin valor vinculante[14]. Ambos conceptos constituirían, al menos *prima facie*[15], una división exhaustiva y excluyente, siendo suficiente definir uno de ellos para delimitar el otro.

---

13. De aquí en adelante, hablaré indistintamente de precedentes judiciales y jurisdiccionales. Sin embargo, resulta aplicable tanto a los precedentes judiciales en sentido estricto como a otros tipos de precedentes.

14. Hay que llamar la atención de que se han ofrecido diferentes definiciones de *obiter dicta*, entre las cuales encontramos aquella que define aquel como el conjunto de las decisiones que forman parte de la justificación externa (diferentes, por tanto, de la premisa mayor del silogismo judicial) pero que son lógicamente necesarias para la regla del caso. Pero, además, es frecuentemente admitido que algunos *obiter dicta*, de hecho, tienen un valor persuasivo. Véase R. Cross y J. W. Harris, *El precedente en el Derecho inglés*, Marcial Pons, Madrid, 2012, p. 101.

15. *Prima facie* porque algunos autores consideran que entre *ratio* y *obiter dicta* habría que colocar aquellos *dictum* que tienen un gran peso persuasivo. Sin embargo, si persuasivo

No obstante, por *ratio decidendi* es posible entender, al menos, tres cosas diferentes[16]: a) la norma general aplicada en la decisión; b) la norma general, más el conjunto de hechos del caso; c) todos los elementos esenciales o necesarios para la decisión judicial.

Aquí, por razones conceptuales, descartaré el segundo criterio de distinción, limitando el análisis al primero y al último. Ello, en primer lugar, porque la segunda noción de *ratio decidendi* parece una subclase de la tercera. En segundo, porque quienes consideran que los hechos relevantes en la decisión forman parte de la *ratio decidendi* parecen presuponer que habría una sola norma que, a la luz de los hechos del caso, justificaría la decisión judicial (lo que, como veremos más adelante, resulta erróneo)[17].

i. Según el primer concepto, la *ratio decidendi* sería únicamente la premisa mayor del silogismo deductivo (práctico) que ha seguido el juez para llegar a la decisión, siendo el resto de la decisión *obiter dicta*. Es decir, lo único que resultaría vinculante es la norma que se ha aplicado en la decisión jurisdiccional: aquello que hace que la decisión esté justificada a la luz de los hechos considerados probados relevantes.

ii. Según el segundo criterio de distinción, *ratio decidendi* no sería únicamente la norma general que ha funcionado como premisa mayor del silogismo práctico, sino todo el conjunto de consi-

---

quiere decir vinculante en algún sentido, estos *dictum* serían en realidad parte de la *ratio decidendi*.

Lo que demuestra esta controversia es que en realidad se manejan dos nociones diferentes de *ratio decidendi*: la primera de ellas es de carácter estructural, e identificaría la *ratio decidendi* con alguna parte de la sentencia (este es el concepto que hemos asumido aquí y de la que cabe distinguir tres concepciones); la segunda tiene carácter normativo y se refiere aquella parte de la sentencia que despliega efectos jurídicos no solo *inter partes*. Es decir, un primer concepto estructural (una parte de la decisión) y otro normativo (aquello que es vinculante).

16. Sigo aquí Igartua, pero véase Chiassoni, Iturralde y Shiner. J. Igartua, "La fuerza vinculante del precedente", en *Isegoría*, 35, 2006; P. Chiassoni, "¿Son vinculantes los precedentes judiciales civiles?", en *Desencantos para abogados realistas*, U. del Externado de Colombia, Bogotá, 2012, pp. 222 ss; Iturralde, "Precedente judicial", op. cit., p. 195; R. Shinner, "Ratio Decidendi", en *IVR Encyclopedie*, disponible online: http://ivr-enc.info/index.php?title=Ratio_Decidendi (revisado el 20 de agosto de 2014).

17. F. Schauer, *Pensar como un abogado*, Marcial Pons, Madrid, 2013, p. 65. Véase también, R. Cross y J. W. Harris, *El precedente en el Derecho inglés*, op. cit., p. 82.

deraciones necesarias que ha realizado el juez para alcanzar y justificar su decisión.

Ambas nociones de *ratio decidendi* tienen respectivamente sus ventajas e inconvenientes.

i. El primer criterio para distinguir entre *obiter dicta* y *ratio decidendi* tiene la ventaja de que establece una frontera, al menos desde el punto de vista conceptual (intensionalemente), nítida entre ambos: cualquier tipo de consideración o razonamiento acerca de las razones por las que el órgano jurisdiccional ha alcanzado la decisión son sencillamente irrelevantes (*obiter dicta*), siendo únicamente vinculante la premisa mayor de la decisión. Sin embargo, pese a su nitidez, esta forma de distinguir *ratio decidendi* de *obiter dicta* tiene algunos inconvenientes.

El problema fundamental es que parece que hay partes de la decisión judicial, diferentes a la norma que sirve como premisa del silogismo judicial, que pueden – y de hecho tienen – algún valor vinculante. Si bien cabría incluir algunas de dichas decisiones – ampliando la noción de "*ratio decidendi*" hasta incluir cada uno de los silogismos deductivos que compondrían la decisión[18] – lo cierto es que esta forma de entender el precedente excluye la atribución de valor vinculante al menos a algunas de las razones por las que la decisión estaría externamente justificada. Excluiría, por ejemplo, las decisiones interpretativas (por ejemplo, acerca de qué criterio interpretativos aplicar) alcanzadas por los tribunales y sobre las que cabe poca duda que se les atribuye valor de precedente vinculante; o, otro ejemplo, resultaría vinculante el producto de una ponderación entre principios, pero no las consideraciones no subsunti-

---

18. Hay que tener en cuenta que, si concebimos la decisión judicial como un conjunto de decisiones que se van sucediendo (al menos desde un punto de vista formal) lógicamente, *ratio decidendi* podría ser considerado gran parte del razonamiento. Es decir, todas aquellas decisiones que constituyen operaciones de tipo subsuntivo podrían ser parte de la *ratio decidendi*. Lo que quedaría fuera es precisamente todas aquellas operaciones llevadas a cabo por el órgano jurisdiccional que no pueden ser consideradas como subsuntivas como, por ejemplos, los juicios ponderativos, la concreción de principios, la apreciación de la prueba, la satisfacción del estándar de prueba, etc.

vas que ha realizado el órgano para alcanzar tal ponderación producto; o, finalmente, los juicios de valoración judicial de la prueba[19].

ii. El segundo criterio de distinción permite considerar como vinculante también las razones aducidas por el órgano jurisdiccional para justificar su decisión. Ahora bien, el segundo criterio no resulta menos problemático: ¿cuáles son el conjunto de todas las consideraciones que debemos considerar como "necesarias"? ¿todas aquellas cuya modificación implicarían un cambio de la decisión final? Establecer cuáles son las consideraciones necesarias de la decisión genera no pocos problemas.

En primer lugar, desde el punto de vista empírico, no resulta muy plausible afirmar que son todas y cada una de las razones que forman parte de la justificación externa de la sentencia las que resultan vinculantes. De hecho, es perfectamente posible pensar en una decisión que sea considerada vinculante, por ejemplo, respecto a cómo se ha decidido el fondo pero no respecto a los argumentos procesales, pero también al revés. Y, claro está, una modificación de alguna de las decisiones podría haber modificado la decisión final del tribunal.

En segundo lugar, desde un punto de vista conceptual, incluso aunque admitamos que las razones aducidas por el tribunal son también vinculantes, resulta extremadamente complicado determinar cuáles de ellas son necesarias en casos en que haya varias *rationes decidendi*[20]. Por un lado, porque muchas decisiones judiciales están fundamentadas en términos de razones contribuyentes concurrentes, no individualmente concluyentes. Por el otro, incluso aunque sean formuladas en términos de razones concluyentes, podría darse el caso de que los argumentos

---

19. Sobre los precedentes en materia de hechos en la Corte Suprema estadounidense, puede verse Larsen, Allison Orr, "Factual Precedents" (2013). Faculty Publications. Paper 1667 (disponible online en: http://scholarship.law.wm.edu/facpubs/1667, consultado el 13 de junio de 2014).

20. Esto es a lo que parece referirse Cross e, indirectamente, Wambaugh cuando afirman que el test del último, sirve solo para los casos en los que "el caso versa sobre un único punto". Cfr. R. Cross, *El precedente en el Derecho inglés*, op. cit., p. 77.
    Podría pensarse que – como me señala Carla Iuspa - si por *ratio decidendi* se entienden también las razones necesarias de la decisión el argumento sería tautológico. Sin embargo, aquí lo que se discute no si algo es una razón, sino si aquella es necesaria para la justificación. Ello presupone obviamente que tengamos algún criterio para determinar que algo es una razón en favor de la decisión, pero no que sea necesaria.

fueran suficientes pero no necesarios para la justificación de la sentencia, es decir, para los casos con varias *rationes decidendi* alternativas todas ellas suficientes para justificar la decisión.

2.2.2. Reglas y casos paradigmáticos

Algunos autores, como Frederick Schauer, han sostenido que existiría una diferencia cualitativa entre el papel que cumplen los precedentes en el razonamiento judicial y el razonamiento por analogía. Aunque de manera no del todo clara[21], parece que la distinción establecida por Schauer pasa por afirmar que los órganos jurisdiccionales no tendrían libertad para seguir o no el precedente, mientras que sí la tendrían para seguir o no un razonamiento por analogía[22]. O, dicho de otro modo, mientras que el precedente incorporaría una razón protegida de segundo orden para decidir el caso de una determinada manera, este no sería el caso del razonamiento por analogía (que constituiría una razón de primer orden para decidir un caso en virtud de su contenido). Por supuesto, aquí la noción de autoridad de Raz parece llamada a jugar un papel fundamental[23].

Ahora bien, esta forma de distinguir entre analogía y precedente tiene el problema de excluir la posibilidad de que un precedente no goce de una especial protección dentro del ordenamiento en razón de su fuente pero que, sin embargo, sea vinculante de algún modo. De hecho, este parece ser precisamente el caso de los precedentes con valor meramente persuasivo, bastante frecuentes en los países de tradición de *civil law* en los que muchas veces ni siquiera existen normas explícitas sobre el precedente (o son de prohibición).

---

21. Veluzzi, Vito "Analogia giuridica, *common law*, precedente giudiziale", en V. Veluzzi y L. Peliccioli (eds.), *L'analogia nel diritto*, Ets, Pisa, 2011, p. 108.
22. F. Schauer, "Why Precedent in Law (and Elsewhere) is not Totally (or Even Substantially) About Analogy", en *Harvard University*, Faculty Research Working Papers Series, Agosto 2007, pp. 1-21.
23. Sin embargo, el propio Raz parece dudar sobre que los precedentes entendidos como reglas tengan la misma autoridad que las reglas provenientes del legislativo. Esto parecería indicar la revisión, en términos graduales, de la noción de autoridad. Véase N. Duxbury, *The Nature and Authority of Precedent*, Cambridge University Press, 2008, pp. 104 ss.

Antes que dos formas heterogéneas de razonar, la distinción trazada por Schauer entre analogía y precedente, parece servir más bien para configurar dos formas diferentes de concebir los precedentes. El problema, o la confusión, nace de que, mientras que el discurso del precedente hace referencia al uso por parte de órganos jurisdiccionales de reglas en decisiones anteriores, aquel de la analogía versa sobre una forma de razonar (y no de la fuente del material argumentativo). Parece pues que no es posible distinguir razonamiento por analogía y uso de precedente como dos clases dentro de una misma familia, sencillamente porque son conceptos modelados sobre criterios heterogéneos: tipo de razonamiento el primero, uso de un contenido proposicional en función prescriptiva el segundo por razón de su origen.

En este sentido, las dos formas de concebir la diferencia entre *obiter dicta* y *ratio decidendi* analizadas en el parágrafo anterior parecen ser el reflejo de estas dos formas de concebir los precedentes y su uso: como una regla aplicada por un tribunal (sujeta a las reglas de la lógica de normas de condicional cerrado[24]), o como un caso paradigmático[25] (sujeto a las reglas del razonamiento por analogía[26]).

24. Podría argüirse que es perfectamente posible establecer una *analogía legis* con base en una regla. Esto está fuera de discusión. Sin embargo, en el momento en que nos preguntamos por la extensión analógica de la regla lo que estamos haciendo es entrar a valorar si las nuevas condiciones del caso a decidir son suficientes para la creación de tal regla. Y, en este sentido, parece que para valorar la oportunidad de la operación estamos convirtiéndolo en un caso paradigmático.

25. Por regla, en este contexto, estoy entendiendo aquella norma que tiene un condicional cerrado y cuyas condiciones de aplicabilidad interna no padecen de vaguedad combinatoria, y que no tiene entre sus propiedades elementos de contenido moral. Por caso paradigmático, por el contrario, entiendo en este contexto aquel caso ejemplificativo en el que se aplica una norma cuyas condiciones de aplicabilidad no están identificadas exhaustivamente, esto es, desconocemos cuáles son todas las propiedades relevantes y/o desconocemos si son necesarias, suficientes y/o contribuyentes. A ello habría que añadir, disyuntivamente, la presencia en el antecedente de la regla de alguna propiedad de contenido moral.

26. Esta es también la doble forma en la que Jerzy Wroblewski concibe los precedentes. Sin embargo, este autor los considera como mecanismos de motivación o formas de usar el precedente. Sin embargo, el mismo autor afirma que en todo caso "es necesario [con todo] establecer con certeza que el caso a considerar y el que ha sido objeto de la decisión precedente son similares en puntos esenciales". Sin embargo, cuando concebimos el precedente como una regla esto no es necesario sino que basta con que las propiedades consideradas como relevantes en la norma que constituye la *ratio decidendi* del precedente sean constatadas en el caso a decidir, no siendo necesaria ninguna consideración ulterior.

Desde el primer punto de vista, el precedente sería una regla de carácter – más o menos – general y abstracto, cuya aplicabilidad, en principio, no dependería de nada más que de la constatación, en el caso a juzgar, de las condiciones previstas en el antecedente de la norma. La *ratio decidendi*, desde este primer punto de vista, sería sencillamente el conjunto de propiedades que han sido consideradas como relevantes en la norma aplicada más su calificación deóntica. De este modo, si concebimos el precedente como regla, regirá el refuerzo del antecedente (al menos *prima facie*), resultando el resto de consideraciones irrelevantes en lo que se refiere a su aplicabilidad interna.

Desde el segundo punto de vista, el precedente sería un caso paradigmático, es decir, un ejemplo excelente de cómo se debe solucionar un tipo de caso, pero que padece de vaguedad combinatoria o prevé entre las propiedades de su antecedente propiedades valorativas. Es desde este punto de vista desde el que resulta plausible afirmar que la *ratio decidendi* está compuesta por el conjunto de todas las razones esenciales o necesarias para el fallo[27].

Cuándo deba considerarse que un precedente expresa una regla o un caso paradigmático es cuestión que depende completamente de las concepciones teórico-jurídicas del intérprete. Dicho de otro modo: es una cuestión de preferencias, no pudiendo establecerse ningún criterio de carácter objetivo que permita determinar objetivamente ante qué tipo de precedente estamos[28]. En este sentido, parece que son las sucesivas elaboraciones y reelaboraciones de dogmática y jurisprudencia las que determinan tanto su naturaleza como el cambio de aquellas. Es decir, el precedente puede ser reformulado a través de sucesivos usos,

---

Véase, J. Wroblewsky, "Concepto y función del precedente en sistemas de *Statutory Law*", en *Sentido y hecho en el derecho*, Fontamara, México, 2008, p. 312.

27. De manera parecida, Jerome Frank configuró los precedentes como metáforas en el sentido de que se trataba de buenos ejemplos sobre cómo solucionar un tipo de caso pero que debían servir solo y únicamente como punto de partida. Véase J. Frank, "Some Tame Reflections on Some Wilkd Facts", en S. Ratner (ed.) Vision and Action. Essays in Honor of Horace M. Kallen on his 70th Birthday, New Brunswick : Rutgers University Press, 1953, pp. 71-72

28. Wroblewski considera que estas dos formas de motivar con base en el precedente "pueden convertirse la una en la otra". Íbidem, p. 301.

pasando de ser considerado inicialmente un caso paradigmático a ser una regla, pero también al revés[29].

2.3. Grados de vinculatoriedad del precedente

El tema de la vinculatoriedad del precedente ha sido uno sobre los que más se ha discutido en los últimos decenios al calor de reformas procesales, planteándose la posibilidad de establecer algún grado de vinculatoriedad para las decisiones jurisdiccionales. Los detractores del precedente han argüido frecuentemente que su implantación implicaría una violación de la separación de poderes (y/o un gran margen de discrecionalidad judicial). Los jueces, se afirma, están o deben estar únicamente sujetos a la ley, y a nada más.

No han sido pocos quienes, al calor de dichas discusiones, han cuestionado la justificación de tales alarmas debido a que los detractores del precedente habrían dado por descontado su máximo grado de vinculatoriedad lo que, en realidad, sería solo una posibilidad conceptual[30] (y, por lo demás, posibilidad que no se constataría en ningún ordenamiento)[31]. En este sentido, la literatura teórico-jurídica viene distinguiendo en los últimos decenios entre diferentes grados de vinculatoriedad[32].

Aquí no intentaré presentar una lista de los diferentes grados en los que la regla del precedente puede ser vinculante[33]. No se trata, no obstante, de que la regla del precedente sea, como afirman algunos auto-

---

29. F. Schauer, "Precedent", op. cit., p. 574.
30. F.J. Laporta, "Vindicación del precedente judicial en España", op. cit., pp. 271.Véase también D. Accatino, "El precedente judicial en la cultura jurídica chilena", en *Anuario de la Sociedad Chilena de Filosofía Jurídica y Social*, 2002.
31. Ni siquiera en el derecho inglés. Véase R. Cross y J. W. Harris, *El precedente en el Derecho inglés*, op. cit. pp. 245 ss.
32. Resulta en este sentido paradigmático el trabajo realizado por un grupo de teóricos del derecho y procesalistas acerca del precedente. N. MacCormick y R.S. Summers (eds.), *Interpreting precedents. A Comparative Study*, Aldershot, Ashgate, 1997, p. vii. Para una revisión crítica de aquellos, véase P. Chiassoni, "¿Son vinculantes los precedentes judiciales civiles?", op. cit., pp. 231 ss.
33. Para una reconstrucción prácticamente exhaustiva de los grados en los que los que los precedentes pueden ser vinculantes, remito nuevamente a P. Chiassoni, "¿Son vinculantes los precedentes judiciales civiles?", op. cit.,

res[34], gradual, pudiendo obedecerse poco o mucho (al modo de los mandatos de optimización). Antes bien, lo que tenemos son diferentes tipos de reglas sobre el precedente que los órganos jurisdiccionales pueden cumplir o no cumplir. Mejor dicho, diferentes conjuntos de reglas que vienen a determinar diferentes sistemas de precedentes.

Para intentar distinguir entre los diferentes tipos de normas sobre el precedente y, por tanto, entre los diferentes grados en los que pueden ser vinculantes los precedentes, lo primero que tenemos que hacer es distinguir entre la propia regla del precedente (*stare decisis*) y cada una de las decisiones que constituyen un precedente (*rationes decidendi*). Ello es importante, en primer lugar y como enseguida veremos, porque la observancia de la regla del *stare decisis* no implica necesariamente la aplicación de la *ratio decidendi* de un caso.

En segundo lugar, porque nos permite ver con mayor claridad que, cuando hablamos de regla del *stare decisis* no estamos hablando de una sola norma sino de un intrincado conjunto de normas. Si bien la cuestión requeriría sin duda un mayor análisis, un sistema de precedente comprende, al menos, las siguientes normas: (1) una norma que califica su uso institucional (permitido, obligatorio o prohibido); (2) una norma sobre qué acciones implican emplear un precedente por parte de un órgano jurisdiccional (mencionar, tener en cuenta o aplicar); (3) otra sobre el contexto justificativo en el que sería eficaz (res *iudicata*, *interpretata*, *verificata*); (4) una norma acerca de la fuerza justificativa de dicha norma (concluyente o contribuyente); y (5) una norma sobre el tipo de razón de segundo orden que incorpora (protegida o no protegida)[35]. Ello, insisto, sin la pretensión de realizar aquí un análisis exhaustivo[36].

---

34. Para el argumento contrario, L. Moral Soriano, *El precedente judicial*, op. cit., p. 131. En los mismos términos los plantea Pablo Bravo-Hurtado "Hacia los precedentes en Chile: Reforma Procesal Civil y Fuentes del Derecho" em *Revista Chilena de Derecho*, vol. 40, N° 2, p. 568. Por supuesto, dichos autores retoman la tesis de Summers y, sobre todo, de Peczenick.

35. Por supuesto, en un ordenamiento pueden no haber normas explícitas sobre alguno o varios de estos aspectos, pero también carecer completamente de reglas explícitas sobre esta materia.

36. A estas habría que añadir, por ejemplo, otra norma de tipo conceptual acerca de qué decisiones tienen valor de precedente (la "regla de reconocimiento" de los precedentes). Suele darse por descontado que la identificación de qué decisiones jurisdiccionales cuentan como precedentes es una actividad poco problemática. Sin embargo, las cosas están lejos de ser así. Entre las propiedades que identifican qué decisiones cuentan como preceden-

Para diferenciar entre cada uno de estos aspectos es preciso agrupar estas reglas bajo dos categorías. El primer grupo de normas sobre el precedente hace referencia a la obligación institucional que genera en los órganos jurisdiccionales la regla del *stare decisis*. El segundo grupo, por el contrario, hace referencia al papel justificativo de dichas razones.

2.3.1. La dimensión institucional. Esta primera dimensión hace referencia a las obligaciones que la norma del *stare decisis* genera para el órgano jurisdiccional, es decir, cuáles son las acciones que tienen que llevar a cabo los jueces para satisfacer la norma del precedente.

Desde el punto de vista de las obligaciones institucionales del juez, es necesario distinguir entre tres aspectos. En primer lugar, si la regla del *stare decisis* califica el comportamiento jurisdiccional de decidir casos similares de la misma manera, entonces podremos encontrarnos con diferentes calificaciones de dicho comportamiento (que además pueden ser diferentes en las diversas partes del ordenamiento jurídico). En segundo lugar, es preciso señalar que, cuando hablamos de seguimiento de la regla del *stare decisis*, podemos estar haciendo referencia a un grupo heterogéneo de comportamientos.

2.3.1.1. Respecto del carácter del comportamiento, aquel puede ser calificado como permitido, prohibido u obligatorio. (a) Tendremos un carácter permitido toda vez que los jueces pueden usar precedentes jurisdiccionales, más allá de qué valor se le conceda a dicha referencia[37]. (b) Tendremos un carácter prohibido toda vez que los jueces no pueden

---

tes, es posible que se contemplen, entre otras, la reiteración de la decisión, qué se entiende por reiteración) o qué órganos tienen competencia para dictar decisiones con valor de precedente, si las decisiones carentes de motivación tienen valor de precedente, quién puede derogar un precedente, etc. Tal regla puede concederle el estatus de precedente, como sucede en algunos sistemas (como el británico), únicamente al mínimo común denominador de razones por las que todos los miembros del tribunal han decidido el caso de una determinada manera (incluyendo las motivaciones de los votos concurrentes). Sobre este último punto, véase, F. Schauer, *Pensar como un abogado*, op. cit., p. 67, n. 30.

37. Según Cross, las sentencias 66/80 International Chemical Corporation SpA v. Amministrazione delle Finanze dello Stato y en 112/83 Societé des Produits des Mais SA v. Administration des Douanes et Droits Indirects, ambas del Tribunal de Justicia de las Comunidades Europeas, establecen la suficiencia de los tribunales nacionales para considerar como inválida una norma comunitaria si anteriormente ello había sido considerado de este modo por el Tribunal de Justicia. Es decir, el juez nacional podía fundar su decisión apoyándose en la decisión del TJCE, pero ello no era obligatorio. Cfr. R. Cross y J.W. Harris, *El precedente en el Derecho inglés*, Marcial Pons, Madrid, 2012, p. 37, n. 24.

usar los precedentes en sus decisiones[38]. (c) Por último, es posible que el uso jurisdiccional de precedentes pueda ser considerado como obligatorio (aunque esto no predetermina su peso).

2.3.1.2. Respecto del comportamiento regulado, en realidad estos pueden ser de lo más variados (por razones de sencillez, usaré como ejemplo el caso en el que el comportamiento es obligatorio). En primer lugar, aquello considerado obligatorio puede ser (a) mencionar el precedente, (b) tener en cuenta (como razón) el precedente, o bien (c) usar el precedente[39].

No obstante, la expresión "usar un precedente" puede adoptar diferentes significados. Por uso del precedente – como algo diferente a tenerlo en cuenta y de mencionarlo – podemos entender calificar un comportamiento en conformidad con aquel. No obstante, decidir o calificar en conformidad con un precedente – y, en este sentido, usarlo – puede significar al menos las siguientes cosas: (c1) usarlo como premisa mayor del razonamiento; (c2) usar como premisa mayor del razonamiento una norma que es consecuencia lógica de la norma expresada por el precedente; (c3) usar como premisa del razonamiento una norma axiológicamente coherente con el precedente; (c4) usar como premisa del razonamiento una norma instrumentalmente coherente con los fines planteados por el precedente[40].

2.3.2. Dimensión justificativa del precedente. La dimensión institucional del precedente no debe ser confundida con su dimensión justificativa. La dimensión justificativa del precedente no es sino un corolario de las normas acerca de cuándo una decisión jurisdiccional está justificada. A este respecto, es posible distinguir entre dos aspectos diferentes. El primero se refiere a los diferentes momentos de la justificación jurisdiccional en los que el precedente puede ser vinculante. El segundo de ellos hace referencia al carácter de la razón de segundo orden que incorpora.

2.3.2.1. El primer aspecto se refiere al momento o lugar de la justificación práctica en el que el precedente puede ser relevante. En este

---

38. Esto abre la posibilidad no solo a que el uso de precedentes esté prohibido, sino a que existan precedentes negativos. Me reservo el argumento para otra ocasión.
39. Véase, por ejemplo, R. Cross y J.W. Harris, *El precedente en el Derecho inglés, op. cit.*, p. 24.
40. Formulo esta esta tipología a partir de una reconstrucción de una clasificación elaborada por P. Chiassoni, "¿Los precedentes civiles son vinculantes?", op. cit., pp. 235 ss.

sentido, autores como Francisco Laporta han distinguido entre dos tipos de precedente: precedente de solución y precedente de interpretación[41].

Dicha distinción, si bien útil, no refleja aún todos los papeles que pueden jugar los precedentes. Más eficiente, espero, es – asumiendo un modelo de justificación en forma de árbol – distinguir entre el papel que puede jugar el precedente como parte de la justificación interna o como parte de la justificación externa. Pues bien, respecto a esta última es posible distinguir entre: (a) un precedente de solución (para referirnos a las soluciones intermedias de carácter subsuntivo que toma el juez[42]); (b) un precedente de interpretación (para referirnos no al uso de reglas interpretativas que tendrían un carácter subsuntivo sino directamente a interpretaciones-producto de determinadas disposiciones normativas); (c) un precedente probatorio (para referirnos a aquella decisión de carácter no subsuntivo por la que un órgano considera suficientemente probado un hecho a partir de un determinado material probatorio).

2.3.2.2. Si adoptamos el punto de vista de las razones para la acción, es preciso establecer dos diferencias: primero, según la fuerza justificativa de los mismos (concluyente o contribuyente); segundo, según su grado de protección.

Desde el primer punto de vista, (a) tendremos un precedente con carácter concluyente cuando aquel constituye argumento suficiente para una decisión jurisdiccional[43] (o una parte de aquella). (b) Tendremos una razón contribuyente cuando el precedente no puede ser utili-

---

41. Tomo la distinción de Laporta quien, a su vez, la toma de Miche Troper. F. J. Laporta, "Vindicación del precedente judicial en España", op. cit., p. 270. Aquella pasa por diferencia entre el valor concedido a una norma como premisa del razonamiento en el que se funda la decisión jurisdiccional que instituye el precedente (precedente de solución), por un lado, respecto del valor como atribuido como interpretación producto (precedente de interpretación), por el otro.

42. Por ejemplo, imagínese que se discute sobre la posible indemnización por la finalización de una relación de trabajo con un empleado público, discutiéndose si para tal caso es aplicable la legislación laboral, administrativa o mercantil. En tal caso, tenemos al menos dos decisiones, dependiendo la segunda de la primera: la primera acerca de cuál es la legislación aplicable (laboral, administrativa o mercantil), la segunda relativa a la legalidad de tal indemnización con base en la decisión sobre qué normativa es la aplicable.

43. Esto, por supuesto, no obsta para que la decisión sea derrotable. Sobre esto, de nuevo remito a la exhaustiva tipología presentada por Chiasssoni. Cfr. P. Chiassoni, "¿Los precedentes civiles son vinculantes?", op. cit., pp. 235 ss.

zado como único fundamento de la decisión (o de una parte de aquella) pero cuenta como argumento a su favor.

En segundo lugar, se suele considerar que los precedentes son razones protegidas[44]. Por "razón protegida" estoy entendiendo la especial consideración de la que gozan algunas razones en la justificación judicial por alguna razón diferente de aquella de primer orden que la propia *ratio* incorpora. Se trata, por tanto, de razones de segundo orden que protegen la norma expresada de la *ratio decidendi*, haciendo más difícil que aquella sea desplazada o derrotada. En este sentido, no han sido pocos los autores que han sostenido que los precedentes serían – siempre y necesariamente – razones protegidas.

Sin embargo, no parece muy plausible sostener que todos los precedentes son siempre razones protegidas, o que esta es la única forma en la que podemos entender los precedentes. Ello precisamente por lo que se conoce como fuerza persuasiva de los precedentes[45]. En efecto, uno de los tipos de fuerza vinculante identificada por los *Bielefelder Kreis* – el grupo de teóricos del derecho y procesalistas reunidos para aclarar la cuestión del precedente[46] – es aquel en el que los precedentes no gozarían de una protección especial por parte de los ordenamientos pero, sin embargo, tendrían una fuerte capacidad de convicción[47]. Es posible, en este sentido, distinguir entre precedentes que incorporan una razón de segundo orden que les otorga una especial deferencia, y precedentes que no gozan de tal consideración.

---

44. F. Schauer, "Why Precedent in Law (and Elsewhere) is not Totally (or Even Substantially) About Analogy", en *Harvard University*, Faculty Research Working Papers Series, Agosto 2007, pp. 1-21.

45. La persuasividad de facto no es una propiedad que haga referencia a la fuerza del precedente sino, por el contrario, al grado de protección que gozan los precedentes. Desde luego, protección y vinculatoriedad son propiedades relacionadas pero que no deben ser confundidas. Basta, en este sentido, con imaginar una razón persuasiva de facto que funcione como razón concluyente, o bien una razón protegida que, sin embargo, tiene asignado un valor únicamente contribuyente en una decisión. Este punto es ilustrado por Jerzy Wroblewski cuando indica que un precedente no puede ser usado, en algunos ordenamientos, como única razón para decidir un caso. Cfr. J. Wroblewski, "Concepto y función del precedente en sistemas de *Statutory Law*", op. cit., p. 308.

46. Producto de dicha reunión fue el conocido volumen de R. Summers y D. N. MacCormick, *Interpreting precedents. A Comparative Study*, Dartmouth, Ashgate, 1997.

47. Para una crítica de precedente persuasivo de facto, véase Chiassoni, "¿Los precedentes civiles son vinculantes?", op. cit.p. 234.

3. CUÁNDO EXISTE LA REGLA DEL PRECEDENTE

Acabamos de ver que la regla del *stare decisis* no es en realidad una única regla sino, por el contrario, un conjunto de varias normas que determinan el tipo de comportamiento regulado (mencionar, tener en cuenta, usar), su carácter (permitido, prohibido u obligatorio), su peso en la argumentación judicial, etc. Lo que me interesa discutir en esta sección son las condiciones para poder afirmar que en un ordenamiento existe o no una regla – mejor dicho, un sistema – del precedente vinculante.

Para alcanzar tal objetivo, en primer lugar, analizaré por qué, si bien se trata de una cuestión contingente, es difícil imaginar un ordenamiento en el que no exista ninguna regla del precedente. En segundo lugar, presentaré algunos argumentos en favor de la tesis según la cual la aproximación tradicional a la cuestión sobre el valor vinculante de la jurisprudencia no resulta demasiado viable, y plantearé una alternativa basada en la distinción entre dos tipos de validez (originaria y derivada). Por último, distinguiré entre siete formas en las que la regla del precedente puede formar parte de un ordenamiento.

3.1. La necesidad funcional de la regla del precedente

Según Michel Troper, pese a la prohibición expresa de la regla del precedente en el código civil francés – por lo demás, justificada en la división de poderes – en tal ordenamiento existiría una regla del precedente vinculante[48]. Ello pese a que el sistema francés contendría dos prohibiciones explícitas de dotar de eficacia *erga omnes* a las decisiones jurisdiccionales: en primer lugar, una prohibición de carácter general dirigida a los jueces de formular normas de carácter general tanto en el fallo como en la justificación de la decisión; en segundo lugar, la obligación de fundar sus fallos únicamente en la ley, y la especular prohibición de justificar las decisiones únicamente en otras decisiones jurisdiccionales[49].

---

48. M. Troper, "La forza dei precedenti e gli effetti perversi del diritto", en *Ragion Pratica*, 6, 1996.
49. Íbidem, pp. 65 ss. Para un brevísimo resumen histórico acerca de cómo la influencia de la regulación de los precedentes en el código civil napoleónico afectó, de manera análoga, al

Pues bien, según Troper, pese a que el legislador francés ha tratado de evitar un sistema de precedentes, el resultado habría sido exactamente el contrario. Y, se podría añadir, no podía ser de otro modo, debido a dos factores: en primer lugar, otras previsiones normativas que parecían contribuir a concluir exactamente lo contrario; y, en segundo lugar, una serie de factores "funcionales" que hacen que sea difícilmente posible la no existencia de algún tipo de regla sobre el precedente.

a) En relación a otras previsiones normativas, el surgimiento del precedente en Francia se debe a dos disposiciones: por un lado, el art. 4 del código civil francés que califica como denegación de justicia la negativa a pronunciarse por parte de los jueces (prohibición de *non liquet*); por el otro, la instauración de un órgano dedicado a controlar la correcta aplicación de la ley por parte de los tribunales[50].

Respecto a la prohibición de *non liquet*, a decir verdad, aquella no genera de por sí un sistema de precedente: únicamente obliga a los jueces a formular normas de carácter general para decidir las controversias para las que surge una laguna. Sin embargo, no parece implicar que las normas formuladas por los jueces puedan ser aplicables y/o tengan eficacia *erga omnes*. Esto es, la obligación de decidir implica solo la imposibilidad de satisfacer simultáneamente la prohibición de formular normas generales de decidir tales casos, pero no implica de por sí un sistema de precedentes ya que tales normas podrían tener eficacia únicamente *inter partes*.

Respecto a la instauración de un órgano de casación, se podría discutir si la instauración de un tribunal dedicado al control de la (correcta) aplicación de la ley es base suficiente para afirmar que existe una regla del precedente (vertical) vinculante. En efecto, se podría sostener que lo único que controla un tribunal de casación es que el derecho se aplique "correctamente".

Sin embargo, tal visión se basa en una percepción formalista y algo ingenua sobre lo que supone la aplicación del derecho en general, y la interpretación judicial en particular. No solo porque supone, en este sentido,

---

ordenamiento jurídico español, véase F. Laporta, "La fuerza vinculante de la jurisprudencia y la lógicia del precedente", en V. Ferreres y J.A. Xiol, *El carácter vinculante de la jurisprudencia*, Fundación Coloquio Jurídico Europeo, Madrid, 2009, pp. 12 ss.

50. Ley de la Asamblea Nacional Francesa del 16-24 de septiembre 1791, título VIII, art. 23.

que el derecho admite una sola interpretación. El problema es que, más allá de que exista una sola interpretación correcta, incluso aunque esta tesis fuera verdadera (lo que es más que discutible), los desacuerdos sobre cuál es la interpretación correcta de hecho se producen, y los órganos de casación emiten normas sobre cómo interpretar tales enunciados.

Resulta pues muy poco plausible pensar que los tribunales de casación se dedican únicamente a velar por la buena aplicación para el derecho. Antes bien, dichos tribunales establecen una como la interpretación vinculante del derecho, formulando de este modo meta-reglas interpretativas, a veces de carácter sumamente general[51].

En definitiva, incluso allí donde parece haber una normativa contraria a la regla del *stare decisis*, en Francia surgieron en la práctica instituciones que juegan un papel similar, cuando no completamente equivalente. Y es que resulta francamente complicado encontrar algún ordenamiento en el que la regla del *stare decisis* no goce de algún tipo de reconocimiento, por escaso que sea este. Veamos las razones.

b) Son factores – que a falta de nombre mejor llamaré – de "carácter funcional" los que hacen difícil imaginar un ordenamiento jurídico en el que no exista algún tipo de regla sobre el precedente. Como ya se ha dicho, resulta pacífico sostener que en los ordenamientos jurídicos de nuestro entorno se producen casos de indeterminación[52] o, al menos, que los jueces deciden de maneras diferentes (más allá de que se equivoquen o no, y con qué frecuencia se produzca). Pues bien, si así están y los jueces tienen en ocasiones posibilidad de decidir los casos de distintas maneras (aunque sea solo que efectivamente puedan hacerlo y así lo hagan), es más que razonable pensar que los jueces toman en cuenta otras decisiones jurisdiccionales sobre casos similares (aunque sea al menos por razones de economía en la toma de decisiones).

---

51. Parece que, si descartamos la posibilidad de encontrar una sola respuesta para toda controversia jurídica, el recurso de casación por infracción de doctrina tendría su justificación, precisamente, en la unificación de doctrina. Sobre este punto, véase A. Bordalí, "La unidad en la interpretación jurisdiccional de los derechos fundamentales", *Revista Chilena de Derecho*, 34, 3; C. Bernal Pulido, "El precedente judicial en Colombia", en *Revista Derecho del Estado*, 21, 2008.
52. Sobre la indeterminación racional del derecho me permito remitir a A. Núñez Vaquero, "Ciencia jurídica realista: modelos y justificación", en *Doxa*, 35, 2013.

Es posible afirmar que un ordenamiento jurídico que no tiene ningún tipo de regla del precedente funciona mal, desde dos puntos de vista.

En primer lugar, un ordenamiento en el que no hay ningún tipo de regla del *stare decisis* ve aumentado su nivel de incertidumbre. Si existe un alto grado de incertidumbre acerca de lo que exige el derecho, entonces aquel difícilmente servirá para orientar el comportamiento. Dicho de otro modo, no podrá satisfacer su función principal que es orientar el comportamiento de los ciudadanos (ni, en realidad, tampoco el de los jueces). Y, se podría concluir, si el nivel de incertidumbre fuera demasiado alto, no reconoceríamos aquel como un ordenamiento jurídico porque no serviría para orientar la conducta.

En segundo lugar, en un ordenamiento sin algún tipo de regla del *stare decisis* se aumenta ostensiblemente los costos de la decisión y justificación jurisdiccional. En síntesis: es ineficiente volver a discutir una cuestión cada vez que se presenta en la práctica si aquella ha sido decidida previamente[53]. Cuando los jueces tienen la obligación de decidir los casos similares del mismo a como se ha hecho en el pasado, se dota al razonamiento judicial de un criterio de autoridad suplementario, lo que – al menos *prima facie* – tiende a aumentar la determinación normativa en tal ordenamiento, y a reducir los costos de decisión (y de justificación)[54].

En definitiva, es posible afirmar que un ordenamiento que carece completamente de una regla del *stare decisis* funciona, desde un punto de vista formal, mal porque parecería que tendrá un menor grado de determinación y toma decisiones de forma ineficiente. No obstante, es preciso subrayar que es perfectamente posible un ordenamiento en el que no exista una regla del *stare decisis*. Lo que estoy sosteniendo no es, por tanto, que no existan o no puedan existir ordenamientos sin algún tipo de regla del precedente. Lo que sostengo, por el contrario, es que en la mayoría de ordenamientos efectivamente existe alguna regla del *stare decisis*, técnica usada frecuentemente como instrumento para reducir la incertidumbre y aumentar la eficiencia en la toma de decisiones.

---

53. J. Raz, *La autoridad del derecho*, UNAM, México, 1985, p.146.
54. M. Orozco Muñoz, *La creación judicial del derecho y el precedente vinculante*, op. cit., pp. 236 ss.

3.2. La aproximación tradicional basada en las fuentes del derecho

Cuando la doctrina más tradicional del precedente se pregunta si en un ordenamiento existe una regla del precedente, es frecuente la afirmación según la cual se trata de una cuestión contingente, en el sentido de que depende de lo previsto por el ordenamiento de referencia. A continuación, se afirma que la mayoría de los ordenamientos de *civil law* no consideran la jurisprudencia como fuente formal del derecho sino, en el mejor de los casos, solo como fuente material (o auxiliar) del derecho[55]. Dicho de otro modo, se sostiene que la jurisprudencia no es fuente del derecho o solo lo es en sentido material porque el propio ordenamiento – normalmente la constitución y el código civil – no lo incluyen entre las fuentes formales del derecho[56].

Aquí, siguiendo las intuiciones de Troper a este respecto, no voy a tratar de afrontar la cuestión desde el punto de vista de las fuentes del derecho, por dos razones. En primer lugar, porque la propia noción de "fuente del derecho" resulta bastante equívoca; y más equívoca aún sería aquella de "fuente material" (y más todavía aquella de "fuente auxiliar"). En segundo lugar, porque si configuramos el problema del precedente como un problema acerca de las fuentes del derecho pareciera que se trata solo, o sobre todo, de un problema de interpretación de los enunciados que expresan cuáles son las fuentes formales del derecho[57]. Sin

---

55. A decir verdad, posteriorteriormente suele afirmarse que los dos tipos de sistemas jurídicos han acercado sus posiciones, dando los sistemas de *common law* cada ver más importancia al derecho escrito, y teniendo cada vez más relevancia los precedente en el ámbito del *civil law*. Cfr. Laporta, "La fuerza vinculante del precedente y la lógica del precedente", en V. Ferreres y J.A. Xiol, *La vinculatoriedad del precedente*, Fundación Coloquio Jurídico Europeo de Madrid, 2009.
56. Obviamente no sostengo que todos los autores que analizan la cuestión mediante la noción de fuentes del derecho reduzcan la cuestión a un problema de fuentes escritas. Véase, en este sentido, J. Aguiló, Teoría de las fuentes del derecho, Ariel, Barcelona, 2000, pp. 112 ss. Véase también, D. Accatino "Sobre la cultura jurídica chilena", en *Anuario de la Sociedad Chilena de Filosofía Jurídica y Social*, 2002; id., "La jurisprudencia de los tribunales en el derecho chileno: fuente elusiva, fuente eludida", en *Anuario de la Sociedad Chilena de Filosofía Jurídica y Social*, 2011.
57. El artículo de Pablo Bravo-Hurtado "Hacia los precedentes en Chile: Reforma Procesal Civil y Fuentes del Derecho" (*Revista Chilena de Derecho*, vol. 40, N° 2, esp. p. 557) parece un buen ejemplo de cómo no plantear el problema. Si bien el autor termina renunciando a una explicación de los precedentes basada en el sistema de fuentes (p. 563), lo cierto es

embargo, una posición como esta presupone una visión sumamente formalista, y errónea, acerca de las condiciones de pertenencia de las normas jurídicas.

Aquí, por tanto, adoptaré un punto de vista diferente basado en la idea de la validez (entendida como pertenencia) de una regla del *stare decisis*. Pues bien, cuando nos preguntamos si en un ordenamiento existe una regla del *stare decisis* lo que hacemos es preguntarnos por las condiciones de validez de una norma dentro de un sistema jurídico. Es precisamente esta la perspectiva que asumiré aquí.

Hoy en día es poco discutido que una norma puede pertenecer a un ordenamiento jurídico de diferentes maneras o a diferente título[58]. Puede, en primer lugar, pertenecer en cuanto norma derivada del ordenamiento, es decir, en cuanto norma que ha sido emanada por una autoridad competente y que no contradice normas jerárquicamente superiores (validez derivada). Pero, en segundo lugar, una norma puede pertenecer como norma independiente en un ordenamiento jurídico si aquella es reconocida directamente como tal por parte de los tribunales (validez originaria)[59]. Dicho de otro modo, como una norma directamen-

---

que continúa empleando la regulación sobre las fuentes formales para establecer cuál es el valor que se le atribuye a los precedentes en el ordenamiento jurídico chileno (p. 557). Además, el artículo afirma que aquel del precedente es un problema de interpretación jurídica (aunque de interpretación el artículo no dice prácticamente nada), de lo que podría inducirse que se trata de un problema de interpretación de las disposiciones que regulan las fuentes formales del derecho.

Un error similar es cometido por Martín Orozco Muñoz quien considera que entre los requisitos para que los precedentes sean vinculantes se incluye "que se trate de precedentes o líneas jurisprudenciales dotadas formalmente, por el ordenamiento, de carácter vinculante para la resolución de casos futuros, ya que, de lo contrario, se trataría de criterios jurisprudenciales meramente orientativos, no obligatorios" (M. Orozco Muñoz, *La creación judicial del derecho y el precedente vinculante*, op. cit, p. 67). El error consiste en condicionar la existencia de precedentes vinculantes al expreso reconocimiento por parte del ordenamiento (i.e. sistema de fuentes), lo que impide dar cuenta de los sistemas de precedente *praeter legem* y *contra legem*.

58. R. Caracciolo, *Sistema jurídico. Problemas actuales*, BOE, Madrid, 1988.
59. La lista de normas que pertenecen como normas independientes dentro de un ordenamiento jurídico es de lo más variado: desde la primera constitución, a las normas irregulares, pasando por las reglas que concretizan principios, las reglas (no positivizadas en muchos ordenamientos) para la resolución de antinomias, etc. Es decir, se trata de un conjunto de normas que nadie dudaría en calificar como pertenecientes al ordenamiento jurídico pero que no han sido emanadas por ninguna autoridad identificada por ninguna norma perteneciente al ordenamiento jurídico.

te designada por el conjunto de reglas que los jueces utilizan para establecer cuáles son las normas que pertenecen al ordenamiento jurídico (validez originaria).

Solo de este modo resulta posible explicar un caso como el sistema francés del precedente en el que aquel funciona *contra legem*[60] (lo que permite explicar también su funcionamiento *secundum legem* y *praeter legem*). No podemos pues conformarnos con qué dice el propio ordenamiento acerca de cuáles son sus fuentes[61]. Desde un punto de vista menos formalista, el criterio para establecer cuándo un ordenamiento contiene una norma sobre el *stare decisis* será doble: por un lado, porque sea una norma derivada material y formalmente válida (válida en sentido derivado); por el otro, cuando sea directamente indicada como una norma independiente (válida en sentido originario).

3.3. Siete formas en las que puede "existir" la regla del precedente

Una vez aclarado el marco conceptual en el que podemos decir que una norma puede pertenecer al ordenamiento jurídico, podemos presentar cinco maneras en las que un ordenamiento jurídico puede contener una norma sobre el precedente. A estas cinco formas se añaden dos mecanismos que, si bien no constituyen ejemplos de la regla del *stare decisis*, son equivalentes funcionales. Se trata, no obstante, únicamente de una enumeración no exhaustiva de formas en las que se puede justificar la pertenencia de la regla del *stare decisis*, siendo posible que haya otras formas.

a) *Por previsión normativa explícita*. En primer lugar, un ordenamiento jurídico puede tener una regla del precedente cuando los documentos normativos prevean una disposición normativa que explícitamente formula alguna regla del *stare decisis*. Por supuesto, cuáles de todas las posibles reglas del *stare decisis* sean las que están vigentes es cuestión que dependerá contingentemente de cada ordenamiento.

---

60. A. Bordalí, "La unidad en la interpretación jurisdiccional de los derechos fundamentales", *Revista Chilena de Derecho*, 34, 3, p. 522.

61. "Stare decisis is usually not a constitutional or statutory requirement, but one wich courts impose on themselves". Cfr. N. Duxbury, *The Nature and Authority of Precedent*, Cambridge University Press, 2008, p. 116.

b) Por concretización de algún principio. En segundo lugar, es posible que, pese a que no se encuentre previsión normativa alguna acerca de la regla del *stare decisis*, aquella sea considerada como la concretización de algún principio jurídico (explícito o implícito). Es decir, es posible que en un ordenamiento jurídico se considere que la norma del *stare decisis* no ha sido expresamente formulada por el legislador pero, sin embargo, aquella derive de la especificación de algún principio jurídico[62].

Sin embargo, es importante señalar que su derivabilidad (argumentativamente) a partir de algún principio del ordenamiento no es condición suficiente para que la regla del *stare decisis* esté presente en un ordenamiento, ni siquiera cuando deriva de un principio explícito[63]. Antes bien, lo que determina la pertenencia a un ordenamiento de alguna regla del precedente es que tal regla sea aceptada como una concretización válida de tales principios. Esto es, no basta el hecho de que la regla del *stare decisis* pueda ser efectivamente concretizada a través de uno de estos principios jurídicos para que aquella forme parte del ordenamiento, sino que tal concretización debe ser considerada válida por la comunidad jurídica en general, y por los jueces en particular.

c) Por identificación de la regla del precedente como norma independiente (originaria). El consenso necesario para que una regla del *stare decisis*, producto de la concretización de algún principio jurídico, perteneciera a un ordenamiento sería un consenso, en cierto sentido, justificado jurídicamente, en la medida en que se trate de un consenso basado

---

62. Los dos principios candidatos a expresar la regla del *stare decisis* son precisamente aquellos que justifican su existencia: el principio de seguridad jurídica y el principio de igualdad ante la ley. En relación al primero, no parece descabellado afirmar que una de las posibles concretizaciones del principio de seguridad jurídica es la regla según la cual que los casos similares deben juzgados de igual manera. Ello con el objetivo de que las expectativas de los ciudadanos sobre un tipo de decisiones jurisdiccionales se vean satisfechas. En relación al segundo, el principio de igualdad ante la ley parece justificar sobradamente que todos los casos de un cierto tipo deban ser decididos de la misma manera. Véase, J.A. Xiol, "Notas sobre la jurisprudencia", en V. Ferreres y J.A. Xiol, *El carácter vinculante de la jurisprudencia*, op. cit.; J. Igartua, "La fuerza vinculante del precedente judicial", en *Isegoría*, 35, 2006, pp. 193-205; Marinoni, Luiz Guilherme, "El precedente en la dimensión de la seguridad jurídica", en *Ius et Praxis*, 1, 2012, pp. 249-266; A. Ruiz Miguel, "Equality before the Law and Precedent", en *Ratio Juris*, Vol. 10, 4, 1997, pp. 372-391.
63. Si aceptamos que tales principios están presentes en la mayoría de los ordenamientos de nuestro entorno, esto podría llevarnos a concluir que en todos estos ordenamientos está presente la regla del *stare decisis*. Sin embargo, ello no es evidentemente así, al menos porque los diferentes ordenamientos parecen tener diferentes reglas del precedente.

en la plausibilidad de derivar tal regla a partir de uno de los dos principios. Sin embargo, tal consenso puede darse, por decirlo de algún modo, de manera más directa o, si se prefiere, menos justificada desde el punto de vista jurídico.

En efecto, es perfectamente posible que, pese al silencio del sistema de fuentes expresamente formulado en un ordenamiento (*praeter legem*), o incluso en contra de dicho sistema explícito de fuentes (*contra legem*), los jueces reconozcan como parte del ordenamiento una regla del *stare decisis* y estén dispuestos a aplicarla. Es decir, que los jueces consideren que hay una norma implícita en el ordenamiento que obliga a decidir los casos similares de manera similar, designando tal norma como una norma independiente (en el sentido de norma originaria del ordenamiento).

d) Por identificación de una o varias decisiones como precedente como normas independientes (originarias). En cuarto lugar, es también posible que no haya una regla del precedente de carácter general, sino que se considere que un conjunto de decisiones expresan normas originarias. Es decir, aquí antes que una genuina regla del precedente, lo que tendríamos son un conjunto de decisiones jurisdiccionales que se considera que expresan normas jurídicas válidas en sentido originario: normas implícitas de creación intersticial, que no son consecuencia lógica de ninguna norma expresa del ordenamiento.

e) Por creación jurisprudencial de la regla del stare decisis. En quinto lugar, en algunos ordenamientos jurídicos se ha dado el caso de que han sido los propios tribunales quienes explícitamente han formulado una regla sobre el *stare decisis*. Es decir, los propios tribunales son quienes declaran que sus sentencias tienen, o comenzarán a tener, valor vinculante. Este es, por ejemplo, el caso del Tribunal Constitucional colombiano; en cierto sentido, también del Tribunal constitucional español; y la base de la regla del autoprecedente por parte de la Cámara de los Lores británica[64].

f) Dos equivalentes funcionales: organización del poder judicial. Por último, es preciso señalar que muchos ordenamientos jurídicos, pese a

---

64. Sobre el Tribunal Constitucional colombiano, véase C. Bernal Pulido, "El precedente judicial en Colombia", en *Revista Derecho del Estado*, 21, 2008. Sobre el Tribunal Constitucional español, véase Moral Soriano y Marina Gascón. Sobre la Cámara de los Lores, véase R. Cross y J.W. Harris, El precedente en el Derecho inglés, op. cit., p. 129.

no tener previsiones específicas acerca de la regla del precedente, tienen estructurado el poder judicial de tal manera que, en la práctica, supone una forma de vincular las decisiones jurisdiccionales a decisiones pasadas, incluso de forma más eficaz que la propia regla del precedente.

En primer lugar, como ya hemos visto, en relación a la necesidad funcional del precedente, en aquellos sistemas donde se crea un sistema de casación para vigilar la correcta aplicación del derecho, el resultado es funcionalmente idéntico[65]. Esto es, si bien no se afirma que los tribunales inferiores tengan que decidir de la misma manera que los tribunales superiores (salvo, tal vez, en los casos de casación por unificación de doctrina en relación a los tribunales supremos), los tribunales superiores tienen la potestad para anular todas aquellas decisiones contrarias a Derecho por infracción de ley. En estos casos, aunque no haya ninguna referencia al valor vinculante de la jurisprudencia, el efecto práctico es el mismo.

La equivalencia es, sin embargo, únicamente funcional. Cuando estamos frente a un sistema de precedente, una decisión judicial puede llegar a ser anulada por no hacerse cargo de los argumentos de una decisión con valor de precedente o, incluso, por no mencionarla. Por el contrario, en un sistema únicamente de casación (casación por infracción de ley) la justificación de la anulación de la sentencia tiene que fundarse en la incorrección jurídica de la decisión casada, no en la falta de uso de una decisión pasada. El resultado es, no obstante, funcionalmente equivalente porque apartarse del criterio seguido por el tribunal previo puede suponer la anulación de la decisión del tribunal inferior[66].

En segundo lugar, también se produce un efecto funcionalmente equivalente a la instauración de una regla del precedente toda vez que existe un sistema de control por parte de los órganos encargados del go-

---

65. Francisco Laporta llega a sostener que allí donde hay una organización jerárquica de los tribunales habría un sistema de precedente. La idea, aunque sugestiva, parece exagerada porque, si así fuera, todos los ordenamientos jurídicos de nuestro entorno, donde efectivamente los jueces están organizados de manera jerárquica, tendrían una regla del precedente, lo que creo que es sin más falso. Cfr. Laporta, F.J., "Vindicación del precedente", en *Anuario de Facultad de Derecho de la Universidad Autónoma de Madrid*, 1997, 1, pp. 267-278.

66. Es importante señalar que un sistema de simple casación (en la que no está prevista expresamente la obligación de seguir los precedentes) puede llegar a ser mucho más rígido que un sistema de precedente en el que, por ejemplo, los jueces puedan rechazar con unos pocos argumentos la aplicación de la norma expresada en la decisión jurisdiccional precedente.

bierno judicial que, en relación a cuestiones disciplinarias o de ascensos, utiliza el contenido de las decisiones judiciales para evaluar a aquellos. Es decir, cuando los órganos de gobierno de los jueces pueden condicionar la carrera profesional de los magistrados con base en sus decisiones, entonces es más que probable que los jueces vigilados tiendan a adaptar sus decisiones a aquellas dictadas por los magistrados de los que depende su carrera profesional[67].

Se trata, no obstante, únicamente de un equivalente funcional en la medida en que no existe una norma que considere específicamente como obligatoria el uso de decisiones jurisdiccionales vinculantes. Sin embargo, insisto, en la práctica este mecanismo puede generar el efecto de que los jueces, siempre que no quieran ver frustradas sus carreras judiciales, decidan los casos de manera conforme a como han decidido los miembros de los órganos jurisdiccionales que les tienen que evaluar.

4. DESCUBRIENDO EL PRECEDENTE

Los problemas conceptuales señalados en las anteriores secciones dan cuenta de que la discusión que se ha producido en varios ordenamientos jurídicos sobre la necesidad de establecer una regla del precedente no siempre tiene en cuenta todas las cuestiones relevantes. Según lo visto hasta ahora, la noción misma de precedente, sus posibles grados de vinculatoriedad y su existencia son cuestiones que no siempre se han discutido con la profundidad debida. Hay, sin embargo, otras dos cuestiones sobre las que no se ha llamado suficientemente la atención. En esta sección me ocuparé de la identificación de la regla empleada por un órgano jurisdiccional para decidir una controversia, esto es, el descubrimiento de la *ratio decidendi*.

---

67. Este es, por ejemplo, el caso de Perú, en los que jueces y magistrados son controlados y calificados periódicamente, pudiendo ser incluso expulsados de la carrera judicial si muestran algún comportamiento "desviado". Algo parecido sucede en Chile, donde los jueces son, literalmente, calificados por los miembros de la Corte Suprema, siendo posible que los jueces obtengan malas calificaciones – dando lugar a que su carrera profesional se vea frustrada o, cuanto menos, ralentizada – si se alejan de las decisiones de la Corte Suprema. Sobre el caso peruano, véase Y. Doig, "La independencia de los jueces peruanos y el proceso de ratificación", en G.F. Priori Posada (ed.), *Proceso y constitución*, PUCP, Lima, 2011, pp. 300-318. Sobre el caso chileno, véase Bordalí Salamanca, A., *La independencia judicial en el derecho chileno*, Legal Publishing, Santiago de Chile, 2010.

A decir verdad, la gran mayoría de la teoría del derecho continental, incluidos algunos realistas continentales[68], han presentado la identificación de la norma aplicada por un tribunal como una actividad aproblemática[69]. Es más, aunque en la cultura del *common law* se ha prestado mucha mayor atención al problema de la identificación de la *ratio decidendi* del precedente[70], lo cierto es que la cuestión no parece resuelta, habiendo incluso quien ha admitido lisa y llanamente la imposibilidad de identificar aquella de forma objetiva[71].

Antes de pasar a analizar los problemas relativos a la identificación de la *ratio decidendi* es preciso volver a las formas en las que puede ser trazada la distinción entre *obiter dicta* y *ratio decidendi*. Como ya sabemos (*supra* 2.2.2), la distinción entre *obiter dicta* y *ratio decidendi* se vuelve más relevante en la medida en que concibamos los precedentes

---

68. Resulta en este sentido sorprendente las tesis de Alf Ross. En efecto, Ross considera que el objetivo de la ciencia del derecho realista es "el contenido abstracto de las directivas", esto es, "es aquella que se ocupa de las normas jurídicas" [...] "Tiene que consistir en aserciones, aserciones referentes a normas, y esto a su vez significa aserciones que enuncian que ciertas normas son 'derecho vigente'". Siendo, para Ross, el derecho vigente el conjunto de normas que los jueces de hecho aplican porque las sienten como obligatorias, parecería que la ciencia del derecho consiste, al menos como primer paso o momento, en la determinación de la *ratio decidendi* (para Ross "el principio general de derecho que necesariamente hay que introducir como premisa para fundar la decisión"), esto es, la norma que ha usado el juez para decidir (cfr. A. Ross, *Sobre el derecho y la justicia*, Eudeba, Buenos Aires, 1997, p. 42). Pues bien, el propio Ross se encarga de decirnos, al hablar de los precedentes, que se tiene gran libertad a la hora de establecer la *ratio decidendi* de las decisiones judiciales, lo que parece minar su propio modelo de ciencia jurídica realista. Cfr. Ídem. p. 117.

69. En este sentido, el hecho de que muchos ordenamientos prevean recursos de aclaración de sentencia debería haber funcionado, al menos, como indicio sobre que la identificación de la norma aplicada es una actividad que puede resultar bastante complicada, cuando no directamente imposible, requiriendo una decisión de tipo autoritativo.

70. Veáse A. Goodhart, "Determining the Ratio Decidendi of a Case, en The Yale Law Journal, 40, 2, 1930, pp. 161-183; J. Stone, "The Ratio of a Ratio Decidenci", en Modern Law Review, 22, 6, 1959, pp. 5978-620; J. L. Montrose, "Reasoning, Ratio Decidendi and Denning L.J.", en Modern Law Review, 19, 5, 1956, pp. 525-530.

71. Es importante recordar que buena parte de las tesis de los realistas estadounidenses escépticas sobre la interpretación fueron formuladas originariamente no referidas a los enunciados normativos procedentes del legislador sino precisamente en relación a los precedentes judiciales. Véase, por ejemplo, K. Llewellyn, "Remarks on the Theory of Appellate Decision and the Rules or Canons about How Statutes Are to Be Construed", en *Vanderbilt Law Review*, 395, 3 1949-1950. Parece, por otro lado, que los argumentos realistas han sido tan persuasivos que algunos normativistas, como Neil Duxbury, han llegado a aceptar la imposibilidad de establecer cuál es la ratio decidendi de una decisión (al menos en algunos casos). Cfr. N. Duxbury, *The Nature and Authority of Precedent*, op. cit., p. 107.

como reglas y no como casos paradigmáticos. La razón es que si bien la distinción es conceptualmente relevante tanto si concebimos los precedentes como reglas como si los concebimos como casos paradigmáticos, en el segundo caso la distinción se hace extensionalmente mucho más difícil de trazar.

La razón, como ya sabemos, es que no es posible establecer los criterios que permitan identificar exhaustivamente *ex ante* cuáles son las condiciones de aplicación del precedente como caso paradigmático[72]. Es decir, si concebimos el precedente como un caso paradigmático no es posible establecer exhaustivamente cuál es el conjunto de propiedades necesarias y/o suficientes para que el precedente sea aplicable antes de que se presente un caso al que aplicar tal precedente. En caso contrario, si fuéramos capaces de identificar tales propiedades, estaríamos configurando el precedente no como un caso paradigmático sino como una regla[73].

Por el contrario, cuando configuramos el precedente como regla, la distinción entre *obiter dicta* y *ratio decidendi* se vuelve de lo más relevante. Esto no implica que alguna de las propiedades previstas en el antecedente de la regla aplicada por el juez sea perfectamente clara en el sentido de no vaga. Es, por supuesto, perfectamente posible concebir la decisión jurisdiccional como aplicación de una regla pero, sin embargo, que dicha regla sea intensionalmente vaga. En cualquier caso, es preciso no olvidar que la consideración de un caso como regla o caso paradigmático es algo que puede cambiar, y de hecho cambia, con el paso del tiempo.

Por esta razón, en este apartado me centraré exclusivamente en los problemas de identificación de la *ratio decidendi* cuando el precedente sea identificado como regla. Reservaré los problemas sobre la identificación de la *ratio decidendi* a un epígrafe específico al final de la presente sección (*infra* 4.4).

---

72. Tal vez puedan identificarse negativamente algunas que claramente no formarían parte. Sin embargo, tal identificación puede hacerse de manera discursiva o argumentativa, dependiente en última instancia de las preferencias axiológicas de quienes las identifican negativamente.
73. J. Wroblewski, "Concepto y función del precedente en sistemas de *Statutory Law*", op. cit., p. 301.

4.1. Problemas de interpretación del precedente en sentido estricto

El primer problema que aparece en relación a la identificación de la norma aplicada por un órgano jurisdiccional es la interpretación de las decisiones jurisdiccionales. Sin embargo, por "interpretación" podemos entender cosas muy diferentes. Pues bien, por interpretación en sentido estricto entenderé la actividad de atribución de significado a textos (en este caso, al texto de la decisión jurisdiccional). Por interpretación en sentido amplio, por el contrario, entenderé el conjunto de actividades que sirven para establecer la *ratio decidendi* pero que no consisten en la atribución de significado al texto con base en criterios interpretativos como, por ejemplo, la inducción o la identificación de qué hechos ha considerado como relevantes (de entre todos los hechos probados) el órgano jurisdiccional.

En este epígrafe me referiré únicamente a los problemas de interpretación en sentido estricto. Dejaré para el siguiente epígrafe (*infra* 4.2) los problemas de interpretación en sentido amplio.

En relación a la interpretación en sentido estricto, en primer lugar, nos encontraremos con el problema de tener que identificar qué partes de la decisión constituyen la *ratio decidendi* y cuáles, sencillamente, son parte del *obiter dicta*. Surge, en este ámbito, también el problema del valor que debe atribuírsele a la propia declaración del órgano sobre cuál es el fundamento – en este contexto, la *ratio decidendi* – de su sentencia[74].

En segundo lugar, en muchas ocasiones la *ratio decidendi* no está formulada en términos normativos, sino que, por el contrario, aparece como una explicación de la decisión jurisdiccional. Dicho de otro modo, la norma que constituye la *ratio decidendi* no queda formulada en términos prescriptivos sino en términos descriptivos, lo que no ayuda precisamente a su identificación.

En tercer lugar, del mismo modo que en muchas ocasiones los enunciados interpretativos que podemos emplear para atribuir significado a los enunciados normativos conducen a diferentes interpretaciones-

---

74. Como señalar R. Cross, esto podría producir que el órgano afirmase que algunas cuestiones no congruentes o relevantes para el fallo tuvieran valor de precedente. Cfr. R. Cross y J. W. Harris, *El precedente en el Derecho inglés*, op. cit., p. 64

-producto (careciendo de meta-criterios últimos de origen jurídico que nos indiquen cuál de las interpretaciones es la correcta)[75], igualmente la interpretación de los enunciados que aparecen en una decisión jurisdiccional pueden ser susceptibles de diferentes interpretaciones[76]. Ello se debe exactamente a la misma razón por la que podemos atribuir diferentes interpretaciones a los enunciados normativos: la pluralidad de criterios interpretativos, y la ausencia de meta-criterios últimos de corrección interpretativa[77].

Para entender el cuarto problema relativo a la interpretación en sentido estricto es necesario introducir una distinción ulterior de teoría general de la interpretación: aquella entre interpretación en abstracto e interpretación en concreto. Como es sabido, la interpretación en abstracto es la interpretación que es llevada a cabo más allá de cualquier caso individual, mientras que la interpretación en concreto es una interpretación dirigida al uso de la interpretación-producto para resolver un caso individual[78].

Pues bien, cuando estamos frente a la interpretación en concreto de una decisión jurisdiccional, la atribución de significado a los enunciados de la decisión precedente está mediada por sesgos normativos. Es decir, la atribución de significado a los enunciados de la decisión que expresa el precedente va a estar determinada por la percepción del caso a resolver y por cómo este precedente puede afectar el caso a decidir. Dicho de otro modo: el intérprete va a ajustar la atribución de significado a la decisión objeto de interpretación con base en las consecuencias que tal interpretación produzca hacia el caso que ha de resolver.

---

75. R. Guastini, Interpretar y argumentar, CEPC, Madrid, 2014.
76. La decisión judicial, normalmente, interpreta textos normativos – disposiciones normativas de carácter autoritativo – pero puede interpretar también, a su vez, otras decisiones judiciales. Es decir, la interpretación de decisiones judiciales es en muchas ocasiones una meta-interpretación, esto es, interpretación de cómo se han interpretado otros textos.
77. K. Llewellyn, "Remarks on the Theory of Appellate Decision and the Rules or Canons About How Statutes are to Be Construed", en *Vanderbilt Law Review*, 3, 1950.
78. Guastini en realidad emplea la expresión "interpretación en concreto" para referirse a dos actividades diferentes: en primer lugar, a la subsunción; en segundo lugar, a la actividad de interpretación en sentido estricto que consiste en ajustar el significado de los enunciados precisamente con el objetivo de esclarecer si aquellos expresan una proposición bajo la cual subsumir un caso individual.

Esto, es importante señalarlo, no implica que nunca sea posible establecer qué norma ha sido empleada para resolver un caso, ni que las decisiones judiciales sean siempre ambiguas, susceptibles de varias interpretaciones. El hecho de que sea o no posible determinar la *ratio decidendi* es una eventualidad que depende de que los diferentes criterios interpretativos conduzcan efectivamente a diferentes resultados interpretativos y de la propia redacción de la decisión. Sin embargo, parece que tales problemas se dan con mucha frecuencia.

4.2. Problemas de interpretación en sentido amplio

Si bien es cierto que buena parte de los problemas de la identificación de la *ratio decidendi* son problemas relativos a la interpretación en sentido estricto, es importante señalar que los problemas de distinción entre *ratio* y *obiter* no pueden ser reducidos únicamente a problemas de interpretación. Es decir, es posible que no tengamos dudas acerca del significado de las palabras empleadas en la decisión jurisdiccional pero que, sin embargo, con base en dicho material no sea posible todavía identificar la regla aplicada.

En este sentido se pueden identificar no menos de cinco problemas de interpretación en sentido amplio que no son dependientes de la interpretación en sentido estricto.

En primer lugar, si presuponemos que la justificación de la regla del *stare decisis* se encuentra en los principios de igualdad y seguridad jurídica[79], entonces aquello relevante es determinar qué norma ha sido la que ha utilizado el órgano jurisdiccional para decidir la controversia, no la norma que ha presentado como justificación de su decisión. Es decir, aquello relevante es la premisa normativa que ha utilizado el juez en su

---

79. Algunos autores, como Marina Gascón, justifican la regla del precedente en la interdicción de la arbitrariedad judicial. En este sentido, aquella funcionaría como un límite formal a la argumentación judicial; en particular, aquella equivaldría al principio kantiano de universalidad. Sin embargo, Gascón insiste en que dicha justificación no estaría basada en el principio de igualdad. Cfr. M. Gascón, *La técnica del precedente y la argumentación racional*, op. cit., p. 59. Véase también J. Waldron, "Stare Decisis and the Rule of Law: a Layered Approach", en Michigan Law Review, 111, 2012, pp. 1-31.

fuero interno[80]: la norma que funcionó como premisa mayor en su razonamiento, y no necesariamente aquella que mencionó.

Pues bien, desde este punto de vista, no hay razón alguna para presuponer que la decisión mencione todas y cada una de las propiedades que han sido consideradas como relevantes a la hora de decidir. Dicho de otro modo, no hay ninguna razón para pensar que los jueces han hecho explícitas o mencionado todas las propiedades relevantes contempladas en el antecedente de la norma que ha aplicado. De hecho, a decir verdad, no hay razón alguna para pensar que los jueces realmente mencionen las razones por las que deciden realmente las controversias[81].

En segundo lugar, no es infrecuente que los órganos jurisdiccionales, especialmente los administrativos, mencionen únicamente disposiciones normativas sin especificar cómo la están interpretando. Es decir, sin hacer explícita cuál es la norma que están aplicando[82] sino únicamente la disposición de la que la derivan. Este problema, que no es de interpretación en sentido estricto sino de meta-interpretación, se agrava especialmente cuando lo que están aplicando los jueces no son normas provenientes de enunciados normativos sino precedentes que tienen como origen otras decisiones jurisdiccionales.

En tercer lugar, es posible que el órgano haya considerado diferentes disposiciones y/o diferentes normas como contribuyentes para su decisión judicial. Sin embargo, configurando de este modo la decisión, el problema es que no sería posible identificar cuáles son los factores necesarios y suficientes, es decir, las propiedades relevantes de la regla que ha aplicado.

En cuarto lugar, es posible que una decisión jurisdiccional contenga votos concurrentes, es decir, votos particulares que apoyan la decisión

---

80. Siempre que se conciba el precedente de forma psicológica. Cfr. noción de precedente subjetivo de Chiassoni. Esta parece ser la tesis de Rupert Cross: "[E]ntre todas las proposiciones dictadas por el juez, únicamente se consideran parte de la *ratio decidendi* aquellas proposiciones que parezcan haber sido *consideradas por él como necesarias* para su decisión"; "Obsérvese que el descubrimiento de la ratio decidendi del caso anterior es principalmente un problema de tipo psicológico" (cursiva mía). Cfr. R. Cross, *El precedente en el Derecho inglés*, op. cit., pp. 63, 226.
81. R. Posner, Cómo deciden los jueces, Marcial Pons, Madrid, 2011.
82. "Sin esa enunciación, el fundamento puede ser prácticamente cualquier cosa". Cfr. F. Schauer, *Pensar como un abogado*, op. cit., p. 70.

pero que la fundamentan de manera diferente. No solo es discutible cuál sea el papel de dichos votos en la identificación de la *ratio decidendi*, sino que también es dudoso qué papel están llamados a jugar los votos disidentes.

Por último, en los casos de ponderaciones entre principios jurídicos es perfectamente posible que se indiquen cuáles han sido los principios y razones tenidas en cuenta, pero no se especifique qué regla es la que se obtiene de tal ponderación y, de consecuencia, qué regla se está aplicando. Puede darse el caso de que no se mencione cuál es el resultado de la ponderación, señalándose únicamente cómo resuelve dicha ponderación el caso. Y algo parecido se podría decir respecto a la concretización de principios, es decir, la derivación de una regla a partir de un principio jurídico.

4.3. El problema la inducción

Cuando, después de la interpretación en sentido estricto de los enunciados que expresan la decisión jurisdiccional, no se ha conseguido determinar la *ratio decidendi* de la decisión, se pueden tomar dos caminos diferentes para intentar identificar la regla aplicada. El primero de ellos es la reinterpretación (en sentido estricto) del texto de la sentencia, intentando hacerle decir más de aquello que, a la luz de los criterios interpretativos disponibles, dice la decisión. El segundo camino consiste en tratar de reconstruir la regla aplicada a través del fallo de la decisión y los hechos probados, mediante un argumento por generalización[83].

A continuación, analizaré dos problemas que enfrenta este segundo tipo de operaciones en las que se trata de identificar la *ratio decidendi* a la luz del dispositivo de la sentencia y de los hechos probados. Dejo de lado el primer tipo de actividad de sobreinterpretación porque parece tratarse de un caso de discrecionalidad en sentido fortísimo.

Pues bien, en primer lugar, es frecuente considerar que, a la luz de los hechos probados y de la norma individual decretada por el juez, es posible establecer qué regla ha aplicado. Sin embargo, para que dicha operación fuera plausible, sería necesario establecer cuáles, entre todos

---

83. Por supuesto, si bien es posible distinguir conceptualmente estas dos operaciones, en la práctica son llevadas a cabo de manera conjunta.

los hechos considerados como probados, son considerados como relevantes por el tribunal[84]. Ahora bien, si fuéramos capaces de identificar cuáles son los hechos relevantes del caso, entonces ya habríamos descubierto las propiedades relevantes que forman el antecedente de la regla aplicada por el tribunal (teniendo la solución normativa en el fallo)[85]. Dicho de otro modo: podemos identificar cuáles han sido los hechos considerados como relevantes solo cuando hayamos identificado qué norma ha aplicado el juez; en otro caso, no podremos distinguir cuáles de todos los hechos considerados probados – lo que ya puede generar de por sí problemas – son aquellos que el órgano jurisdiccional ha considerado como relevantes. Se trata, por tanto, de una falacia de argumento circular.

En segundo lugar, incluso aunque fuéramos capaces de establecer cuáles son los hechos que han sido considerados relevantes, con base en dichos hechos y el dispositivo de la sentencia sería posible identificar – no una sino – infinitas normas que igualmente justificarían la misma decisión[86]. Se trata sencillamente del más que conocido problema – indicado prontamente por los realistas estadounidenses en este ámbito[87] –

---

84. Esta es la crítica que tradicionalmente se ha venido desarrollando en contra del método desarrollado por Goodhart para la identificación de la *ratio decidendi*. Véase N. Duxbury, *The Nature and Authority of Precedent*, op. cit.

85. Autores como Goodhart han sostenido que cuáles sean las propiedades que hay que considerar como relevantes para la determinación de la *ratio decidendi* vendría dado por el resto de normas del ordenamiento. Obviamente, surgen inmediatamente dos cuestiones: ¿qué propiedades, de todas las que contempla el derecho, son las que deben ser tenidas en cuenta? ¿o, dicho de otro modo, qué criterio de relevancia debemos emplear para identificar las normas relevantes a estos fines? Este parece ser el argumento adoptado por Schauer. Cfr. Schauer, *Pensar como un abogado*, op. cit., p. 65. Sin embargo, Schauer había sostenido con anterioridad una tesis acerca de la convencionalidad de los criterios de relevancia; dicho de otro modo, que existiría una convención, desde luego profunda, acerca de cuáles son los criterios de relevancia. Sin embargo, dicha tesis puede ser refutada haciendo referencia, rawlsianamente, al hecho del pluralismo de las concepciones del bien.

86. Este punto puede comprenderse fácilmente mediante un ejemplo: si una decisión judicial ha considerado que el sujeto S1 asesinó al sujeto S2, y el dispositivo de la sentencia dice que S1 debe permanecer 15 años en una cárcel, alguien podría concluir que la regla aplicada sería algo parecido a N1: Quien asesine tendrá pena de 15 años de cárcel. Sin embargo, dicha norma individual también estaría justificada por la norma N2 (Quien asesine a otro mediando una relación de enemistad entre víctima y delincuente, entonces 15 años de cárcel), la norma N3 (Quien asesine a otro salvo que haya una relación afectiva entre las partes, entonces 15 años de cárcel), la norma N4 (Quien asesine habiendo una relación laboral entre las partes, entonces 15 años de cárcel), etc.

87. La formulación más célebre de este problema se encuentra en H. Oliphant, "A return to stare decisis", en *American Bar Association Journal*, 14, 71, 1928. Sin embargo, también es

de la inducción: la imposibilidad de concluir válidamente desde el punto de vista lógico qué regla se está utilizando a partir de la constatación de ejemplos de uso de la regla[88].

Por último, es importante señalar que algunos autores han considerado que, más allá del valor que se otorgue a la reiteración de un precedente (esto es, que no se trate de una única decisión precedente, sino que haya varias o una cadena de precedentes), tal reiteración serviría para identificar con mayor claridad cuál es el precedente. Sin embargo, es preciso descartar tal idea. Si el problema, como parece, es la determinación de la norma aplicada por el tribunal, entonces surgen dos problemas en relación a lo que aportaría la reiteración del precedente.

El primero de ellos es que nada impide que el segundo precedente haya interpretado mal el primero y, en tal caso, en lugar de uno tengamos dos precedentes parcialmente solapados. En segundo lugar, el hecho de que tengamos una decisión ulterior, incluso aunque sea idéntica, no tiene por qué facilitar la identificación del precedente vía inducción, precisamente porque la presentación de nuevos casos de aplicación de la regla no permite establecer concluyentemente qué norma ha sido aplicada. En caso contrario, sencillamente presupondríamos haber resuelto el problema de la inducción (y/o del wittgensteniano seguimiento de reglas), lo que estamos lejos de conseguir.

Cuando se presentan casos de indeterminación acerca de la *ratio decidendi* y, aún así, se identifica una específica norma como la aplicada, dicha actividad, antes que puramente cognitiva, parece más bien de reconstrucción valorativa o axiológica. Es decir, lo que se hace en estos casos es llevar a cabo una operación de carácter valorativo (en abstracto y/o en concreto) para identificar cuáles son las propiedades que el órgano jurisdiccional *debería* haber tenido en cuenta: un juicio de carácter práctico acerca de cuáles son las propiedades que "razona-

---

identificada por el propio Llewellyn (en *The Bramble Bush*, 2008, pp. 61-66), por Felix Cohen ("The Problems of a Functional Jusrisprudence", en *The Legal Conscience*, Yale University Press, New Haven, 1960 p. 88) y por Max Radin ("The Trial of the Calf", en *Cornell Law Quaterly*, 137, 1946, p. 140).

88. Aquí no estoy sosteniendo, ni tomando posición de ningún modo, respecto a la tesis de Kripke-Wittgenstein acerca de la existencia de reglas. Aquí únicamente estoy presuponiendo (que no aceptando) la existencia de normas (o reglas) pero poniendo en cuestión la posibilidad de identificarlas en este ámbito.

blemente" debería haber tenido en cuenta el órgano a la hora de decidir el caso. Por supuesto, nada garantiza que los criterios empleados sean los mismos.

4.4. La identificación de la *ratio decidendi* como caso paradigmático

Ya hemos visto que cuándo un precedente sea caso paradigmático no depende necesariamente de ninguna propiedad intrínseca de la decisión jurisdiccional sino de la decisión del intérprete. Sin embargo, pese a depender de las preferencias del intérprete, la distinción entre regla y caso paradigmático no es de grado sino cualitativa: una regla es una norma de condicional cerrado (no vago en sentido combinatorio y cuyas propiedades son no valorativas), mientras que un caso paradigmático es una norma con condicional abierto, o tiene en su antecedente algún elemento cargado axiológicamente.

Dicha diferencia estructural se ve reflejada en un diverso método para establecer sus condiciones de aplicación. Si cuando estamos frente a una regla es posible establecer cuándo aquel es internamente aplicable en abstracto a otro caso en términos atómicos, cuando estamos frente a un caso paradigmático la identificación de las condiciones internas de aplicación en abstracto resulta imposible y, por tanto, insuficiente para determinar cuándo será aplicable a otra decisión jurisdiccional. Por el contrario, las condiciones de aplicación interna solo pueden ser determinadas en concreto, es decir, relativa a un caso.

Para la identificación de la aplicabilidad en concreto del precedente entendido como caso paradigmático es preciso realizar un juicio acerca del suficiente parecido entre los dos casos: el caso paradigmático y aquel al que podría ser aplicado. Se trata, como es bien sabido, de un razonamiento por analogía en el que se intenta establecer si ambos casos son suficientemente parecidos como para merecer la misma solución.

Ahora bien, parece fuera de discusión que cuándo dos casos son suficientemente iguales como para merecer el mismo tratamiento remite a la cuestión de la justicia como igualdad[89]. Si partimos rawlsianamente

---

89. Y si hemos partido de un caso paradigmático como punto de inicio del razonamiento por analogía, entonces parece sensato concluir que tal juicio – sobre la justicia de tratar los dos

del hecho del pluralismo de concepciones del bien y de la justicia, y/o de algún tipo de no objetivismo en meta-ética, entonces parece evidente que no disponemos de criterios objetivos para establecer en concreto las condiciones de aplicación del precedente como caso paradigmático. Y es que para resolver este problema "solo" deberíamos haber resuelto previamente la cuestión acerca de la justicia como igualdad.

De este modo, cuándo un precedente entendido como caso paradigmático sea aplicable a otro caso, dependerá de la consideración sobre justicia de la decisión a la que se aplicase el precedente[90]. En definitiva: la identificación en abstracto del precedente como caso paradigmático no sirve para establecer cuándo aquel es aplicable, mientras que su identificación en concreto depende de la justicia del resultado de aplicar el precedente a la decisión jurisdiccional. Y ello dependerá, terriblemente, de las preferencias axiológicas de cada intérprete[91].

5. QUÉ HACER CON UN PRECEDENTE

Una vez que hemos identificado el tipo de regla del *stare decisis* presente en el ordenamiento jurídico de referencia y la *ratio decidendi* de la decisión jurisdiccional, llegamos a la fase de la aplicación del precedente. Obviamente, es perfectamente posible que se identifique la *ratio decidendi* de una decisión que cuenta como precedente y que, sin embargo, se considere simplemente como no aplicable porque el caso a decidir no satisface las propiedades de aplicabilidad interna del precedente[92]. Pero, pese a que se haya identificado el precedente, y que el caso satisfaga las condiciones

---

casos de la misma manera – tendrá un carácter holístico que dependerá de las propiedades que surjan como relevantes en el caso a decidir.

90. No solo sino que además las consideraciones sobre la justicia de la decisión sobre el caso al que se aplicaría el precedente determina, por decirlo de algún modo, retroactivamente la reconstrucción del precedente como caso paradigmático en abstracto.

91. Frederick Schauer ha sostenido que sería posible determinar cuáles son las propiedades relevantes mediante convenciones. Véase "Precedent", op. cit. la idea de que existen convenciones sociales sobre cuáles son las propiedades relevantes para considerar como "iguales" dos casos, además de dejar la cuestión en manos de la moral social, resulta más que discutible desde el punto de vista empírico.

92. Esto puede suceder por dos razones. En primer lugar, puede darse el caso de que sencillamente en el precedente se hayan considerado como relevantes propiedades que no concurren en el caso a decidir. Pero, en segundo lugar, podría considerar que, aún concurriendo en el caso a decidir las propiedades previstas en el caso precedente, en tal decisión

internas de aplicación de aquel, la aplicación del precedente es solo una de las posibilidades que el órgano jurisdiccional tiene a su disposición.

Aunque limitemos el discurso sobre la aplicación del precedente únicamente a los precedentes entendidos como reglas, ello no implica que su aplicación sea una tarea meramente mecánica. Ello porque no existe ningún sistema jurídico – aunque sería perfectamente posible – en el que los precedentes sean absolutamente vinculantes[93]. Dicho de otro modo: no existe ningún ordenamiento jurídico en el que el órgano jurisdiccional tenga la obligación no excusable de aplicar un precedente (entendiendo por "aplicar el precedente" utilizar la misma norma que fue usada como premisa mayor de la decisión jurisdiccional precedente (véase *supra* 2.4.1.2)). Salvo en el caso en que existiera en un ordenamiento el más alto grado de vinculatoriedad (entendida como obligación institucional no excusable bajo ninguna condición de aplicar el precedente), los órganos jurisdiccionales siempre tienen la posibilidad (en sentido normativo) de no aplicar el precedente.

5.1. No aplicar el precedente

La primera posibilidad que voy a explorar es la no aplicación del precedente. A continuación, presentaré seis de las operaciones más típicas mediante las que se puede rechazar la aplicación de un precedente: no aplicar, derrotar, distinguir, modificar, abrogar y anular un precedente[94]. Aquí no voy a emplear la terminología propia de la tradición del *common law* que es aquella más frecuentemente empleada para analizar las formas en las que es posible no aplicar el precedente debido a la ambigüedad de las dos expresiones más comúnmente usadas: *distinguish* y *overruling*.

Estas seis formas de rechazar la aplicación de un precedente constituyen una escala de menor a mayor grado de rechazo del precedente. Veamos cada una de ellas separadamente.

---

dichas consideraciones sean meros *dicta*. Cfr. F. Schauer, *Pensar como un abogado*, op. cit. p. 72.

93. P. Chiassoni, "¿Los precedentes civiles son vinculantes?", op. cit., p. 245.

94. Se trata, dicho sea de paso, solo de las más frecuentes, siendo posible identificar otras. Por ejemplo, Jeffrey Marshall identificó, irónicamente, hasta 33 operaciones que se podían hacer con un precedente. J. Marshall, "Trentatre cose che si possono fare con i precedenti", en *Ragion Pratica*, 6, 1993.

5.1.0. No aplicar. Lo primero que podemos hacer para no aplicar un precedente es, sencillamente, considerar que el caso a decidir no satisface las condiciones de aplicabilidad interna de la *ratio decidendi* del precedente. Dicho de otro modo, la norma expresada en el precedente no es aplicable al caso porque aquella regula un supuesto de hecho diferente. Este caso constituye el grado mínimo de rechazo del precedente pues mediante esta operación lo único que se hace es afirmar que el caso a decidir no cumple las propiedades tenidas en cuenta en el antecedente de la norma que constituye la *ratio decidendi*.

5.1.1. Derrotar. Aquí no entraré en un análisis pormenorizado acerca de qué significa derrotar una norma, y me limitaré a emplear dicha noción en el ámbito de los precedentes[95]. Pues bien, derrotar un precedente implica considerar, en primer lugar, que aquel es internamente aplicable, es decir, que el caso a decidir satisface las propiedades previstas en el antecedente de la norma. Es más, se considera que el precedente resuelve el caso a decidir (razón *prima facie*) pero, sin embargo, debido a la presencia de otras razones más poderosas en el caso, aquel es dejado de lado o no aplicado. Es decir, se derrota un precedente cuando, a la luz de todas las consideraciones relevantes del caso (*all things considered*), se considera que hay razones más importantes o de mayor peso para decidir el caso mediante otra u otras normas. Se trata obviamente de una cuestión valorativa que depende de las preferencias de los intérpretes.

5.1.2. Distinguir. En la siguiente operación típicamente desarrollada por los tribunales para evitar la aplicación de un precedente, la distinción, nuevamente se considera que el caso a decidir satisface las condiciones de aplicabilidad interna del precedente. Es decir, el precedente es, al menos *prima facie*, aplicable.

Sin embargo, al utilizar este mecanismo lo que se está haciendo es considerar que su aplicación al caso concreto no resultaría conveniente desde el punto de vista axiológico: su aplicación resultaría injusta. Ello porque se considera que en el caso a decidir concurre alguna propiedad relevante que, de ser tomada en cuenta, haría que razonablemente el caso fuera resuelto de otra manera (por supuesto, más justa).

---

95. Para el análisis de la cuestión de la derrotabilidad de las normas jurídicas, véase J. Rodríguez y J.C. Bayón, *Relevancia normativa en la justificación de las decisiones judiciales: el debate Bayón-Rodríguez sobre la derrotabilidad de las normas jurídicas*, U. del Externado, Bogotá, 2003.

Como es bien sabido, la distinción de normas es una actividad del todo análoga a la construcción de lagunas axiológicas mediante el argumento de la disociación[96]. A saber: aquel mecanismo por el que el intérprete considera que un caso queda regulado por una norma pero que, de haberse tenido en cuenta una propiedad del caso individual que se debe decidir, la calificación jurídica del hecho habría sido diferente[97].

Esto no hace que el precedente P1 pierda validez o fuerza justificativa. Por el contrario, lo que se hace mediante la distinción es señalar una excepción al precedente P1, generando un nuevo precedente P2 (si el órgano tiene la competencia para hacerlo), más especial[98] respecto al precedente P1, que resuelve la cuestión de manera diferente[99].

5.1.3. Modificar. Cosa diferente a distinguir un precedente es modificarlo, considerando que aquello que normalmente había sido considerado como la *ratio decidendi* del precedente es en realidad otra. Esto suele realizarse llevando a cabo una modificación de las partes consideradas *ratio decidendi* y *obiter dicta* respectivamente, es decir, sosteniendo que la *ratio decidendi* del caso precedente, en contra de lo que pudiera parecer, en realidad es otra.

La diferencia respecto a la distinción del precedente es que aquí no se genera un nuevo precedente P2 más fino – una norma con un antecedente en el que hay más propiedades – respecto al precedente original P1, sino que directamente se modifica el precedente P1, sustituyendo alguna de las propiedades que originariamente estaban en su antecedente. Cuando estamos frente a la modificación de un precedente, tal operación suele ser justificada como una aclaración respecto del precedente anterior.

---

96. R. Guastini, *L'interpretazione dei documenti normativi*, Giuffrè, Milano, p. 163
97. Caben dos formas argumentativas para distinguir un precedente: el primero de ellos es mediante un argumento contrafáctico según el cual, si tal propiedad se hubiera presentado en el caso anterior, habría sido tenida en cuenta por el órgano jurisdiccional; el segundo, por el contrario, no apela a la actuación del órgano jurisdiccional sino que afirma que es razonable introducir tal distinción.
98. Por "más especial" aquí estoy considerando sencillamente la presencia, comparativamente, de alguna propiedad suplementaria en el antecedente de la norma. Para una discusión sobre la relación de especialidad, véase S. Zorzetto, *La norma speciale: una nozione ingannevole*, ETS, Pisa, 2010.
99. N. Duxbury, *The Nature and Authority of Precedent*, op. cit., p. 115.

5.1.4. Abrogar. Estamos frente a la abrogación de un precedente toda vez que un órgano jurisdiccional considera que un precedente P1, si bien no es contrario a derecho, no debe seguir siendo parte del ordenamiento jurídico. Es decir, aquí lo que tenemos es un acto de derogación por razones de oportunidad, porque – aunque la decisión precedente no se ha convertido en una decisión contraria a derecho – ya no se considera la mejor solución jurídicamente posible. Ello normalmente se justificará en un cambio de las circunstancias fácticas, sobre todo en precedentes de vieja data, arguyendo que su aplicación al momento actual conduciría a consecuencias no deseables.

Si bien en el caso de la anulación no es imprescindible que el tribunal genere un nuevo precedente – ya que es posible que el tribunal se limite a derogar una decisión pasada[100] – ello no significa que la abrogación no requiera de justificación. Antes bien, el órgano jurisdiccional que abroga un precedente debe justificar tal operación, argumentando que si bien el precedente no es contrario a derecho, un cambio en las circunstancias empíricas hace que su aplicación no conduzca a las mejores consecuencias jurídicas posibles[101].

5.1.5. Anular. Estamos frente a la anulación de un precedente toda vez que un tribunal elimina, anulándolo, un precedente judicial. Ahora bien, la anulación de precedentes tiene un efecto diferente a la mera abrogación. Cuando tenemos la abrogación de un precedente, lo que se sigue es únicamente que la norma deja de formar parte de una clase, esto es, deja de formar parte del derecho; dicho en otros términos, el precedente ya no está investido de autoridad. Cuando, por el contrario, tenemos una anulación, los efectos parecen más severos.

---

100. En efecto, en ocasiones los tribunales consideran que un precedente no es idóneo pero se abstienen de sustituir la *ratio decidendi* del caso derogado con otra. Esto es lo que R. Cross y J.W. Harris llaman debilitamiento (*undermining*) del precedente. No obstante, deseo subrayar que la noción de abrogación que aquí estoy proponiendo no depende de la sustitución de un precedente con otro, sino de si el tribunal se limita a considerar que un precedente ya no forma parte del derecho o si, por el contrario, además considera negativamente tal precedente, calificando su uso como prohibido. En este último caso estaríamos frente a un acto de anulación. Véase R. Cross y J. W. Harris, *El precedente en el Derecho inglés*, op. cit., p. 158.

101. Esto es lo que Bernal llama "error de idoneidad". Cfr. C. Bernal Pulido, "El precedente judicial en Colombia", op. cit., p. 92.

Para que el órgano jurisdiccional pueda anular el precedente debe fundar su decisión en la no juridicidad del mismo, es decir, el precedente anulado debe ser antijurídico, y en tal consideración debe justificarse su anulación[102]. En este sentido, es posible afirmar que la anulación no implica únicamente la derogación del precedente sino su consideración negativa[103]. Es decir, lo que sucede no es solo que ya no forma parte del derecho sino que su uso está prohibido, y – dependiendo de qué sistema de precedente se haya adoptado – su uso puede llegar a ser razón suficiente para la anulación de la decisión judicial[104]. Este fenómeno puede producirse tanto por un cambio de los textos normativos como solo de su interpretación.

5.2. Aplicación del precedente

Una vez que ya se ha identificado la *ratio decidendi* del precedente a aplicar, y se ha concluido que aquel es aplicable *all things considered* al caso que se ha de decidir, pueden surgir todavía otros dos problemas. El primero es que el precedente, pese a ser internamente aplicable, sea un precedente vago. El segundo de ellos se refiere a la multiplicidad de precedentes y a las antinomias que pueden surgir entre aquellos.

5.2.1. Vaguedad del precedente. El primer problema que debemos afrontar a la hora de aplicar el precedente es su vaguedad. Por vaguedad del precedente estoy entendiendo el hecho de que una o varias de las propiedades del antecedente de la *ratio decidendi* sea vaga, esto es, que aquella haga referencia a una propiedad cuya aplicación puede generar

---

102. Según Schauer, para que sea derogable el precedente debe tener especiales consecuencias negativas, o bien debe ser de una gran magnitud. Es inútil decir que ambas consideraciones son de carácter valorativo o axiológico. Cfr. F. Schauer, *Pensar como un abogado*, op. cit., p. 75.

103. Para entender este punto, tal vez sea conveniente trazar una analogía – algo imprecisa, a decir verdad – con el caso en que un juez utiliza una norma abrogada por el legislador para resolver una controversia o, en cambio, usa una norma expulsada por el órgano competente por ser inconstitucional. Respecto del primer caso, probablemente diríamos que está mal fundada la decisión. Respecto del segundo, diríamos que la decisión es antijurídica. Parece que en este caso el reproche es mayor.

104. Por supuesto, la posibilidad de llevar a cabo estas operaciones depende del sistema de precedentes que rija en el concreto ordenamiento jurídico. En concreto, de las normas de competencia entre los tribunales.

dudas extensionalmente, identificándose casos claros de aplicación y no aplicación, y otro grupo de casos no claros de aplicación.

Pues bien, nada garantiza que, pese a que hayamos identificado en abstracto la *ratio decidendi* de un precedente en cuanto regla, y que tal norma parezca *prima facie* internamente aplicable, aquella sea vaga para el nuevo caso al que aplicar el precedente. Del mismo modo que si se tratara de una regla proveniente de un órgano legislativo, en estos casos la única forma de resolver este margen de indeterminación parece ser reinterpretando el enunciado que expresa la norma. Es decir, atribuir a la decisión jurisdiccional un nuevo sentido más preciso (reinterpretación en concreto) que haga que al texto decir que, en realidad, la norma aplicada es una norma no vaga.

5.2.2. Multiplicidad de precedentes. El segundo problema que se encuentra en la aplicación del precedente es la multiplicidad de aquellos. Como bien se encargaron de reflejar varios realistas estadounidenses (Hermann Oliphant y Jerome Frank[105], entre otros) el problema no se encuentra únicamente en la determinación de qué norma ha aplicado un tribunal sino que, además, en muchas ocasiones sucede que diferentes tribunales, o incluso el mismo tribunal, han decidido casos parecidos de maneras diferentes incompatibles con base en el mismo precedente[106].

Es posible imaginar dos formas sobre cómo resolver las antinomias entre diferentes precedentes.

5.2.2.1. El primer método para resolver sus posibles antinomias sería realizando un juicio de mayor relevancia, esto es, estableciendo a cuál de los dos precedentes aplicables se parece en mayor medida el caso a decidir. Desde este primer punto de vista, en ausencia de otras razones que determinen el sentido de la decisión, se consideran las razones subyacentes de cada precedente, y se determina cuál de ellos tiene mayor peso. Tal forma de resolver la antinomia entre precedentes con-

---

105. H. Oliphant, "A return to stare decisis", en *American Bar Association Journal*, 14, 71, 1928; J. Frank, Law and the Modern Mind, Peter Smith, Gloucester, 1970, pp. 163 ss.

106. Es importante señalar que, para identificar una antinomia entre precedentes, previamente debe haberse identificado las respectivas *ratio decidendi*. Por tanto, y del mismo modo que cuando nos encontramos con una antinomia entre normas de origen legislativo, es preciso llevar a cabo la interpretación de las decisiones jurisdiccionales que expresan dichas normas.

vierte a ambos en casos paradigmáticos y tiene el inconveniente de que, salvo que suscribamos alguna suerte de objetivismo moral, la decisión acerca de cuál de los dos precedentes debe prevalecer parece ser dejado a las preferencias prácticas del órgano jurisdiccional.

5.2.2.2. La segunda forma en la que se podrían intentar resolver las antinomias entre precedentes es aplicando los criterios para la resolución de antinomias entre normas en general. Sin embargo, a este respecto es necesario realizar cuatro acotaciones.

La primera de ellas es que su aplicabilidad es puramente contingente, esto es, aquella dependerá de si hay una norma en el respectivo ordenamiento que lo permita.

En segundo lugar, si bien los métodos para la resolución de antinomias, suelen ser presentados como aproblemáticos, lo cierto es que aquellos chocan y no siempre está claro cuál es el que debe prevalecer como, por ejemplo, en el caso de los choques entre temporalidad y especialidad[107].

En tercer lugar, no está claro que, al menos, el criterio jerárquico sea directamente aplicable a la resolución de antinomias entre precedentes. Ello por dos razones: por un lado, porque hay precedentes que vinculan las decisiones de órganos jurisdiccionales superiores respecto de inferiores[108]; por el otro, porque hay casos en los que resulta imposible establecer cuál de dos tribunales es el superior puesto que no pertenecen a la misma estructura institucional[109].

---

107. J.J. Moreso y J.M. Vilajosana, *Introducción a la teoría del derecho*, Marcial Pons, Madrid, 2004, pp. 106 ss.

108. Me refiero al así llamado precedente vertical ascendente. Un ejemplo de aquel sería la consulta vinculante de la Agencia tributaria española hacia los Tribunales económico-administrativos. Sobre la noción de precedente vertical ascendente, véase P. Chiassoni, "Il precedente giudiziale: tre esercizi di disincanto", en *Analisi e Diritto*, 2004, p. 100.

109. Me refiero al caso del precedente internacional y al precedente oblicuo. Por precedente internacional no me refiero solo a los precedentes que surgen de decisiones de tribunales internacionales sino también de precedentes de tribunales extranjeros. En este sentido, basta con pensar en la relevancia que tienen algunos órganos jurisdiccionales de manera transnacional, como la Corte Suprema estadounidense o el Tribunal Constitucional alemán. Con "precedente oblicuo" me refiero a aquellos casos en los que las decisiones de un órgano jurisdiccional tienen valor de precedente sobre las decisiones de otros órganos jurisdiccionales nacionales pero que no forman parte de un mismo cuadro orgánico. Por ejemplo, el papel que cumplen las decisiones del Consejo de Estado español hacia los tribunales de justicia.

La última acotación importante sobre la aplicación de los criterios para la resolución de antinomias en relación a los choques entre precedentes, es que tales criterios no contemplan dos elementos que suelen ser considerados fundamentales a la hora de resolver los conflictos entre precedentes: por un lado, la reiteración o número de veces en las que el precedente ha sido empleado y, por el otro, la antigüedad del mismo. Sin embargo, además de ser bastante vagos, no está claro cómo interactuarían estos con el resto de criterios.

6. ALGUNAS CONCLUSIONES PROVISIONALES

Además de por aquellos motivos estructurales que se han mencionado, existen buenas razones para tener una regla del precedente. La regla del *stare decisis* parecería ser reflejo de algunos de los más importantes ideales que vinculamos con el derecho. Entre ellos, por mencionar solo los más importantes, estarían la igualdad, la seguridad jurídica, la eficiencia, la limitación de la discrecionalidad judicial y el estado de derecho.

Mejor dicho: antes que el reflejo de tales ideales, de manera no metafórica sería más conveniente decir que se trata de un instrumento, un medio, a través del cual tratamos de satisfacer tales valores, ideales o principios. En este sentido, un análisis racional de las virtudes y defectos de la regla del precedente no puede no ser un análisis de carácter técnico, es decir, un análisis basado en la capacidad real de tal instrumento para dar satisfacción a dichos ideales. Este creo que es el único sentido en el que es posible preguntarse sobre la conveniencia de adoptar tal regla.

Mis conclusiones no son, en este sentido, de rechazo a la regla del *stare decisis*. Se ha mostrado con claridad que seguir el precedente es cualquier cosa menos una actividad mecánica. Por el contrario, implica múltiples decisiones basadas en última instancia en consideraciones de carácter no técnico o no descriptivo. En este sentido, es importante señalar que si lo que se pretende es reducir la discrecionalidad judicial al mínimo, la regla del precedente no es precisamente un óptimo como mecanismo. Antes bien, en lugar de eliminar la discrecionalidad judicial, lo que hace es transformarla, convirtiendo tal discrecionalidad en un amplio margen de apreciación acerca de la propia regla del *stare decisis* y de la conveniencia o no de seguir la misma *ratio decidendi*.

No se trata únicamente de que vuelva a entrar por la ventana aquello (la discrecionalidad) que había salido por la puerta. Si bien la regla del *stare decisis* reduce globalmente la discrecionalidad judicial, lo cierto es que, además, la transforma. En un ordenamiento sin tal regla, el ejercicio de discrecionalidad pasará probablemente por la interpretación de los enunciados normativos y por la invocación de principios. En un sistema con regla del precedente, por el contrario, aunque globalmente disminuya, la discrecionalidad tiende a ejercerse en más sedes y de diferente manera: en la interpretación de las sentencias, en la inducción de la *ratio decidendi*, en la comparación de casos paradigmáticos, etc.

Tal vez sería bueno preguntarse si deseamos que la discrecionalidad sea ejercida en cada uno de los ámbitos de nueva discrecionalidad que abre la regla del *stare decisis* o si, por el contrario, no será mejor que la discrecionalidad judicial esté circunscrita a la apreciación directa del caso. Dicho de otro modo: si, en lugar de dar el espacio para que los jueces ejerzan discrecionalidad en cuestiones aparentemente técnicas (la determinación de la *ratio decidendi* o su aplicabilidad), no sería mejor que tal discrecionalidad fuera ejercida directamente en relación a la justicia del caso concreto. Pero esa es una cuestión que no es posible abordar aquí.

7. BIBLIOGRAFÍA

ACCATINO, D. (2002): "El precedente judicial en la cultura jurídica chilena", en *Anuario de la Sociedad Chilena de Filosofía Jurídica y Social*.

— (2002): "Sobre la cultura jurídica chilena", en *Anuario de la Sociedad Chilena de Filosofía Jurídica y Social*.

— (2011): "La jurisprudencia de los tribunales en el derecho chileno: fuente elusiva, fuente eludida", en *Anuario de la Sociedad Chilena de Filosofía Jurídica y Social*.

AGUILÓ, J. (2000): *Teoría de las fuentes del derecho*, Ariel, Barcelona.

BERNAL PULIDO, C. (2008): "El precedente judicial en Colombia", en *Revista Derecho del Estado*, 21.

BORDALÍ, A. (2007): "La unidad en la interpretación jurisdiccional de los derechos fundamentales", en *Revista Chilena de Derecho*, 34, 3.

— (2010): *La independencia judicial en el derecho chileno*, Legal Publishing, Santiago de Chile.

BRAVO-HURTADO, P. (2013): "Hacia los precedentes en Chile: Reforma Procesal Civil y Fuentes del Derecho", en *Revista Chilena de Derecho*, 40, 2.

CARACCIOLO, R. (1988): *Sistema jurídico. Problemas actuales*, BOE, Madrid.

CHIASSONI, P. (2004): "Il precedente giudiziale: tre esercizi di disincanto", en *Analisi e Diritto*.

— (2012): ¿Los precedentes civiles son vinculantes?", en *Desencantos para abogados realistas*, U. del Externado de Colombia, Bogotá.

COHEN, F. (1960): "The Problems of a Functional Jusrisprudence", en *The Legal Conscience*, Yale University Press, New Haven.

CROSS, R. y HARRIS, J. (2012): *El precedente en el Derecho inglés*. Marcial Pons, Madrid.

DOIG, Y. (2011): "La independencia de los jueces peruanos y el proceso de ratificación", en PRIORI POSADA, G. (ed.), *Proceso y constitución*, PUCP, Lima, 2011.

DUXBURY, N. (2008): *The Nature and Authority of Precedent*, Cambridge University Press.

FRANK, J. (1953): "Some Tame Reflections on Some Wilkd Facts", en RATNER, S. (ed.) *Vision and Action. Essays in Honor of Horace M. Kallen on his 70th Birthday*, New Brunswick, Rutgers University Press.

— (1970): *Law and the Modern Mind*, Peter Smith, Gloucester.

GASCÓN, M. (1993) *La técnica del precedente y la argumentación racional*, Tecnos, Madrid.

GOODHART, A. (1930): "Determining the Ratio Decidendi of a Case", en *The Yale Law Journal*, 40, 2.

GUASTINI, R. (2004): *L'interpretazione dei documenti normativi*, Giuffrè, Milano.

— (2014): *Interpretar y argumentar*, CEPC, Madrid.

IGARTUA, J. (2006): "La fuerza vinculante del precedente judicial". en *Isegoría*, 35.

ITURRALDE, V. (2014): "Precedente judicial", en *Eunomía*, 6.

LAPORTA, F. (1997): "Vindicación del precedente judicial en España", en *Anuario de la Facultad de Derecho de la Universidad Autónoma de Madrid*, 1.

— (2009) "La fuerza vinculante del precedente y la lógica del precedente", en FERRERES, V. y XIOL, J., *La vinculatoriedad del precedente*, Fundación Coloquio Jurídico Europeo de Madrid.

LARSEN, A. (2013): "Factual Precedents", Faculty Publications, 1667, disponible en http://scholarship.law.wm.edu/facpubs/1667 (13 de junio de 2014).

LEGARRE, S. y RIVERA, J. (2006): "Naturaleza y dimensiones del 'stare decisis'",en *Revista Chilena de Derecho*, 33, 1.

LEWELLYN, K. (1950): "Remarks on the Theory of Appellate Decision and the Rules or Canons About How Statutes are to Be Construed"; en *Vanderbilt Law Review*, 395, 3.

— (2008): *The Bramble Bush*, Oxford University Press.

LUPO, N. (ed.) (2014): *Il precedente parlamentare tra Diritto e politica*, Il Mulino, Bologna.

MARINONI, L. (2012): "El precedente en la dimensión de la seguridad jurídica", en *Ius et Praxis*, 1.

MARSHALL, J. (1993): "Trentatre cose che si possono fare con i precedenti", en *Ragion Pratica*, 6.

MONTROSE, J. (1956): "Reasoning, Ratio Decidendi and Denning L.J.", en *Modern Law Review*, 19, 5.

MORESO, J. y VILAJOSANA, J. (2004): *Introducción a la teoría del derecho*, Marcial Pons, Madrid.

NÚÑEZ, A. (2013): "Ciencia jurídica realista: modelos y justificación", en *Doxa*, 35.

OLIPHANT, H. (1928): "A return to stare decisis", en *American Bar Association Journal*, 14, 71.

OROZCO, M, (2011): *La creación judicial del derecho y el precedente vinculante*, Aranzadi, Madrid.

POSNER, R. (2011): *Cómo deciden los jueces,* Marcial Pons, Madrid.

PRIETO, L. (1991): "Notas sobre la interpretación constitucional", en *Revista del Centro de Estudios Constitucionales*, 9.

RADIN, M. (1946): "The Trial of the Calf", en *Cornell Law Quaterly*, 137.

RAZ, J. (1985): *La autoridad del derecho,* UNAM, México.

RODRÍGUEZ, J. y BAYÓN, J. (2003): *Relevancia normativa en la justificación de las decisiones judiciales: el debate Bayón-Rodríguez sobre la derrotabilidad de las normas jurídicas*, U. del Externado, Bogotá.

ROSS, A. (1997): *Sobre el derecho y la justicia,* Eudeba, Buenos Aires.

RUIZ MIGUEL, A. (1997): "Equality before the Law and Precedent", en *Ratio Juris,* 10, 4.

SCHAUER, F. (1986-1987): "Precedent", en *Stanford Law Review*, 39.

— (2007): "Why Precedent in Law (and Elsewhere) is not Totally (or Even Substantially) About Analogy", en *Harvard University*, Faculty Research Working Papers Series.

—(2013) *Pensar como un abogado*, Marcial Pons, Madrid.

SHINNER, R. (2014): "Ratio Decidendi", en *IVR Encyclopedie*, disponible online: http://ivr-enc.info/index.php?title=Ratio_Decidendi (20 de agosto de 2014).

SORIANO, L. (2002): "El precedente judicial", Marcial Pons, Madrid.

XIOL, J. (2006): "Notas sobre la jurisprudencia", en FERRERES, V. y XIOL, J., *El carácter vinculante de la jurisprudencia*.

XIOL, J. y FERRERES, V. (2009): "La vinculatoriedad del precedente", en *Fundación Coloquio Jurídico Europeo de Madrid*.

STONE, J. (1959): "The Ratio of a Ratio Decidenci", en *Modern Law Review*, 22, 6.

SUMMERS, R., y MacCORMICK, N. (1997): "Interpreting precedents. A Comparative Study", Dartmouth, Ashgate.

TROPER, M. (1996): "La forza dei precedenti e gli effetti perversi del diritto", en *Ragion Pratica*, 6.

VELUZZI, V. (2011): "Analogia giuridica, *common law*, precedente giudiziale", en VELUZZI, V. y PELLICCIOLI, L. (eds.), *L'analogia nel diritto*, Ets, Pisa.

WALDRON, J. (2012): "Stare Decisis and the Rule of Law: a Layered Approach", en *Michigan Law Review*, 111.

WROBLEWSKY, J. (2008): "Concepto y función del precedente en sistemas de *Statutory Law*", en *Sentido y hecho en el derecho*, Fontamara, México.

ZORZETTO, S. (2010): "La norma speciale: una nozione ingannevole", ETS, Pisa.

CAPÍTULO 03

O PREJUÍZO E SUA POSIÇÃO SINTÁTICA EM RELAÇÃO ÀS NORMAS INVALIDADORAS DO ATO PROCESSUAL

Antonio Carlos F. de Souza Júnior

SUMÁRIO: Introdução; 1. A validade jurídica enquanto metodologia; 2. O ato processual defeituoso no novo Código de Processo Civil e o "princípio" do Prejuízo; Conclusão; Referências.

INTRODUÇÃO

O presente trabalho é fruto de algumas reflexões do autor acerca da validade (ou invalidade) jurídica e a necessidade de desenvolvimento ou, ao menos, compatibilização de uma metodologia de trabalho para examinar o ato ou norma construída em desconformidade com as regras impostas pelo direito positivo.

O objetivo aqui é provocar a discussão sobre a necessidade de debater a validade na sua acepção metodológica, apontando as vantagens teóricas e práticas em se estabelecer um discurso uniforme sobre o tema.

Por isso, inicialmente vamos demarcar o nosso entendimento sobre a validade jurídica e como funcionaria uma abordagem metodológica do tema direcionada ao estudo do ato defeituoso ou viciado.

Na parte final, após a contextualização das premissas construídas, vamos analisar a posição sintática do prejuízo no subsistema de invalidades previsto no direito processual civil.

1. A VALIDADE JURÍDICA ENQUANTO METODOLOGIA

A preocupação dos teóricos com a validade jurídica na dogmática jurídica é tão antiga quanto o próprio estudo da norma jurídica e até mesmo do sistema jurídico. O tema, no plano internacional, já recebeu contribuições de diversos juristas e filósofos do direito[1]. A validade não só foi estudada sobre o aspecto positivista (realista ou não), mas também sob prisma sociológico e jusnaturalista.

Por isso, na teoria ou na filosofia jurídica sempre podemos buscar várias acepções ou sentidos para análise e o conhecimento do tema, as quais, inclusive, assumem aspectos antagônicos ou por muitas vezes se complementam.

Sônia Maria Mendes, em relevante obra sobre a matéria, relaciona três concepções sobre validade advindas da história da filosofia do direito. São elas: "i) ética, axiológica ou jusnaturalista; ii) jurídica, sistêmica ou normativista; iii) sociológica, fática ou realista"[2]. Em que pese a riqueza que essas concepções agregam à filosofia do direito, o estudo será focado no aspecto normativista da validade[3].

Robson Maia Lins, especificamente com relação ao aspecto normativista da acepção, identificou vários significados sobre o termo:

> Validade é a palavra plurívoca, que, dentre os seus significados, os mais empregados são: (i) fonte formal do direito; (ii) fundamento de validade; (iii) processo de invalidação das normas; (iv) o ato que põe no sistema a norma invalidadora; (v) a justeza da norma; (vi) vigência; (vii) eficácia e (viii) relação de pertinência da norma com o sistema.[4]

---

1. Cf. ALEXY, Robert. **Conceito e validade do direito**. Tradução: Gercélia Batista de Oliveira Mendes. São Paulo: Editora WMF Martins Fontes, 2009. GUASTINI, Riccardo. **Das fontes às normas**. Trad. Edson Bini. São Paulo: Quartier Latin, 2005. HART, H.L.A. **O conceito de direito**. 3ª ed. Trad. A. Ribeiro Mendes. Lisboa: Fundação Calouste Gulbenkian, 2001. ROSS, Alf. **Direito e justiça**. Trad. Edson Bini. Bauru: EDIPRO, 2000. RAZ, Joseph. **O conceito de sistema jurídico: uma introdução à teoria dos sistemas jurídicos**. Tradução: Maria Cecília Almeida. São Paulo: Editora WMF Martins Fontes, 2012.
2. MENDES, Sônia Maria Broglia. **A validade jurídica e o giro linguístico**. São Paulo: Noeses, 2007. p.84.
3. Sobre as concepções jusnaturalista, positivista e sociológica, conferir: MENDES, Sônia Maria Broglia. **A validade jurídica e o giro linguístico**. São Paulo: Noeses, 2007. p.86-152.
4. LINS, Robson Maia. **Controle de constitucionalidade da norma tributária**. Decadência e Prescrição. São Paulo: Quartier Latin, 2000.p.73.

Todavia, em virtude do corte epistemológico que circunda o presente trabalho, o tema da validade será tratado sob três "lentes" que revelam concepções distintas de um mesmo objeto ou, sendo fiel ao paradigma da filosofia retórica, a construção de sentido com base em diferentes formas de aproximação ao objeto de estudo. Tais abordagens, como será visto mais adiante, complementam-se e constituem importante ferramenta teórica para estruturação e exame do tema proposto.

A validade jurídica deve ser estudada com base em três lentes, igualmente úteis e operativas para o discurso jurídico. São elas: i) o ponto de vista do observador; ii) o ponto de vista do participante; iii) e o ponto de vista do participante dotado da prerrogativa de invalidação ou expulsão da norma do sistema.

A primeira "lente" é análise da validade a partir da perspectiva de um observador externo, que descreve o sistema jurídico sob uma forma estática. Para ela, a validade constitui um atributo da norma jurídica ou um predicado. Ou seja, dentro do sistema, a norma poderia ser válida ou inválida.

Para essa teoria, a validade das proposições pertencentes ao sistema é apenas uma pretensão e não uma condição de pertinência, revelando a possibilidade de determinada norma ser inválida tanto do ponto de vista formal quanto do material, mas pertencente a um determinado sistema jurídico. A permanência de tal norma inválida no sistema dependerá dos mecanismos de expulsão previstos no próprio sistema, como por exemplo, a retirada do sistema pela sanção de inconstitucionalidade ou revogação da norma inválida.[5] Partindo-se dessa premissa, tem-se a categorização de que a norma jurídica passa por três planos, os quais possuem referência com o sistema prescritivo; são eles: o da pertinência, o da validade e o da eficácia.

A teoria desenvolvida por Pontes de Miranda[6] trabalha o conceito de validade como uma qualidade da norma jurídica, *v.g*, é uma qualificação que deve ser atribuída à norma integrante do sistema nomoempírico prescritivo, a qual pode ser classificada como válida ou inválida.

---

5. NEVES, Marcelo. **Teoria da inconstitucionalidade das leis**. São Paulo: Saraiva, 1988. p.41.
6. Cf. PONTES DE MIRANDA, Francisco Cavalcanti. **Tratado de direito privado**. Tomo IV. 3 ed. Rio de Janeiro: Editor Borsoi, 1970. p. 3-49.

Sendo assim, a teoria pontiana não aborda o plano da validade do ponto de vista relacional, qualquer relação de pertencialidade é deslocada para o plano da existência. A teoria do fato jurídico, não obstante considerar a existência de um caráter relacional do fato jurídico para com o sistema empírico, reputa inadequado trabalhar com tais noções dentro do plano da validade, o qual possui a função de qualificar a norma sob a óptica intrassistemática.

A referida teoria, mais adiante difundida pelo professor Marcos Bernardes de Mello, divide a estrutura da hipótese de incidência em dois elementos: os nucleares e os complementares. A norma individual e concreta somente pode ser considerada juridicamente se preencher o núcleo da hipótese de incidência, necessário para a jurisdicização do fato.[7]

Verificado o preenchimento do elemento nuclear da hipótese, a análise é deslocada para o plano da validade, a depender do elemento complementar estudado. Logo, caso a norma preencha o elemento nuclear, mas seja deficiente ou não preencha os elementos complementares, pode-se estar diante de uma norma inválida ou ineficaz.

Daí que a norma jurídica, para pertencer a um ordenamento jurídico, necessita se conformar com o núcleo mínimo normativo, porém, em razão de sua qualidade de ato complexo, a norma pode não se conformar com os demais elementos previstos pelo sistema para que haja o ingresso do ato com perfeição.

Nesse caso e a partir do conceito de validade tomado, os atos pertencentes ao sistema após o preenchimento do núcleo mínimo normativo podem ser qualificados como válidos ou inválidos. Os válidos serão aqueles que guardarem conformidade com os demais elementos complementares para perfeição. Aproveitando o mesmo exemplo citado para explicar o plano da pertinência, a lei seria válida desde que, promulgada, obedecesse a todas as regras do processo legislativo para ingresso no sistema (aspecto formal) e guardasse conformação com seu fundamento lastreado em norma interna do sistema, no caso, a Constituição Federal (aspecto material). Já a norma inválida seria aquela que, apesar de pro-

---

7. Cf. MELLO, Marcos Bernardes de. **Teoria do fato jurídico: plano da existência**. 15 ed. São Paulo: Saraiva, 2008. p.43-77.

mulgada, não obedeceu ou obedeceu parcialmente às regras formais e/ou materiais para entrada regular no ordenamento.

Tal distinção, segundo Pontes de Miranda, é imprescindível para que se entenda a figura do ato nulo como uma das espécies do gênero invalidade:

> (...). Logo de começo, em teoria geral do direito, e não só de direito privado, alguns juristas permitem que se identifique nada e nulo, inexistência e não-validade, que o mesmo é dizerem que o negócio jurídico nulo não existe. A súbitas, enfrentam o problema dos negócios jurídicos nulos, ou dos atos jurídicos *stricto sensu* nulos, que têm alguns ou algum efeito, e caem na contradição mais gritante: se o nulo não existe e se há nulo com efeitos, há efeito do que não existe e, pois, do nada. (...) [8]

É inegável a contribuição teórica para construção de um modelo tecnológico de exame da validade, sobretudo sob o aspecto negativo, como a explicação de uma norma posteriormente ser considerada inválida produzir efeitos no mundo jurídico, regular condutas, modificar relações, etc.

> Com relação à ideia de pertencialidade em Pontes de Miranda, para que uma norma jurídica ingresse em um determinado ordenamento jurídico e a ele pertença, ela deve obedecer a critérios formais ou a regras mínimas de recepção estabelecidas pelo sistema. Tais regras constituem o núcleo normativo mínimo exigido por proposições estabelecidas nas normas-base do sistema. No caso das leis (em sentido lato) o núcleo normativo mínimo está previsto na Constituição, que é norma-base do sistema nomoempírico normativo. Porém, pode haver no sistema núcleos normativos mínimos previstos em normas derivadas, como, por exemplo, nos casos de edição de normas infraconstitucionais, em que a previsão para ingresso no sistema está situada em proposições derivadas.

Em suma, para que a norma pertença ao ordenamento jurídico deve haver uma correspondência mínima com o núcleo normativo que prevê, a sua entrada formal no sistema. A noção de núcleo mínimo normativo se assemelha à de suporte fático suficiente aplicado às normas individuais e concretas pela teoria ponteana, isto é, o ingresso da norma, na qualida-

---

8. PONTES DE MIRANDA, Francisco Cavalcanti. **Tratado de direito privado**. Tomo IV. 3 ed. Rio de Janeiro: Editor Borsoi, 1970. p. 8-9.

de de ato complexo, prescinde de preenchimento de todos os requisitos para seu ingresso válido, mas tão somente dos elementos nucleares.[9]

Todavia, sobretudo sob o aspecto pragmático, tal noção de pertencialidade sofreu relevantes questionamentos em profundo trabalho teórico produzido por Torquato de Castro Júnior. Para o autor, a teoria da inexistência, que possui raízes no direito alemão e teve grande adesão na escola francesa do século XIX e, no Brasil, teve como principal defensor o Pontes de Miranda, decorre da necessidade de se estabelecer uma norma "sancionatória fundamental" que albergaria sanções e/ou consequências jurídicas para vícios não previstos nas normas invalidantes de determinado sistema de direito positivo. Ou seja, a inexistência introduziria no sistema uma cláusula de negação metajurídica de uma "norma" supostamente não pertencente a um sistema, mas que, de algum modo, é posta em discussão dentro do próprio campo discursivo interno do sistema por meio de alguma autoridade[10].

No entanto, sob o aspecto interno (dos participantes do sistema), não seria lógica a presente distinção, uma vez que, se a "norma inexistente" está sendo objeto de exame por uma autoridade, a qual por meio de processo comunicativo formalizará ou declarará a sua não pertencialidade com o sistema, estar-se-á diante de uma típica norma relevante ao discurso jurídico.

Ora, utilizando a formulação lógica empregada pelo autor, teríamos uma norma que não guarda relação com sua regra positiva de validação, representada pela fórmula $[(p \supset q) . p] \supset q$. No entanto, guarda conformidade com a regra negativa de invalidação, representada pela fórmula $[(p \supset q) . \sim p] \supset \sim q$. Isto é, não obstante o defeito, a norma é juridicamente relevante e integra o discurso jurídico e, por conseguinte, está inserida dentro do sistema de direito positivo[11].

Desta feita, a criação de uma nova categoria de negação (negação total), que subdividiria o inválido e inexistente, "não parece, a rigor, haver

---

9. Cf. MELLO, Marcos Bernardes de. **Teoria do fato jurídico: plano da existência**. 15 ed., São Paulo: Saraiva, 2008. p. 43-77.

10. CASTRO JÚNIOR, Torquato da Silva. **A pragmática das nulidades e a teoria do ato jurídico inexistente: reflexões sobre metáforas e paradoxos da dogmática privatista**. São Paulo: Noeses, 2009.p.97-139.

11. Op. Cit. p.120.

muito sentido lógico na distinção", haja vista que "dentro de um sistema de lógica proposicional com se está trabalhando a questão da nulidade até o presente momento, seria de fato inadequado (...) admitir dois níveis de negação, o que equivaleria a romper com o princípio *tertium non datur*."[12]

Portanto, aplicando a teoria pontiana como participante do sistema, teríamos, na verdade, uma espécie de cláusula geral invalidadora (construída pelo intérprete e sem correspondência no direito positivo) pela qual a norma "inexistente" ou "não pertinente" seria afastada do sistema jurídico. O que, a princípio, constitui uma contradição em termos já que não se pode afastar o que não esteja presente no próprio lugar.

Contudo, conforme será tratado mais adiante, a noção de pertinência constitui uma metáfora útil quando se assume uma posição de observador do sistema, bem como é rica para aquele participante que detém competência para expulsão da norma jurídica do sistema, fazendo incidir a norma sancionatória (tema que será explicado mais a diante).

Na segunda "lente", não a do observador, mas a do participante do discurso jurídico, a validade assume a função de pertencialidade de determinada norma jurídica ao sistema. Nessa abordagem, o observador tem a função de descrever o direito sob a ótica de quem vai produzir a norma individual e concreta, isto é, a autoridade com competência para relatar linguisticamente determinado evento e fazer a correlação a um texto normativo geral e abstrato, imputando-lhes ao caso as suas consequências jurídicas.

Por isso, fundados na concepção de validade desenvolvida por Kelsen, muitos autores passaram a tratar o problema da validade como um problema relacional entre a proposição jurídica e o sistema, ou melhor, a validade é tomada como uma relação de pertencialidade da norma para como o sistema.

> Nesse sentido, é o pensamento de Paulo de Barros Carvalho:
>
> A validade não deve ser tida como um predicado monádico, como propriedade ou como atributo que qualifica a norma jurídica. Tem *status* de relação: é o vínculo que se estabelece entre a proposição normativa, considerada em sua inteireza lógico-sintática e o sistema

---

12. Op. Cit. p.121.

do direito posto, de tal sorte que ao dizermos que uma norma "n" é válida, estaremos expressando que ela pertence ao sistema "S". Ser norma é pertencer ao sistema, o "existir jurídico específico" a que alude Kelsen. Antes de sua admissibilidade pelo ordenamento, falemos de outra unidade, porque norma jurídica ainda não será. (...)[13]

Advirta-se, desde já, que a teoria kelseniana e a proposição mencionada acima não pretendem deslocar o campo das inconsistências intranormativas para fora do sistema, tratando-as como um problema interno do sistema normativo. Essa posição é claramente definida pelo autor de Viena, quando examina a questão da inconstitucionalidade das normas, visualizada como um problema interno do sistema. Tal afirmativa é, inclusive, comprovada em trabalho específico sobre a jurisdição constitucional, no qual o autor descreve a inconstitucionalidade como um problema interno do sistema e assevera o caráter anulável da norma jurídica inconstitucional.[14]

Ora, do ponto de vista lógico da teoria kelseniana, como é possível uma norma ser inválida (inconstitucional), igual a inexistente, e, ao mesmo tempo, ser considerada anulável, ou seja, pertencente a um sistema jurídico?

A resposta para a complicada pergunta somente foi desvendada pelo professor Lourival Vilanova, em estudo publicado no final de década de 1980.[15] Na referida obra, o autor retoma as lições de Kelsen para explicar que:

> Os chamados "atos de produção de normas" são fatos (ou condutas) que se qualificam pelas normas objetivas que deles provêm e neles retroincidem, conferindo-lhes *sentido objetivo*, inserindo-os no interior do sistema. Se o *sentido subjetivo* de tais atos não objetivasse a normatividade, o sistema os eliminaria por nulidade, anulação ou método de invalidação. Assim ocorre com as normas materialmente inconstitucionais por conflitarem com normas formalmente rígidas, não emendáveis, ou por defeito no processo de emenda.[16]

---

13. CARVALHO, Paulo de Barros. **Direito Tributário: Fundamentos jurídicos da incidência**. 5 ed. São Paulo: Saraiva, 2007. p.57.
14. Cf. KELSEN, Hans. **Jurisdição Constitucional**. Introdução e revisão técnica: Sérgio Sérvulo da Cunha. São Paulo: Martins Fontes, 2003.
15. Cf. VILANOVA, Lourival. **Causalidade e relação no direito**. 4 edição. São Paulo: Editora Revista dos Tribunais, 2000. p. 299-313.
16. VILANOVA, Lourival. Op. Cit. p.300.

Dessa feita, o autor pernambucano demonstra que, na visão da teoria desenvolvida por Kelsen, a posição da validade como uma relação de pertencialidade com o sistema somente se justifica como uma análise parcial observada apenas do ponto de vista lógico sintático, pois a análise da validade carece da verificação sobre a óptica subjetiva, analisando-se questões semânticas e pragmáticas que são investigadas à luz dos enunciados internos do sistema.

Logo, mesmo tratando a validade como pressuposto de existência, Lourival Vilanova reconhece a existência de dualidades dentro da estrutura interna do ordenamento, tais como válido e não válido, lícito e ilícito, etc. Tal ocorrência pode se dar em virtude da contraposição interna das proposições do sistema e pela valoração delas em seus respectivos subdomínios.[17]

Portanto, a validade, para os adeptos da concepção kelseniana, não pode ser tomada como um critério absoluto, haja vista a possibilidade de existência de uma norma válida "provisoriamente" ou invalidável, no sentido de integrante ao sistema e, após interações valorativas havidas dentro da estrutura interna do sistema, ser considerada subjetivamente inválida.

Somente a partir desse prisma, pode-se situar o problema da inconstitucionalidade na teoria de Kelsen que é seguida por boa parte da doutrina nacional.[18]

Aliás, esse aspecto também foi observado por Robson Maia Lins, quando afirma: "Não hesitamos em dizer que 'jurídico' da norma é dado pela sua validade, ainda que presumida (presunção de validade). Por outro ângulo, dizer que a norma é jurídica é dizer que a norma é válida. Norma jurídica inválida é o sem sentido. Norma jurídica é invalidável; não inválida"[19].

A terceira "lente" não seria propriamente um novo conceito de validade, mas uma noção mínima de pertencialidade das normas jurídicas ao sistema. Não seria uma ideia análoga à de inexistência como subcate-

---

17. Ibidem, p.303.
18. VILANOVA, Lourival.Op. Cit. p 306-307/308.
19. LINS, Robson Maia. **Controle de constitucionalidade da norma tributária**. Decadência e Prescrição. São Paulo: Quartier Latin, 2000.p.75.

goria negativa, a qual foi objeto de crítica acima, mas apenas uma tentativa de demarcação do campo de debate no discurso jurídico.

Essa premissa, conforme será demonstrado adiante, possui grande relevância didática quando se analisa normas jurídicas dotadas de elevados graus de incompatibilidade com as normas de competência previstas no sistema.

Pois bem, Alf Ross, ao demarcar seu conceito de vigência do ordenamento jurídico, adotou o critério de efetividade, onde as normas jurídicas seriam vigentes quando "efetivamente operam na mente do juiz, por que ele as sente como socialmente obrigatórias e por isso as acata"[20]. Ou seja,

> (...) somente os fenômenos jurídicos em sentido mais restrito – a aplicação do direito pelos tribunais – são decisivos para determinar a vigência das normas jurídicas. Contrastando com as idéias geralmente aceitas, é mister enfatizar que o direito supre as normas para a conduta dos tribunais, e não para aquela dos indivíduos particulares. A efetividade que condiciona a vigência das normas só pode, portanto, ser buscada na aplicação judicial do direito, não o podendo no direito em ação entre indivíduos particulares.[21]

No entanto, tal acepção, por si só, apenas constitui um ponto de partida para definição de um critério, mas não resolve o problema, pois, se efetividade é a aplicação pelos tribunais, qual a diferença pragmática do conceito de validade definido a partir da teoria kelseniana? Na tentativa de solucionar o problema, Tácio Lacerda Gama interpretou a efetividade tratada em Ross como sendo a "possibilidade de ser aplicado por ato do Poder Judiciário que qualifica uma norma como jurídica. Esse atributo, de ser objeto de um processo judicial, é o critério por excelência para saber se uma norma está ou não no sistema jurídico"[22].

Não obstante a relevante contribuição, entendemos que o critério também comporta alguns ajustes conceituais. O primeiro se dá pelo fato de que uma norma aplicável pelos tribunais é, em regra, uma norma válida. Isto é, essa distinção excluiria do âmbito de vigência as normas invalidáveis que seriam retiradas ou não do sistema pelas normas sancio-

---

20. ROSS, Alf. **Direito e justiça**. Trad. Edson Bini. Bauru: EDIPRO, 2000. p.59.
21. Op. Cit. p. 60.
22. GAMA, Tácio Lacerda. **Competências comunicativas e o tema da validade no direito**. In: Constructivismo Lógico-Semântico. Vol. 1. São Paulo: Noeses, 2014. p. 284.

natórias. Assim, quando se fala em possibilidade de aplicação, deve-se se entender que a possibilidade é de aplicação da própria norma ou da respectiva norma sancionatória incidente em face do descumprimento da norma de competência.

O segundo ponto que merece reparo é o fato de que, no sistema jurídico brasileiro, não apenas o poder judiciário possui a prerrogativa de aplicar normas (sancionatórias ou não), pois, muitas vezes, a própria Administração Tributária possui prerrogativa de aplicar ou invalidar (aplicar a norma sancionatória) em face do descumprimento de regras de competência. O exemplo disso é o caso do lançamento de ofício, quando lavrado em descumprimento das normas de competência.

Por isso, entendemos que o critério adequado para se estabelecer uma ideia de pertencialidade de uma norma com o sistema é a possibilidade de ser aplicada ou afastada por uma norma sancionadora construída por uma autoridade competente que, em regra, seria o Poder Judiciário, mas, dependendo do grau de hierarquia da norma, poderá ser outra autoridade.

Esse critério de pertencialidade não é imune a críticas, sobretudo quando se analisa o sistema jurídico sob a ótica dos participantes, pois se uma norma é alvo de análise por um discurso jurídico prescritivo é porque ela pertence ao sistema jurídico. Todavia, tanto do ponto de vista do observador quanto do participante encarregado pela expulsão de uma norma do sistema, essa noção é bastante relevante e ajuda na compreensão de todo aparato conceitual que envolve o estudo da validade.

No mesmo sentido, Tácio Lacerda Gama demonstra que, sem esses três olhares sobre o mesmo fenômeno jurídico, não se pode estabelecer, satisfatoriamente, um arcabouço teórico para o estudo do tema. Ou seja, apesar de aparente colisão, essas três visões sobre a mesma questão se complementam e devem ser tomadas como ferramenta teórica que melhor se adequa ao estudo das regras jurídico positivas de invalidade.[23] Ou seja, a validade

---

23. GAMA, Tácio Lacerda. **Competência tributária: fundamentos para uma teoria da nulidade**. 2ª ed. São Paulo: Noeses, 2011. pp.315-335. GAMA, Tácio Lacerda. **Competências comunicativas e o tema da validade no direito**. In: Constructivismo Lógico-Semântico. Vol. 1. São Paulo: Noeses, 2014. p. 271-296.

é uma categoria fundamental da teoria geral do direito que guarda íntima relação com as idéias de existência, licitude e eficácia das normas jurídicas. Esta última idéia confunde os conceitos de eficácia com o de validade, para entender que é mais ou menos válida a norma conforme seja mais ou menos eficaz. Já a idéia de ilicitude pressupõe que a norma exista previamente e só então se faça o juízo de validade ou invalidade, conforme a norma tenha sido ou não produzida, segundo o que prescreve o próprio sistema. Por fim, a última idéia é de que valer é especial forma de existir de uma norma jurídica. Se a norma está no sistema e regula condutas é porque ela existe, se não se aplica uma norma é porque ela deixou de existir. Em qualquer dos casos, só os intérpretes autênticos teriam competência para julgar se a norma foi ou não criada segundo a norma de superior hierarquia, afastando a sua validade e existência. Por isso, segundo este último ponto de vista, não seria acertada a distinção entre validade e existência de uma norma. Dialogicamente, defendemos a idéia de que todas as teses que acabamos de descrever são simultaneamente possíveis e que representam perspectivas distintas da relação entre norma e sistema jurídico. A equiparação entre validade e existência é típica dos participantes ao passo que a distinção é própria dos observadores.[24]

O autor desenvolve modelo para o estudo da validade, o qual é integralmente adotado no presente trabalho. Esse modelo parte da premissa que a chave para o adequado estudo das invalidades é reconhecer a existência de uma norma de competência (normalmente posicionada sintaticamente de forma superior no sistema) que vai regular a adequada forma de produção das normas no sistema. Tal norma estaria dotada dos seguintes elementos:

> i) qualificação do sujeito que pode criar normas; ii) indicação do processo de criação das normas, sugerindo todos os atos que devem ser preordenados para o alcance desse fim; iii) indicação das coordenadas de espaço em que a ação de criar normas deve se realizar; iv) indicação das condições de tempo em que esta ação deve ser desempenhada; v) estabelecimento do vínculo que existe entre quem cria norma e quem deve se sujeitar à sua prescrição, segundo as condições estabelecidas pelo próprio direito; vi) modalização da conduta de criar outra norma, se obrigatória, permitida ou proibida; vii) estabelecimento da programação material da norma inferior que é feita segundo quatro variáveis – sujeito, espaço, tempo e comportamento.[25]

---

24. Op. Cit. p. LVII
25. Op. Cit. p. 53.

Isso se dá porque se deve extrair do conteúdo da relação jurídica de competência a disciplina da validade das normas de inferior hierarquia, seus limites e as possíveis sanções que o sistema pode estabelecer em caso de descumprimento. A norma de competência deve ser composta de duas proposições (Hipótese e Consequência), conjugadas por uma condição. "Na hipótese da norma de competência primária, fica estabelecido o procedimento [p(p1.p2.p3...] que deve ser desempenhado pelo sujeito competente (s), no espaço (e) e no tempo (t) para no seu consequente, a prescrição sobre criar um texto normativo versando sobre certa matéria [m(s.c.e.t)], sem que os sujeitos destinatários da norma(sp) possam impedir o sujeito competente de exigir esta norma como válida".[26]

Entretanto, dada à profusão de normas jurídicas (inclusive de competência) e a complexidade do nosso sistema normativo, seria inviável pensar que todas as normas pertencentes ao ordenamento foram produzidas segundo as suas respectivas normas de competência. Aliás, no modelo misto de controle de constitucionalidade, vemos diariamente normas vigentes há mais de uma década sendo, posteriormente, reconhecidas pelo órgão competente como incompatíveis com a sua norma de competência.

Logo, "o ato de criar normais é uma conduta que pode ser classificada como lícita ou ilícita. Como o sistema de direito positivo segue o princípio dinâmico, essas classificações dependem de decisão, emanada de autoridades competentes, segundo procedimentos previstos pelo próprio sistema"[27].

Com isso, cabe ao sistema prever normas sancionatórias que buscam eliminar ou, ao menos, minorar as consequências negativas da inserção de uma norma viciada no sistema normativo. "A norma sancionatória tem como hipótese o descumprimento da norma jurídica de competência (-c). É a violação daquilo que dispõe os condicionantes materiais da norma de competência que justifica a aplicação da norma sancionatória de competência. Em meio aos signos de sua composição, é possível ler que: violada a relação de competência – R (S.M) -, deve-se imputar uma

---

26. Op. Cit. p.96
27. Op. Cit. p.123.

relação entre o destinatário da norma e o Estado jurisdição. O objeto dessa relação será a norma que prescreve a não aplicação da norma criada ilicitamente"[28] ou a desconstituição parcial ou total dos efeitos por ela produzidos.

Assim, a sanção, estruturada no consequente da norma sancionatória, pode ser conceituada como a "reação do sistema do direito positivo contra a produção ilícita de normas jurídicas. Normas criadas sem fundamento de validade ajustam-se às normas sancionatórias de competências"[29].

Pois bem, demarcado o método de estudo das invalidades, ou melhor, produção ilícita dos enunciados normativos no sistema jurídico, passa-se a situar a produção dos atos processuais nesse contexto.

A qualificação de um ato processual como ilícito ou lícito tem haver com relação do produto (ato processual) com as regras que estruturam o modo de produção e o seu conteúdo. Quando o ato processual é produzido em desacordo com as regras de produção, qualificamos como ilícito e aplicamos a consequência prevista na norma sancionadora.

A sanção em virtude do descumprimento das regras para construção de um relato linguístico dentro do sistema do direito positivo, faz com que o ato processual seja expurgado do sistema linguístico do direito para a linguagem ordinária, dotada de outro sistema de referência.

Logo, ainda que produzido em desacordo com as normas de competências que regulam a sua produção, o ato processual somente pode ser retirado do sistema jurídico quando uma autoridade competente aplica a norma sancionatória prevista no sistema jurídico.

2. O ATO PROCESSUAL DEFEITUOSO NO NOVO CÓDIGO DE PROCESSO CIVIL E O "PRINCÍPIO" DO PREJUÍZO

O novo Código de Processo Civil, de maneira semelhante ao que já havia ocorrido nos artigos 243 a 250 do CPC-1973, dedicou um título específico para tratar dos vícios dos atos processuais, prescrevendo re-

---

28. GAMA, Tácio Lacerda. **Competências comunicativas e o tema da validade no direito**. In: Constructivismo Lógico-Semântico. Vol. 1. São Paulo: Noeses, 2014. p.289
29. Op. Cit. p.LV.

gras gerais para reconhecimento e aplicação das chamadas "nulidades processuais".

Note-se que no título III, denominado "Das Nulidades" (artigos 276 a 283), não há a prescrição dos elementos de competência (regras de competência ou regras de produção do ato), mas sim comandos destinados a sistematizar a aplicação das normas sancionatórias por descumprimento parcial ou total das normas de competência. Aqui, o consequente da norma sancionatória de competência é denominado "nulidade", que deve ser decretada pelo juiz (autoridade competente).

No entanto, além dos elementos para sistematização das normas sancionatórias de descumprimento da norma de competência para edição do ato processual (norma de estrutura), o mencionado título também disciplina regras que impedem a aplicação da norma sancionatória de estrutura, como, por exemplo, o art. 277, que possibilita a convalidação do ato viciado quando ele atingir a mesma finalidade pretendida pela regra de produção, a preclusão para aplicação da sanção disposta no art. 278, etc.

Destacam-se, porém, no presente trabalho, os enunciados contidos no parágrafo 1º do art. 282 e o parágrafo único do art. 283, ambos do CPC-2015:

> Art. 282. Ao pronunciar a nulidade, o juiz declarará que atos são atingidos e ordenará as providências necessárias a fim de que sejam repetidos ou retificados.
>
> § 1º O ato não será repetido nem sua falta será suprida quando não prejudicar a parte.
>
> § 2º Quando puder decidir o mérito a favor da parte a quem aproveite a decretação da nulidade, o juiz não a pronunciará nem mandará repetir o ato ou suprir-lhe a falta.
>
> Art. 283. O erro de forma do processo acarreta unicamente a anulação dos atos que não possam ser aproveitados, devendo ser praticados os que forem necessários a fim de se observarem as prescrições legais.
>
> Parágrafo único. Dar-se-á o aproveitamento dos atos praticados desde que não resulte prejuízo à defesa de qualquer parte.

Nos mencionados dispositivos, podemos encontrar a base normativa para o chamado "princípio" do prejuízo, o qual permite o aproveitamento dos atos processuais defeituosos quando não causarem prejuízo à parte contrária ou ao desenvolvimento regular do processo (interesse geral).

O prejuízo, no âmbito do direito processual civil, carece de uma maior delimitação semântica e não tem sido objeto de maiores investigações doutrinárias. Todavia, em que pese a importância da demarcação, o limite imposto no presente trabalho impede uma investigação mais aprofundada sobre o tema. Logo, a abordagem oferecida no presente texto tratará dos aspectos sintáticos do prejuízo no sistema sancionador processual.

Pois bem, boa parte da doutrina vem incluindo o prejuízo como elemento do suporte fático da regra sancionatória de descumprimento da norma de estrutura[30]. Nesse sentido, Fredie Didier Júnior assevera que a "invalidade processual é a sanção que decorre da incidência de regra jurídica sobre um suporte fático composto: defeito + prejuízo"[31]. Saliente-se que, na visão do professor baiano, o prejuízo compõe a hipótese da norma sancionatória por descumprimento da regra de estrutura.

Parece-nos que esta não é a posição sintática do prejuízo no sistema de "invalidades" dos atos processuais, conforme tentaremos demonstrar a seguir.

Ora, conforme pôde ser observado no tópico anterior quando tratamos da validade, as regras que regulam a produção de um ato jurídico possuem a seguinte estrutura sintática: Ne = (H–> C.). Na hipótese, a regra de estrutura indicará as condições para criação do enunciado, sujeito competente, procedimento, espaço e tempo. No consequente, vamos ter a relação jurídica ou ato jurídico, sendo o objeto a norma criada[32].

O direito, por sua vez, prevê a existência de norma sancionatória em virtude do descumprimento da norma de estrutura. É a chamada norma de *estrutura sancionatória*, a qual tem como hipótese a produção irregu-

---

30. CF. TESHEINER, José Maria Rosa. **Pressupostos processuais e nulidades no processo civil**. São Paulo: Saraiva, 2000. p. 120.
31. DIDIER JÚNIOR, Fredie. **Curso de direito processual civil**. Volume 1. 17ª ed. Salvador: JusPodivm, 2015. p.404.
32. GAMA, Tácio Lacerda. **Competência tributária: fundamentos para uma teoria da nulidade**. 2ª ed. São Paulo: Noeses, 2011. p.96

lar do ato processual e como consequente a norma jurídica que exclui o ato processual do sistema jurídico (decretação de nulidade).

Essa noção deve ser inteiramente aplicada para a teoria dos defeitos dos atos processuais. Na hipótese, vamos encontrar as condições estabelecidas pelas regras processuais para produção e introdução do ato (sujeito competente, procedimento, tempo e espaço) e no consequente a própria relação que introduz o ato no processo.

Por outro lado, em contraposição à norma de estrutura, o direito estabelece uma norma sancionatória, que tem como hipótese o descumprimento da forma estabelecida nas regras de estrutura e o consequente a decretação de nulidade e, consequentemente, a necessidade de retirada do ato do sistema jurídico. Sua estrutura sintática pode ser formalizada da seguinte maneira: Nes = (-C -> S).

Conjugando a composição sintática da norma de estrutura e a sua respectiva norma sancionatória, teríamos o seguinte:

$$[(H-> C.) v (-C -> S)]$$

Contudo, o direito positivo poderá prescrever outras formas de sanção, como a convalidação, outras técnicas sancionatórias ou até mesmo a neutralização da regra sancionatória por uma terceira regra, o que impediria a sua aplicação.

Na questão examinada, entendemos que o prejuízo não compõe a hipótese da regra sancionatória, mas sim uma regra autônoma que impede a aplicação da regra sancionatória de estrutura.

No caso do sistema de direito processual civil, a regra do prejuízo atua neutralizando a norma sancionatória de estrutura, impedindo a sua incidência e, por conseguinte, sustentando a permanência do ato processual defeituoso no sistema jurídico.

Com isso, o ato defeituoso continuará no sistema de direito positivo em função da incidência de uma regra neutralizadora da norma sancionatória prevista para corrigir o ato viciado.

Aliás, o que precisa ficar claro é que a sanção sempre decorrerá de regras do direito positivo e, por isso, a consequência jurídica para produção irregular do ato jurídico pode variar de acordo com cada subsistema processual ou até mesmo bem jurídico tutelado.

Portanto, no sistema de direito processual civil, o "princípio" do prejuízo possui a posição sintática de regra autônoma que impede a aplicação da norma de estrutura sancionatória, o que na linguagem processual equivale a decretação de nulidade do ato processual defeituoso.

CONCLUSÃO

A validade enquanto metodologia para estudo das regras de estrutura (produção) e sua respectiva norma sancionatória deve ser construída a partir das três lentes citadas, pois, apesar de aparente colisão, as três visões sobre a mesma questão apresentada no trabalho se complementam e devem ser tomadas como ferramenta teórica que melhor se adequa ao estudo das regras jurídico positivas de invalidade.[33]

O modelo exposto parte da premissa de que a chave para o adequado estudo das invalidades é reconhecer a existência de uma norma de competência (normalmente posicionada sintaticamente de forma superior no sistema) que vai regular a adequada forma de produção das normas no sistema.

Logo, ainda que produzido em desacordo com as normas de competência que regulam a sua produção, o ato processual somente pode ser retirado do sistema jurídico quando uma autoridade competente aplica a norma sancionatória prevista.

Entendemos, porém, que há casos, como o analisado no presente trabalho, em que a inserção de norma neutralizadora ou de calibração acaba por relevar a aplicação da sanção prevista na norma de estrutura sancionatória.

No entanto, sintaticamente, a mencionada regra não pode ser alocada na hipótese da norma sancionatória, ou utilizando uma linguagem pontiana, no suporte fático da regra invalidadora.

---

33. GAMA, Tácio Lacerda. **Competência tributária: fundamentos para uma teoria da nulidade**. 2ª ed. São Paulo: Noeses, 2011. pp.315-335. GAMA, Tácio Lacerda. **Competências comunicativas e o tema da validade no direito**. In: Constructivismo Lógico-Semântico. Vol. 1. São Paulo: Noeses, 2014. p. 271-296.

REFERÊNCIAS

ALEXY, Robert. **Conceito e validade do direito**. Tradução: Gercélia Batista de Oliveira Mendes. São Paulo: Editora WMF Martins Fontes, 2009.

CARVALHO, Paulo de Barros. **Direito Tributário: Fundamentos jurídicos da incidência**. 5 ed. São Paulo: Saraiva, 2007.

CASTRO JÚNIOR, Torquato da Silva. **A pragmática das nulidades e a teoria do ato jurídico inexistente: reflexões sobre metáforas e paradoxos da dogmática privatista**. São Paulo: Noeses, 2009.

DIDIER JÚNIOR, Fredie. **Curso de direito processual civil**. Volume 1. 17ª ed. Salvador: JusPodivm, 2015.

GAMA, Tácio Lacerda. **Competências comunicativas e o tema da validade no direito**. In: Constructivismo Lógico-Semântico. Vol. 1. São Paulo: Noeses, 2014.

_____. **Competência tributária: fundamentos para uma teoria da nulidade**. 2ª ed. São Paulo: Noeses, 2011.

GUASTINI, Riccardo. **Das fontes às normas**. Trad. Edson Bini. São Paulo: Quartier Latin, 2005.

HART, H.L.A. **O conceito de direito**. 3ª ed. Trad. A. Ribeiro Mendes. Lisboa: Fundação Calouste Gulbenkian, 2001.

KELSEN, Hans. **Jurisdição Constitucional**. Introdução e revisão técnica: Sérgio Sérvulo da Cunha. São Paulo: Martins Fontes, 2003.

LINS, Robson Maia. **Controle de constitucionalidade da norma tributária**. Decadência e Prescrição. São Paulo: Quartier Latin, 2000

MELLO, Marcos Bernardes de. **Teoria do fato jurídico: plano da existência**. 15 ed. São Paulo: Saraiva, 2008.

MENDES, Sônia Maria Broglia. **A validade jurídica e o giro linguístico**. São Paulo: Noeses, 2007.

NEVES, Marcelo. **Teoria da inconstitucionalidade das leis**. São Paulo: Saraiva, 1988.

PONTES DE MIRANDA, Francisco Cavalcanti. **Tratado de direito privado**. Tomo IV. 3 ed. Rio de Janeiro: Editor Borsoi, 1970.

RAZ, Joseph. **O conceito de sistema jurídico: uma introdução à teoria dos sistemas jurídicos**. Tradução: Maria Cecília Almeida. São Paulo: Editora WMF Martins Fontes, 2012.

ROSS, Alf. **Direito e justiça**. Trad. Edson Bini. Bauru: EDIPRO, 2000.

TESHEINER, José Maria Rosa. **Pressupostos processuais e nulidades no processo civil**. São Paulo: Saraiva, 2000.

VILANOVA, Lourival. **Causalidade e relação no direito**. 4 edição. São Paulo: Editora Revista dos Tribunais, 2000.

CAPÍTULO 04

JURISPRUDÊNCIA, PRECEDENTE E SÚMULA NO DIREITO BRASILEIRO

Clayton Maranhão

SUMÁRIO. 1. Introdução; 2. Aproximação entre o direito de *common law* e o direito de *civil law*; 3. Os precedentes no *Common Law*; 4. A jurisprudência e a Súmula no Estado Legislativo brasileiro; 4.1. A jurisprudência no Estado Legislativo brasileiro; 4.2. As súmulas persuasivas no Estado Legislativo brasileiro; 5. O precedente no Estado Constitucional brasileiro; 5.1. Eficácia vinculante no controle direto de constitucionalidade realizado pelo Supremo Tribunal Federal no Estado Constitucional brasileiro; 5.2. Súmulas Vinculantes editadas pelo Supremo Tribunal Federal no Estado Constitucional brasileiro; 5.3. Efeitos vinculantes das demais decisões proferidas pelo Poder Judiciário no Estado Constitucional brasileiro; 6. Diferenciação entre jurisprudência e precedente e o enquadramento sistemático das súmulas no direito brasileiro: da jurisprudência aos precedentes e, como corolário, das súmulas persuasivas às Súmulas Vinculantes; 7. Conclusões; 8. Bibliografia.

1. INTRODUÇÃO

O problema da jurisprudência como fonte do direito tem permeado as discussões doutrinárias com influência na teoria da norma e na teoria da interpretação jurídica. No âmbito da *common law*, o tema da vinculatividade formal dos precedentes foi objeto de estudos dos filósofos e teóricos do direito e, mais recentemente, assume uma preocupação também no âmbito da *civil law*.

Karl Engisch, em clássico estudo sobre o método subsuntivo de aplicação das regras, tratava o precedente como jurisprudência, portanto não vinculante, a partir do art. 95 da Lei Fundamental alemã (ENGISCH, p. 365).

Por sua vez, os pesquisadores do círculo de Bielefeld separaram quatro formas básicas de relevância prática dos precedentes: vinculação formal, força persuasiva de fato, força justificatória complementar e força meramente ilustrativa ou de mero exemplo (MACCORMICK & SUMMERS, 1997, p. 554-555; PECZENIK, 1997, p. 463). Chiassoni procede a uma crítica dessa classificação, pois o *"Bielefelder Kreis"* não distingue a vinculação formal dos precedentes da força prática de fato dos precedentes e no que se refere às três diferentes formas dos precedentes formalmente vinculantes, não se considera dois diferentes tipos de derrotabilidade (CHIASSONI, 2016, p. 75). Em vista disso, Chiassoni propõe oito sistemas ideais tipos de relevância formal da *ratio decidendi* de um precedente: sistemas de relevância proibida, sistemas de relevância muito fracos argumentativamente, sistemas de relevância fracos argumentativamente, sistemas de relevância fortes argumentativamente, sistemas de força vinculante fraca; sistemas de força vinculante forte, sistemas de força vinculante muito fortes e sistemas de relevância discricionária (CHIASSONI, 2016, p. 75).

Trata-se de uma discussão existente no âmago da transição do Estado de Legalidade para o Estado Constitucional, sendo difícil escapar de contradições no sistema até que essa travessia se complete.

Por outro lado, o império da técnica obscurece a realização da Justiça na modernidade tardia, circunstância que tem assolado o sistema de Justiça dos países de *civil law*.

Diante das inevitáveis mutações sociais, é crescente a numerosidade dos processos em trâmite na justiça brasileira, superando cem milhões de demandas em trâmite segundo a última estatística do Conselho Nacional de Justiça, ao passo que ganha especial conotação nesse acervo processual as chamadas causas repetitivas, a exigir novas técnicas de julgamento e de uniformização de jurisprudência.

Nesse contexto, revelaram-se insuficientes, embora ainda importantes as técnicas tradicionais de uniformização de jurisprudência, notadamente o incidente de uniformização previsto no art. 476 do Código de Processo Civil brasileiro de 1973 (CPC, 1973) e a súmula de jurisprudência dominante dele derivada, o recurso especial fundado em divergência jurisprudencial e os embargos de divergência nos tribunais superiores, assumindo importância crescente as técnicas de vinculação das decisões emanadas do STF (súmula vinculante e decisões proferidas no controle concentrado de constitucionalidade, além das teses jurídicas firmadas em recurso extraordinário) e do STJ (súmulas persuasivas e teses jurídicas firmadas em recurso especial repetitivo), filtros recursais (repercussão geral no STF; súmulas persuasivas dos tribunais superiores e dos tribunais de segundo grau, tidas como impeditivas do processamento de recursos cujas teses lhes sejam contrárias) e técnicas de aceleração dos julgamentos de recursos por meio do julgamento monocrático do Relator, a partir da iniciativa gestada pela Emenda Regimental de 1963, no STF, e que foi repercutindo pouco a pouco nos demais tribunais, a começar pelo TFR, nos termos do art. 63 da Lei 5.010/66, até chegar-se na atual redação do art. 557 do CPC/73, mantida no art. 932, IV e V, do CPC/15.

Com o novo Código de Processo Civil brasileiro de 2015 (CPC, 2015), insere-se no sistema processual brasileiro a técnica dos precedentes, a bem da verdade um consectário lógico da atividade jurisdicional na interpretação do texto legal, sobretudo diante do conceito contemporâneo de norma jurídica, não como algo dado pelo legislador, mas como algo dialógica, dialética e colaborativamente construído entre o juiz e as partes, em contraditório substancial, enfim como resultado da interpretação/aplicação do texto legal no caso concreto (ou seja, que o texto legal é diferente da norma jurídica).

Para tanto, é significativa essa passagem doutrinária de Sidney Sanches (1975, p. 8):

> "Temos para nós que a estratificação do Direito pela uniformização imutável da jurisprudência é um mal tão grande quanto o da poliformia jurisprudencial contemporânea. E, no entanto, curiosamente, reunidos os dois males, reparadas as arestas, burilados os conceitos e trabalhadas as ideias que os geraram, se pode chegar a um objetivo comum: justiça igual. Para tanto, é preciso que os enunciados uniformizadores não sejam desprezados, mas também que não se estratifiquem, que não se perpetuem."

Avulta a atualidade do pensamento de Carlos Maximiliano (1980, p. 184): *"Uma decisão isolada não constitui jurisprudência; é mister que se repita, e sem variações de fundo. O precedente, para constituir jurisprudência, deve ser uniforme e constante."*

Se assim é, e considerando o disposto nos art. 489 e 927 do CPC/15, temos um longo caminho pela frente, objetivando dar mais um passo no sentido da construção da jurisprudência e dos precedentes nela contidos.

A tendência é que as Súmulas venham a ser compreendidas a partir dos motivos determinantes das decisões judiciais, até porque a compreensão da *ratio decidendi* de um enunciado implica precisamente na busca e no entendimento das circunstâncias fáticas dos precedentes que lhes serviram de base (art. 926, §2º, CPC/15).

Este estudo objetiva enfrentar as noções de jurisprudência e precedente no direito de *common law* e no direito positivo brasileiro, confrontando-os em dois blocos históricos distindos, quais sejam o direito no Estado de Legalidade e o direito no Estado Constitucional, com vistas a verificar quais as perspectivas de um modelo de precedentes para o bom funcionamento da Justiça brasileira.

Outrossim, busca-se um lugar adequado às súmulas persuasivas e às súmulas vinculantes nesse novo sistema.

2. APROXIMAÇÃO ENTRE O DIREITO DE *COMMON LAW* E O DIREITO DE *CIVIL LAW*

No direito de *common law*, as decisões das Cortes Supremas vinculam os tribunais e juízes de instâncias inferiores.

No direito de *civil law*, embora essa vinculação não seja da sua tradição e somente recentemente tenha alguma previsão na Constituição brasileira (controle de constitucionalidade pelo STF e Súmulas vinculantes), na prática, senão na totalidade, em expressiva maioria dos casos, os tribunais e juízes seguem as decisões do STF e do STJ.

A diferença entre os dois sistemas reside no método de extração das regras e princípios vinculantes (*ratio decidendi*) de um caso para aplicabilidade em outro semelhante (ZWEIGERT-KOTZ, 1998).

Esse método é o produto da maturação e da tradição do raciocínio judicial do caso concreto – *reasoning from case to case* (ZWEIGERT--KOTZ, 1998).

Duas razões são indicadas para demonstrar a diferença de *civil law* no entendimento das razões de decidir quanto aos fatos: (i) insuficiente justificação externa dos fatos; (ii) ementas (*headnotes*) gerais e abstratas (ZWEIGERT-KOTZ, 1998).

Quanto à insuficiência da justificação externa, os fatos não são detalhadamente justificados externamente nas decisões da Suprema Corte

Francesa e Corte de Cassação Italiana, presos que estão à velha tradição do positivismo centenário de mera subsunção da regra aos fatos da causa, fazendo, inclusive, transparecer isso aos terceiros que possam ler suas decisões, omitindo deliberadamente detalhes fáticos do caso.

No que concerne às ementas utilizadas nos países de *civil law* como Itália, França, Alemanha, Portugal, inclusive o Brasil, por vezes é a única parte da decisão que é publicada, impedindo que se saiba quais foram as peculiaridades fáticas do caso, assim dificultando uma cultura de precedentes.

Isso porque a técnica de redação das ementas geralmente utilizada é abstrata e geral (máximas, teses jurídicas, enunciados, súmulas). Contudo, fique bem claro que a *ratio decidendi* não é encontrável na ementa do Acórdão e sim nos motivos determinantes da decisão judicial colegiada.

3. OS PRECEDENTES NO *COMMON LAW*

No final do século XII, o direito inglês já estava forjado em regras não escritas, conhecidas e na praxe negocial e judiciária, por isso infenso à recepção do direito romano, ao contrário do continente Europeu (CRUZ E TUCCI, 2004, 149-151).

Inicialmente, as decisões judiciais foram catalogadas nos *statute books,* sendo que nesse período os primeiros comentadores já demonstravam preocupação com o problema da contradição nos julgamentos, indicando-se o caminho da solução a casos análogos (CRUZ E TUCCI, 2004, p. 152-153).

Apontava-se a natural vocação da *common law* para um sistema de *case law* (CRUZ E TUCCI, 2004, p. 154).

Posteriormente, as decisões judiciais dos tribunais reais ingleses (*Common Pleas, King's Bench e Exchequer*) passaram a ser compiladas nos anuários conhecidos por *Year Books*, típicos repositórios de 'doutrina judicial'.

No século XVI, os repertórios de jurisprudência passaram a ser chamados de *Law Reports*, sendo uma das mais famosas coleções a organizada por *Edward Coke*, veiculada em 1600, em onze volumes. Eram ainda coleções particulares, razão pela qual os juízes britânicos desfrutavam de ampla discricionariedade para aplicar ou não um precedente judicial (CRUZ E TUCCI, 2004, p. 155-157). Destaca-se aqui uma primeira característica do precedente judicial inglês: era apenas **culturalmente vinculante**, isto é, não havia a obrigatoriedade de aplicação pelo juiz do caso sucessivo da mesma solução dada num outro caso similar antecedente, mas ainda assim o precedente era seguido.

Assim foi sendo construída a doutrina do *binding precedent - conhecido por stare decisis* nos EUA (CAPPELLETTI, 1984), isto é, da eficácia vinculante dos precedentes judiciais na *common law*.

Tem-se, pois, como noção geral de precedente a teoria do ***Stare decisis et non quieta movere***, ou seja, mantenha-se a decisão e não se moleste o que foi decidido, pois não era possível modificar ou cancelar um precedente. Pode-se fixar a seguinte linha do tempo na historicidade dos precedentes no direito da common law: 1º) com a doutrina de Blackstone 1833; 2º) com os casos julgados em 1861 e 1895; e 3º) com o caso London Tramways Company v. London County Council, por meio do qual firmou-se a **doctrine of binding precedent,** em 1898, quando ficara assentado que *"uma decisão da House of Lords sobre uma questão de direito é definitiva e vincula a House nos casos sucessivos. Uma decisão errada somente pode ser revista mediante uma lei do Parlamento."*

Deveras, o *stare decises* **formalmente vinculante** (*doctrine of binding precedent*) exsurge de um caso julgado pela *House of Lords* em 1861, repetido noutro caso de 1895, e definitivamente consolidada e doutrina do efeito vinculante do precedente no caso *London Tramways Company versus Londos County Council,* asseverando tanto a eficácia horizontal à própria Corte, como a eficácia vertical para todos os demais juízes e tribunais (CRUZ E TUCCI, 2004, 161).

Não por outra razão, asseverou-se que *"o juiz inglês é um escravo do passado e um déspota do futuro"* (GOODHART, 1934).

Contudo, houve mudança de entendimento da *House Of Lords,* em 1966, quando então ficara assentado que *"seria prudente rever orientação emitida no passado quando parecesse correto"* (CRUZ E TUCCI, 2004, p. 159).

A partir de então, passou-se a admitir a superação de um precedente mediante técnica conhecida por *overruling*, em razão de mudanção de valores na sociedade, de evolução tecnológica, dentre outros motivos sociais, econômicos ou políticos, fixando-se critérios para tanto.

De todo modo, tratava-se de um **precedente formalmente vinculante**, porque assim definido pela *House of Lords*, cujas funções judicantes passaram a ser exercidas pela Suprema Corte Inglesa, a partir de 2009.

Saliente-se que os órgãos judicantes, no exercício regular de pacificar os cidadãos, descortinam-se como celeiro inesgotável de atos decisórios. Assim, o núcleo de cada um destes pronunciamentos constitui, em princípio, um precedente judicial. O alcance deste somente pode ser inferido aos poucos, depois de decisões posteriores. O precedente então nasce como uma regra de um caso e, em seguida, terá ou não o destino de tornar-se a regra de uma série de casos análogos (CRUZ E TUCCI, 2015).

Bem é de ver que, pressupondo, sob o aspecto temporal, uma decisão já proferida, todo precedente judicial é composto por duas partes distintas: a) as circunstâncias de fato que embasam a controvérsia; e b) a tese ou o princípio jurídico assentado na motivação (*ratio decidendi*) do provimento decisório, que aspira certo grau de universalidade.

Consigne-se, ainda, que a situação típica de aplicação do precedente é aquela de *eficácia vertical*, decorrente da autoridade hierárquica do órgão que emitiu o precedente em relação ao órgão incumbido de decidir o litígio posterior; os tribunais superiores são atualmente concebidos, especialmente em países federados, como o Brasil, para exercerem a importante função nomofilácica em prol da uniformização da interpretação e aplicação do direito, ou seja, de verdadeiras Cortes de precedentes.

4. A JURISPRUDÊNCIA E A SÚMULA NO ESTADO LEGISLATIVO BRASILEIRO

Na historicidade do direito brasileiro, limitando-nos a uma abordagem sintética do Estado Legislativo instaurado no período republicano a partir da Constituição de 1891, tem-se, inicialmente, como fontes de direito, a lei, os costumes e os princípios gerais de direito.

Neste tópico, abordaremos a jurisprudência e as súmulas persuasivas.

4.1. A jurisprudência no Estado Legislativo brasileiro

Sob o influxo do paradigma do Estado de Legalidade, não cabia ao Poder Judiciário ir além da descritividade do texto legal, valendo-se dos métodos clássicos da interpretação gramatical, sistemática, teleológica e histórica.

O mito do adágio *in claris cessat interpretatio* era prevalecente.

Por decorrência, a atividade judicial era ciscunscrita à declaração do significado *a priori* estabelecido no texto pelo legislador.

Nesse âmbito, o produto da atividade interpretativa resultava na jurisprudência, enquanto coleção ordenada e sistematizada de decisões reiteradas sobre um mesmo tema jurídico.

É certo que a noção de jurisprudência não é unívoca na doutrina. Deveras, jurisprudência é um termo polissêmico. A noção de jurisprudência comporta pelo menos cinco significados, que podem ser assim resumidos: (i) um conceito lato, abrangente de toda a ciência jurídica, teórica e prática, elaborada por jurisconsultos (doutrinadores e professores) e por magistrados; (ii) a doutrina jurídica ao elaborar conceitos e examinar hipoteticamente a incidência ou aplicação das normas jurídicas; (iii) a atividade prática dos jurisconsultos (*juris prudentia*) na elaboração de pareceres diante de casos concretos; (iv) o conjunto das decisões dos juízes e tribunais, ora convergindo ora divergindo sobre determinados temas jurídicos; (v) o conjunto de decisões do Poder Judiciário num determinado sentido, a respeito de certo objeto, de modo constante, reiterado e pacífico (MANCUSO, 1998, p. 26/27; FRANÇA, 2015, p. 124).

Dessas possíveis noções, consideremos duas: 1) a grande massa judiciária, a somatória global dos julgados dos Tribunais, *harmônicos ou não*, ou seja, a totalização dos acórdãos produzidos pela função jurisdicional; 2) a coleção ordenada e sistematizada de acórdãos consonantes e reiterados, de um certo tribunal, ou de uma dada justiça, sobre um mesmo tema jurídico (MANCUSO, 1998, p. 29; FRANÇA, 2015, p. 125)

Na perspectiva do positivismo jurídico, havia entendimento no sentido de que a jurisprudência poderia ser (i) *secundum legem* ou (ii) *praeter legem*, mas nunca (iii) *contra legem*, pois caberia ao juiz aplicar e não modificar o direito positivo, embora, a pretexto de interpretar, por vezes se decide *contra legem*, como se *secundum legem* fosse (MANCUSO, 1998, p. 28).

Outrossim, é certo que *"não pode haver jurisprudência sem que haja uniformização"*, pois, segundo Mancuso (1998, p. 30):

"esse reforço de sentido não lhe prejudica o entendimento, pelo contrário, vem a demonstrar que a uniformização de jurisprudência há que comprender-se como um entendimento judiciário dominante e racionalizado, de forma oficial, com sentido prático de orientação ante as encruzilhadas que se formam nas interpretações nos vários caminhos da justiça."

O termo jurisprudência geralmente indica uma pluralidade de decisões relativas a vários casos concretos, acerca de um determinado assunto, mas não necessariamente sobre uma idêntica questão jurídica (CRUZ E TUCCI, 2015).

A tendência do posicionamento pretoriano sobre a interpretação de determinado texto legal.

Invoca-se, por exemplo, a jurisprudência, aludindo-se, de um modo geral, a muitas decisões, causando sempre certa dificuldade para estabelecer qual tese é realmente relevante, ou mesmo para aferir qual ou quais julgados tratam especificamente da interpretação de um fundamento no qual lastreada a questão sob apreciação judicial.

Não é fácil desvendar, entre inúmeros arestos citados à guisa de jurisprudência, qual a posição realmente dominante (TARUFFO, 2011).

Na verdade, em nossa experiência jurídica, num universo jurídico com mais de 50 tribunais de segundo grau, a respeito de muitas teses descobrem-se, não raro, num mesmo momento temporal, acórdãos contraditórios, evidenciando significativa ausência de uniformidade da jurisprudência e, como natural decorrência, consequente insegurança jurídica. E esse grave inconveniente pode ser inclusive constatado, por paradoxal que possa parecer, num mesmo tribunal, revelando divergência de entendimento, intra muros, entre câmaras, turmas ou sessões. (CRUZ E TUCCI, 2015)

A jurisprudência pode desfrutar de acentuada eficácia persuasiva se ficar demonstrado que o julgamento sobre determinada *quaestio iuris*, reiterado em vários acórdãos, desponta uniforme e sedimentado (TARUFFO, 2011).

4.2. As súmulas persuasivas no Estado Legislativo brasileiro

Ao enfrentarem questões polêmicas ou teses jurídicas divergentes, os tribunais também produzem máximas ou súmulas que se *consubstan-*

ciam na enunciação, em algumas linhas ou numa frase, de uma "regra jurídica", de conteúdo preceptivo. Trata-se de uma redução substancial do precedente. A aplicação da súmula não se funda sobre a analogia dos fatos, mas sobre a *subsunção do caso sucessivo a uma regra geral*.

A construção de súmulas remonta a uma prática tradicional e consolidada do sistema judiciário luso-brasileiro. Não deriva da decisão de um caso concreto, mas de um enunciado interpretativo, formulado em termos gerais e abstratos. Por consequência, o *dictum* sumulado não faz referência aos fatos que estão na base da questão jurídica julgada e assim não pode ser considerado um precedente em sentido próprio, "mas apenas um pronunciamento judicial que traduz a eleição entre opções interpretativas referentes a normas gerais e abstratas. Sua evidente finalidade consiste na eliminação de incertezas e divergências no âmbito da jurisprudência, procurando assegurar uniformidade na interpretação e aplicação do direito" (CRUZ E TUCCI, 2004).

No início da monarquia portuguesa, vigia o princípio da interpretação autêntica das leis, cuja prerrogativa era exclusiva do monarca mediante a publicação de leis interpretativas. Com o passar do tempo, o monarca passou a delegar essa competência ao tribunal superior do reino. Em caso de dúvida, a última palavra ainda era do rei. Por força de um Alvará Régio de 1518 e das Ordenações Manuelinas, tanto os julgamentos "em mesa grande" da Casa de Suplicação quanto as resoluções do rei eram registrados num livro de "assentos", com eficácia vinculativa para o futuro (CRUZ E TUCCI, 2004, p. 134).

Todas as modalidades de assentos do direito lusitano eram rígidas, tinham força normativa, tendo natureza de enunciados interpretativos vinculantes (CRUZ E TUCCI, 2004, p. 145/146).

Os Tribunais da Relação do Porto e das Relações ultramarinas de Goa, da Bahia e do Rio de Janeiro arrogaram-se a editar assentos, contudo não tinham "validade" a não ser depois de confirmados pela Casa de Suplicação, com os devidos registros no livro de "assentos" (CRUZ E TUCCI, 2004, p. 145), podendo-se identificar aí um primeiro sinal da utilização de enunciados *persuasivos* em território brasileiro, pois somente após a chancela da mais elevada Corte do Reino de Portugal é que se convertiam em enunciados *vinculantes*.

Na transição do império à república federativa brasileira, houve rompimento com a tradição dos assentos, permanecendo apenas a ideia de jurisprudência, enquanto conjunto de decisões judiciais reiteradas sobre determinado assunto, até que na segunda metade do século XX surgem as súmulas do Supremo Tribunal Federal.

No Estado de Legalidade brasileiro, as súmulas sempre tiveram mera natureza *persuasiva*, sendo apenas culturalmente vinculantes desde que se iniciou a sua edição pelo Supremo Tribunal Federal do Brasil, na década de 1960, motivadas, antes de tudo, como um método de trabalho visando otimizar a prestação jurisdicional dos Ministros daquela Corte Suprema.

5. O PRECEDENTE NO ESTADO CONSTITUCIONAL BRASILEIRO

Com a promulgação da Constituição Federal de 1988, o ordenamento jurídico brasileiro ingressa num modelo de Estado Constitucional, eis que a partir da Carta Política, além de ser aperfeiçoado o controle de constitucionalidade das leis e atos normativos, amplia-se o catálogo dos direitos fundamentais, constitucionalizando-se o direito infra-constitucional, a partir do reconhecimento de regras e princípios constitucionais, do postulado da proporcionalidade, diferenciando-se texto legal de dispositivo normativo, tudo a conferir posição de protagonismo ao Poder Judiciário, na perspectiva de um déficit democrático próprio dos países em desenvolvimento na modernidade tardia, se e quando detectarem-se defeitos dos Poderes Executivo e Legislativo na implementação dos direitos e garantias fundamentais do cidadão, notadamente aqueles de segunda, terceira, quarta e quinta gerações.

É a partir da Constituição de 1988, assim como com a promulgação das Emendas Constitucionais 03/1993 e 45/2004, que se percebe uma nítida mudança na lógica jurisprudencial do direito brasileiro, à medida que confere-se efeitos vinculantes tanto às decisões proferidas pelo Supremo Tribunal Federal em se de de controle de constitucionalidade, assim como às chamadas Súmulas Vinculantes. Paralelamente, percebe-se a crescente atribuição de efeitos vinculantes a algumas decisões proferidas pelo Poder Judiciário brasileiro, mediante a inserção de técnicas processuais.

Mas afinal, o que se entende por precedente? Essa questão implica numa ampla abordagem que refoge ao objeto do nosso estudo e demanda exame detido e aprofundado num outro texto. Não obstante, é preciso pontuar pelo menos uma questão, ainda que de maneira superficial, como sendo aquele relativa a suficiência de uma decisão para que nela se tenham motivos determinantes que possam servir de base para casos futuros e análogos que demandem uma mesma solução, ou se, ao contrário, para que se tenha precedente, é necessário um enfoque quantitativo, ou seja, um número plural de decisões constantes num mesmo sentido sobre um determinado tema juridicamente relevante para que somente então se tenha um precedente.

Para autorizada doutrina (TARUFFO, 2011), não é simplesmente uma questão quantitativa que os diferencia: o precedente produz uma regra universal, que pode ser aplicada como critério de decisão num caso sucessivo em função da identidade ou da analogia entre os fatos do primeiro caso e os fatos do segundo caso.

> "Naturalmente, a analogia dos dois casos concretos não é dada *in re ipsa*... É, com efeito, o juiz do caso sucessivo que estabelece se existe ou não existe o precedente e, portanto, 'cria' o precedente. A estrutura fundamental do raciocínio que leva a aplicar o precedente ao caso sucessivo é fundada sobre a comparação dos fatos. Se esta análise justifica a aplicação no segundo caso da *ratio decidendi* aplicada no primeiro, o precedente é eficaz e pode determinar a decisão do segundo caso. Note-se que, quando se descortinam estas condições, apenas um único precedente é suficiente para fundamentar a decisão do caso sucessivo."

Como contraponto, há quem critique que o precedente pode emanar de uma só decisão, o chamado precedente único, preferindo defender a ideia da força normativa da jurisprudência e que a autoridade surgiria somente de um grupo de precedentes, mediante a repetição de julgados num mesmo sentido, visão essa criticada por considerar somente o legislativo como único órgão produtor de normas (BURIL, p. 109).

Feitas estas considerações, passamos a abordagem separada da progressiva atribuição de efeitos vinculantes às decisões judiciais no direito positivo brasileiro.

5.1. Eficácia vinculante no controle direto de constitucionalidade realizado pelo Supremo Tribunal Federal no Estado Constitucional brasileiro

Em termos de graus de vinculatividade dos precedentes no direito brasileiro, identificamos três dimensões: *fraco, médio ou forte*. A nomenclatura doutrinária é divergente: precedentes formalmente vinculantes e precedentes substancialmente vinculantes (MEDINA, 2016, p. 1214/1216, p. 1232); precedentes normativos vinculantes, precedentes normativos formalmente vinculantes, precedentes normativos formalmente vinculantes fortes (ZANETTI JR., 2016, p. 323); fontes jurídicas fortemente vinculantes, frágilmente vinculantes (precedentes) e fontes permitidas (BUSTAMANTE, 2012, p. 298); precedentes com eficácia normativa, precedentes com eficácia impositiva intermediária e precedentes com eficácia meramente persuasiva (CAMPOS MELLO, 2008, p.62).

As ações diretas de inconstitucionalidade e de inconstitucionalidade por omissão, a ADPF e a Súmula Vinculante formam um microssistema pelo qual as decisões judiciais proferidas e, no caso da Súmula Vinculante, os enunciados normativos correspondentes desfrutam de um grau forte de vinculatividade aos demais juízes e tribunais, devendo ser obrigatoriamente seguidos por eles (TALAMINI, 2011).

Deveras, o descumprimento por qualquer juiz ou Tribunal de uma Súmula Vinculante ou de uma decisão do Supremo Tribunal Federal proferida em ação direta de inconstitucionalidade, por exemplo, implica no imediato cabimento e manejo da Reclamação Constitucional, com possibilidade de deferimento de medida liminar para suspender a decisão violadora do precedente vinculante forte (MARANHÃO e FERRARO, 2014).

A Reclamação Constitucional é desde logo cabível nos termos do art. 988, inciso III, para o caso de descumprimento dos precedentes arrolados no inciso I do art. 927 do Novo Código de Processo Civil brasileiro (CPC, 2015), tornando-os precedentes vinculantes **fortes**.

5.2. Súmulas Vinculantes editadas pelo Supremo Tribunal Federal no Estado Constitucional brasileiro

Como regra, não tem origem num caso concreto. Todavia há exceção: o incidente de Súmula Vinculante provocado pelo Município parte no processo, instaurado no âmbito do Recurso Extraordinário, com repercussão geral admitida. Nessa hipótese, instaura-se *Procedimento de Edição de Súmula Vinculante* no STF, sem suspender o julgamento do Recurso Extraordinário, nos termos do art. 3º, §1º, Lei 11.417/06.

As Súmulas Vinculantes tem previsão normativa no art. 103-A, CF/88. Referido dispositivo constitucional fora regulamentado pela Lei nº 11.417/06, estando ali previsto o procedimento de edição, revisão e cancelamento, modulação ou restrição da Súmula, inclusive quórum mínimode aprovação de 2/3, ou seja, oito ministros.

É questionável a constitucionalidade do art. 4º da Lei 11.417/06, tendo em vista a restrição de efeitos à súmula vinculante.

Por outro lado, as Súmulas Vinculantes guardam a peculiaridade de não serem extraídas de um caso concreto, mas editadas autônoma e abstratamente, num procedimento instaurado exclusivamente para tal fim.

Contudo, pressupõe (i) reiteradas decisões sobre matéria constitucional, (ii) divergência jurisprudencial atual a respeito da validade, interpretação e a eficácia de normas determinadas; (iii) grave insegurança jurídica; (iv) relevante multiplicação de processos sobre idêntica questão.

Uma vez editadas, tem grau **forte** de vinculatividade horizontal e vertical, também sendo cabível o ajuizamento imediato de Reclamação Constitucional, por força dos arts. 927, inciso II, e 988, inciso III, do CPC/15.

5.3. Efeitos vinculantes das demais decisões proferidas pelo Poder Judiciário no Estado Constitucional brasileiro

Além das decisões proferidas pelo Supremo Tribunal Federal em ação direta de inconstitucionalidade, em ação declaratória de constitucionalidade e em Arguição de Descumprimento de Preceito Fundamental - ADPF, bem como dos Enunciados de Súmulas Vinculantes, podemos arrolar como precedente com grau **forte** de vinculatividade as decisões proferidas em incidentes de resolução de demandas repetitivas ou de assunção de competência (art. 988, inciso IV, e art. 927, inciso III, primeira parte, do CPC/15), bem como aquelas proferidas pelo Tribunal Pleno ou pelo Órgão Especial dos Tribunais de Justiça dos Estados, em sede de controle difuso de constitucionalidade de atos normativos estaduais ou municipais tendo como norma de parametricidade a Constituição dos Estados.

Outrossim, são dotados de grau **médio** de vinculatividade as decisões proferidas em recursos extraordinários com repercussão geral reconhecida, as decisões proferidas em recursos extraordinário ou especial repetitivos, pois para que se possa manejar a Reclamação Constitucional para garantir a autoridade de tais decisões das Cortes Supremas brasileiras (Supremo Tribunal Federal - STF, e Superior Tribunal de Justiça, STJ), faz-se necessário o esgotamento das instâncias recursais ordinárias, a teor do art. 988, §5º, inciso II, e do art. 927, inciso III, segunda parte, do CPC/15. Pode-se incluir nesse rol, as decisões incidentais de inconstitucionalidade proferidas no controle difuso em grau de recurso extraordinário no Supremo Tribunal Federal, a qual, por dispensar a reserva de plenário, tem eficácia vinculante horizontal no âmbito da própria Suprema Corte, quando se depare com casos futuros análogos (CAMPOS MELLO, 2008, p. 318). Idêntica força vinculante desfruta a decisão proferida pelo Tribunal Pleno ou pelo Órgão Especial em incidente de inconstitucionalidade, em relação a casos futuros e análogos na mesma Corte de Justiça (CAMPOS MELLO, 2008, p. 319), cujo fundamento normativo se encontra no art. 927, inciso V, do CPC/15. Acrescenta-se, também, as decisões proferidas em ação coletiva, diante dos limites subjetivos *ultra partes* ou *erga omnes* da coisa julgada coletiva nesses casos (CAMPOS MELLO, 2008, p. 319). Muito embora haja quem defenda a chamada objetivação do controle difuso de constitucionalidade (CAMPOS MELLO, 2008, p. 319), há sério dissenso doutrinário a respeito (TALAMINI, 2011), sob o argumento segundo o qual a Súmula Vinculante já cumpre adequadamente a função transcendente se e quando o Supremo Tribunal Federal entender por editar o enunciado.

Finalmente, consideram-se de grau **fraco** de vinculatividade as decisões que servem de base para a edição de Súmulas persuasivas da jurisprudência dominante do Supremo Tribunal Federal e do Superior Tribunal de Justiça, nos termos do art. 927, inciso IV, e do art. 988 do CPC/15, o qual silencia a respeito do cabimento de Reclamação Constitucional nessas hipóteses, exigindo da parte o manejo e o esgotamento das vias recursais ordinárias até que se acesse as Cortes Supremas pela via do Recurso Especial e do Recurso Extraordinário com repercussão geral no caso concreto, tornando mediata e diferida no tempo a solução a questão jurídica correspondente, sendo essa a principal fraqueza da decisão destituída de vinculatividade vertical imediata em relação aos demais juízes e tribunais. Da mesma forma, as decisões do Relator para negar provimento ou dar provimento monocraticamente com base em precedentes das Cortes Supremas são meras técnicas de aceleração dos julgamentos nada tendo a ver com o efeito vinculante dos precedentes que lhe servem de fundamento para assim decidir (art. 932, incisos IV e V, do CPC), como também as decisões de improcedência liminar do pedido em primeiro grau e quando originária a ação em segundo grau (art. 332 e incisos I a V, CPC/15), visto que em regra delas cabe recurso apelação com efeito suspensivo, sendo necessário esgotar as vias ordinárias para que se abra caminho para o manejo de de recurso especial ou extraordinário, ressalvados os casos em que o precedente é de vinculatividade forte e não seja desde logo aplicado, de modo que renda ensejo ao imediato cabimento de reclamação constitucional.

Registre-se contudo, que esse ponto de vista doutrinário a respeito dos graus de vinculatividade dos precedentes está a enfocar apenas o aspecto dogmático da questão, partindo-se dos mecanismos recursais dispostos no Código de Processo Civil – no caso brasileiro – para aferir a "velocidade" e, portanto, a "efetividade" com que o jurisdicionado pode fazer valer um precedente emanado das Cortes Supremas brasileiras em caso de descumprimento nas instâncias ordinárias.

Assim, percebe-se que a classificação acima sugerida entre precedentes com grau *forte, médio e fraco* de vinculatividade está diretamente "atrelada", e porque não dizer "extraída" ou "deduzida" das regras relativas às hipóteses de cabimento da reclamação constitucional, assim como dos recursos ordinários que podem ser interpostos simultaneamente, inclusive quanto ao cabimento de efeito suspensivo ou mesmo de uma tutela que permita restabelecer a autoridade do precedente num menor espaço de tempo possível.

A nosso sentir, a análise do precedente judicial deve ser feita a partir do neoconstitucionalismo, da teoria do direito, e, portanto, da teoria da norma jurídica e da teoria da intepretação jurídica.

No caso do Código de Processo Civil brasileiro, houve a ressignificação tanto do conceito de jurisprudência quanto o conceito de súmula. O CPC/15 emprestou força vinculante aos julgamentos de casos repetitivos e aos proferidos em incidência de assunção de competência, o que, em tais situações, torna dispensável a múltipla reiteração de decisões, segundo o conceito clássico de jurisprudência, de modo que se tem tanto jurisprudência persuasiva como jurisprudência vinculante no direito brasileiro; por outro lado, as súmulas deixaram de ser método de trabalho e passaram a ser obrigatoriamente identificadas e congruentes com as circunstâncias fáticas dos casos que lhes serviram de base, ou seja, com a *ratio decidendi*, com o "coração da regra" que pode ser extraída dos precedentes com natureza normativa, portanto geral e abstrata (MITIDIERO, 2016, p. 103/104).

Partindo-se desse "outro lugar" teórico, tem-se as seguintes ponderações, a qual aderimos neste trabalho:

> "É importante perceber que o Novo Código, ao introduzir o conceito de precedentes e ressignificar os conceitos de jurisprudência e de súmulas, rigorosamente não está tratando de matéria atinente exclusivamente ao direito processual civil. Na verdade, está cuidando de conceitos ligados à teoria geral do direito, especificamente concernentes à teoria da norma - que por essa razão são transsetoriais, servindo a todo o ordenamento jurídico brasileiro. Vale dizer: os arts. 489, §1º, V e VI, 926 e 927, do CPC, são normas gerais que devem guiar a interpretação e aplicação do direito no Brasil como um todo. É por essa razão que esses conceitos impõem uma reconstrução da nossa ordem jurídica no plano das fontes e devem ser analiticamente trabalhados." (MITIDIERO, 2016, p. 104/105.)

Essa objeção, com a qual concordamos integralmente, reabre a discussão, sendo, portanto, criticável o ponto de vista teórico dos graus de vinculatividade dos precedentes, que deles se servem para "enfraquecer" a institucionalização de um sistema de precedentes.

É que as novas regras do CPC/15, devidamente conectadas com os princípios da isonomia e da segurança jurídica, expressamente previstos no catálogo de direitos fundamentais constantes do art. 5º da Constituição Federal do Brasil, conduzem a um entendimento no sentido de que todos precedentes judiciais são vinculantes **fortes**.

6. DIFERENCIAÇÃO ENTRE JURISPRUDÊNCIA E PRECEDENTE E O ENQUADRAMENTO SISTEMÁTICO DAS SÚMULAS NO DIREITO BRASILEIRO: DA JURISPRUDÊNCIA AOS PRECEDENTES E, COMO COROLÁRIO, DAS SÚMULAS PERSUASIVAS ÀS SÚMULAS VINCULANTES

De tudo quanto precede, tem-se que a noção tradicional de jurisprudência no Estado de Legalidade vem cedendo espaço para um modelo de precedentes emanados das Cortes Supremas brasileiras, havendo clara ressignificação dos conceitos tradicionais de jurisprudência e súmula.

Por outro lado, a corrente doutrinária que defende a diversidade de graus de vinculatividade vertical aos juízes e tribunais das instâncias ordinárias, além de uma vinculatividade horizontal às próprias Cortes de onde emanam, é seriamente criticável.

Para que se tenha uma exata compreensão desse desenvolvimento do direito brasileiro, convém estabelecer uma diferenciação entre jurisprudência, precedente e súmula, a partir de uma premissa conceitual.

Propõe-se a seguinte conceituação para os institutos examinados ao longo deste ensaio: (i) segundo um conceito clássico, a jurisprudência é o conjunto de decisões reiteradas de todas as instâncias num mesmo sentido sobre um determinado tema com natureza persuasiva; todavia, não exclui hipóteses previstas no ordenamento jurídico que permitam extrair a natureza vinculante da jurisprudência e, quando isso ocorre, a ressignificação de jurisprudência vinculante deve ser compreendida como precedente; (ii) um precedente é extraído das razões determinantes de uma decisão que pode vincular causas similares futuras; (iii) para que se compreenda a Súmula dos Tribunais Superiores do Brasil deve partir da ideia de Súmula persuasiva à ideia de Súmula vinculante, ou seja, da *ideia de jurisprudência* à ideia de precedente, ou ainda, de um método de trabalho de casos repetitivos no STF, na década de 1960, ocasião em que foram idealizadas as Súmulas persuasivas no STF, para o método de força vinculante em grau forte e médio dos precedentes emanados das Cortes Supremas brasileiras para todos os tribunais e juízes brasileiros investidos da função judicante nas instâncias ordinárias.

Estabelecidas tais premissas conceituais e finalísticas dos institutos tratados, é preciso estabelecer uma diferenciação entre jurisprudência e precedente no direito positivo brasileiro, bem assim proceder à uma adequação das súmulas nesse contexto.

(i) A jurisprudência tem por objeto a decisão judicial, enquanto o precedente tem por objeto as razões de decidir (*ratio decidendi*, motivos determinantes); (ii) a jurisprudência é o conjunto de decisões, enquanto que o precedente se resume a uma só decisão; (iii) a jurisprudência é o conjunto de decisões proferidas em qualquer instância, com predomínio para as instâncias ordinárias, enquanto que o precedente é emanado predominantemente das Cortes Supremas (STF, STJ, TST e TSE), cuja exceção é, nas instâncias ordinárias, os precedentes emanados do Tribunal Pleno ou o Órgão Especial dos Tribunais de Justiça; (iv) a jurisprudência tem eficácia meramente persuasiva, fraca, enquanto que o precedente tem uma eficácia normativa formalmente vinculante forte ou média; contudo, mesmo nos casos em que a eficácia formalmente vinculante se classifica de natureza média, assim é considerada apenas sob um ponto de vista do tempo necessário para fazer valer a autoridade de um precedente mediante o emprego dos mecanismos processuais previstos em lei, sendo certo que sob o enfoque da teoria transsetorial do direito, os precedentes devem ser sistematicamente considerados como vinculantes fortes; (v) a jurisprudência é retrospectiva, voltada para a gestão de demandas de massa, enquanto que o precedente é prospectivo, funcionalmente vocacionado para a estabilização do direito e do julgamento de coerente e íntegro de causas futuras e análogas com base na isonomia, confiança e segurança jurídicas; (vi) a jurisprudência não exige maioria do Tribunal, sendo a divergência um momento próprio de evolução do direito, embora deva ser de tempos em tempos composto o dissenso de entendimentos entre os juízes do Tribunal, enquanto que o precedente, ao exigir maioria da Corte Suprema, aponta para a unidade do direito a ser aplicado em todo o território nacional, conduzindo ao entendimento dominante, à integridade, à coerência e a segurança jurídica; (vi) se assim é, percebe-se que, à medida que se institucionalize uma lógica de precedentes, reduz-se o espaço na utilização dos enunciados de Súmula; seja como for, enquanto houver a sistemática de súmulas, ela deve ser harmonizada com a dos precedentes; logo, as súmulas persuasivas nada mais são que jurisprudência, enquanto que as súmulas vinculantes nada mais são que precedentes normativos formalmente vinculantes fortes, sendo desejável que as Cortes Supremas convertam as súmulas persuasivas em súmulas vinculantes, o que, de resto, vem ocorrendo no âmbito de algumas súmulas do Supremo Tribunal Federal.

7. CONCLUSÕES

Após o enfrentamento dos institutos da jurisprudência, do precedente e das súmulas no direito brasileiro, confrontando-os em dois blocos históricos bem definidos, designadamente mediante o cotejo deles no Estado de Legalidade e no Estado Constitucional, bem assim mediante a ressignificação dos respectivos conceitos a partir da teoria do direito, é chegado o momento de concluir a respeito do grau único de vinculatividade dos precedentes no ordenamento jurídico brasileiro vigente, da seguinte forma:

a) As decisões proferidas pelo Supremo Tribunal Federal brasileiro no âmbito do controle concentrado de constitucionalidade, assim como em arguição de descumprimento de preceito fundamental se consubstanciam em precedentes vinculantes, e, em caso de não aplicação pelas instâncias ordinárias, tem-se que a Reclamação Constitucional é desde logo cabível nos termos do art. 988, inciso III, para o caso de descumprimento dos precedentes arrolados no inciso I do art. 927 do Novo Código de Processo Civil brasileiro (CPC, 2015), tornando-os precedentes vinculantes **fortes**; para além disso, considerando os princípios constitucionais da isonomia e da segurança jurídica, tem-se como reforço o entendimento segundo o qual os arts. 489, §1º, V e VI, 926 e 927, do CPC/15, devidamente conectados com o texto constitucional, são normas gerais que devem guiar a interpretação e aplicação do direito no Brasil como um todo.

b) Uma vez editadas as Súmulas Vinculantes, tem grau **forte** de vinculatividade horizontal e vertical, também sendo cabível o ajuizamento imediato de Reclamação Constitucional, por força dos arts. 927, inciso II, e 988, inciso III, do CPC/15; além das decisões proferidas pelo Supremo Tribunal Federal em ação direta de inconstitucionalidade, em ação declaratória de constitucionalidade e em Arguição de Descumprimento de Preceito Fundamental - ADPF, bem como dos Enunciados de Súmulas Vinculantes, podemos arrolar como precedente com grau **forte** de vinculatividade as decisões proferidas em incidentes de resolução de demandas repetitivas ou de assunção de competência (art. 988, inciso IV, e art. 927, inciso III, primeira parte, do CPC/15), bem como aquelas proferidas pelo Tribunal Pleno ou pelo Órgão Especial dos Tribunais de Justiça dos Estados, em sede de controle difuso de constitucionalidade de atos normativos estaduais ou municipais tendo como norma de parametricidade a Constituição dos Estados; para além disso, considerando os princípios constitucionais da isonomia e da segurança jurídica, tem-se como reforço o entendimento segundo o qual os arts. 489, §1º, V e VI, 926 e 927, do CPC/15, devidamente conectados com o texto constitucional, são normas gerais que devem guiar a interpretação e aplicação do direito no Brasil como um todo.

c) Outrossim, discorda-se da corrente que compreende como dotados de grau **médio** de vinculatividade as decisões proferidas em recursos extraordinários com repercussão geral reconhecida, as decisões proferidas em recursos extraordinário ou especial repetitivos, à medida que se possa manejar a Reclamação Constitucional para garantir a autoridade de tais decisões das Cortes Supremas brasilieiras (Supremo Tribunal Federal - STF, e Superior Tribunal de Justiça, STJ), fazendo-se necessário o esgotamento das instâncias recursais ordinárias, a teor do art. 988, §5º, inciso II, e do art. 927, inciso III, segunda parte, do CPC/15; é que, no paradigma do Estado Constitucional, dos princípios constitucionais da isonomia e da segurança jurídica, é de se adotar a teoria transsetorial, a partir da qual os arts. 489, §1º, V e VI, 926 e 927, do CPC/15, devidamente conectados com o texto constitucional, são normas gerais que devem guiar a interpretação e aplicação do direito no Brasil como um todo.

d) Finalmente, e pelas mesmas razões, discorda-se do entendimento que admite possa haver um grau **fraco** de vinculatividade para as decisões que servem de base para a edição de súmulas persuasivas da jurisprudência dominante do Supremo Tribunal Federal e do Superior Tribunal de Justiça, nos termos do art. 927, inciso IV, e do art. 988 do CPC/15, tão somente pelo descabimento de Reclamação Constitucional nessas hipóteses, exigindo da parte o manejo e o esgotamento das vias recursais ordinárias, pois, tais vias recursais, a par de terem efeito suspensivo no caso concreto, revelam apenas um aspecto dogmático que não prescinde da igualdade e da segurança jurídica enquanto princípios constitucionais, devendo-se partir, ademais, da teoria transsetorial, pela qual os arts. 489, §1º, V e VI, 926 e 927, do CPC/15, devidamente conectados com o texto constitucional, são normas gerais que devem guiar a interpretação e aplicação do direito no Brasil como um todo.

e) Portanto, afirma-se que no direito brasileiro está instituído um sistema de precedentes vinculantes **fortes**.

8. BIBLIOGRAFIA

ÁVILA, Humberto. **Teoria dos Princípios**. São Paulo: Malheiros Editor, 2015.

ÁVILA, Humberto. **Teoria da Segurança Jurídica**. 3a. ed. São Paulo: Malheiros Editor, 2014.

AZEVEDO, Álvaro Villaça. **A jurisprudência como forma de expressão do direito**, Revista de Direito Civil, n. 51.

BARBOZA, Estefânia Maria de Queiroz. **Precedentes Judiciais e Segurança Jurídica**. Fundamentos e possibilidades para a Jurisdição Constitucional brasileira. Rio de Janeiro: Saraiva, 2014.

BUSTAMANTE, Thomas da Rosa. **Teoria do Precedente Judicial**. A justificação e a aplicação de regras jurisprudenciais. São Paulo: Editora Noeses, 2012.

CALABRESI, Guido. **A *Common law* for the age of Statutes**. Cambridge: Harvard University Press, 1982.

CAPPELLETTI, Mauro. **O Controle Judicial de Constitucionalidade das Leis no Direito Comparado**. Porto Alegre: Sérgio Fabris Editor, 1984.

CARBONELL, Miguel (coord). **Teoría del neoconstitucionalismo**. Ensayos escogidos. Madrid: Editorial Trotta, 2007.

CHIASSONI, Pierluigi. **La Giurisprudenza Civile**. Milano: Giuffrè, 1999.

CHIASSONI, Pierluigi. **A filosofia do precedente: reconstrução racional e análise conceitual** (tradução de Thiago Pádua). Universitas JUS, v. 27, n. 1, p. 63-79, 2016.

CIMARDI, Cláudia Aparecida. A Jurisprudência uniforme e os precedentes no novo Código de Processo Civil brasileiro. São Paulo: RT, 2015.

CROSS, Rupert; HARRIS, J. W. **El precedente en el Derecho inglés**. Madrid: Marcial Pons, 2012.

CRUZ E TUCCI, José Rogério. **Precedente Judicial como fonte do direito**. São Paulo: RT, 2004.

CRUZ E TUCCI, José Rogério. **Notas sobre os conceitos de jurisprudência, precedente e súmula**. Coluna Paradoxo da Corte. Conjur. Publicado no sítio www.conjur.com.br em 07/07/15. Acesso em 10/07/15.

ENGISCH, Karl. **Introdução ao pensamento jurídico**. 6a. ed. Lisboa: Fundação Calouste Gulbenkian, 1983.

GOODHART, A. L. **Precedent in English and Continental Law and Case Law: a Short Replication**. Law Quaterly Review, 50 (1034):61, nota 25.

FRANÇA, Limongi. **Hermenêutica Jurídica**. 13a. ed. São paulo: RT, 2015.

MACCORMICK, Neil; SUMMERS, Robert. **Apendix: final version of the common questions, comparative legal precedent study, september 1994**, In: MACCORMICK, Neil; SUMMERS, Robert. Interpreting precedents: a comparative study. Ashgate: Dartmouth, 1997, 554-555.

MACÊDO, Lucas Buril de. **Precedentes judiciais e o direito processual civil**. Salvador: Editora JusPodivm, 2015.

MANCUSO, Rodolfo. **Divergência Jurisprudencial e Súmula Vinculante**. São Paulo: RT, 1998.

MARANHÃO, Clayton; FERRARO, Marcella. **Reclamação Constitucional**. 'In' Direito Constitucional, v. 2 (Coord. Clemerson Merlin Cleve). São Paulo: RT, 2014.

MARINONI, Luiz Guilherme. **Precedentes obrigatórios**. São Paulo: RT, 2010.

MARINONI, Luiz Guilherme. **Precedentes obrigatórios**. 4a. ed. São Paulo: RT, 2016.

MAXIMILIANO, Carlos. **Hermenêutica e aplicação do Direito**. Rio de Janeiro: Forense, 1980, p. 184.

MEDINA, José Miguel Garcia. **Direito Processual Civil Moderno**. 2a. edição. São Paulo: RT, 2016.

MELLO, Patricia Perrone Campos. **Precedentes**. O desenvolvimento judicial do direito no constitucionalismo contemporâneo. Rio de Janeiro: Renovar: 2008.

MITIDIERO, Daniel. **Precedentes: da persuasão à vinculação**. São Paulo: RT, 2016.

MITIDIERO, Daniel. **Precedentes, Jurisprudência e Súmulas no Novo Código de Processo Civil brasileiro**. Revista de Processo. Ano 40. Volume 245, Junho/2015, p. 333-349.

MÜLLER, Friedrich. **Metodologia do Direito Constitucional**. 4a. ed. São Paulo: RT, 2011.

OTEÍZA, Eduardo. **El problema de la uniformidade de la jurisprudencia en América Latina**. Revista de Processo. Ano 35. Vol. 136, Junho/2006, p. 151-196.

PECZENIK, Aleksander. **The Binding Force of Precedent**. 'In' Interpreting Precedents (ed. Neil MacCormick, Robert Summers e Arthur L. Goodhart). Aldershot: Ashgate Darthmouth, 1997, p. 461-479.

PEIXOTO, Ravi de Medeiros. **Superação do precedente e segurança jurídica**. Salvador: Editora JusPodivm, 2015.

POZZOLO, Susanna. **Neoconstitucionalismo y positivismo jurídico**. Lima: Palestra Editores, 2011.

SANCHES, Sidney. **Uniformização de jurisprudência**. São Paulo: RT, 1975.

SUMMERS, Robert S. **Statutory Interpretation in the United States**. 'In' Interpreting Statutes (ed. Neil MacCormick, Robert Summers). Aldershot: Ashgate Darthmouth, 1991, p. 407-459.

TALAMINI, Eduardo. **Objetivação do controe incidental de constitucionalidade e força vinculante (ou "devagar com o andor que o Santo é de barro")**. 'In' Aspectos Polêmicos e Atuais dos Recursos Cíveis e Assuntos Afins. Vol. 12. (Coord. Nelson Nery Junior e Teresa Arruda Alvim Wambier. São Paulo: RT, 2011, p. 135-166.

TARUFFO, Michele. **Precedente e Jurisprudência**. Revista de Processo. Ano 36. Volume 199, setembro/2011, p. 139-155.

TARUFFO, Michele. **Observações sobre os modelos processuais de *civil law* e *common law***. Ano 28. Volume 110, Abr-Jun/2003, p. 141-158.

ZANETTI JR., Hermes. **O Valor Vinculante dos Precedentes**. Teoria dos Precedentes Normativos Formalmente Vinculantes. 2a. ed. Salvador: JusPodivm, 2016.

ZWEIGERT-KOTZ. **Introduzione ao Diritto Comparato**. Principi Fondamentali. Vol. I. Milano: Giuffrè, 1992.

ZWEIGERT-KOTZ. **Introduction to comparative law**. 3a. ed., 1998.

CAPÍTULO 05

DISCURSOS PROCESSUAIS: VALIDAÇÃO E SISTEMATICIDADE

Eduardo José da Fonseca Costa

SUMÁRIO: 1. Introdução; 2. Texto, interpretação e discurso; 3. Discurso e reinvestimento; 4. Reinvestimento, validação e competências; 5. Discursos e ordenamento; 6. Conclusão.

1. INTRODUÇÃO

No mundo moderno, os textos normativos perderam o espectro consensual sobre a vida e a morte. O *ius positum* passou a ser *dessacralizado* e utilizado como ponto-de-partida para: a) a viabilização de procedimentos de intercompreensão; b) a compreensão de obstáculos; c) a formulação técnica de estratégias funcionalizadas à ultrapassagem de obstáculos e à consecução de objetivos visados pelos protagonistas da interação jurídica. Não se pode esquecer, porém, que as relações entre os "homens jurídicos" são mediadas por um discurso técnico peculiarmente especializado. Assim sendo, cada uma daquelas estratégias deve ser submetida a um "plano ou projeto de ação jurídico-discursiva", cuja realização bem-sucedida exige que se efetue corretamente um encaixamento sequencial de razões de fato e de direito, o qual a experiência aponta como *ótimo*. Portanto, para os operadores do direito lograrem sucesso na obtenção dos resultados desejados [eficiência na relação *output-goal*], é preciso que sejam antes bem-sucedidos na construção de um discurso correspondente minimamente *aceitável* ou *válido* [eficiência na relação *input-ouput*].

No âmbito da ciência dogmática do direito, o estudo dessa ação discursiva cabe à *Pragmática Jurídica* (entendendo-se Pragmática como o ramo da Semiótica dedicado à relação dos signos com seus usuários). No que concerne especificamente ao processo civil, é possível falar-se em uma *Pragmática Processual*, i.é., em um estudo da relação que os operadores do processo (magistrados, advogados, pareceristas, doutrinadores etc.) estabelecem com seu discurso técnico quando formulam e executam suas estratégias em âmbito jurisdicional. Logo, não há exagero algum em sustentar que a relação processual civil é, em última análise, uma relação jurídica encenada pela polarização de estratégias interdiscursivas tecnicamente elaboradas. No entanto, essa estruturação sob "estratégias discursivas" não significa que a função da Pragmática Processual Civil seja a de prestar-se como sofisticada máquina de sedução, que cria engodos e aparências enganadoras. A Pragmática não se confunde com a concepção *pejorativa* de Retórica (concepção que foi elaborada pela Filosofia e pela Ciência do século XIX, inegavelmente influenciada pelo pensamento cartesiano).

Para que se compreenda como os operadores do processo *agem* para conferirem aceitabilidade[1] aos seus discursos, é necessário que se compreenda como eles *interagem* com os textos normativos de processo civil.

2. TEXTO, INTERPRETAÇÃO E DISCURSO

Nada é mais inapropriado do que dizer que a interpretação dos textos normativo-processuais é uma técnica de subsunção dos fatos à norma. O equívoco seria duplo: não há subsunção alguma; a interpretação não parte de normas, mas de textos. Mesmo assim, os operadores do processo não se socorrem apenas dos textos normativos. Ledo engano pensar que o juiz, os advogados, os integrantes do Ministério Público e os doutrinadores, p. ex, atuam estrategicamente escorando-se somente no Código de Processo Civil ou nas leis processuais extravagantes. A interpretação processual está longe de ser o resultado da *soma* dos sentidos parciais frasais que integram esses textos de direito positivo. Não se trata, enfim, de uma apreensão linear somatória dos "efeitos de sentido" emergentes de "partes" do texto. Decididamente, a interpretação é um fenômeno *transproposicional, enunciativo*. Os operadores sempre "trabalham" um complexo de bases extralinguísticas e intralinguísticas.

---

1. Aceitabilidade = validade.

Essas bases são formadas por três tipos de matéria-prima: *textos, cotextos* e *contextos*.

Trata-se de elementos: 1) *jurídico-normativos* (p. ex., Constituição, Código de Processo Civil, leis processuais civis extravagantes, regimento interno dos Tribunais); 2) *jurídicos não normativos* (p. ex., jurisprudência, doutrina); 3) *extrajurídicos normativos* (p. ex., moral, religião); 4) *extrajurídicos não normativos* (p. ex., utilidade econômica, conveniência política); 5) *contextuais objetivos culturais* (p. ex., senso comum, cultura local); 6) *contextuais objetivos naturais* (p. ex., quadro espaço-temporal); 7) *contextuais subjetivos enunciáveis* (p. ex., convicções próprias, erudições pessoais); 8) *contextuais subjetivos não enunciáveis psíquico-individuais* (p. ex., desejos, medos, sentimentos); 9) *contextuais subjetivos não enunciáveis psíquico-sociais* (p. ex., grau de instrução, nível cultural, pressão social, preconceitos de classe). Daí por que o sistema de processo civil não é um subsistema rigidamente fechado, que parte só de textos normativo-processuais [dialogismo intertextual monologal], mas um sistema com algum grau de *abertura*, pois usa bases textuais não jurídicas, textuais jurídico-normativas e não textuais [dialogismo interacional plurilogal].

Como se vê, a constituição do produto da interpretação processual não se exerce a partir de um monólogo com a Constituição, o CPC e as leis processuais extravagantes. Enfim, ela não depende somente das determinações referenciais do texto. Os elementos extratextuais são "coconstitutivos" dos discursos tecidos pelos operadores do processo, motivo pelo qual não se trata de condições externas de índole sociológica ou psicológica [= perspectiva *extrinsicalista*]. Em verdade, há um *diálogo*, uma conjugação inseparável entre elementos determinantes *textuais* (lógicos, semânticos, sintáticos, hermenêuticos, etc.) e *contextuais* (quadros situacionais, existenciais, sociais, históricos, psicológicos, etc.) na formação da significação jurídico-processual [= perspectiva *intrinsecalista*]. Daí por que há quem afirme que o texto nada mais é do que uma unidade de uso em situação de interação, uma unidade semântica em contexto. Isto permite que o *direito processual civil* (e não, simplesmente, o texto normativo-processual) seja incessantemente inserido na realidade, enfim, que o juiz e as partes lhe confiram contemporaneidade, fazendo-o adaptativo. Interpretar não significa, simploriamente, "atualizar" o *texto normativo*. Não se trata de converter conceitos em representações particulares inscritas no espaço-tempo. Trata-se de um permanente trabalho de "atualização" e de "reatualização" do próprio *subsistema processual civil*. Trata-se, em outros termos, de um movimento sem fim, em que o direito processual civil positivo é reengendrado pela prática forense quotidiana[2], por meio de um contínuo processo intelectivo, em que a Constituição Federal, o CPC e as leis processuais civis extravagantes são coparticipantes, não o *limite do possível*.

Contudo, quando se lida com os textos normativo-processuais, suas significações não podem depender de fatores exclusivamente contextuais. É inegável que os signos de linguagem não têm valor semântico independente do seu uso e da sua inserção em uma situação interlocutiva. Não há signo que possa ser definido e compreendido sem que se façam intervir a variabilidade e fluidez das situações de uso. De toda maneira, no direito processual, deve-se consignar que as estratégias discursivas acionadas na interpretação determinam as características constitutivas da identidade sociojurídica dos operadores do processo civil. Esses "perfis interlocutórios" (perfil judicial, perfil postulatório, perfil doutrinário etc.) são institucionalizados, pois: como já dito, cada estratégia discursivo-processual deve ser submetida a um *projeto*, cuja realização bem sucedida exige que se obedeça corretamente a uma lógica de encaixamento sequencial linear de razões fáticas e jurídicas. Ou seja, cada "perfil" define-se em função duma meta, para cuja consecução existe um "plano *ótimo* de ação".

---

2. Essa contínua "atualização" e "reatualização" se processa através de um *jogo* linguístico pluridirecional, multilateralmente compartilhado, de modo que as "peças do jogo" (i.é., as *interpretações*) – estruturadas de maneira ao mesmo tempo simétrica e assimétrica – são construídas em relação com as intenções e os interesses recíprocos dos ocupantes dessa troca conversacional (sendo cada qual, a um só tempo, locutor e ouvinte). Tratando-se de um quadro intersubjetivo *agonístico* de comunicação *logomáquica* (*), exige-se um *ajuste permanente* entre os participantes, que se dá mediante uma regulação ritualístico-procedimental. Essa regulação é efetuada por *normas de estrutura*, que – assim como as *normas de comportamento* – são esquematizadas a partir de textos de direito positivo e de outros elementos linguísticos e não linguísticos. Daí a complexidade do fenômeno jurídico: dentro de um mesmo espaço, tornam-se "alvos de disputa" interpretativa tanto os textos relativos a comportamentos quanto os textos que definem o procedimento da própria "disputa". Ou seja, estão submetidas a uma espécie de "jogo-sem-fim" (visto que se cuida de um espaço de "reversibilidade aberta") tanto as "peças" quanto as "regras do jogo".

(*) O termo "agonia" significa *luta, confronto*. "Logomaquia" – do grego *logos* (discurso, fala) e *maquia* (combate, campo de batalha, debate) – é termo utilizado para designar a natureza conflitual da realização do direito.

Logo, para garantir-se maior previsibilidade à rotina processual (a fim de que os operadores do processo possam elaborar, tecnicamente, as suas estratégias discursivas), é necessário que aos textos normativos se assegure uma espécie de "núcleo significativo duro", isto é, um núcleo semântico independente das situações de uso e do contexto da interlocução. Esse papel tem cabido à *Processualística*, a qual, conceituando e definindo os indicadores linguísticos empregados nos procedimentos de enunciação dos textos de direito processual positivo, confere-lhes um "mínimo semântico invariável", ao qual são acrescidas significações periféricas em função dos procedimentos de contextualização a que estão submetidos magistrados, advogados e doutrinadores. A esses expedientes de descontextualização e de delimitação rigorosa do conteúdo significativo dos indicadores textuais tem sido dado o nome de *pré-compreensão*. Por meio dela, é estabelecida uma pré-programação de formas conceituais regularmente presentes nos textos normativos, as quais, uma vez interiorizadas pelos intérpretes, lhes permite a organização dos textos e a "rotinização" dos trabalhos de avaliação. Isto otimiza a atividade de interpretação e garante a previsibilidade dos comportamentos sociais. Mais: a pré-compreensão permite a manutenção de uma *comunidade de processualistas* como ambiente cognitivo mútuo, um espaço de intercompreensão, uma esfera de saber compartilhado. Por isso, embora o intérprete do direito processual trabalhe a partir de uma "interpenetração" de elementos textuais e contextuais, que se influenciam mutuamente e se "deformam", a necessidade de segurança jurídica exige se preserve às palavras dos textos normativo-processuais um mínimo de estabilidade significativa. Mas essa estabilidade não é garantida: todo texto é portador de um conjunto de "efeitos de sentido possíveis", os quais correspondem tanto aos efeitos de sentido *pretendidos* pela instância de comunicação normativa quanto aos efeitos *produzidos* pela instância de interpretação. Assim sendo, os efeitos *pretendidos* [= construção "ideal"] nem sempre coincidem com os efeitos *produzidos* [= construção efetiva].

De toda maneira, juízes, advogados e doutrinadores não enxergam os elementos textuais, cotextuais e contextuais numa *série*: apreende-os conjuntamente. Eles não são decodificados um a um, mas *compreendidos* – "coapreendidos" – num todo de sentido coesivo-coerente. Bem verdade é que esses elementos são constituintes *separáveis*. No entanto, na dinâmica funcional-interpretativa, eles são enfeixados *simultaneamente*, de forma não sucessiva, razão por que deles resultam *unidades fusionadas*, constituídas sob o eixo da sincronicidade. Assim sendo, os operadores do processo não se colocam numa postura passiva. Num certo sentido, a compreensão desses elementos acaba sendo um julgamento reflexivo, que os reconfigura constitutivamente. Logo, pode-se afirmar que o *discurso processual*, que resulta da interpretação do direito positivo, é tanto *produção-esquematização* ("poiesis") quanto *descoberta-revelação* ("aletheia"). Noutras palavras: a interpretação jurídico-processual (assim como a interpretação jurídica *in genere*) é, a um só tempo, *ato de vontade + ato de conhecimento*. Não se cuida de mera declaração, pois. Também não se trata de pura constituição. De todo modo, sempre há distância entre o *texto* do qual se parte e o *discurso* ao qual se chega (o que não significa que não possa essa distância ser controlada de modo objetivo-racional)[3]. Texto é *dado*; discurso, *construído*[4].

Com isso se percebe o enorme esforço que sempre existe em toda sistematização escolástica dos métodos interpretativos no processo civil, que tende a lutar para que os cânones jurídico-hermenêuticos não sejam usados como propósitos meramente tópico-argumentativos e limitados a justificar os resultados que o intérprete se predeterminara a alcançar. Ao fim e ao cabo, é a luta para transformar tipos de encadeamento discursivo incontrolado em cânones de interpretação. Na verdade, no procedimento de justificação, organiza-se a constelação dos elementos textuais e extratextuais sob a forma de um *corpus* argumentativo, isto é, sob formas estruturais direcionadas à *persuasão*; isso não significa, porém, que esse *corpus* não obedeça a uma racionalidade procedimental. O encadeamento discursivo dessas enunciações intralinguísticas e extralinguísticas deve sujeitar-se a um raciocínio que, conquanto não se

---

3. Discurso = texto + cotextos + contexto. Assim, todo discurso é fruto de interpretação.
4. Os textos jurídico-normativos não têm marca de subjetividade enunciativa. Trata-se de enunciações sem enunciador, "comandos despsicologizados" (Tércio Sampaio Ferraz Jr.). Sob o ponto de vista *subjetivo*, em relação a eles só cogita de *interpretante* (que é *externo* ao dito e é apreendido no nível *situacional*) e de *destinatário* (que é *interno* ao dito e é apreendido no próprio nível *discursivo*), não de enunciador (que é o legislador). Coube ao Originalismo norte-americano, todavia, a tentativa de ver no *legislador* o ponto de referência das coordenadas dêiticas do enunciado normativo. No entanto, uma vez "despsicologizado", um discurso torna-se texto, passível de interpretação. Existem precedentes históricos em que um discurso jurídico-doutrinário, p. ex. – uma vez "despsicologizado" – tornou-se texto jurídico-normativo.

reduza a um formalismo hipotético-dedutivo ou a um esquema lógico-demonstrativo rígido, também não se reduz a um simples referendo passivo e retórico-informal da intuição do juiz, do advogado e do doutrinador. Afinal, para que não se incorram em decisionismos, o plausível-provável da argumentação deve sempre ser manietado pelo certo-verdadeiro da demonstração (o que mostra a heterogeneidade dos modos demonstrativos no direito, sem que descambem para a arbitrariedade).

3. DISCURSO E REINVESTIMENTO

O discurso processual (decisão interlocutória, despacho, sentença, petição inicial, contestação, alegações finais, razões recursais, cotas ministeriais, parecer sobre matéria processual, texto doutrinário-processual, etc.) constrói-se a partir de uma multiplicidade heterodoxa – porém, nunca arbitrária – de quadros metodológicos científico-linguísticos, ou seja, de uma combinatória de alternativas relativamente descondicionadas. Contudo, conquanto seja impossível uma hierarquização axiomática dos elementos de convicção textuais, cotextuais e contextuais (mesmo porque nem todos eles são obrigatoriamente enunciáveis na relação de intercompreensão), é inquestionável que os textos normativo-processuais estão invariavelmente presentes, mesmo que a partir deles sejam tecidas interpretações *praeter legem*. Num Estado-de-direito, eles *devem* a prevalecer.

É importante sublinhar que, no *discurso* de justificação racional, o operador do processo coloca-se em face dos elementos de convicção por meio de um procedimento de *reinvestimento*, seja por *captação*, seja por *subversão*. Na captação, ele transfere para o seu discurso a autoridade relacionada aos elementos enunciáveis; já na subversão, ele desqualifica a autoridade desses elementos. Essa metáfora financeira do *reinvestimento* enfatiza que os elementos de convicção portam "capital variável de autoridade", e que atos de interpretação processual se legitimam à medida que reinvestem discursivamente *em favor* desses elementos ["reinvestimento-com"], ou *contra* ["reinvestimento-contra"] (se bem que no Estado-de-direito seja sempre inaceitável um reinvestimento *contra* os textos normativos). Pode-se afirmar, assim, que as escolas do pensamento jurídico se definem em função do *elemento prioritário* do reinvestimento e da *posição* que diante dele o intérprete assume:

Corrente	Tipo de Reinvestimento	Elemento
Positivismo	"Contra"	Extrajurídicos
	"Contra"	Não normativos
Jusnaturalismo	"Com"	Extrajurídicos normativos axiológicos
Law'n'Economics	"Com"	Extrajurídicos não normativos econômicos
Realismo escandinavo	"Com"	Jurídicos não normativos jurisprudenciais
Pandectismo	"Com"	Jurídicos não normativos dogmático-analíticos
Direito alternativo	"Com"	Extrajurídicos
	"Contra"	Jurídico-normativos

Como se nota, para o discurso processual reinvestidor ser *válido*, o operador do processo não há necessariamente de fundar-se num "reinvestimento-com" em relação ao CPC. O discurso processual deve *fiar-se* nele, tê-lo como um *ponto-de-partida*, porém, não se adequar literalmente ao texto normativo. Enfim, a autoridade dos dispositivos do CPC não pode ser ignorada. Trata-se de um imperativo ineliminável do Estado-de-Direito. Daí afirmar-se que todo discurso processual reinvestidor é, num certo sentido, *heteroconstituído* (e, pois, "heterovalidado", porquanto se fia constatativamente num texto antecedente para retirar de empréstimo sua própria validade) e *autoconstituinte* (e, pois, "autovalidante", já que constrói perfomativamente para si as próprias condições de validade). Assim, pode-se dizer que a estruturação de um discurso processual reinvestidor comporta dois tipos de espaços: α) um espaço de *coerções*, ou seja, de conformidade e de obediência à Constituição e ao CPC, que abrange os elementos mínimos aos quais é preciso satisfazer para o discurso processual ser válido, e β) um espaço de *estratégias*, que corresponde a possíveis escolhas que o operador possa fazer para que o discurso por ele configurado ganhe aceitabilidade.

De qualquer modo, essa estratégia de validação quase nunca é homogênea, visto que se baseia em operações de reinvestimento voltadas a uma diversidade textual, e não só ao CPC. Em geral, essa heterogeneidade é assinalada de forma unívoca, *i.e.*, o operador do processo "negocia" com a alteridade, procurando preservar uma fronteira com aquilo que não provém do *seu* discurso. Os juízes, os advogados e os doutrinadores combinam, em proporções variáveis, a seleção de índices textuais e cotextuais (leis, jurisprudência, doutrinas, pareceres, etc.) e a ativação de suas culturas pessoais. Eles combinam, enfim, discursos *indiretos* (em geral marcados pelas aspas) e *diretos*. Nesse sentido, o discurso processual reinvestidor resulta de uma *intertextualidade heterogênea* (ou seja, parte de uma articulação contraditória de formações textuais antagônicas, decorrentes de campos distintos, jurídicos/não jurídicos e normativos/não normativos). Entretanto, devido à tradição bacharelesca, o estilo predominante é o da "heterogeneidade mostrada". Ainda assim, o discurso processual reinvestidor não é só um espaço no qual é introduzido, do exterior, um discurso outro; ele pode constituir-se através de um debate com a alteridade, independentemente dos traços visíveis de citação, alusão, transcrição, etc. Nesse último caso – tão valioso quanto raro –, o discurso processual é dominado por um *interdiscurso* e seu estilo passa a ser o da "heterogeneidade constitutiva". Isso demonstra, de uma vez por todas, que o caminho que vai do CPC ao discurso processual não é estruturado sob uma *lógica jurídica formal*, do tipo normativo-proposicional. Na verdade, o caminho se estrutura sob encadeamentos lógico-substanciais, lógico-pragmáticos e lógico-naturais, todos eles racionalmente controláveis. Decididamente, o discurso não é silogístico, mas uma *sustentação*, uma *esquematização*, uma *representação* (embora seja importante – no trabalho de expressão dos arrazoados forenses, das resoluções judiciais e dos trechos doutrinários – um desempenho lógico-formal).

4. REINVESTIMENTO, VALIDAÇÃO E COMPETÊNCIAS

Pode-se inferir, assim, que todo e qualquer discurso jurídico-processual ancora o seu procedimento de aceitabilidade em cinco competências[5]: I) ao nível do *cometimento*, na *autoridade* [= competência *diccional*]; II) ao nível do *relato*, em *três* competências autoconstituintes [= competência *retórico-pragmática* + competência *intradiscursiva* +

---

5. Competência = saber + poder + querer.

competência *situacional*] e *uma* heteroconstituinte [= competência *sistêmica*]. No nível *relato*, o discurso legitima-se por meio do desempenho de competências que definem ou plasmam o *conteúdo* discursivo (logo, trata-se de competências *performativas*, uma vez que emprestam validade *a posteriori*, à medida que o desempenho é bem-sucedido). Já no nível *cometimento*, o discurso é legitimado pela simples titularidade da competência que define a *relação* da autoridade (logo, trata-se de competência *constatativa*, uma vez que basta que o operador a tenha para que o discurso receba validade *a priori*). Portanto, não basta que o operador do processo saiba, possa e queira desempenhar materialmente as quatro competências *discursivas*. Antes é necessário que esteja investido no poder de desempenhá-las, que tenha competência *metadiscursiva*; que possua *autoridade*, enfim. Pode-se dizer, assim, que a competência diccional assegura validade *metadiscursiva*; as competências retórica e intradiscursiva, validade *pragmática*; a competência situacional, validade *semântica*; a competência sistêmica, validade *sintática*.

Nível cometimento (relação)	→ competência metadiscursiva: (validação *a priori* ou constatativa)	1. diccional (*auctoritas*)
Nível relato (conteúdo)	→ competências discursivas: (validação *a posteriori* ou performativa)	2. retórica (*eloquentia*) 3. intradiscursiva (*scientia*) 4. situacional (*prudentia*) 5. sistêmica (*coerentia*)

A competência diccional [*auctoritas*] é *constatativa*. O destinatário do discurso processual não reconhece reflexivamente o discursista no *fazer performativo*. Em outros termos: esse reconhecimento não ocorre simplesmente porque o destinatário é capaz de assumir o papel do discursista e admitir no discurso confeccionado o *poder*, o *querer* e o *saber* que formam o *a priori* lógico das habilidades retórico-pragmática, intradiscursiva, situacional e sistêmica. Na verdade, reconhece-se a existência da competência diccional mesma, cuja titularidade é adquirida de maneira *formal* (no caso do advogado, mediante a inscrição nos quadros da OAB; no caso do juiz, mediante regular investidura no cargo) ou *informal* (no caso do doutrinador, mediante a aquisição de respeitabilidade perante o meio jurídico-científico). A competência metadiscursiva não é reconhecida, portanto, a partir do desempenho de qualquer das competências discursivas (ainda que o discursista saiba, possa e queira exercitá-las "rabularmente"). Enfim, o reconhecimento finca-se na possibilidade ontológica da existência do operador processual investido nessa condição, não na existência do discurso em si.

A competência retórica [*eloquentia*] (bastante presente no discurso postulatório dos advogados públicos e privados e do Ministério Público) é *performativa*. Não diz ela com a validade que o discurso reinvestidor processual retira dos elementos de convicção [*dictum*], mas sim com a validade recebida pela forma discursiva por meio da qual esses elementos são abordados [*modus*]. Ou seja, a validação não se dá a partir do *que* se diz, mas a partir de *como* se diz. Por esse motivo, não basta ao operador posicionar-se diante dos textos, dos cotextos e do contexto; é preciso que domine os princípios da atividade discursiva, os procedimentos persuasivos, as máximas de conversação e os gêneros dos discursos concretos, valendo-se, no procedimento de enunciação, de fórmulas legítimas, de tipos argumentativos convincentes e de esquemas tópicos bem-sucedidos.

Quanto à competência intradiscursiva [*scientia*] (fortemente presente no discurso doutrinário), nela há a mobilização de um saber conceitual pré-construído. Trata-se de um saber técnico, que é organizado sob representações racionalizadas e tenta explicar o fenômeno processual de modo mais objetivo possível. Por essa razão, um direito é mais evoluído quanto mais a respectiva comunidade o representa mais por um *saber técnico* e menos por *saber de crença* (que é tentativa subjetiva de inteligibilidade, sem avaliação de fundamentos e sem a apreciação sobre o homem e as suas práticas). Nesse sentido, a intradiscursividade dá ao discurso processual uma *rigidez terminológica* (a qual sempre é condição de possibilidade de todo e qualquer conhecimento científico, já que atende à necessidade crescente de comunicação sem ambiguidade entre os intérpretes do direito, contornando as "imperfeições" da língua natural por meio da construção de expressões denotativas específicas). É inegável que o *ponto-de-partida* da atividade terminológica é *descritivo* e *onomasiológico* (uma vez que promove a discriminação e a articulação dos domínios das atividades, promove o inventário e a organização de definições, noções e conceitos e efetua o relacionamento dos termos que lhes correspondem e a formalização de suas relações). Porém, seu *ponto de chegada* é eminentemente *prático* (pois viabiliza a proposição de terminologias intralinguísticas, que evitam a polissemia e a sinonímia e fornece equipamento terminológico a línguas que não possuem os termos da tecnologia jurídica).

Quanto à competência situacional [*prudentia*] (fortemente presente no discurso jurisprudencial), diz ela com a capacidade do operador de embrenhar-se dialogicamente num círculo hermenêutico entre a lei processual civil e a situação interlocutiva concreta e singular e os contextos enunciativos, construindo o discurso em função das partes, das circunstâncias do caso, dos propósitos em jogo e de finalidades do inter-relacionamento. Para essa investida no caso concreto ser possível, entretanto, cabe ao intérprete fracioná-lo e reagrupá-lo em um repertório de cinco *operações de base*, de sequência e extensão variáveis: i) operação de ancoragem [= entrada do caso]; ii) operação de aspectualização [= fragmentação e qualificação do caso]; iii) operação de correlação por contiguidade [= colocação do caso na situação espaço-temporal mediante a reestruturação organizadora da experiência situacional]; iv) operação de correlação por analogia [= assimilação, por comparação, do caso]; v) operação de reformulação [= renomeação do caso]. Logo, todo intérprete imprime uma reorganização do caso concreto, *reenquadrando*-o.

(Daí já se vê que, no discurso jurisprudencial, é problemático o destacamento da *ratio decidendi* abstraindo-se as partes, as circunstâncias do caso, os propósitos em jogo e as finalidades do inter-relacionamento. Afinal, nesse tipo de discurso, o acionamento maior é da competência *situacional*, não da competência sistêmica. Ou seja, onde há jurisprudencialidade, há indissolúvel faticidade, sem que se possa render "prestígio a juízos abstratos, pré-concebidos ou raciocínios embasados em silogismos, deduzidos por subsunção"[6]. Como bem diz GEORGES ABBOUD, "a norma não existe por si só porque precisa ser produzida em cada processo individual de decisão jurídica. Não há norma em abstrato, ou seja, ela nunca é *ante causam*. Vale dizer, ela somente pode ser compreendida quanto contraposta em relação ao caso que ela pretende resolver a partir da perspectiva do intérprete"[7]. É o velho e sempre novo problema da inseparabilidade entre *fato* e *direito*.)

---

6. ROSSI, Júlio César. Precedente à brasileira. São Paulo: Atlas, 2015, p. 262.
7. *Posfácio* à obra de ROSSI, Júlio César. Ob. cit., p. 391.

Já na competência sistêmica [*coerentia*] (preponderante do discurso normativo produzido pelo legislador), o operador processual busca, a par da historicidade material de todo discurso, sujeitá-lo às exigências orgânicas de coerência externa. Isto porque a sistematicidade não é um *a priori*, mas sim um *constructum* ideologicamente orientado. A própria palavra "ideologia" traz em si uma ideia de *sistema*, *coerência* e *globalidade*. A ideia do direito como um sistema "completo e coerente" é marcadamente *ideológica*, pois. Na realidade, o ordenamento jurídico não é um sistema de textos normativos, que se sucedem em uma progressão linear e hierarquizada, da Constituição às sentenças, em que a validade de cada um dos discursos normativos é tirada da sua adequação ao texto antecedente. A contradição e a imbricação são fenômenos ineliminaveis. Embora sejam elas constantemente recobertas, ainda se trata de dados incômodos nos procedimentos explícitos de teorização dogmática. De qualquer modo, a representação do ordenamento jurídico como uma estrutura hierárquico-piramidal tem desaparecido. Durante décadas, o kelsenianismo funciona como uma ideologia, como um sistema jurídico-cognitivo de representações mentais, partilhadas na comunidade dos intérpretes, que controla outras representações mentais. No entanto, a hipercomplexidade normativa pós-moderna tem enfraquecido o modelo piramidal (o que não afasta a ideia de *sistematicidade*, mas tão-somente a de *sistematicidade coesivo-coerente*)[8,9,10].

---

8. Quando muito o ensino tradicional sobre processo civil capacita o aluno a desempenhar as competências *intradiscursiva* [*Episteme*] e *sistêmica* [*Analítica*]. A desenvoltura das habilidades *situacional* [*Phronesis*] e *retórica* [*Dialética*] tem sido relegada à vida profissional (pois os cursos de prática forense têm falhado desgraçadamente nesse propósito), firmando-se quase sempre por uma trajetória empírico-individual de "tentativa e erro". Isto não significa, todavia, que as faculdades de direito se desincumbam a contento da tarefa de ministrar a *Episteme* e a *Analítica*. No primeiro caso, os estudantes são geralmente submetidos a uma imbecilizante memorização do CPC; no segundo caso, são iniciados num saber conceitual antiquado para a vida hodierna.

9. A jurisprudência *problemática*, para ter *decisões justas*, sacrifica a identidade sistêmica, a previsibilidade das condutas e o controle racional sobre as justificações objetivas; logo, valoriza as competências retórica e situacional. Já a jurisprudência *sistemática*, para produzir *segurança jurídica*, vilipendia a equidade, a adaptabilidade e a liberdade de fundamentação criativa; portanto, valoriza as competências sistêmica e a intradiscursiva. Como se nota, são correntes de pensamento *radicais*, cujo sectarismo prático irrefletido pode infundir no direito, a longo prazo, disfunções sociopragmáticas graves e exigir que os intérpretes acionem novamente, de modo exagerado, competências até então subestimadas.

10. O exercício das quatro competências discursivas não se circunscreve a ser fonte de aceitabilidade dos discursos reinvestidores. Também se prestam como *fatores de calibração*.

Registre-se, porém, que a ordem de importância de cada uma das competências é diferente para cada um dos possíveis discursos processuais (jurisprudencial, doutrinário, postulatório, normativo, etc.). Não obstante, todo e qualquer discurso jurídico é validado por meio dessas cinco competências legitimadoras, razão pela qual se pode afirmar que os procedimentos de construção de aceitabilidade, especialmente no âmbito do processo, são sempre *multidimensionais*. Daí a *complexidade poliédrico-funcional* do fenômeno da validade. Por isso não se pode concordar com as teorias tradicionais (como a de Hans Kelsen, p. ex.), que restringem o fenômeno da validade ao discurso jurídico-*normativo* (ignorando que ela se faz presente em outros discursos jurídicos) e dão a ela um enfoque *unidimensional* (como se a validade só fosse sintática e se ancorasse exclusivamente no exercício da competência sistêmica)[11].

A entropia do sistema jurídico impele-o a disfunções pragmáticas, razão pela qual cabe a esses *fatores* a modificação da regulagem intra-sistêmica, adaptando-a às expectativas sociais legítimas. Mediante o exercício da competência *retórico-pragmática*, o intérprete controla a abertura/clausura do sistema. O exercício da competência *sistêmica* modula o grau de previsibilidade/imprevisibilidade. Através da competência *situacional* é injetada mais justiça/injustiça. É por meio do exercício da competência *intradiscursiva* que os encadeamentos racionais interpretativos ganham maior nível de controle/descontrole.

11. Portanto, não há sentido em perguntar se a interpretação jurídica é *ciência* ou *prudência*. A depender do discurso (postulatório, jurisprudencial, doutrinário, etc.), ela é mais "prudencial" ou "científica": em todo discurso há o desempenho simultâneo das competências situacional e intradiscursiva. Ora, a competência intradiscursiva ritualiza o encadeamento da interpretação dentro de um quadro conceitual pré-desenhado e tenta dar maior controle sobre o raciocínio do intérprete e previsibilidade às soluções. Já a competência situacional leva o intérprete a configurar um discurso mais ajustado às particularidades do caso individual e concreto, empurrando a solução a uma zona de virtude incontrolada e imprevisível. É correto afirmar, assim, que a interpretação é marcada por uma "instabilidade estável".

Cap. 05 • DISCURSOS PROCESSUAIS: VALIDAÇÃO E SISTEMATICIDADE

TÁBUA DE ANCORAGEM NO PROCEDIMENTO DE VALIDAÇÃO DISCURSIVO-PROCESSUAL:

		COMPETÊNCIA			
		Retórica	Intradiscursiva	Situacional	Sistêmica
DISCURSO	Jurisprudencial do processo subjetivo-judiciário	2	1	4	3
	Jurisprudencial do processo administrativo	2	1	3	4
	Jurisprudencial do processo arbitral	3	1	4	2
	Jurisprudencial do processo objetivo[12]	2	3	1	4
	Postulatório (processo subjetivo)	4	2	3	1
	Postulatório (processo objetivo)	4	2	1	3
	Processualístico-explicativo (doutrina)[13]	2	4	1	3
	Processualístico-opinativo (parecer)	1	4	3	2
	Legal-Processual[14] (geral e abstrato)	1	3	2	4

---

12. Quando um Tribunal Constitucional profere uma decisão vinculante de eficácia *erga omnes*, a decisão deixa de ser para os intérpretes simples elemento cotextual de índole *jurisprudencial* e torna-se elemento jurídico-textual autenticamente *normativo*.
13. A doutrina não é só metalinguagem, não é mera reformulação explicativa do texto jurídico-normativo, que ela se cinge a reatualizar, retrabalhando-o (alterando-o e deformando-o, pois). A doutrina está longe de ser mero reflexo dos conteúdos veiculados ou compreendidos no texto normativo. Enfim, a doutrina não produz discurso puramente descritivo. É óbvio que o traço metalinguístico é um dado que transparece. No entanto, a doutrina vai além. Trata-se de uma interpretação-aplicação *hipotética*, que se debruça sobre situações hipotéticas e que leva os doutos a configurarem seus entendimentos a partir de textos, cotextos e contextos. Assim sendo, o discurso doutrinário tem pretensões *criptonormativas*, pois tem a pretensão de ser encampado como *cotexto* (seja por legisladores na esquematização dos textos normativos, seja por juízes na aplicação dos discursos normativos às situações individuais e concretas, seja ainda pelos outros juristas nos processos de reprodução doutrinária). Portanto, toda enunciação doutrinária é aspirante a uma coparticipação na concretização do direito.
14. O discurso normativo também se produz a partir de *interpretação*. Nem sempre a interpretação implica mediação entre o caráter geral do texto normativo e aplicação do discurso

147

5. DISCURSOS E ORDENAMENTO

Todos esses discursos jurídicos processuais reinvestidores, enquanto *resultados de interpretação*, não estão organizados sob sistemas isolados: há entre eles uma relação de mútua influência e de "coconstrução". A interdiscursividade heterogênea do direito o faz criado a partir de múltiplas fontes. Não se cuida de obra exclusiva do legislador ou do juiz. O legislador e o juiz executam tão-só "momentos produtivos". Logo, a figura do *intérprete autêntico* é apenas um mito ideológico-manipulador. Confiá-lo ao legislador significa tecer apologia ao positivismo legalista. Vê-lo no magistrado significa apregoar o decisionismo judicial. Em verdade, o direito processual civil é um sistema complexo, de subconjuntos discursivos semiautônomos (normativo, jurisprudencial, postulatório, doutrinário, etc.), cada um deles manejado por intérpretes profissionais (os legisladores, os juízes, os juristas, os advogados, etc.) sob um regime de *comunidade*. Interpretando o texto constitucional e todo o sistema processual que o antecede, o *legislador* configura um discurso *legal*, *esquematizando* um texto normativo-processual; interpretando as leis processuais, o *julgador* configura um discurso *jurisprudencial*, *aplicando* a sua decisão a uma situação real individual-e-concreta; interpretando os textos normativo-processuais, o *jurista do processo* lavra um discurso *doutrinário*, *propondo* uma solução científica a uma situação hipotética.

De todo modo, todos esses discursos influenciam-se mutuamente, através de um diálogo interprofissional entre os intérpretes do direito positivo, cada qual *autoridade* no seu âmbito discursivo, dentro do qual está capacitado para o exercício das competências *instrumentais* (*eloquentia*, *scientia*, *prudentia*, *coerentia*). Portanto, o direito processual

---

decorrente a um caso particular (concreto ou hipotético). Quando se destaca a expressão "interpretação-aplicação", diz-se "interpretação + aplicação". *Interpretação* e *aplicação* são atos ontologicamente distintos, embora se mostrem em grande parte da vida jurídica como atos sincrônicos. Isto ocorre, especificamente, no discurso jurisprudencial. No entanto, quando se estuda a produção dos *regulamentos*, p. ex., vê-se que o produtor *interpreta* a lei a ser regulamentada, conferindo-lhe maior grau de concreção através do discurso normativo infralegal. Daí se vê que entre o *geral* e o *particular* existe uma tábua extensível de gradações. Há *graus* de concretização. Por isso, quando se afirma que a interpretação *concretiza* o direito, diz-se que ela caminha, ao longo dessa linha contínua, de um ponto mais transcendente para outro mais contingente. Ou seja, toda interpretação é atividade "desgeneralizante", mas nem sempre particularizante. Por vezes se vai de um extremo a outro. Só por vezes...

objetivo é engendrado por uma *comunidade de intérpretes*, dentro da qual são coapreendidos textos e cotextos em contextos a fim de que se ordene profissionalmente a conduta humana no âmbito jurisdicional. Isso mostra que não só o direito constitucional se produz sob regime comunitário, tal como advertido por Peter Häberle. Nesse sentido, a interação constitutiva das discursividades processuais heterogêneas acaba conferindo ao sistema processual civil uma compleição *plurilogal* ou *polifônica*.

Decididamente, o subsistema processual civil não pode ser enxergado de forma simplória, como uma estrutura geométrica ocupada somente por normas jurídicas. É algo muito mais intrincado. Trata-se de um sistema interacional de comportamentos discursivos (de índole normativa, pré-normativa e pós-normativa) direcionados à ordenação da conduta humana em âmbito jurisdicional. Por conseguinte, o repertório desse sistema não são propriamente os textos/discursos normativos, mas a *interação* entre os diferentes discursos significativo-processuais (normativo, jurisprudencial, doutrinário, postulatório, etc.) em situações de contexto. Trata-se, verdadeiramente, de uma *rede de discursos* (mais: trata-se de sistema reticular dinâmico, complexo, contraditório e incompleto, embora *funcional*). Cada tipo de "discurso processual juridicamente significativo" compõe um *subconjunto*, de modo que todos os subconjuntos discursivo-processuais se ordenam de maneira hierarquizada. Cuida-se, enfim, de uma constelação integrada de subconjuntos discursivo-processuais semi-autônomos, cujo centro gravitacional é ocupado pelo subconjunto *normativo* [= Constituição + Código de Processo Civil + leis processuais extravagantes], em torno do qual giram todos os demais subsistemas em uma relação de mútua influenciação. Pode-se afirmar, de outra forma, que a Jurisprudência e a Processualística são *absolutamente* influenciadas pelas normas processuais; porém, o grau de influenciação dos subsistemas jurisprudencial e doutrinário sobre o normativo-processual é *relativo*. Daí se pode notar que a interação entre os diversos subsistemas discursivo-processuais é *assimétrica*, não obstante marcada por *circularidade* e *retroalimentação*. Noutros termos: esses sistemas possuem diferentes níveis de *permeabilidade*.

Mais: cada subconjunto possui dinâmica intrassistêmica própria. As contradições sintáticas do discurso *jurisprudencial* [= "divergências"] são resolvidas sob trajetórias *estocásticas* de aleatoriedade decrescente (ou seja, a jurisprudência encaminha-se de uma casualidade imprevisível a uma regularidade redundante)[15]. A solução das contradições próprias do discurso *processualístico* [= "disputas"] obedece a um trâmite *logomáquico* de superação darwinística (ou seja, posições doutrinárias prevalecem sobre outras, em meio a outros motivos, na medida de sua maior "respeitabilidade científica"). Conflitos *postulatórios* [= "debates"] se resolvem mediante intervenção decisional autônoma (isto é, estão sujeitos a um procedimento *agonístico* carente de solução *supra et inter partes*). Por fim, os impasses que acometem o subsistema *normativo--processual* [= "antinomias"] se submetem a procedimentos *acomodativos* de regulação autônoma (ou seja, o próprio subconjunto define os critérios de inclusão/exclusão do discurso normativo conflitante). Daí por que se pode afirmar que cada um desses subsistemas discursivo--processuais tem lógica própria de solução de suas injunções contraditórias: i) no subsistema jurisprudencial, a solução é *semirregulada* e funda-se no critério diluição/concentração; ii) no doutrinário, a solução é *não regulada* e está ela lastreada no critério subjugação/sobreposição; iii) no postulatório, a solução é *heterorregulada* e funda-se no critério rejeição/acolhimento; iv) no normativo, as soluções são *autorreguladas* e seguem a dicotomia exclusão/inclusão.

6. CONCLUSÃO

Um estudo sobre as estratégias de validação dos discursos jurídico--processuais e a maneira como eles se inter-relacionam demonstra a simplicidade ingênua que está por trás de teorias que circunscrevem a validade ao discurso normativo, que vêem nela algo simplesmente sintático e que reduzem o ordenamento a uma homogeneidade normativo--piramidal. Não se pode olvidar que as manifestações da vida em comu-

---

15. O subsistema jurisprudencial está sujeito a complicadas influências, todas elas tipicamente associadas a um grande número de liberdades. Não por outra razão, a partir do mesmo texto normativo pode formar-se uma sequência incontável de diferentes atos jurisprudenciais de interpretação-aplicação. Daí por que não se pode predizer com precisão o conteúdo das futuras interpretações ao longo da série temporal. Assim, o resultado delas pode variar ainda que proferidas sob condições praticamente idênticas. Porém, a despeito dessa imprevisibilidade – que caracteriza o fenômeno como *aleatório* –, tendem a aparecer *regularidades, repetições, redundâncias* e *padrões* à medida que o próprio subsistema armazena agrupamentos internos de configurações interpretativas para uso futuro (armazenamento esse que pode ser compulsório, quando o julgado é vinculativo, ou facultativo).

nidade – como o direito, p. ex. – são ricas e complexas. Por essa razão, ricos e complexos também devem ser os modelos descritivos dessas manifestações, sob pena de permanecer-se alheado da realidade. É tão apenas por meio desses modelos teóricos que se poderá perceber que o ordenamento jurídico está mais próximo de ser u'a heterogeneidade discursivo-reticular e que a validade é um fenômeno multidimensional que permeia todo e qualquer discurso juridicamente significativo. Uma análise dos discursos produzidos pelos operadores do processo é um excelente ponto-de-partida, portanto, para descerrar-se o véu que não tem permitido os juristas enxergarem o direito em todas as suas cores e tonalidades.

CAPÍTULO 06

TEORIA DA PROVA E O PROCESSO: ANÁLISE PELA PERSPECTIVA DO CONSTRUCTIVISMO LÓGICO-SEMÂNTICO

Fabiana Del Padre Tomé

SUMÁRIO: 1. O Constructivismo Lógico-Semântico como instrumento para estudo do direito; 2. A importância da prova no âmbito processual; 3. Delimitando o conceito de "ônus da prova"; 3.1. Função e estrutura do ônus da prova; 3.2. Distribuição do ônus da prova; 3.3. A atribuição do ônus da prova por decisão judicial; 4. A prova como suporte para a tomada de decisão; 5. Conclusões; 6. Referências Bibliográficas.

1. O CONSTRUCTIVISMO LÓGICO-SEMÂNTICO COMO INSTRUMENTO PARA ESTUDO DO DIREITO

O presente trabalho é desenvolvido com suporte no instrumental teórico fornecido pelo Constructivismo Lógico-Semântico. Parte-se de conceitos de Teoria Geral do Direito, tomando como referencial a circunstância de o direito ser constituído por linguagem.

Quando pensamos no fenômeno da percussão do direito, vem-nos à mente a figura de um fato que, subsumindo-se à previsão hipotética, implica o surgimento de vínculo estipulado no consequente normativo. Eis o que chamamos de *incidência*[1]. Referida operação, todavia, não se realiza sozinha. É imprescindível que se efetue o ato de aplicação, mediante o

---

1. CARVALHO, Paulo de Barros. *Direito tributário: fundamentos jurídicos da incidência*, p. 33.

qual se movimentam as estruturas do direito em direção à maior proximidade das condutas intersubjetivas, em decorrência da certificação de fato conotativamente previsto na hipótese da norma. E, para que o relato ingresse no universo do direito, constituindo fato jurídico, é preciso que seja enunciado em linguagem competente, quer dizer, que seja descrito consoante as provas em direito admitidas. Observa-se, aí, importante função da linguagem das provas no sistema do direito. É por meio delas que se compõe o fato jurídico, em todos os seus aspectos (conduta nuclear, tempo e espaço), bem como o sujeito que o praticou e sua medida, estabelecendo-se o respectivo liame obrigacional.

Por essas razões, consideramos a *teoria da prova* um dos pontos centrais do direito, e, especialmente do direito processual. Para aprofundarmos seu estudo, adotaremos como referencial teórico o *Constructivismo Lógico-Semântico*, método de trabalho hermenêutico orientado a cercar os termos do discurso do direito positivo e da Ciência do Direito para outorgar-lhes firmeza, reduzindo as ambiguidades e vaguidades, tendo em vista a coerência e o rigor da mensagem comunicativa.

O termo *constructivismo* é empregado para denominar teorias que defendem a ideia de que há sempre intervenção do sujeito na formação do objeto. É palavra ligada ao contexto epistemológico. Contrapõe-se à corrente *descritivista*, que concebe o conhecimento ao modo aristotélico, como um processo de assimilação das formas.

Para o constructivismo, o mundo é uma entidade cuja morfologia não aparece independe dos sujeitos que formam parte dele. A evolução das ciências, mesmo as chamadas ciências naturais, demonstra isso. É com frequência que ouvimos falar em criação de grandezas, como força e aceleração; na identificação de novos elementos, como quando se desmembrou os átomos (até então indivisíveis), em prótons, nêutrons e elétrons; nas modificações no modo de enxergar as realidades, como a passagem da teoria geocêntrica para a heliocêntrica; e, até mesmo, na descaracterização de uma realidade até então existente, a exemplo do que ocorreu com Plutão, que deixou de ser um planeta.

Essa concepção implica abandonar a ideia de uma Ciência do Direito meramente descritiva de um objeto dado, em visão ingenuamente imparcial e não valorativa. As normas não são dadas, de antemão, no ordenamento, mas dependem de uma atividade construtiva, em que se atribui sentido ao texto de lei.

Eis o primeiro ponto distintivo do Constructivismo Lógico-Semântico. Adotado esse método, o cientista do direito não se limita a contemplar o texto de lei, mas efetivamente constrói os sentidos normativos. A construção de sentido, porém, não é feita de modo indiscriminado. Nessa linha metodológica, procura-se amarrar as ideias, definir os termos importantes, para conferir firmeza ao discurso. E tal amarração opera-se no plano lógico e no plano semântico. Com isso, busca-se formar um discurso responsável, isto é, comprometido com as premissas, com o sentido que se firmou para os termos.

Isso não significa, contudo, desprezo pelo plano pragmático. Como é sabido, toda linguagem tem um plano pragmático, sendo impossível dissociá-lo dos planos sintático e semântico. Todavia, por meio da abstração, podemos dar ênfase a um ou alguns desses aspectos. E, na proposta metodológica de que estamos tratando, o esforço é acentuado nos planos lógico e semântico.

Para atingir tal desiderato, emprega-se técnica analítica. *Análise* equivale a um processo de resolução ou decomposição do complexo em algo mais simples. Nesse contexto, *analisar* equivale a decompor o objeto de estudo em uma série de elementos que facilitam a compreensão do fenômeno que se observa. No Constructivismo Lógico-Semântico, o objeto de análise é a linguagem, no caso, a *linguagem do direito*, tendo por procedimento reduzir os complexos linguísticos a elementos básicos, com o fim de facilitar a compreensão de seu significado. Não se confunde, porém, com a filosofia analítica, pois sofre forte influência do *culturalismo*, sendo exatamente o *toque da cultura* o impedimento para que se pretenda entrever o mundo pelo prisma reducionista do racionalismo descritivo.

Trata-se, portanto, de um estudo hermenêutico-analítico do direito, em que se dirige a atenção aos dados linguísticos (linguagem jurídico-normativa), fazendo uso das categorias lógico-semânticas do texto prescritivo e analisando a norma jurídica na sua inteireza conceptual, mas que, por outro lado, também considera a necessidade premente de o discurso teórico propiciar a compreensão da concretude empírica do direito posto. Apresenta-se, desse modo, como instrumento de grande utilidade para o estudo dos procedimentos voltados constituição de fatos jurídicos, tais como os que se operam no contexto processual. O sistema do direito positivo indica os momentos em que os fatos podem ser constituídos mediante produção probatória, impõe prazos para a apresentação de defesas e de recursos (tempestividade), além de estabelecer o instante em que as decisões se tornam imutáveis (coisa julgada). Com determinações desse jaez, fornece os limites dentro dos quais a verdade será produzida, prescrevendo que sejam tomadas como verídicas as situações verificadas no átimo e forma legais, independentemente de sua relação com o *mundo das coisas*.

Estamos nos referindo à *verdade construída*, que não é simplesmente revelada ou descoberta, mas que nasce do relacionamento intersubjetivo, considerado determinado quadro referencial, ou seja, a verdade que se estabelece dentro das condições humanas do discurso. É a *verdade lógica*: verdade em nome da qual se fala e que irá prevalecer se suficientemente convincente (mediante critérios de coerência e consenso no âmbito de determinada comunidade). E, sendo essa verdade enunciada nos exatos termos prescritos pelo ordenamento, apresenta-se ela como *verdade jurídica*. Havendo construção de linguagem própria, na forma como o direito preceitua, o fato dar-se-á por juridicamente verificado e, portanto, verdadeiro.

2. A IMPORTÂNCIA DA PROVA NO ÂMBITO PROCESSUAL

Com suporte nas premissas firmadas no tópico anterior, adotamos o entendimento de que o sistema jurídico delimita a própria realidade, elegendo o modo pelo qual seus elementos linguísticos serão constituídos[2]. É o sistema do direito que determina o que nele existe ou não, indicando, para tanto, uma forma linguística específica, que denominamos *linguagem competente*. Somente por meio dela é que a realidade jurídica se constitui, o que, por si só, revela a importância das provas no ordenamento como um todo.

Como os acontecimentos físicos exaurem-se no tempo e no espaço, estes são de impossível acesso, sendo necessário, ao ser humano, utilizar enunciados linguísticos para constituir os fatos com que pretenda entrar em contato. Um evento não prova nada. Somos nós quem, valendo-nos de relatos e de sua interpretação, provamos.

---

2. ROBLES MORCHON, Gregório. *O direito como texto: quatro estudos de teoria comunicacional do direito*, p. 13.

Dentre os mecanismos para aplicação do direito, merecem destaque aqueles de caráter processual, aqui abrangidos tanto os realizados na esfera administrativa como os que se operam perante o Judiciário.

Os eventos não ingressam nos autos processuais. O que integra o processo são sempre fatos: enunciados que declaram ter ocorrido uma alteração no plano físico-social, constituindo a facticidade jurídica. Francesco Carnelutti[3], embora sem empregar essa terminologia, também vislumbra a prova como suporte necessário à constituição do fato jurídico:

> "Isso significa que o confessor declara não para que o juiz *conheça* o fato declarado e aplique a norma *tão somente se o fato é certo*, senão para que *determine* o fato *tal como foi declarado* e aplique a norma *prescindindo da verdade*".

Para esse jurista, a declaração feita nos processos "não se limita a *trazer ao conhecimento* o fato declarado, senão que vem a constituir por si mesmo um fato diferente, do qual depende a realização da norma, ou seja, fato jurídico processual. (...) Provar, de fato, não quer dizer demonstrar a verdade dos fatos discutidos, e sim *determinar ou fixar formalmente os mesmos fatos mediante procedimentos determinados*". Daí porque, para Jeremías Bentham[4], a arte do processo não é senão a arte de administrar as provas.

Não é qualquer linguagem, porém, habilitada a produzir efeitos jurídicos ao relatar os acontecimentos do mundo social. É o próprio sistema jurídico que indica os instrumentos credenciados para constituir os fatos. A linguagem escolhida pelo direito vai não apenas dizer que um evento ocorreu, mas atuar na própria construção do fato jurídico.

O valor *verdade* é posto pelo ordenamento jurídico; encontra-se, pois, *dentro* desse ordenamento, e não fora ou antes dele. Assim, provado o *fato*, tem-se o reconhecimento de sua veracidade. Apenas se o enunciado se pautar nas provas em direito admitidas, o fato é tido como juridicamente verdadeiro.

Nesse sentido, afirmamos que a *prova*, em sua acepção de base, indica algo que possa servir ao convencimento de outrem. *Objeto da prova* é o fato que se pretende provar, constante na alegação da parte, ao passo

---

3. CARNELLUTI, Francesco. *A prova civil*, p. 61.
4. BENTHAM, Jueremías. *Tratado de las pruebas judiciales*, p. 4.

que o *conteúdo* corresponde ao que se conseguiu provar, ou seja, ao fato demonstrado no suporte físico documental. Para que se tenha algo por provado, há de estabelecer-se relação implicacional entre o *conteúdo da prova* e seu *objeto*, consistente no *fato alegado*. Tudo isso, por certo, com o ânimo de convencer o destinatário, na qualidade de julgador, para que se constitua o fato jurídico em sentido estrito, desencadeando o correspondente liame obrigacional[5].

Para concretizar tal desiderato, produzindo enunciados probatórios, exige-se observância a uma série de regras estruturais, que se prestam à organização dos diversos elementos linguísticos, cujo relacionamento se mostra imprescindível à formação da prova. Para além disso, como mecanismo auxiliar na formação do convencimento do sujeito habilitado para decidir conflitos, o ordenamento distribui as incumbências de carrear provas aos autos. Trata-se das chamadas "regras do ônus da prova".

3. DELIMITANDO O CONCEITO DE "ÔNUS DA PROVA"

Por "ônus" entende-se a necessidade de desenvolver certa atividade para obter determinado resultado pretendido. Sua existência pressupõe um direito subjetivo de agir, que pode ou não ser exercido, isto é, um direito subjetivo disponível. Sobre o assunto vale conferir as lições de Paulo de Barros Carvalho[6] a respeito das "regras técnicas ou procedimentais", do que se depreende que o ônus configura, logicamente, uma relação *meio-fim*, estabelecida numa regra técnica e estruturada na forma *ter-que*, enquanto a obrigação funda-se no operador deôntico *obrigatório*.

O ponto diferencial entre *ônus* e *obrigação* está nas consequências cominadas a quem não realiza um determinado ato. Quando se está diante de vínculo obrigacional, a omissão do sujeito que figura no polo passivo desencadeia a relação sancionatória. No ônus, diversamente, o indivíduo que não cumpre suas atribuições apenas sofre as implicações inerentes ao próprio descumprimento. A respeito do tema, anota Francesco Carnelutti[7]:

---

5. TOMÉ, Fabiana. Del Padre. *A prova no direito tributário*, p. 194.
6. CARVALHO, Paulo de Barros. "Regras técnicas ou procedimentais no direito tributário", *Revista de Direito Tributário* nº 112, p. 7-13.
7. CARNELUTTI, Francesco. *A prova civil*, p. 255.

"existe somente obrigação quando a inércia dá lugar à sanção jurídica (execução ou pena); entretanto, se a abstenção do ato faz perder somente os efeitos úteis do próprio ato, temos a figura do ônus. (...) Por isso, se a conseqüência da falta de um requisito dado em um ato é somente sua nulidade, há ônus e não obrigação de efetuar o ato de cujo requisito se trata".

A esse critério distintivo acrescente-se outro, fundado no *interesse*: enquanto o vínculo obrigacional se impõe para a tutela de um interesse alheio, no ônus o liame volta-se à tutela de interesse próprio[8].

Delimitado o que seja um *ônus* processual, Arruda Alvim[9] distingue o *ônus perfeito* do *ônus imperfeito*. Na primeira modalidade o ônus implica uma tarefa que o titular do direito subjetivo disponível tem de exercitar caso pretenda obter efeito favorável. Em tal hipótese, o descumprimento da atividade exigida acarreta, necessariamente, consequência jurídica danosa. Quanto ao ônus imperfeito, o resultado prejudicial em razão da ausência de efetivação do ato envolvido na relação de ônus é possível, mas não necessário. Nessa segunda espécie é que se enquadra a figura do *ônus da prova*.

Na lição de Giuseppe Chiovenda[10], assim como não existe um dever de contestar, igualmente não há que falar em *dever de provar*. Por isso, denomina-se *ônus da prova* a relação jurídica que estabelece a atividade de carrear provas aos autos, já que, nas suas palavras, "é uma condição para se obter a vitória, não um dever jurídico". Esse ônus, todavia, é *imperfeito*, no sentido de que, conquanto quem não produza a prova assuma o risco pela sua falta, tal omissão não implica, por si só, a perda do direito que se pretende ver tutelado, pois ainda que a parte não tenha se desincumbido do ônus da prova, o julgador pode dar-lhe ganho de causa em virtude de motivos outros. Eduardo Cambi[11] formula exemplo no qual os fatos alegados pelo autor são impossíveis, situação em que, mesmo o réu não tendo contestado a ação, apresentando provas

---

8. SILVA, Ovídio A. Baptista, na obra *Curso de processo civil*, v. 1, p. 345, anota: "a parte gravada com o ônus não está obrigada a desincumbir-se do encargo, como se o adversário tivesse sobre isso um direito correspectivo, pois não faz sentido dizer que alguém tenha direito a que outrem faça prova no seu próprio interesse".
9. ARRUDA ALVIM, José Manoel. *Manual de direito processual civil*, p. 430-431.
10. CHIOVENDA, Giuseppe. *Principii di diritto processuale civile*, p. 48.
11. CAMBI, Eduardo. *Direito constitucional à prova no processo civil*, p. 35.

em contrário, o juiz pode rejeitar o pedido do autor, julgando-o improcedente. Por outro lado, esclarece o processualista, ainda que a parte tenha realizado o ato exigido em decorrência do seu ônus probatório, isso não é suficiente para que lhe seja atribuído efeito favorável, visto que, ao apreciar os fatos alegados e valorar as provas em seu conjunto, o julgador pode entender mais convincentes os argumentos e elementos probatórios trazidos por uma parte que por outra. Não basta produzir prova, desincumbindo-se do respectivo ônus para obter êxito na demanda: é preciso que a prova resultante cumpra a função em razão da qual foi realizada, sendo persuasiva o bastante para conferir convicção ao seu destinatário.

3.1. Função e estrutura do ônus da prova

Consignamos ser o ônus uma espécie de encargo jurídico a que se veem submetidas as partes do processo com vistas a obter o resultado que o sistema outorga a quem realiza os atos na forma e tempo estabelecidos por esse sistema. A figura do ônus da prova, especificamente, decorre da necessidade de possibilitar a decisão em situações em que o conjunto probatório seja insuficiente para convencer o julgador. Assevera Enrique M. Falcón[12] que tanto as partes, ao desempenhar sua atividade probatória, como o julgador, no momento de avaliar as provas e ditar a decisão, devem ser orientados por uma regra que ofereça condições de determinar o vencedor e o perdedor na demanda, já que não é possível deixar de julgar.

Ao mesmo tempo em que o ônus da prova corresponde ao encargo que têm as partes de produzir provas para demonstrar os fatos por elas alegados, serve ao julgador como auxiliar na formação de seu convencimento, em especial nas hipóteses em que a prova é insuficiente, incerta ou faltante. Nesse sentido, o ônus da prova está intimamente relacionado com problemas de valoração dos elementos carreados aos autos.

A referência à dupla função do ônus da prova é feita, também, por Eduardo Cambi[13]:

---

12. FALCÓN, Enrique M. *Tratado de la prueba*, p. 245.
13. CAMBI, Eduardo. *Direito constitucional à prova no processo civil*, p. 40.

"i) servir de *regra de conduta* para as partes, predeterminando quais são os fatos que devem ser provados por cada uma delas e, assim, estimulando suas atividades; ii) servir de *regra de julgamento*, distribuindo, entre as partes, as conseqüências jurídicas e os riscos decorrentes da suficiência ou da ausência da produção da prova, bem como permitindo que, em caso de dúvida quanto à existência do fato, o juiz possa decidir, já que não se admite que o processo se encerre com uma decisão *non liquet*".

A partir dessa bipartição, fala-se em *ônus da prova em sentido subjetivo*, no primeiro caso, e em *ônus da prova em sentido objetivo*, na segunda situação. Tal dualidade existe tão-somente para fins de estudo analítico, pois uma função não subsiste sem a outra: elas se co-implicam. Sendo o ônus uma faculdade, exige um titular que a exerça, servindo de base para a aplicação da regra de julgamento. Por outro lado, a falta de certeza que conduz o julgador a decidir conforme os preceitos do ônus da prova não pode ser dissociada do encargo que pesa sobre quem solicita a tutela jurisdicional, cujo pressuposto é a verificação desse fato incerto. O âmbito objetivo do ônus da prova está, portanto, intimamente ligado com o aspecto subjetivo, sendo ambos necessários para a compreensão do instituto do ônus da prova.

Como discurso dialógico, a comunicação jurídica materializada nos autos processuais exige que todos os fatos alegados sejam fundamentados, com vistas a possibilitar a solução do *dubium* conflitivo. No discurso jurídico-processual temos duas relações comunicativas: uma, entre sujeito ativo e julgador; outra, entre sujeito passivo e julgador. Em cada um desses liames, os emissores (sujeitos ativo e passivo) enunciam fatos contrapostos, cujo reconhecimento fará prevalecer o direito de um ou de outro. O julgador, como destinatário, exige daqueles que discursam a prova de seus argumentos, os quais devem fazê-lo conforme prescrito pelas regras de distribuição do ônus da prova.

3.2. Distribuição do ônus da prova

O direito à produção probatória decorre da liberdade que tem a parte de argumentar e demonstrar a veracidade de suas alegações, objetivando convencer o julgador. Por isso, ainda que não lhe tenha sido atribuído o ônus da prova, todos os elementos de convicção que levar aos autos serão importantes, interferindo no ato decisório. Visto por outro ângulo, o direito à prova implica a existência de ônus, segundo o qual determinado sujeito do processo tem a incumbência de comprovar os fatos por ele alegados, sob pena de, não o fazendo, ver frustrada a pretendida aplicação do direito material.

Existem, nesse sentido, preceitos que determinam a quem incumbe o ônus de provar, denominados *regras de distribuição do ônus da prova*. A respeito delas, três são as principais teorias elaboradas pela doutrina: (i) do *fato afirmativo*, em que o ônus da prova cabe a quem alega; (ii) da *iniciativa*, segundo a qual é sempre do autor o encargo de provar os fatos por ele afirmados; e (iii) dos *fatos constitutivos, impeditivos e extintivos*, nos termos dos quais àquele que demanda compete provar os fatos constitutivos do seu direito, enquanto ao demandado cabe provar fatos impeditivos ou extintivos de sua obrigação.

Essas três concepções, ao nosso ver, estão intimamente relacionadas entre si, podendo ser compiladas em uma só. Daí a assertiva de que o ônus da prova incumbe a quem alega.

Referido conteúdo encontrava-se no Código Processual Civil de 1973 (art. 333, I e II) e foi mantido na Codificação de 2015, na qualidade de regramento geral para a distribuição do ônus da prova, conforme se depreende da redação do *caput* e incisos I e II do art. 373:

> "Art. 373. O ônus da prova incumbe:
>
> I – ao autor, quanto ao fato constitutivo de seu direito;
>
> II – ao réu, quanto à existência de fato impeditivo, modificativo ou extintivo do direito do autor."

Concordamos com Devis Echandía[14] quando este afirma que tal teoria não pode ser admitida como regra geral absoluta, de modo que ao autor caiba provar os fatos constitutivos e, ao demandado, os fatos extintivos, modificativos ou impeditivos. Mais apropriado seria adaptar a assertiva de forma que esta seja independente da posição processual das partes. Entendemos, portanto, que a prova dos fatos constitutivos cabe a quem pretenda o nascimento da relação jurídica, e a dos extintivos, impeditivos ou modificativos, a quem os alegue, independentemente de ser

---

14. ECHANDÍA, Devis. *Teoría general de la prueba judicial*, p. 216.

autor ou réu. Segundo Pontes de Miranda[15], o ônus da prova incumbe ao sujeito que alega a existência ou a inexistência de um fato, do qual deva resultar uma mutação no estado jurídico atual das coisas. Eis o motivo porque Emílio Betti[16] conclui serem dois os ônus assumidos por quem pede qualquer coisa em juízo: (i) o ônus da afirmação, isto é, deve afirmar a existência de um fato jurídico no qual se funda o pedido; e (ii) o ônus da prova, quer dizer, precisa provar aquela alegação. A repartição do ônus da prova acompanha o ônus da afirmação, tanto em relação ao autor como ao demandado.

3.3. A atribuição do ônus da prova por decisão judicial

Autores há, como Jeremías Bentham[17], que entendem que o ônus da prova deve ser imposto à parte que puder satisfazê-lo com menores inconvenientes, isto é, menor perda de tempo, menos incômodos e despesas inferiores. A dificuldade da adoção dessa sistemática é que, na realidade, não haveria, propriamente, regra norteadora da distribuição do ônus, considerando que ao julgador caberia, caso a caso, deliberar livremente sobre a que parte incumbiria constituir prova dos fatos.

Modernamente, Leo Rosenberg[18] e Gian Antonio Micheli[19] se encarregaram de desenvolver teorias sobre o ônus da prova, sempre considerando sua função auxiliar à atividade julgadora. Para Rosenberg, as regras inerentes ao ônus da prova ajudam o aplicador do direito a formar um juízo afirmativo ou negativo sobre a pretensão, ainda que remanesçam incertezas com respeito às circunstâncias do fato, porque referidas regras lhe indicam o modo de chegar a uma decisão em tais situações. A essência e o valor das normas sobre o encargo da prova consistem nessa instrução dada ao julgador acerca do conteúdo da decisão que deve pronunciar num caso em que não se têm elementos de convicção sobre um fato importante. No mesmo sentido, Micheli assevera que a regra do ônus da prova manifesta natureza de norma dirigida exclusivamente

---

15. PONTES DE MIRANDA, Francisco Cavalcanti. Anotações à obra de Francisco Augusto das Neves e Castro, *Teoria das provas e suas aplicações aos atos civis*, p. 63.
16. BETTI, Emílio. *Diritto processuale civile*, p. 91.
17. BENTHAM, Jeremías. *Tratado de las pruebas judiciales*, p. 36.
18. ROSENBERG, Leo. *La carga de la prueba*, p. 27.
19. MICHELI, Gian Antonio. *La carga de la prueba*, p. 59 e ss.

ao julgador para regular o exercício concreto da jurisdição. O ônus da prova adquire sua maior relevância no momento em que o julgador deve exarar sua decisão, motivo pelo qual não se apresenta como um dever jurídico, mas apenas como uma necessidade prática de provar, a fim que o julgador possa considerar determinado fato como existente.

Em obra sobre o assunto[20], já anotei considerar ser a posição de Bentham demasiadamente ampla, atribuindo ao julgador a função de estabelecer, em cada caso concreto, a parte que tem o ônus da prova. Ao mesmo tempo em que estabelecem encargos às partes, as regras de distribuição do ônus da prova conferem um norte ao julgador, nas hipóteses em que as provas não sejam suficientes para convencê-lo deste ou daquele fato. Há de ter-se disposições que especifiquem o modo pelo qual se operam essas atribuições, no que andou bem o legislador no atual Código de Processo Civil. Este, nos §§ 1º e 2º do art. 373, assim estabeleceu:

> "§ 1º. Nos casos previstos em lei ou diante de peculiaridades da causa relacionadas à impossibilidade ou à excessiva dificuldade de cumprir o encargo nos termos do *caput* ou à maior facilidade de obtenção da prova do fato contrário, poderá o juiz atribuir o ônus da prova de modo diverso, desde que o faça por decisão fundamentada, caso em que deverá dar à parte a oportunidade de se desincumbir do ônus que lhe foi atribuído.
>
> § 2º. A decisão prevista no § 1º deste artigo não pode gerar situação em que a desincumbência do encargo seja impossível ou excessivamente difícil."

Com preceito de tal conteúdo, há uma espécie de atribuição diversa do ônus da prova. Fala-se, assim, em inversão de ônus da prova.

Seguindo, porém, a linha de raciocínio de Leo Rosenberg[21] e Gian Antonio Micheli[22], entendemos inexistir inversão do ônus da prova, pois referido encargo não está determinado previamente para esta ou aquela parte, ficando na dependência das alegações efetuadas. Não obstante se observe no ordenamento uma série de normas que, aparentemente, estabeleçam essa inversão do ônus da prova, a interpretação sistemá-

---

20. TOMÉ, Fabiana Del Padre. *A prova no direito tributário*, p. 261.
21. Ob. cit., p. 43.
22. Ob. cit., p. 61.

tica desses dispositivos leva à conclusão de que eles não invertem, efetivamente, o encargo de provar, pois continua havendo necessidade de que cada uma das partes demonstre o pressuposto de fato previsto na hipótese da norma que invoca como fundamento à sua pretensão, ainda que seu pleito seja exatamente a constituição de um fato (F1) que o desincumba de provar outro fato (F2).

Sistematizando as disposições do art. 372, I e II, §§ 1º e 2º do Código de Processo Civil de 2015, temos os seguintes desdobramentos:

1. o inciso I estipula que o ônus da prova cabe ao autor, quanto ao fato constitutivo do seu direito;
2. no inciso II, tem-se a atribuição ao réu do ônus da prova dos fatos por ele alegados, impeditivos, modificativos ou extintivos do direito do autor;
3. o § 1º prevê hipóteses de nova atribuição do ônus da prova, mediante demonstração de fatos atinentes (i) às peculiaridades da causa ou (ii) à impossibilidade ou excessiva dificuldade de produção probatória pelo sujeito a quem inicialmente era atribuído o ônus;
4. o § 2º, contudo, dispõe sobre o mecanismo para desconstituir-se a atribuição do ônus da prova posto nos termos do § 1º, o que dá com suporte na prova da dificuldade excessiva ou impossibilidade de desincumbência do ônus probatório que lhe tenha sido imposto pelo julgador.

Com efeito, a "carga dinâmica da prova" veiculada pelo art. 373 do Código de Processo Civil vigente não implica mera inversão do ônus da prova, com sua dispensa a quaisquer das partes. Somente se demonstrado o fato da maior facilidade de obtenção da prova por parte processual diferente da que alegou o fato, ou impossibilidade de o sujeito que fez a alegação prová-la, tem lugar a conferência do encargo à parte adversa. Desloca-se, assim, o objeto da prova, que deixa de ser o *fato alegado* constitutivo, impeditivo, modificativo ou extintivo do direito (art. 373, I e II), passando a consistir no *fato alegado* da impossibilidade probatória ou da maior facilidade alheia (art. 373, § 1º). A presença de tal requisito é indispensável para que se atribua a carga da prova a quem não tenha alegado o fato, cabendo, por isso mesmo, a alegação de fato contrário e respectiva contraprova, nos termos do art. 373, § 2º, desse Estatuto Processual.

4. A PROVA COMO SUPORTE PARA A TOMADA DE DECISÃO

Ultrapassada a fase instrutória, chega o momento de o julgador se manifestar, proferindo decisão. Esta consiste em norma individual e concreta que relata, no antecedente, o fato jurídico em sentido estrito constituído a partir das provas carreadas aos autos (fatos jurídicos em sentido amplo)[23], prescrevendo, no consequente, a correspondente relação jurídica, em que se confere a uma das partes determinada obrigação relativamente à parte adversa, a quem é atribuído o direito subjetivo. A norma assim veiculada deve vir acompanhada de fundamentação, abrangendo a valoração das provas colacionadas pelas partes, esclarecendo o julgador as razões que o levaram àquela conclusão.

Importante aspecto da fase de julgamento é a valoração das provas pelo julgador, pois, como pondera João Batista Lopes[24], "um fato só se considera provado no momento em que o juiz o admite como existente ou verdadeiro, isto é, o juiz, como destinatário da prova, é quem diz a última palavra sobre a existência ou veracidade do fato". Por isso, essa avaliação probatória também está sujeita a normas jurídicas, que traçam limites à atividade julgadora. Conquanto ordinariamente se afirme que a decisão é tomada segundo o livre convencimento do julgador, tal assertiva carece de precisão terminológica, pois o *critério do livre convencimento*, considerado em sua acepção técnica, confere liberdade total a quem decide, permitindo que este julgue até mesmo contra as provas dos autos. Não é esse, entretanto, o sistema adotado pelo direito positivo brasileiro, quer na esfera judicial, quer na administrativa. O critério eleito é o da *persuasão racional*, que não impõe valores tarifados na apreciação das provas, conferindo certa margem de liberdade para decidir, mas exige que esta se dê em consonância com o conjunto probatório constante do processo.

Dentro da margem de liberdade conferida ao julgador atuam as denominadas *máximas de experiência*. Os conhecimentos adquiridos pelo julgador ao longo de sua vivência social e profissional influem decisivamente na apreciação das provas.

---

23. Sobre a distinção entre "fato jurídico em sentido estrito" e "fato jurídico em sentido amplo", vide: TOMÉ, Fabiana Del Padre. *A prova no direito tributário*, p. 82.
24. LOPES, João Batista. *A prova no direito processual civil*, p. 53.

Tudo isso contribui para a complexidade da atividade decisória, especialmente se considerarmos que, geralmente, os fatos constituídos nos autos do processo não se encontram, todos eles, ligados por relação de coordenação, confirmando uns aos outros. Ao contrário, via de regra há provas que corroboram as alegações de uma das partes, enquanto outras respaldam os argumentos da parte adversa. Diante de tal situação, o julgador, com base nas normas jurídicas vigentes e em seus valores, seleciona os fatos que entende convincentes, considera-os provados e constitui o fato jurídico em sentido estrito.

Nos autos processuais, um fato só se considera provado no momento em que o julgador o admite como existente ou verdadeiro. É o julgador, como destinatário da prova, quem diz a última palavra sobre a existência ou veracidade do fato. Para fazê-lo, utiliza critérios fixados pelo ordenamento, que podem ser de três espécies: (i) critério das provas legais ou tarifadas; (ii) do livre convencimento; e (iii) da persuasão racional.

A adoção das provas legais ou tarifadas consiste na atribuição, a cada prova, de um valor fixo e imutável, não deixando margem de liberdade para apreciação do julgador. Explicando essa sistemática, assevera Renan Lotufo[25] que o denominado regime da prova legal tem sua origem na Idade Média, quando se iniciou a cientificação da prova. Evidentemente, tal sistema diminui em muito a importância do julgador como intérprete dos fatos em relação aos quais deve aplicar o direito, sendo, por isso, historicamente ultrapassado.

Na atualidade, a chamada prova legal ou tarifada aparece de forma muito esparsa no sistema jurídico, tal como no art. 406 do CPC/2015, nos termos do qual não se admite qualquer outra forma de prova quando a lei exija como da substância do ato o instrumento público. Semelhante era a natureza da prescrição veiculada no art. 401 do Estatuto Processual revogado, não conferindo efeito probatório ao depoimento testemunhal realizado sem respaldo em outros elementos de convicção, quando estiver em discussão contrato com valor superior ao décuplo do maior salário mínimo vigente no País. O Código de Processo Civil de 2015, entretanto, conferiu ampla possibilidade de utilização de

---

25. LOTUFO, Renan. *Código Civil comentado*, v. 1, p. 564.

prova testemunhal, estipulando ser esta sempre admissível, salvo que a lei dispuser especificamente de modo diverso (art. 442).

Nota-se que a prova "tarifada", de valor previamente escalonado, é situação excepcional e de aplicabilidade restrita.

De modo oposto, o critério do livre convencimento confere liberdade plena ao julgador, autorizando que este decida sem tomar por base as provas dos autos, e, até mesmo, contra elas.

Como essa sistemática geraria insegurança aos cidadãos, também esse critério de avaliação probatória foi historicamente afastado, podendo seus resquícios serem observados na figura do Tribunal do Júri, cujos componentes decidem por convicção íntima ou livre apreciação, não fundamentando as razões de seu convencimento, nem importando como formaram sua convicção.

No sistema orientado pela persuasão racional, o julgador é livre para decidir segundo seu convencimento, mas não tem liberdade absoluta, devendo ater-se ao conjunto probatório posto nos autos. Essa modalidade, esclarece Vicente Greco Filho[26]:

> "ao mesmo tempo em que mantém a liberdade de apreciação, vincula o convencimento do juiz ao material probatório constante dos autos, obrigando, também, o magistrado a fundamentar sua decisão de modo que se possa aferir o desenvolvimento do seu raciocínio e as razões de seu convencimento".

Duas, portanto, são as decorrências da adoção de tal critério: (i) impossibilidade de o julgador decidir exclusivamente com base em seu conhecimento pessoal e (ii) necessidade de motivar a decisão.

O *conhecimento privado do julgador*, consistente no conjunto de fatos que chegaram ao seu intelecto pelos mais diversos meios e que não constam dos autos processuais, não pode ser invocado como justificativa da sua decisão. Esta deve fundar-se, sempre, nas provas constantes do processo. É claro que o conhecimento pessoal acaba por influenciar o ato decisório, mediante interferência na valoração dos enunciados probatórios. Mas, o que não se admite é que o julgador constitua fatos sem nenhuma prova que os respalde. Seguindo essa linha de raciocínio, Celso Agrícola Barbi[27] certifica que:

---

26. GRECO FILHO, Vicente. *Direito processual civil brasileiro*, v. 2, p. 199.
27. BARBI, Celso Agrícola. *Comentários ao Código de Processo Civil*, v. 1, p. 535.

"O juiz é livre para se convencer acerca dos fatos, mas os elementos para essa convicção são apenas os existentes nos autos. Tem aplicação correta o brocardo *quod non est in actis non est in mundus*; os autos são o mundo do juiz na apreciação dos fatos".

O julgador fica adstrito aos fatos alegados e provados, devendo decidir com base nas provas que lhe são apresentadas, podendo sopesá-las de acordo com sua livre convicção para construir, a partir delas, o fato jurídico em sentido estrito. Esse critério é também denominado, por isso, *livre convencimento motivado*, tendo em vista que não se admite arbitrariedade, exigindo-se razoabilidade entre as provas constantes dos autos e a decisão do julgador. Este, tendo em mãos vários fatos em sentido amplo (seleções de propriedades dos fatos sociais), faz nova seleção, mediante escolha motivada e baseada em seu livre convencimento, decidindo o relato que prevalecerá e constituindo, desse modo, o fato jurídico em sentido estrito.

É esse o critério adotado pelo Código de Processo Civil brasileiro (arts. 369 e 371) do qual depreende-se que a liberdade do julgador está delimitada às provas produzidas nos autos. Essa conclusão é ratificada de modo incisivo pelo §1º do art. 489 do CPC/2015, de modo que, para haver decisão efetivamente fundamentada, representativa do livre convencimento motivado, o julgador precisa examinar todos os fatos alegados nos autos, as respectivas provas e as normas jurídicas cuja subsunção se pretende efetuar ou afastar.

Com efeito, dentre as decorrências de se adotar a sistemática de avaliação probatória com base na persuasão racional, tem-se a obrigatoriedade de fundamentar o ato decisório, permitindo evidenciar as condicionantes que levaram o julgador ao convencimento dos fatos. É a motivação da decisão figurando, segundo Juan Carlos Cabañas Garcia[28], como expressão do juízo jurisdicional, propiciando objetivação do ato valorativo.

Como a decisão não pode justificar-se a partir da íntima convicção do julgador, devendo pautar-se nos fatos constituídos nos autos, a fundamentação caracteriza requisito essencial do ato decisório. Na lição de Pontes de Miranda[29]:

---

28. GARCIA, Juan Carlos Cabañas. *La valoración de las pruebas y su control en el proceso civil*, p. 223.
29. PONTES DE MIRANDA, Francisco Cavalcantil. *Comentários ao Código de Processo Civil*, v. 3, p. 253.

"Tem o juiz de dar os fundamentos, que lhe assistiram, para a apreciação das provas: porque desprezou umas e acolheu outras, porque não atribuiu o valor que fora de esperar-se, a alguma, ou algumas, e porque chegou às conclusões que expende."

É na fundamentação que se demonstra o caminho traçado para alcançar a conclusão veiculada, assegurando que a razão do convencimento, conquanto inevitavelmente impregnada pelas máximas de experiência e por valores do intérprete, tenha sido moldada com base nas alegações e provas processuais.

A apreciação ou valoração da prova, considerada em toda sua amplitude, exige estudo crítico do conjunto, abrangendo as várias provas constituídas pelas partes para demonstrar a veracidade de suas alegações, e, ainda, as que tenham sido produzidas por iniciativa do julgador. A comparação das provas permite ao julgador estabelecer as que sejam essenciais e decisivas para a solução da causa, desconsiderando as que lhe pareçam impertinentes ou as que entenda insuficientes ou fracas perante outras provas. Desse modo, realiza uma espécie de seleção, que se opera tendo em conta a lide instalada, os fatos alegados pelo requerente e pelo demandado, bem como as provas verificadas no processo.

Do mesmo modo que a formação de um enunciado probatório envolve uma combinação de elementos, segundo procedimento apropriado (sintaxe interna), as diversas provas são articuladas entre si (sintaxe externa) com vistas a constituir o fato jurídico em sentido estrito. Segundo Michele Taruffo[30], histórias e narrativas são necessárias tanto no contexto do processo como fora dele, pois são instrumentos mediante os quais informações esparsas e fragmentárias combinam-se e compõem um complexo de fatos dotado de sentido. Tratando-se de um processo, contudo, conclui o autor, não há apenas *uma* narrativa, mas *"uma situação complexa, em que várias histórias são construídas e contadas por sujeitos diferentes, de pontos de vista e em modos diferentes"*.

Diante de situação como esta, o julgador, com base em suas vivências, valores e máximas de experiência que edificou, seleciona as provas que considera convincentes, construindo o fato jurídico em sentido estrito, mediante a emissão de norma individual e concreta.

---

30. TARUFFO, Michele. *Uma simples verdade: O Juiz e a construção dos fatos*, p. 54-55.

A apreciação das provas é a atividade intelectual que o julgador realiza para determinar o poder de convencimento relativo de cada um dos enunciados probatórios, em sua comparação com os demais, para chegar à conclusão acerca da força do conjunto probatório como um todo. Fazendo uso novamente dos ensinamentos de Michele Taruffo[31], os fatos constantes dos autos (fatos jurídicos em sentido amplo) propõem *possibilidades*, as quais hão de ser articuladas pelo intérprete e aplicador do direito, podendo, metaforicamente, ser comparados a um punhado de pedaços de vido colorido, cuja combinação faz um mosaico (fato jurídico em sentido estrito).

Daí a relevância da fundamentação decisória, em que se expõe a articulação entre os enunciados fáticos, consistente no relacionamento entre as alegações das partes e as provas por elas produzidas. *Fundamentar* significa, segundo Nelson Nery Junior[32]:

> "o magistrado dar as razões de fato e de direito, que o convenceram a decidir a questão daquela maneira. A fundamentação tem implicação substancial e não meramente formal, donde é lícito concluir que o juiz deve analisar as questões postas a seu julgamento, exteriorizando a base fundamental de sua decisão".

Por isso, continua o autor, "não se consideram *substancialmente* fundamentadas as decisões que afirmam que *segundo os documentos e testemunhas ouvidas no processo, o autor tem razão, motivo por que julgou procedente o pedido*. Esta decisão é nula porque lhe falta fundamentação".

O julgador precisa indicar as provas que considera convincentes e as que entende de baixa força probatória, explicando o motivo por que fez prevalecer uma sobre a outra. Assim como em todo procedimento interpretativo, cumpre ao julgador efetuar a conexão necessária entre as partes do texto, para que este seja compreendido na complexidade inerente ao texto como um todo. Os significados das parcelas singulares da narrativa da parte somente podem ser determinados com referência à totalidade do texto, no que se incluem as provas, narrativas contrárias e contraprovas.

---

31. *Idem*, p. 54.
32. NERY JÚNIOR, Nélson. *Princípios do processo civil na Constituição Federal*, p. 175.

5. CONCLUSÕES

No âmbito jurídico, a veracidade de um fato exige que este seja constituído mediante o emprego dos instrumentos indicados pelo próprio sistema do direito positivo. Desse modo, a linguagem das provas, prescrita pelo direito, não apenas diz que um evento ocorreu, mas atua na própria constituição do fato jurídico, e, por conseguinte da realidade jurídica.

O direito à produção probatória decorre da liberdade que tem a parte de argumentar e demonstrar a veracidade de suas alegações, objetivando convencer o julgador. Visto por outro ângulo, o direito à prova implica a existência de ônus, segundo o qual determinado sujeito do processo tem a incumbência de comprovar os fatos por ele alegados, sob pena de, não o fazendo, ver frustrada a pretendida aplicação do direito material. Desse modo, a prova dos fatos constitutivos cabe a quem pretenda o nascimento da relação jurídica, enquanto a dos extintivos, impeditivos ou modificativos compete a quem os alega.

A figura do ônus da prova decorre da necessidade de possibilitar a decisão em situações em que o conjunto probatório é insuficiente para convencer o julgador. Funciona como regra auxiliar na formação do convencimento do sujeito incumbido de compor conflitos, o que levou a Lei nº 13.105/2015 a estabelecer uma espécie de carga probatória dinâmica, possibilitando ao julgador atribuir o ônus da prova a quem tenha melhores condições de cumpri-lo (art. 373, §§ 1º e 2º do CPC de 2015).

Observa-se que, se por um ângulo o ônus da prova corresponde ao encargo que têm as partes de produzir provas para demonstrar os fatos por elas alegados, por outro serve ao julgador como auxiliar na formação de seu convencimento, apresentando função dúplice. É, pois, importante elemento e suporte para a tomada de decisão.

A apreciação da prova exige análise crítica do conjunto probatório, comparando-se todas as provas, estabelecendo-se as que aparentem ser essenciais para a solução da causa e desconsiderando-se as que pareçam impertinentes, insuficientes ou fracas perante outras provas. Desse modo, o julgador seleciona os enunciados que considera convincentes, construindo o fato jurídico em sentido estrito, mediante emissão de norma individual e concreta. Tudo devidamente explicitado na fundamentação decisória.

6. REFERÊNCIAS BIBLIOGRÁFICAS

ARRUDA ALVIM, José Manoel. *Manual de direito processual civil*. 5ª ed. São Paulo: Revista dos Tribunais, 1996.

BARBI, Celso Agrícola. *Comentários ao Código de Processo Civil*. Rio de Janeiro: Forense, 1975, v. 1.

BENTHAM, Jeremías. *Tratado de las pruebas judiciales*. Tradução de Manuel Osorio Florit. Granada Editorial Comares, 2001.

BETTI, Emilio. *Diritto processuale civile*. 2ª ed. Roma: Societá Editrice del Foro Italiano, 1936,.

CAMBI, Eduardo. *Direito constitucional à prova no processo civil*. São Paulo: Revista dos Tribunais, 2001.

CARNELUTTI, Francesco. *A prova civil*. 2ª ed. Tradução de Lisa Pary Scarpa, Campinas: Bookseller, 2002.

CARVALHO, Paulo de Barros. *Direito tributário: fundamentos jurídicos da incidência*. 10ª ed., São Paulo: Saraiva, 2015.

_____. "Regras técnicas ou procedimentais no direito tributário". *Revista de Direito Tributário* 112. São Paulo: Malheiros. [s.d].

CHIOVENDA, Giuseppe. *Principii di diritto processuale civile*. 4ª ed. Nápoles: Jovena, 1928.

ECHANDÍA, Devis. *Teoría general de la prueba judicial*. Buenos Aires: Victor P. de Zavalía, 1970.

FALCÓN, Enrique M. *Tratado de la prueba*, Buenos Aires: Astrea, v. 1., 2003.

GARCIA, Juan Carlos Cabañas. *La valoración de las pruebas y su control en el proceso civil*. Madrid: Estudios Trivium Procesal, 1992.

GRECO FILHO, Vicente. *Direito processual civil brasileiro*. 16ª ed. São Paulo: Saraiva, 2003, v. 2.

LOPES, João Batista. *A prova no direito procesual civil*. 2ª ed. São Paulo: RT, 2002.

LOTUFO, Renan. *Código Civil comentado*. São Paulo: Saraiva, 2003, v. 1.

MICHELI, Gian Antonio. *La carga de la prueba*. Tradução de Sentís Melendo, Buenos Aires: Ejea, 1961.

NERY JÚNIOR, Nélson. *Princípios do Processo Civil na Constituição Federal*.5ª ed. São Paulo: RT, 1999.

PONTES DE MIRANDA, Francisco Cavalcanti. Anotações à obra de Francisco Augusto das Neves e Castro, *Teoria das provas e suas aplicações aos atos civis*, Campinas: Servanda, 2000.

_____. *Comentários ao Código de Processo Civil*. Rio de Janeiro: Forense, 1958, v. 3.

ROBLES MORCHON, Gregorio. *O direito como texto: quatro estudos de teoria comunicacional do direito*. Tradução de Roberto Barbosa Alves, Barueri: Manole, 2005.

ROSENBERG, Leo. *La carga de la prueba*. Tradução de Krotoschin, Buenos Aires: Ejea, 1956.

SANTOS, Moacyr Amaral. *Prova judiciária no civil e comercial*. 5ªed. São Paulo: Saraiva, 1983, v. 1.

SILVA, Ovídio A. Baptista da. *Curso de processo civil*. São Paulo: Revista dos Tribunais, v. 1, 2001.

TARUFFO, Michele. *Uma simples verdade: o juiz e a construção dos fatos*. Tradução de Vitor de Paula Ramos. São Paulo: Marcial Pons, 2012.

TOMÉ, Fabiana Del Padre. *A prova no direito tributário,* 4ª ed., São Paulo: Noeses, 2016.

CAPÍTULO 07

A COERÊNCIA E A INTEGRIDADE DA JURISPRUDÊNCIA CONFORME O NCPC

Fernando Andreoni Vasconcellos

Sumário. 1. Os conceitos de coerência e integridade para Ronald Dworkin; 2. Críticas ao modelo dworkiano de coerência; 3. Breve reflexão: coerência ou consistência? 4. O artigo 926 e sua referência Ronald Dworkin; 5. Uma visão prática da coerência; 5.1. Expansão; 5.2. Contração; 5.3. Revisão; 6. Considerações finais; 7. Referências bibliográficas.

1. OS CONCEITOS DE COERÊNCIA E INTEGRIDADE PARA RONALD DWORKIN[1].

Para Ronald Dworkin, "[o] princípio judiciário de integridade instrui os juízes a identificar direitos e deveres legais, até onde for possível, a partir do pressuposto de que foram todos criados por um único autor – a comunidade personificada [...]".[2] Na sua visão, "[...] as proposições jurídicas são verdadeiras se constam, ou se derivam, dos princípios de

---

1. Este tema foi por nós abordado, juntamente com a apresentação de algumas das principais teorias coerentistas no direito, em: VASCONCELLOS, Fernando Andreoni. *Interpretação do direito tributário*: entre a coerência e a consistência. Curitiba: Juruá, 2014.
2. DWORKIN, Ronald. *O império do direito*. Tradução de Jefferson Luiz Camargo. São Paulo: Martins Fontes, 2007. p.271.

justiça, equidade e devido processo legal que oferecem a melhor interpretação construtiva da prática jurídica da comunidade."[3]

Segundo Ronald Dworkin, o juiz deve comportar-se como um autor em uma cadeia literária (*chain novel*), dividindo espaço com outros autores, cada qual escrevendo um capítulo de um "romance sem fim", sendo-lhe permitido revisar a história escrita pelos outros, mas para seguir o caminho traçado anteriormente e não para trilhar um percurso individual, pois "o dever de um juiz é interpretar a história legal que encontra, não inventar uma melhor."[4] Em sua teoria da integridade (*law as integrity*), o conceito de coerência sempre foi de fundamental importância.[5]

A integridade política de Ronald Dworkin, afirmam Vera Karam e Joanna Sampaio, divide-se em dois princípios: i) o legislativo, no qual há a exigência de que as leis sejam, à medida do possível, coerentes com a moral da comunidade; ii) e o jurisdicional, pelo qual as decisões judiciais sempre tentam analisar as leis como sendo moralmente coerentes.[6]

Com efeito, a proposta do direito como integridade encampa uma ambição de ser uma comunidade de princípios, exigindo que os juízes admitam, à medida do possível, que o direito é estruturado por um conjunto coerente de princípios sobre a justiça, equidade e o devido processo legal, propondo, então, que sejam aplicados tais preceitos aos novos casos que sejam apresentados, de maneira que a situação de cada pessoa seja justa e equitativa segundo as mesmas normas.[7] A concepção dworkiana defende uma teoria radical da coerência, na qual a justificação coerente é uma condição suficiente para a tarefa da única resposta

---

3. DWORKIN, Ronald. *O império...*, op. cit., p. 272. *"Decidir se o direito vai assegurar à sra. McLouglin uma indenização pelos prejuízos sofridos, por exemplo, equivale a decidir se vemos a prática jurídica sob sua melhor luz a partir do momento em que supomos que a comunidade aceitou o princípio de que as pessoas na situação dela têm direito a ser indenizadas."* (Idem).
4. *"A judge's duty is to interpret the legal history he finds, not to invent a better history."* (DWORKIN, Ronald. Law as interpretation. *Texas Law Review*, v.60, p.544, 1982). V. também: DWORKIN, Ronald. *Uma questão de princípio*. Tradução de Luís Carlos Borges São Paulo: Martins Fontes, 2000. p.238 e ss.
5. *"The concept of coherence has always been of fundamental importance to Dworkin's legal theory."* (MARMOR, Andrei. Coherence, holism, and interpretation: The epistemic foundations of Dworkin's legal theory. *Law and Philosophy*, v.10, p.383, 1991).
6. CHUEIRI, Vera Karam; ARAÚJO SAMPAIO, Joanna Maria de. Coerência, integridade e decisões judiciais. *Revista de Estudos Jurídicos*, n.23, p.386, 2012.
7. CHUEIRI, Vera Karam; ARAÚJO SAMPAIO, Joanna Maria de. Coerência..., op. cit., p. 388.

correta, elevando-se, assim, a exigência de coerência a uma tarefa infinita, para a qual se exige o juiz Hércules.[8]

2. CRÍTICAS AO MODELO DWORKIANO DE COERÊNCIA.

Riccardo Guastini critica a perspectiva dworkiana, ao afirmar que a tese de que todas as normas existentes compartilham um fundamento axiológico comum é insustentável, porquanto todo o ordenamento é resultado de uma grande variedade de doutrinas políticas diversas, e colidentes entre si, e isso ocorre, inclusive, no âmbito constitucional.[9]

Por outro lado, Amalia Amaya chama a teoria da integridade dworkiana de excessivamente otimista sobre a capacidade da razão de guiar e construir os processos de decisão jurídica.[10] Para Joseph Raz, uma proposta de coerência de toda a comunidade subestima o grau e as implicações do pluralismo de valores, assim como o fato de que a moralidade em si não é um sistema, mas uma pluralidade de princípios independentes, sendo que a relação entre política e direito varia de lugar para lugar e de tempos em tempos [*vary from place to place and from time to time*].[11]

Dessarte, Alexy e Peczenik lembram que a teoria da integridade de Dworkin inclui a ideia de MacCormick de que os princípios fazem as regras coerentes, apesar da proposta de integridade ser mais ampla, em razão da analogia da "cadeia literária" no âmbito do direito.[12] Segundo Aldo Schiavello, as condições epistêmicas ideais, no universo jurídico, significam que o juiz tem que ser capaz de identificar todas as fontes importantes do direito, além disso, tem que ser totalmente racional/ló-

---

8. GÜNTHER, Klaus. Un concepto normativo de coherencia para uma teoria de la argumentación jurídica. Tradução de Juan Carlos Velosco Arroyo. *Doxa* - Cuadernos de Filosofía del Derecho, Alicante, n.17-18, p.301, 1995.
9. GUASTINI, Riccardo. *Interpretación, estado y constitución*. Lima: Ara, 2010. p.76.
10. AMAYA, Amalia. La coherencia en el derecho. *Doxa* - Cuadernos de Filosofía del Derecho, Alicante, n.35, p. 64, 2012.
11. RAZ, Joseph. The relevance of coherence. *Boston University Law Review*, n.72, p.305, 1992.
12. "Ronald Dworkin's theory of 'integrity' (that is, coherence) of law includes MacCormick's idea that principles make rules coherent. But Dworkin's theory seems to be more general. He compares a lawyer with a novelist, participating in writing a 'chain novel' [...]". (ALEXY, Robert; PECZENIK, Aleksander. The concept of coherence and its significance for discourse rationality. *Ratio Iuris*, n.3, p.131, 1990). No mesmo sentido: PECZENIK, Aleksander. *Derecho y razón*. México: Fontamara, 2003. p.67).

gico, deve estar livre de ressentimentos em relação às partes, tem que pesar interesses antagônicos, e ainda, deve ser culturalmente aberto, de tal maneira que seja capaz de distinguir diferenças relevantes e irrelevantes, o que, segundo ele, constitui um conjunto de exigências que se aproxima da teoria de Dworkin.[13]

3. BREVE REFLEXÃO: COERÊNCIA OU CONSISTÊNCIA?

Não existe uma divisão clara entre os conceitos de coerência e consistência, de tal maneira que, muitas vezes, são tratados como uma mesma realidade, baseada na proposta de não contradição. Consistência, para os lógicos, é um conceito caro, porque constitui a base do princípio da não contradição, uma vez que a concomitância de "A" com sua negação "–A" torna o cálculo lógico inconsistente. Para a consistência lógica, basta a inexistência de antinomias, conflitos lógicos, incompatibilidades entre normas.[14] No direito, a consistência impõe, por exemplo, que não seja editada uma previsão legal que proíba ao sujeito pisar na grama, e outra que o obrigue fazê-lo.

A nossa lexicografia, entretanto, aproxima os conceitos de coerência e consistência. Segundo José Roberto Vieira, os nossos dicionários mencionam, acerca do conceito de coerência, as noções de ligação, harmonia, acordo, congruência, nexo ou conexão entre situações, fatos ou ideias; a maior parte dos dicionários – cerca de sessenta por cento, – todavia, indica "[...] ainda outro sentido: o de *lógica ou logicidade* para o substantivo coerência (seis léxicos) e o de *lógico para o adjetivo coerente* (onze léxicos)"[15].

A coerência, no entanto, é mais ampla que a consistência.[16] Em relação ao conceito de coerência, há discussões envolvendo a racionalidade

---

13. "This conception of objectivity is in many respects assimilable to the one worked out by Dworkin." (SCHIAVELLO, Aldo. The third theory of legal objectivity. In: *Coherence*: Insights from Philosophy, Jurisprudence and Artificial Intelligence. Springer, 2013, p.147).
14. GUASTINI, Riccardo. *Interpretación...*, op. cit., p.76.
15. VIEIRA, José Roberto. A noção de sistema no direito. *Revista da Faculdade de Direito da UFPR*, Porto Alegre, n.33, p.59, 2000.
16. Peczenik afirma que muitos autores concordam que a coerência é mais do que a simples consistência, de sorte que esta é uma condição necessária, mas não suficiente, para caracterização da coerência. *"Many thinkers also agree that coherence is more than logical consis-*

do direito como um todo, sua integridade e inteligibilidade, o relacionamento entre direito e moral, bem como a própria ideia de universalização das decisões. Por exemplo, MacCormick divide o conceito em "coerência normativa" e "coerência narrativa", entendendo aquela como relacionada à justificação de soluções jurídicas ou de proposições normativas, no contexto mais geral de um sistema jurídico, ao passo que esta se refere à justificação de descobertas de fato e à elaboração de inferências razoáveis a partir de provas.[17] Comanducci, a seu turno, afirma que a consistência é uma qualidade estruturada segundo a lógica binária – está ou não está presente, –ao passo que a coerência pode apresentar-se em maior ou menor medida.[18]

Robert Alexy inclui a consistência no conceito de coerência, entendendo-a mediante a conjunção de três elementos: i) a consistência, enquanto pressuposto mínimo, dentro do qual se exige que um conjunto coerente de proposições não possua nenhuma contradição; ii) a compreensão, cuja exigência se refere à necessidade de que um conjunto coerente de proposições compreenda tantas proposições diferentes quanto possível e, ainda, que elas se encontrem subsumidas sob um conjunto de princípios compatíveis e unificados; iii) a conexão, pela qual se exige a maior quantidade possível de relações positivas de apoio – de justificação ou substanciação – entre os elementos do sistema, de modo que um conjunto de proposições será mais coerente quanto maior for o número de proposições que sejam razões para outras proposições, e quanto mais proposições sejam substanciadas por outras.[19]

Em termos filosóficos, dentro da linha de pensamento de Francis Herbert Bradley, a coerência é muito mais do que a singela compatibilidade entre os elementos de um sistema, implicando não somente a au-

---

tency. They are right. To be more precise, consistency is a necessary but not sufficient condition of coherence." (PECZENIK, Aleksander. *On law and reason*. Dordrecht: Kluwer Academic Publishers, 2008. p.131.)

17. MacCORMICK, Neil. *Retórica e o estado de direito*. Tradução de Conrado Hübner Mendes e Marcos Paulo Veríssimo Rio de Janeiro: Campus, 2008. p.247.
18. COMANDUCCI, Paolo. *Razonamiento jurídico*: elementos para un modelo. México: Fontamara, 1999. p.62.
19. ALONSO, Juan Pablo. *Interpretación de las normas y derecho penal*. Buenos Aires: Editorial Del Puerto, 2006. p.152.

sência de contradição, em termos lógicos, mas a presença de conexões positivas que estabeleçam harmonia entre os elementos do sistema.[20]

De um modo geral, pode-se dizer que a consistência é mais próxima de um conceito lógico de não contradição, ao passo que a coerência, em razão de sua abrangência, aproxima-se de uma concepção de racionalidade na argumentação. Buscando a síntese, é possível afirmar que a coerência não pressupõe, unicamente, a criação de discursos que evitem a presença de uma afirmação e sua negação, uma vez que a sua amplitude semântica envolve discussões em torno da base sobre a qual o pensamento será desenvolvido, bem como sobre a relação de coordenação e subordinação entre as proposições/crenças analisadas.

4. O ARTIGO 926 E SUA REFERÊNCIA RONALD DWORKIN.

Um código de processo civil é, por excelência, um conjunto de instrumentos e procedimentos que auxiliam na solução de controvérsias jurídicas. Nesse cenário, previsões programáticas e principiológicas não seriam indispensáveis para o texto processual, porque diretamente não indicariam o caminho a ser seguido na solução de celeumas. Entretanto, no estádio atual do pensamento jurídico, não é possível desconsiderar a influência e importância dos preceitos axiológicos para a interpretação do direito, seja ele material ou processual. Assim, anda bem o legislador ao positivar no código, por exemplo, a boa-fé (art. 5/NCPC), a dignidade da pessoa humana, a proporcionalidade, a razoabilidade, a legalidade, a publicidade e a eficiência (art. 8/NCPC).

Questionamo-nos, todavia, se o código de processo civil deveria positivar um pensamento doutrinário específico, sobretudo quando se trata de tema polêmico e sem um grau mínimo de consenso. O legislador do CPC/15, por exemplo, positivou a técnica ponderação[21], e o fez provavelmente pensando na obra de Robert Alexy. Ora, se até a racionalidade da ponderação é impugnada por parte da doutrina, não é adequado que

---

20. ABBAGNANO, Nicola. *Dicionário de filosofia*. Tradução de Alfredo Bosi. São Paulo: Martins Fontes, 1998. p.147.

21. Art. 489 [...] "§ 2º No caso de colisão entre normas, o juiz deve justificar o objeto e os critérios gerais da ponderação efetuada, enunciando as razões que autorizam a interferência na norma afastada e as premissas fáticas que fundamentam a conclusão."

o legislador a adote como modelo procedimental para a solução de controvérsias interpretativas.[22]

O NCPC, no artigo 926, prevê que "[o]s tribunais devem uniformizar sua jurisprudência e mantê-la estável, íntegra e coerente." A referência à integridade e à coerência é uma alusão à obra de Ronald Dworkin. E isso foi um equívoco. Segundo Marinoni, Arenhart e Mitidiero, "[...] o art. 926, CPC, incorre no equívoco de adotar uma específica proposta a respeito da compreensão do conceito de direito: especificadamente, vê-lo a partir do conceito de integridade, defendido por determinados setores da doutrina".[23]

Com efeito, a alusão à ideia dworkiana enseja a incorporação, no discurso de aplicação desse dispositivo, dos desdobramentos teóricos da teoria de Dworkin. Neste ponto reside o problema, porque para dentro do processo civil se inseriu uma teoria que não se preocupa em demonstrar uma forma, uma metodologia, de solução de casos concretos. Como lembram Marinoni, Arenhart e Mitidiero, "[...] a compreensão do direito como integridade ("law as integrity") pressupõe a adoção da tese da resposta certa ("right answer") - que de seu turno importa na adoção de uma particular epistemologia moral interpretativa, segundo a qual, entre outras coisas, haveria sempre verdades morais objetivas na interpretação."[24]

---

22. "Eventualmente o julgador pode invocar a técnica alexyana para solucionar determinada colisão normativa, mas isso é uma contingência, não uma necessidade. Tal ponto de vista é fundamental, sob pena de se engessar o intérprete em determinada teoria, em prejuízo de outras que podem possuir resultados iguais, ou até melhores. Conectar a ponderação aludida no NCPC com a obra de Alexy, por exemplo, seria como exigir que em uma colisão solucionável por intermédio das regras ordinárias de resolução de antinomias, a ponderação alexyana fosse indispensável, o que é desarrazoado, pois existem caminhos mais simples para a solução de controvérsias, como se verá no item "3", infra. Nessa linha de pensamento, cumpre mencionar que "não se abatem pardais disparando canhões", para fazer uma analogia à famosa frase de Jellinek." (VASCONCELLOS, Fernando Andreoni. Colisão entre normas, ponderação e o parágrafo segundo do artigo 489 do NCPC. *In*: VASCONCELLOS, Fernando Andreoni; GAGLIANO, Tiago. *O dever de fundamentação no NCPC* – análises em torno do artigo 489. Rio de Janeiro: Lumen Iuris, 2015. p. 346.

23. MARINONI, Luiz Guilherme; ARENHART, Sergio Cruz; MITIDIERO, Daniel. *Novo Código de Processo Civil Comentado*. 2ª ed. São Paulo: RT, 2016. p. 871.

24. MARINONI, Luiz Guilherme; ARENHART, Sergio Cruz; MITIDIERO, Daniel. *Novo Código...*, op. cit., p. 872.

Para Dworkin, há verdades objetivas nos valores (*"I believe that there are objective truths about value"*[25]), independentemente do direito positivo. Por mais que, perante a teoria geral do direito essa perspectiva tenha acolhida, não é pertinente nem adequado adotá-la em um diploma processual. Concluem Marinoni, Arenhart e Mitidiero: "Não nos parece oportuno, porém, que um Código de Processo Civil tome partido em um assunto tão espinhoso, porque desnecessário à sua operacionalização prática. A adoção de uma determinada proposta a respeito do irremediável problema a respeito do conceito de direito – por mais fascinante que seja o debate a seu respeito – certamente não deve ser objeto de uma disposição legislativa."[26]

Como já dissemos, "Dworkin, em sua teoria da integridade, tem uma versão muito abrangente da coerência, distanciada da prática, e voltada a um conjunto total de argumentos morais e jurídicos que, no desfecho de casos concretos, ou não precisam ser invocados ou exigiriam um inviável esforço, cuja execução somente seria factível ao próprio juiz Hércules."[27]

Se a interpretação dworkiana de "integridade" e "coerência" pouco ou quase nada auxiliam na resolução de problemas concretos, é possível inferir aplicações práticas diante do conceito de coerência, o que se verá a seguir, na apresentação de uma das possíveis teorizações acerca do tema:

5. UMA VISÃO PRÁTICA DA COERÊNCIA.

No estudo acerca dos modelos de revisão de crenças[28], a coerência é tratada sob o enfoque das figuras da (i) contração, (ii) expansão e (iii)

---

25. DWORKIN, Ronald. *Justice for hedgehogs*. Cambridge: Harvard University Press, 2011. p.7.
26. MARINONI, Luiz Guilherme; ARENHART, Sergio Cruz; MITIDIERO, Daniel. *Novo Código...*, op. cit., p. 872.
27. VASCONCELLOS, Fernando Andreoni. *Interpretação...*, op. cit., p. 136.
28. Sobre o conceito de revisão de crenças: *"Este trabajo tiene como objetivo presentar una introducción a las llamadas "teorías de revisión de creencias". Los estudios sobre dinámicas de creencias conforman un campo de investigación interdisciplinario, y relativamente nuevo, que se nutre de aportes provenientes de disciplinas tan diversas como la epistemología, la lógica, la inteligencia artificial, y, en menor grado, la psicología cognitiva. Una teoría de revisión de creencias es, ante todo, una estructura formal, a la cual luego pueden darse distintas aplicaciones. La función básica de dicha estructura formal es, dicho muy sucintamente, ofrecer instrucciones acerca de cómo debe cambiar una base de datos cuando nos enfrentamos con nueva*

revisão. No modelo de revisão, as crenças de um indivíduo são representadas por um conjunto, fechado, sob a perspectiva de suas consequências lógicas.[29] A expansão (*expansion*) consiste em adicionar uma frase p, juntamente com suas consequências lógicas, para a crença que define K, de modo que a expansão de K por p é denotado $K + p$.[30]

Por outro lado, na contração (*contraction*), uma frase especificada p é contraída/retirada, de tal forma que um conjunto de crença K, em relação a p, é denotada como $K \div p$.[31] Por fim, na revisão (*revision*), uma nova afirmação, inconsistente com o conjunto de crenças K, é adicionada, de sorte que, para manter a coerência, faz-se necessário remover algumas das afirmações anteriormente constantes em K, para que, então, surja um novo conjunto de crenças decorrente da revisão de K por p, que pode ser denotado como $K * p$.[32]

Contração, expansão e revisão podem ser aplicadas na análise dos precedentes, nos ambientes de modificação da jurisprudência, como forma de descrever as espécies de alterações.

5.1. Expansão

Nesta situação, a base da inferência é expandida, para que os casos de lacunas sejam incluídos no rol de soluções fornecidas pelo conjunto de crenças/proposições acolhidas. A "expansão coerentista" representa, então, a possibilidade de incorporação de *standards* ou definições, quando são coerentes com a base.[33] Em uma perspectiva minimalista, a expansão não deve exceder o necessário para justificar o novo caso,

---

información. La nueva información puede entrar en conflicto con la que teníamos almacenada antes, y, en ese caso, si queremos mantener la consistencia, nos vemos obligados a eliminar algunos elementos previos del sistema. Ahora bien, es deseable que los cambios no se efectúen de cualquier manera, sino de manera racional. Se trata, por tanto, de una teoría normativa que nos indica en cada caso cuál es la manera óptima de proceder." (CRESTO, Eleonora. Revisión de creencias y racionalidad. *Cuadernos del CIMBAGE*, n. 5, p.133-134, 2002).

29. AMAYA, Amalia. Formal models of coherence and legal epistemology. *Artificial intelligence and law*, n.15, p.430, 2007.
30. *Idem*.
31. *Idem*.
32. *Idem*.
33. MARANHÃO, Juliano. Coherencia en el derecho: conservadurismo y fidelidad a la base de reglas. *Discusiones*, v.10 (La coherencia en el Derecho), p.197, 2011.

em razão do pressuposto de que, quanto mais próximo da base -aceita e estabelecida- estivermos, o novo parâmetro normativo possuirá maior força e será mais facilmente acolhido.[34]

Para demonstrar a aplicação prática da expansão, cumpre trazer um exemplo. Segundo a Constituição Federal, em seu artigo 150, inciso IV, alínea "a", a União, os Estados, o Distrito Federal e os Municípios não podem instituir impostos sobre patrimônio, renda ou serviços, uns dos outros. O parágrafo segundo do mesmo artigo 150 determina que tal vedação seja aplicada, também, às "[...] autarquias e às fundações instituídas e mantidas pelo Poder Público, no que se refere ao patrimônio, à renda e aos serviços, vinculados a suas finalidades essenciais ou às delas decorrentes". Este é o fundamento da chamada imunidade recíproca.

A razão subjacente que determina a imunidade recíproca encontra-se na necessidade de preservação da Federação, sobretudo em relação à autonomia dos seus entes, que prestam serviços públicos e não se podem ver limitados, em razão de cobranças tributárias, por parte de outros entes.[35] Em virtude da previsão constitucional, discutiu-se se a Infraero -empresa brasileira de infraestrutura aeroportuária-, enquanto delegatária da União para o exercício de um serviço público em regime de monopólio, poderia invocar a imunidade recíproca para evitar, por exemplo, a tributação dos seus serviços prestados, em sua atividade fim. A divergência reside na redação do texto constitucional, a partir do qual somente as autarquias e as fundações instituídas e mantidas pelo Poder Público poderiam gozar da imunidade recíproca, sendo que, por outro lado, a Infraero é uma empresa pública.

---

34. *Idem.*
35. "'A concepção de Estado Federal, que prevalece em nosso ordenamento positivo, impede especialmente em função do papel que a cada unidade federada incumbe desempenhar no seio da Federação, que qualquer delas institua impostos sobre o patrimônio, a renda e os serviços das demais. No processo de indagação das razões políticas subjacentes à previsão constitucional da imunidade tributária recíproca, cabe destacar, precisamente, a preocupação do legislador constituinte de inibir, pela repulsa à submissão fiscal de uma entidade federada a outra, qualquer tentativa que, concretizada, possa, em última análise, inviabilizar o próprio funcionamento da Federação'(excerto do voto do Ministro Celso de Mello no julgamento da Ação Direta de Inconstitucionalidade n. 939, Plenário, DJ 18.3.1994, grifos nossos)." (BRASIL. Supremo Tribunal Federal. RE 627450 RS, Rel. Min. Min. Cármen Lúcia, j. 01/02/2011, Dje 22/02/2011).

Sob a óptica da expansão, a base/razão subjacente da imunidade recíproca, segundo a qual se deve preservar a autonomia dos entes federados, bem como os serviços públicos por eles prestados, pode ser ampliada, para o fim de incluir a crença de que empresas públicas prestadoras de serviços públicos, em regime de monopólio, também fazem jus à imunidade recíproca, em razão da singularidade de seu regime jurídico e da importância dos serviços públicos por elas prestados. A partir da nova crença/*standard*, pode-se inferir, de forma coerentista, que a Infraero também faz jus à imunidade recíproca, quando exerce a sua atividade fim. Na jurisprudência, o Supremo Tribunal Federal seguiu esse desdobramento coerentista e entendeu que, apesar da previsão constitucional do artigo 150, VI, "a", não estender a imunidade recíproca às empresas públicas, seria possível aplicar a norma imunizante à Infraero.[36]

Frise-se que o modelo de expansão, mediante a revisão de crenças, não fornecerá respostas, recaindo sobre o extralógico a função de definir como, quando e de que forma a expansão poderá ocorrer. Por isso, assiste razão a Amalia Amaya e a Juliano Maranhão, quando ambos concordam que o trabalho interessante da definição dos critérios da "expansão mais coerente" são abstraídos por uma "função de eleição", de sorte que os resultados mais coerentes são escolhidos, mas nada se afirma acerca

---

36. *"A Infraero, que é empresa pública, executa como atividade fim, em regime de monopólio, serviços de infraestrutura aeroportuária constitucionalmente outorgados à União Federal, qualificando-se, em razão de sua específica destinação institucional, como entidade delegatária dos serviços públicos a que se refere o art. 21, XII, c, da Lei Fundamental, o que exclui essa empresa governamental, em matéria de impostos, por efeito da imunidade tributária recíproca (CF, art. 150, VI, a), do poder de tributar dos entes políticos em geral. Consequente inexigibilidade, por parte do Município tributante, do ISS referente às atividades executadas pela Infraero na prestação dos serviços públicos de infraestrutura aeroportuária e daquelas necessárias à realização dessa atividade fim. O alto significado político-jurídico da imunidade tributária recíproca, que representa verdadeira garantia institucional de preservação do sistema federativo. Doutrina. Precedentes do STF. Inaplicabilidade, à Infraero, da regra inscrita no art. 150, § 3.º, da Constituição. A submissão ao regime jurídico das empresas do setor privado, inclusive quanto aos direitos e obrigações tributárias, somente se justifica, como consectário natural do postulado da livre concorrência (CF, art. 170, IV), se e quando as empresas governamentais explorarem atividade econômica em sentido estrito, não se aplicando, por isso mesmo, a disciplina prevista no art. 173, § 1.º, da Constituição, às empresas públicas (Caso da Infraero), às sociedades de economia mista e às suas subsidiárias que se qualifiquem como delegatárias de serviços públicos."* (BRASIL. Supremo Tribunal Federal. RE 363.412-AgR, Rel. Min. Celso de Mello, DJe 19 9-2008).

de como se estabelece tal função.[37] Diante desse cenário, ou o jurista aceita a limitação do caráter formal do raciocínio, ou deverá encampar uma fundamentação substancial da coerência, como faz Amalia Amaya em relação à adoção do modelo de satisfação de restrições.[38]

Juliano Maranhão, todavia, entende que a teoria de Amalia Amaya utiliza parâmetros abstratos, distantes da realidade, e que podem colidir entre si, de tal modo que prefere uma explicação por ele chamada de "conservadora", minimalista, definida em três momentos: (i) os princípios refletidos pela base são aqueles que melhor explicam a base geral das regras estabelecidas; (ii) a alteração da base dos princípios estabelecidos deve ser mínima, para que somente se insira o necessário para se derivar uma solução para a lacuna detectada; (iii) a solução fornecida pela base expandida das regras deve ser a mesma que a solução fornecida pelos princípios definidos pela base.[39]

5.2. Contração

Ao contrário da expansão, a contração refere-se à diminuição da base da crença, em razão da configuração de uma situação anormal. De certo modo, a contração assemelha-se ao conceito de *"overriding"*, forma de decisão nos países da *common law*, em que o âmbito de aplicação de certo precedente é restringido, limitado, em virtude de uma superveniente regra (ou princípio).[40] Juliano Maranhão invoca a contração como forma

---

37. MARANHÃO, Juliano. Coherencia en el derecho: conservadurismo y fidelidad a la base de reglas. *Discusiones*, v.10 (La coherencia en el Derecho), p.179-215, 2011. p.199.

38. Sobre a teoria de Amalia Amaya, v.: AMAYA, Amalia. Diez tesis acerca de la coherencia en el Derecho. *Discusiones*, v.10 (La coherencia en el Derecho), p.21-64, 2011; VASCONCELLOS, Fernando Andreoni. *Interpretação*...op. cit., p. 35-41. Manuel Atienza impõe ressalvas às conclusões de Amalia Amaya. Mesmo afirmando que "[...] *Amalia Amaya es la persona que más sabe sobre la coherencia* [...]", sustentou que não se pode supervalorizar a coerência, a ponto de defini-la como único critério para a justificação das decisões jurídicas: *"Por ejemplo, a propósito de la justificación de las decisiones judiciales, yo creo que es mejor ver la coherencia (normativa o narrativa) como uno de los criterios que utilizamos para evaluar esos argumentos, pero no como el único; para estar justificada, una decisión judicial no tiene sólo que resultar 'coherente', sino que cumplir también determinados requisitos lógicos, no producir (en el mundo social) consecuencias indeseables, etc."* (ATIENZA, Manuel. ¿Coherencia o racionalidad?. *Discusiones*, v.10 (La coherencia en el Derecho), p.11-20, 2011).

39. MARANHÃO, Juliano. Coherencia..., op. cit., p.199 e ss.

40. EISEMBERG, Melvin A. *The nature of the common law*. Harvard University Press, 1988. p.136.

de enfrentar situações de "anormalidade" -de lacunas axiológicas, para Alchourrón e Bulygin, ou de experiências recalcitrantes, para Friedrick Schauer-, para que, com ela, seja possível restaurar a consistência da base da regra com relação a seus princípios explicativos subjacentes.[41]

Pode-se colher, na jurisprudência tributária, um exemplo de contração. De maneira essencialmente uniforme, os tribunais brasileiros sempre entenderam que o simples ajuizamento de demanda anulatória de débito, desacompanhada de depósito do montante integral da dívida ou da garantia do juízo, não ensejaria a suspensão da exigibilidade do crédito tributário[42], o que é necessário, por exemplo, para a expedição de certidão positiva de débitos, com efeito de negativa (conforme artigo 206, do Código Tributário Nacional). O pressuposto dessa conclusão encontra-se na própria literalidade do Código Tributário Nacional que, em seu artigo 151, não define o mero exercício do direito de ação como forma de suspensão da exigibilidade do crédito tributário. A conclusão normativa pode ser assim sintetizada: o mero ajuizamento de ação anulatória não permite a suspensão da exigibilidade do crédito tributário.

Ocorre que, a própria fazenda pública pode ingressar com uma demanda anulatória, em face de outra fazenda pública – de outro ente da federação, –que, eventualmente, lhe esteja cobrando um débito de natureza tributária. A perplexidade surge porque o cumprimento de sentença apresentado em face da fazenda pública, sujeita-se ao procedimento previsto no artigo 535 do Código de Processo Civil (equivalente ao artigo 730 do CPC/73), no qual não há penhora de bens, em virtude da própria impenhorabilidade dos bens públicos.

Desse modo, como seria possível conjugar a conclusão de que o simples ajuizamento de demanda anulatória não implica a suspensão da exigibilidade do crédito tributário, com o procedimento previsto no artigo 535 do Código de Processo Civil? Com efeito, a premissa de que o "mero ajuizamento de ação anulatória não permite a suspensão da exigibilidade" foi construída sem levar em conta a possibilidade de que, even-

---

41. MARANHÃO, Juliano, Coherencia..., op. cit., p.205. Sobre a decisão em situações de anormalidade, v.: VASCONCELLOS, Fernando Andreoni. *Hermenêutica jurídica e derrotabilidade*. Curitiba: Juruá, 2010, *passim*.

42. BRASIL. Superior Tribunal de Justiça. AgRg no REsp 1202370/SP, Rel. Min. Herman Benjamin, 2.ª Turma, j. 04/11/2010, DJe 02/02/2011

tualmente, a própria fazenda pública pode figurar como parte autora da demanda anulatória. Como já se adiantou, há um regime jurídico próprio para a cobrança em face da fazenda pública, cuja essência encontra-se respaldada na impenhorabilidade dos bens públicos. Dessa forma, se os bens públicos são impenhoráveis, não é crível exigir a garantia do juízo, para que se alcance a suspensão da exigibilidade do crédito tributário, por intermédio de demanda anulatória. Deve-se, então, contrair a crença originária, para que em vez da afirmação de que "o mero ajuizamento de ação anulatória não permite a suspensão da exigibilidade do crédito tributário", subsista o raciocínio segundo o qual "o mero ajuizamento de ação anulatória não permite a suspensão da exigibilidade do crédito tributário, salvo se a autora da demanda for a fazenda pública". A partir dessa nova crença, torna-se possível, de forma coerente, extrair conclusões normativas em relação a demandas propostas por particulares, assim como pela fazenda pública.

Nesse assunto, a jurisprudência brasileira encampou a interpretação segundo a qual a propositura de demanda anulatória pela fazenda pública, por si só, garante a suspensão da exigibilidade do crédito tributário, porque as garantias que recaem sobre o crédito tributário "[...] devido pelo ente público são de ordem tal que prescindem de atos assecuratórios da eficácia do provimento futuro, sobressaindo o direito de ser obtida certidão positiva com efeitos de negativa"[43].

5.3. Revisão

Em termos semântico-pragmáticos, a revisão é análoga à contração. Como se adiantou, a revisão ocorre quando, dentro de um conjunto coerente de crenças, é adicionada uma nova crença, cujo conteúdo é incompatível/inconsistente com o conjunto, de tal maneira que se mostra necessário remover algumas afirmações anteriormente aceitas, para o reestabelecimento da coerência.

A aplicação prática do conceito de revisão pode ser visualizada através da interpretação outorgada ao princípio do não confisco, previsto

---

43. BRASIL. Superior Tribunal de Justiça. REsp 497923/SC, Rel. Min. João Otávio de Noronha, 2.ª Turma, j. 16/05/2006, DJ 02/08/2006, p.252; BRASIL. Superior Tribunal de Justiça. REsp n.º 601.313/RS, Rel. Min. Castro Meira, DJ 20/09/2004; BRASIL. Superior Tribunal de Justiça. REsp 1340662/PE, Rel. Min. Herman Benjamin, 2.ª Turma, j. 20/09/2012, DJe 10/10/2012.

no artigo 150, inciso IV da Constituição Federal. A razão subjacente que justifica esta previsão constitucional se encontra na necessidade de que a tributação não inviabilize o direito de propriedade. Uma das principais celeumas que envolvem a interpretação desse artigo refere-se à possibilidade ou não de que a exigência de não confisco seja aplicada, também, às multas tributárias, já que a literalidade da Constituição veda a utilização de tributo com efeito de confisco, nada mencionando acerca das multas. No cerne da discussão, surge a previsão do artigo 3.º do Código Tributário Nacional, que expressamente exclui a "[...] sanção de ato ilícito [...]" do conceito de tributo.

Compulsando-se a crença originária, verifica-se que a dicção literal do artigo 3º do Código Tributário Nacional impede a extensão do princípio do não confisco às multas. Todavia, o direito de propriedade, enquanto direito fundamental, merece uma interpretação que o otimize, de tal forma que dentro da exigência de não confisco, não se pode permitir a presença de multas que, a pretexto de punir por conta da ausência/ irregularidade no recolhimento de tributos, gerem verdadeiro confisco/ expropriação. Com efeito, as interpretações literais não preponderam diante da necessidade de otimização do direito fundamental de propriedade.

Assim, a razão subjacente da previsão constitucional deve ser revista, a fim de que se refira à vedação de exigências fiscais, tributos ou multas, com efeitos confiscatórios. A partir dessa nova crença, torna-se possível inferir, via dedução, a impossibilidade de multas tributárias, por exemplo, no importe de 300% (trezentos por cento). Com efeito, o Supremo Tribunal Federal, nessa questão, entendeu que a vedação ao efeito de confisco também é aplicável às multas.[44]

6. CONSIDERAÇÕES FINAIS

A coerência é um conceito riquíssimo e merece ser mais bem explorado. Limitar a coerência à visão de Dworkin é apequená-la, princi-

---

44. *"Conforme orientação fixada pelo STF, o princípio da vedação ao efeito de confisco aplica-se às multas. Esta Corte já teve a oportunidade de considerar multas de 20% a 30% do valor do débito como adequadas à luz do princípio da vedação do confisco. Caso em que o Tribunal de origem reduziu a multa de 60% para 30%. [...]"* (BRASIL. Supremo Tribunal Federal. RE 523.471-AgR, Rel. Min. Joaquim Barbosa, DJe 23/4/2010).

palmente em discussões processuais/procedimentais, onde soluções concretas devem ser buscadas, e é exatamente onde a visão dworkiana mais peca.

Como lembra Peczenick, *"[a] base fundamental de todas as teorias sobre as bênçãos da incoerência deve ser constituída por uma argumentação coerente. O coerentismo é autossustentável. O anticoerentismo é autodestrutivo."*[45] Com efeito, cabe à doutrina buscar caminhos para o desenvolvimento do coerentismo. No presente artigo, pretendeu-se demonstrar que é possível interpretar a coerência para além de Dworkin, no próprio NCPC inclusive, para que se possa invocá-la de maneira que auxilie na solução de controvérsias jurídicas concretas.

7. REFERÊNCIAS BIBLIOGRÁFICAS

ABBAGNANO, Nicola. *Dicionário de filosofia*. Tradução de Alfredo Bosi. São Paulo: Martins Fontes, 1998.

ALEXY, Robert; PECZENIK, Aleksander. The concept of coherence and its significance for discourse rationality. *Ratio Iuris*, n.3, 1990.

ALONSO, Juan Pablo. *Interpretación de las normas y derecho penal*. Buenos Aires: Editorial Del Puerto, 2006.

AMAYA, Amalia. Diez tesis acerca de la coherencia en el Derecho. *Discusiones*, v.10 (La coherencia en el Derecho), 2011.

____. Formal models of coherence and legal epistemology. *Artificial intelligence and law*, n.15, 2007.

____. La coherencia en el derecho. *Doxa – Cuadernos de Filosofía del Derecho*, Alicante, n.35, 2012.

ATIENZA, Manuel. ¿Coherencia o racionalidad?. *Discusiones*, v.10 (La coherencia en el Derecho), 2011.

COMANDUCCI, Paolo. *Razonamiento jurídico*: elementos para un modelo. México: Fontamara, 1999.

CHUEIRI, Vera Karam; ARAÚJO SAMPAIO, Joanna Maria de. Coerência, integridade e decisões judiciais. *Revista de Estudos Jurídicos*, n.23, 2012.

CRESTO, Eleonora. Revisión de creencias y racionalidad. *Cuadernos del CIMBAGE*, n. 5, 2002.

---

45. PECZENIK, Aleksander. Coherence Theory of Juristic Knowledge. *In*: On Coherence Theory of Law. Lund: Juristfoerlaget, 1998. p.15

DWORKIN, Ronald. *Justice for hedgehogs*. Cambridge: Harvard University Press, 2011.

____. Law as interpretation. *Texas Law Review*, v.60, 1982.

____. *O império do direito*. Tradução de Jefferson Luiz Camargo. São Paulo: Martins Fontes, 2007.

GUASTINI, Riccardo. *Interpretación, estado y constitución*. Lima: Ara, 2010.

GÜNTHER, Klaus. Un concepto normativo de coherencia para uma teoria de la argumentación jurídica. Tradução de Juan Carlos Velosco Arroyo. *Doxa* - Cuadernos de Filosofía del Derecho, Alicante, n.17-18, 1995.

MacCORMICK, Neil. *Retórica e o estado de direito*. Tradução de Conrado Hübner Mendes e Marcos Paulo Veríssimo Rio de Janeiro: Campus, 2008.

MARANHÃO, Juliano. Coherencia en el derecho: conservadurismo y fidelidad a la base de reglas. *Discusiones*, v.10 (La coherencia en el Derecho), 2011.

MARMOR, Andrei. Coherence, holism, and interpretation: The epistemic foundations of Dworkin's legal theory. *Law and Philosophy*, v.10, 1991.

PECZENIK, Aleksander. Coherence Theory of Juristic Knowledge. *In*: On Coherence Theory of Law. Lund: Juristfoerlaget, 1998.

____. *Derecho y razón*. México: Fontamara, 2003.

____. *On law and reason*. Dordrecht: Kluwer Academic Publishers, 2008.

SCHIAVELLO, Aldo. The third theory of legal objectivity. *In*: *Coherence*: Insights from Philosophy, Jurisprudence and Artificial Intelligence. Springer, 2013.

VASCONCELLOS, Fernando Andreoni. *Interpretação do direito tributário*: entre a coerência e a consistência. Curitiba: Juruá, 2014.

____. *Hermenêutica jurídica e derrotabilidade*. Curitiba: Juruá, 2010.

VASCONCELLOS, Fernando Andreoni; GAGLIANO, Tiago. *O dever de fundamentação no NCPC* – análises em torno do artigo 489. Rio de Janeiro: Lumen Iuris, 2015.

VIEIRA, José Roberto. A noção de sistema no direito. *Revista da Faculdade de Direito da UFPR*, Porto Alegre, n.33, 2000.

Capítulo 08

NORMA JURÍDICA COMO EXPRESSÃO SIMBÓLICA

João Maurício Adeodato

SUMÁRIO: 1. O significado da norma precisa se expressar por símbolos; 2. Significantes e significados diante de generalidade e individualidade; 3. A retórica dogmática para exclusão do problema ontológico: a diferenciação entre fontes materiais e fontes formais; 4. A racionalização hierárquica das fontes formais do direito como estratégia dogmática: primárias e secundárias; 5. A revolução do texto e a ilusão da objetividade: as retóricas de pertinência, validade, vigência, eficácia jurídica e eficácia social.

1. O SIGNIFICADO DA NORMA PRECISA SE EXPRESSAR POR SÍMBOLOS

> A operacionalidade do símbolo é o que o distingue da imaginação e da representação... Só o conceito de símbolo – cunhado a partir do conceito de sintoma na antiga medicina – permite apreender o que acontece na percepção e no conhecimento.[1]

O conceito de signo ou significante ou mesmo símbolo deve ser entendido em sentido bem amplo: palavras, gestos, mímica, entonações, ações, objetos, locais, momentos, datas etc. são sinais na medida em que,

---

1 BLUMENBERG, Hans. **Schiffbruch mit Zuschauer** – Paradigma einer Daseinsmetapher. Frankfurt a. M.: Suhrkamp, p. 90: „Die Operabilität des Symbols ist, was es von der Vorstellung wie von der Abbildung unterscheidet... Erst der Begriff des Symbols – vorgeprägt durch den des Symptoms in der antiken Medizin – erlaubt zu erfassen, was in Wahrnehmung und Erkenntnis geschieht."

dentro de um contexto, são utilizados para transmissão de informações, significados.[2]

Essa relação entre os significantes e os significados não é arbitrária, mas controlada pelo uso comum da língua, o **controle público da linguagem**, auxiliado por regras que constrangem – ou seja, o uso dos sinais não é livre – e constituem o que tenho chamado de **retórica material** em outros escritos, controlada pela gramática e muitos outros fatores. Por isso a frase de Nietzsche, mesmo depois de dizer que Deus está morto: "Temo que não nos livraremos de Deus, porque ainda acreditamos na gramática..."[3]

Mesmo após a "virada linguística" da teoria da linguagem, no começo do século XX, ou seja, reconhecendo-se o caráter convencional da linguagem e a distinção entre significantes e significados, o pensamento ontológico sobre a linguagem permanece atribuindo o sentido de "coisa" aos significados expressados pelos significantes:

> E o que é um sinal? Um sinal é, nessa perspectiva, uma *designação convencional*, uma marca sobre a qual se acordou para algo que existe independentemente dela. Aqui está a coisa; ali está seu sinal. Aqui está uma "paixão" específica: *medo*, por exemplo; ali está a palavra "medo". Medo e "medo" não são de modo algum o mesmo, naturalmente: a primeira é uma paixão comum (acredita Aristóteles) a todos os seres humanos; a segunda é uma palavra de uma língua específica, nomeadamente o português. Todo mundo sabe o que é medo, mas nem todo mundo sabe o que significa "medo". Certamente poder-se-ia utilizar com a mesma eficácia outro sinal inteiramente diferente para designar a mesma paixão.[4]

---

2   PATZELT, Werner J. **Grundlagen der Ethnometodologie** – Theorie, Empirie und politikwissenschaftlicher Nutzen einer Soziologie des Alltags. München: Wilhelm Fink, 1987, p. 61.

3   „Ich fürchte, wir werden Gott nicht los, weil wir noch an die Grammatik glauben..." NIETZSCHE, Friedrich Wilhelm. **Götzen-Dämmerung** – oder Wie man mit dem Hammer philosophirt, *in* COLLI, Giorgio – MONTINARI, Mazzino (Hrsg.): **Friedrich Nietzsche, Kritische Studienausgabe** — in fünfzehn Bände, vol. 6. Berlin: Walter de Gruyter, p. 78 (Die „Vernunft" in der Philosophie, § 5).

4   EDWARDS, James C. **The authority of language** – Heidegger, Wittgenstein, and the threat of philosophical nihilism. Tampa: University of South Florida Press, 1990, p. 67: "And what is a sign? A sign is, in this account, a *conventional designation*, an agreed-upon mark standing for something that exists independently of it. Here is the thing; there is its sign. Here is a particular "passion": *fear*, for instance; there is the word "fear". Fear and "fear" are not at all the same, of course: the first is a passion common (Aristotle believes) to all human beings; the second is a word of a particular language, namely, English. Everyone knows what fear

Daí que toda positivação do direito é simbólica, não cabe falar de positivações "simbólicas" como opostas a positivações "efetivas" ou "propriamente ditas". Todo signo constitui **efetivamente** a realidade em que se expressa, ou pelo menos concorre com outros símbolos para constitui-la, e a diferença entre significantes e significados não deve ser entendida como separação.

Para exemplificar a relação entre significantes linguísticos e significados ideais pode-se pensar na distinção entre algarismos e números: a ideia daquele número é sempre a mesma, ainda que sua representação simbólica possa diferir: para o número "três" podem-se utilizar símbolos como 3, III, *three*, *tres*, *drei*, exibir os dedos polegar, indicador e médio ou indicador, médio e anular, por exemplo.

Esses significantes podem então ser orais, gestuais e textuais. Os significantes "pictóricos", tais como vídeos, são como gestos à distância, combinando expressões orais e gestuais, não parecem constituir uma quarta forma de significar. A telepatia, por exemplo, poderia ser considerada uma quarta forma, caso venha a ser vencida a necessidade de significantes "físicos" para transmissão de informação racionalizada.

É interessante como a civilização demorou para atinar com essa diferença abismal entre significantes e significados. O preconceito ontológico sempre foi de tal maneira impregnado, e não apenas no senso comum leigo, que o folclore filosófico atribui ao Prof. Galetti, de Gotha, a frase: "o porco bem merece o nome que tem, pois é realmente um animal muito sujo"[5]. Essa forma de pensar parte do princípio de que o signo expressa a essência de um objeto, como se a expressão "porco" já trouxesse os atributos do animal que a língua portuguesa assim designa, como se o mesmo animal não pudesse ser chamado "porto" ou "perco". E as diferenças entre as línguas mostram que o encadeamento de fonemas tem sentido convencional e arbitrário, ao contrário do que esse "realismo linguístico" e o senso comum querem fazer parecer.

---

is, but not everyone knows what "fear" means. Indeed, one could just as well use another sign altogether to designate the same passion."

5   SCHWANITZ, Dietrich. **Bildung** – alles, was man wissen muss (Die Höredition). Eichborn: Lido, 2002, CD 10, 3 (Der Dekonstruktivismus): „Das Schwein trägt seinen Namen zu recht, denn es ist wirklich ein sehr unsauberliches Tier".

Ainda assim, a ideia de que a "realidade" é **toda constituída pela retórica** (linguisticamente) repugna até mesmo a semiótica e a linguística:

> Toda linguagem é figurativa e não-referencial, nada obstante nós devemos considerá-la só parcialmente assim. Temos que insistir que alguns usos da linguagem são metafóricos e outros não, deste modo denotando algumas coisas como reais, repletas de identidade e presença, enquanto outras são meras ficções.[6]

Houve precursores dessa atenção para com a retórica na civilização ocidental, tanto na Antiguidade quanto na Idade Média, e mesmo para o caráter convencional da linguagem. Pode-se medir o respeito que os humanistas da Renascença tinham para com a retórica na afirmação do platônico Marcilio Ficino, no sentido de que falar e escrever faz do ser humano um rival de Deus[7]. Mas uma consciência clara dessa diferença que existe entre linguagem significante e ideia significada demorou muito mais, ao contrário da distinção entre ideias gerais e eventos empíricos individuais, já presente na oposição feita por Platão, e mesmo antes, no debate entre Heráclito e Parmênides, atrás mencionado.

Na história do pensamento jurídico nota-se essa mesma desatenção, como não poderia deixar de ser, pois os juristas tradicionais só levam em consideração dois elementos envolvidos no conhecimento: o "fato", de um lado, e o significado/significante, que se confundem, do outro. Veja-se a Escola da Exegese, ao dizer que o fato se subsume à lei. Sob a expressão "lei" e "norma", entendidas como sinônimas, designam tanto o significante quanto o significado.

Subjaz a essa concepção o mencionado preconceito ontológico, na medida em que se baseia na convicção de que há um significado "correto" para cada significante. Ora, percebeu-se que a linguagem constitui,

---

6 BROWN, Richard Harvey. **Society as text** – essays on rhetoric, reason and reality. Chicago / London: The University of Chicago Press, 1987, p. 138: "All language is figural and nonreferential, yet we must consider it only partially so. We must insist that some uses of language are metaphorical and others are not, thereby denoting some things as real, replete with identity and presence, whereas others are mere fictions."

7 KIRSTE, Stephan. Menschenwürde und die Freiheitsrechte des Status Activus – Renaissancehumanismus und gegenwärtige Verfassungsdiskussion. In: GRÖSCHNER, Rolf; KIRSTE, Stephan und LEMBCKE, Oliver W. (Hrsg.). **Des Menschen Würde** – entdeckt und erfunden im Humanismus der italienischen Renaissance. Tübingen: Mohr Siebeck, 2008, S. 187-214.

faz a comunicação e assim ocorre o que se chama **recursividade**, só se poder estudar a linguagem por meio da própria linguagem, como numa petição de princípios.

Esses conceitos básicos que expressam os significantes lingüísticos (sinal, signo, texto) são de difícil precisão por seu alto grau de porosidade, sua variabilidade histórica. Riccardo Guastini está certo ao dizer que a fonte do direito é um enunciado que se coloca como objeto da interpretação. Mas ele não é tão claro ao dizer que a norma é o "enunciado que constitui o produto, o resultado da interpretação"[8]. Se o resultado da interpretação é um enunciado, ele é uma fonte do direito que vai precisar ser novamente interpretada. A norma vista como ideia significada recusa isso. Todo texto é um objeto empírico, faz parte da experiência, a norma propriamente dita, não. Aqui se entende que o sentido original de norma é o significado ideal que se determina diante do caso concreto, ainda que o termo seja também usado como expressão simbólica e como decisão concreta.

Como a expressão simbólica é uma mídia que precisa de substrato real, físico, ela serve de ligação entre o mundo dos significados e o mundo dos eventos, pois seu substrato real é sempre um evento percebido no tempo, como tudo o que é real. A expressão simbólica insere a ideia no mundo real, faz uma ponte sobre o abismo entre Heráclito e Parmênides, entre o mundo real e a razão ideal humana. Ela simboliza ideias de razão que tentam se comunicar.

2. SIGNIFICANTES E SIGNIFICADOS DIANTE DE GENERALIDADE E INDIVIDUALIDADE

Uma teoria da linguagem faz a distinção entre predicadores e indicadores para explicar como, se a situação ou conceito é tão único que "não tem nome" o ser humano usa "isto", "aquilo", conceitos, ideias, palavras também genéricas, indefinidos que só podem ser compreendidos dentro do contexto do evento. O cerne do problema é se se pode falar em **conceitos individualizados** ou se essa expressão é uma *contradictio in terminis*.

---

[8] GUASTINI, Riccardo. **Das fontes às normas**. Trad. Edson Bini. São Paulo: Quartier Latin, 2005, p. 28.

Para melhor compreender esse abismo entre significantes, significados e mundo dos eventos, os linguistas sugerem dividir os significantes, as expressões simbólicas, em predicadores e indicadores.

Os **predicadores** pretendem abstrair a individualidade e designar um conjunto de eventos específicos, supostamente tomando base em caracteres comuns que esses eventos apresentam. São os conceitos gerais, como "homem", "agradável", "habitualmente". Não se pode dizer que substantivos designam predicadores e advérbios designam indicadores, por exemplo; tanto há substantivos predicadores ("mulher") como indicadores ("Mona Lisa"), assim como há advérbios indicadores ("hoje") e predicadores ("nunca").

Os predicadores cabem mais facilmente numa teoria da linguagem como a que se tenta aqui, posto que não objetivam referir eventos únicos, mas são gerais como as ideias que buscam transmitir, os significados.

Já os **indicadores** desempenham função mais difícil, pois intentam significar a individualidade, racionalizando-a, isto é, tentando conectar a incompatibilidade entre eventos sempre individuais e o binômio significantes/significados sempre gerais. Essa deve ser a função de um termo indicador: ser tão específico quanto o evento que designa.

O tipo clássico de indicador é um **nome próprio**, que supostamente diz respeito a um único evento. A dificuldade é antiga no debate retórico, que não é o objetivo expor aqui. Agostinho coloca os nomes como palavras que designam objetos específicos, afirmando que todos os nomes são palavras, mas nem todas as palavras são nomes, tais como os termos "se" ou "de". Resolve a questão por uma solução ontológica: os nomes se distinguem porque a eles correspondem **coisas que não são palavras**[9].

Mas dizer que é possível comunicar por meio de indicadores específicos só adia o problema de enfrentar a individualidade, logo, enfrentar a irracionalidade. Isso porque, para definir o evento ou "objeto" que se designa por aquele nome próprio, vai ser necessário utilizar ideias e expressões simbólicas genéricas, pois essa é uma condição *sine qua non* para a racionalidade. Esta tese parte da suposição de que só é possível

---

9   AGOSTINHO. **De magistro**. Trad. de Angelo Ricci. Coleção Os Pensadores. São Paulo: Abril Cultural, 1984, cap. IV, p. 296-300.

descrever algo individual por meio de termos gerais, pois tanto significantes quanto significados são gerais e só o mundo dos eventos é individual.

Para que se possam comunicar informações sobre "esta mesa individual e única à frente", que pretende ser individualmente designada por indicadores, são indispensáveis predicadores, pontes genéricas entre os significados e o mundo real, posto que são também genéricos e assim racionalizáveis, compreensíveis. É necessário perceber e dizer que é feita de madeira, que tem quatro pernas, que é plana e adequada para escrever quando a gente está sentada. Sem a ajuda dos predicadores os indicadores não comunicam, são incompreensíveis.

Isso significa dizer que qualquer significante tem necessariamente conotação, nenhuma expressão é capaz de denotar diretamente, de denotar somente um evento. Toda denotação de indicadores precisa ser produzida por conotações, associações linguísticas conceituais e, portanto, genéricas. Em outras palavras, esse controle da irracionalidade do individual por meio de nomes próprios tem um limite, pois não se podem "nomear propriamente" os eventos do mundo circundante. Os indicadores desempenham, por assim dizer, uma missão importante, mas impossível de ser cumprida plenamente.

Para desempenhar essa função a linguagem humana lança mão de **indicadores logicamente paradoxais**, já que, ao mesmo tempo em que são literalmente indefinidos, pretendem designar (como qualquer indicador) um evento (específico, individual, único). Esse artifício linguístico é possível na medida em que os circunstantes participam do mesmo momento eventual, de um mesmo contexto comunicativo real. É assim que se tornam inteligíveis e pretensamente evidentes expressões como "essa", "ele", "aquilo", "algum", "hoje" e "ontem" ou "aqui" e "ali". Só num ambiente comum e momentaneamente fixado uma frase como "ele se comprometeu a fazer hoje aquilo que deixou de fazer ontem" pode pretender algum significado.

Ora, se toda linguagem é geral, ela não pode ser entendida como um evento. Por outro lado, tampouco deixa de haver um abismo entre significantes e significados, só porque ambos têm a característica da generalidade. É exatamente essa incompatibilidade que provoca o que os linguistas denominam vagueza, ambiguidade e porosidade.

A perspectiva ontológica da língua parte do princípio de que cada significante deve se referir precisamente a cada significado, como siameses inseparáveis. Sinônimos, homônimos, parônimos, todos precisam ser controlados diante da situação concreta para que haja uma suposta precisão na comunicação.

Um significante é vago porque nunca se percebe exatamente a que classe de objetos (predicadores) ela se aplica. É um problema de alcance, se aceita a divisão do significado em problemas de sentido (**ambiguidade**) e de alcance (**vagueza**). Quanto mais se adentrar nas especificidades do evento, menos características comuns ele terá para ser incluído numa classe de objetos. É um paradoxo: quanto mais se conhece menos se conhece, pois conhecer é racionalizar a termos gerais e ao mesmo tempo conhecer um objeto é adentrar-se em suas individualidades, desracionalizá-lo. Pode-se dizer que a vagueza diz mais respeito à quantidade de informação, enquanto a ambiguidade diz mais respeito à qualidade da informação.

Diz-se que a ambiguidade ocorre se há dúvidas sobre o sentido do termo isoladamente, sem compará-lo a outros gêneros. Não se sabe o que a expressão quer dizer: "posta" pode ser uma flexão do verbo pôr ou uma parte do peixe à mesa.

Os significantes também têm vida, como qualquer pessoa que já leu alguma obra de apenas um século de idade já terá percebido. Muitas palavras deixam de ser usadas ao longo do tempo, morrem. Outras novas são criadas, nascem. E outras permanecem, por assim dizer com a mesma aparência física (escrita, pronúncia), mas com um "conteúdo" inteiramente diferente, ou seja, mudam seu sentido e seu alcance, em uma palavra, seu significado. Essa "vida", essa variabilidade da relação significante/significado ao longo do tempo (historicidade) denomina-se **porosidade**. Talvez por seu substrato físico mais perene, sua maior durabilidade e seu distanciamento, os significantes textuais permanecem com sua aura de mistério:

> A comunicação verbal é muito mais fácil que a comunicação escrita, porque a palavra age sobre os sentimentos de uma maneira misteriosa e estabelece facilmente uma união simpática entre as pessoas; é assim que um orador pode convencer por argumentos que parecem de um entendimento difícil àquele que lê mais tarde seu discur-

so. Sabeis como é útil ter escutado Bergson para bem conhecer as tendências de sua doutrina e bem compreender seus livros.[10]

De toda maneira, vagueza, ambiguidade e porosidade constituem características necessariamente presentes em qualquer forma de comunicação humana, não são defeitos em sua estrutura ou disfunções em seu processamento, ainda que condicionem a imprecisão da linguagem. Diferentes são lacunas e inconsistências no discurso, não dominar as regras da língua ou não compreender os termos em questão, disfunções que também cooperam para a imprecisão, mas podem ou não estar presentes no discurso, a depender da destreza e grau de domínio de informações por parte dos participantes.

Resumindo, já que o direito é um fenômeno empírico, seu conhecimento precisa enfrentar as incompatibilidades entre os fatos juridicamente relevantes (que são individuais e nunca se repetem), os significantes normativos (as fontes do direito, substratos físicos da comunicação normativa, pela mídia de gestos, locuções, textos, aqui distinguidos como a segunda acepção em que a expressão norma jurídica é utilizada) e os significados que essas fontes buscam expressar (as normas jurídicas na sua aqui denominada primeira acepção, reunindo todos os processos cognitivos, mentais, ideais de criação e atribuição de significado genérico). O resultado do tratamento dessas incompatibilidades constitui a norma em sua terceira acepção, a norma decisória, um comando específico sobre um fato jurídico relevante também específico, como que fechando o ciclo de conhecimento e buscando interferir na constituição da retórica material dentro do mundo real dos eventos. Assim o condenado é preso e isso se torna "realidade", é a resposta do direito ao conflito, a "solução".

Para auxiliar na construção desses significados, que a norma decisória vai revelar e assim constituir dogmaticamente o direito, dá-se aqui um tratamento próprio à teoria das fontes do direito, considerando-as

---

10 SOREL, Georges. **Réflexions sur la violence**. Paris: Marcel Rivière, 1919, p. 9: "La communication verbale est beaucoup plus facile que la communication écrite, parce que la parole agit sur les sentiments d"une manière mystérieuse et établit facilement une union sympathique entre les personnes; c"est ainsi qu"un orateur peut convaincre par des arguments qui semblent d"une intelligence difficile à celui qui lit plus tard son discours. Vous savez combien il est utile d"avoir entendu Bergson pour bien connaître les tendances de sa doctrine et bien comprendre ses livres."

um conjunto de expressões simbólicas (significantes) positivadas. E o procedimento dogmático é um contexto em que a linguagem mostra bem claramente sua função constitutiva da realidade, mas não apenas a linguagem textual da norma contida na lei, fonte do direito aparentemente privilegiada na argumentação jurídica da sociedade complexa:

> Qualquer pessoa com alguma experiência no sistema dos tribunais, seja como parte, advogado, juiz, membro de um júri ou simplesmente observador deve inevitavelmente reconhecer a importância da linguagem no processo legal. Com certeza é difícil imaginar um contexto no qual o comportamento verbal desempenhe papel mais crucial. Em todos os níveis, a linguagem penetra no sistema jurídico e o direito, talvez mais do que qualquer outra, é uma profissão de palavras, em última instância e totalmente dependente de alguma forma de negociação linguística.[11]

3. A RETÓRICA DOGMÁTICA PARA EXCLUSÃO DO PROBLEMA ONTOLÓGICO: A DIFERENCIAÇÃO ENTRE FONTES MATERIAIS E FONTES FORMAIS

A metáfora *fons-fontis*, criada pelos antigos romanos há mais de dois mil anos, refere-se ambiguamente a duas questões semelhantes: por um lado, de que provém o direito, de onde ele nasce, como ele é gerado; de outro, como se revela o direito, como se mostra ao ser humano, quais suas formas de manifestação. Ou seja: os problemas da **origem** e da **comunicação** ou transmissão, ou revelação. Essa ambiguidade permanece até hoje na expressão.

Num contexto social em que direito e religião aparecem inseparados, o problema da origem do direito foi sempre tratado em termos teológicos e filosóficos, e foi ignorado pelos juristas até a aurora do positivismo, quando são abandonadas as concepções de normas válidas acima do direito positivo do poder constituinte originário e o direito passa a

---

11 HARRIS, Sandra. Ideological exchanges in British magistrates courts, *in*: GIBBONS, John (ed.). **Language and the law**. London / New York: Longman, 1994, p. 156: "Anyone with any experience of the court system, whether as defendant, lawyer, judge, member of a jury or merely observer, must inevitably acknowledge the importance of language to the legal process. Indeed, it is difficult to imagine a context where verbal behavior plays a more crucial role. At all levels, language penetrates the legal system, and the law perhaps more than any other is a profession of words, ultimately and utterly dependent on some form of linguistic negotiation."

ser um produto dele mesmo. Tornou-se imperativo diferenciar-se, ou seja, afastar do direito a discussão filosófica da legitimidade. Sim, pois discutir se o direito viria de caracteres biológicos, psicológicos, culturais, se partiria de conceitos como "luta de classes", "contrato social", "espírito do povo" ou "espírito objetivo" não se coadunava com a nova mentalidade utilitarista e pragmática que caracterizaria a modernidade, posto que esses conceitos dificilmente podiam ser determinados no debate político-jurídico, que precisava de instâncias mais definidas.

Assim a dogmática jurídica abandona à filosofia o tema das **fontes materiais** do direito, as "fontes das fontes", aqueles dados empíricos e ideológicos que dariam o conteúdo ético à lei, à jurisprudência, essas, sim, fontes – **formais** – do direito positivo dogmaticamente organizado. Tudo em torno da necessidade de responder a questão sobre de que procede o direito, para assim responder à necessidade de decisões claras.

Daí a doutrina desenvolve os conceitos de fontes formais e materiais, pelos quais a "forma" significa a validação dogmática fornecida pelo direito estatal. As fontes materiais podem ser objeto de investigação interdisciplinar, pois são "causas" do conteúdo ético do direito, são os fundamentos físicos, biológicos, históricos, ideológicos, mas não interessa à dogmática discutir se o direito vem de Deus, da raça ou da necessidade de proteger a prole, pois essas origens estão afeitas a opiniões muito variáveis. Ficou para as disciplinas zetéticas, questionadoras, a tarefa de investigar as fontes materiais do direito; e quando for decidido que escolhas éticas devem ser obrigatórias para todos, as fontes formais darão o prumo para o trabalho do jurista dogmático. Claro que a lei pode e deve ser estudada sob perspectivas sociais, históricas, antropológicas. Mas esse direito, visto "de fora", fontes materiais, não tem forma jurídica. Em resumo, essas fontes das fontes constituem objeto de estudo da etiologia jurídica, ou seja, a teoria das causas do direito.

E parece claro que as fontes materiais ideologicamente incompatíveis entram em conflito e só algumas delas se tornarão conteúdos das fontes formais, daquelas que resultam de procedimentos dogmáticos como a jurisdição e a legislação. Há diferentes conteúdos éticos nas convicções de diferentes grupos sociais para fazer frente a determinado conflito, há aqueles que querem descriminalizar o aborto, os que pretendem fazer equivaler o aborto ao homicídio, os que desejam pena de morte para os abortistas, mas só uma dessas opções éticas será o conteúdo ético da norma jurídica formalizada, tornado obrigatório para todos, mesmo aqueles que com ele não estão de acordo. Ou seja, toda fonte formal tem um conteúdo material[12].

Tendo afastado os interdisciplinares, a dogmática jurídica precisava agora hierarquizar as fontes que haviam sido definidas como formais, precisavam construir um sistema que pudesse internamente dominar toda sorte de antinomias. A solução encontrada foi a divisão das fontes do direito em primárias e secundárias. Claro que a denominação já envolvia um juízo de valor, de que o "primário" é o mais importante e deve prevalecer sobre o "secundário"; esse juízo de valor não é absolutamente óbvio, pois a palavra tem também um sentido de "primitivo" ou "simplório" que a teoria dogmática precisava deixar de lado.

Claro que essas fontes formais precisam ser adequadas ao caso, dentre o emaranhado de significantes positivados que formam o ordenamento jurídico. Além disso, essas formas simbólicas precisam também ter sido elaboradas de acordo com as regras do sistema dogmático, vale dizer, um complexo de determinações sobre competências, atribuições e ritos de elaboração, a validade formal ou dogmática propriamente dita. Depois, seu conteúdo ético precisa concordar com as diretrizes estabelecidas pelas normas superiores do sistema, a chamada validade material, de mais difícil determinação. Finalmente, outras regras vão determinar se as fontes formais escolhidas estão aptas a serem alegadas no procedimento decisório, prontas para servir de base a argumentações e decisões dogmáticas, tudo a serviço de viabilizar a eficácia jurídica e a vigência daqueles símbolos, daqueles significantes normativos. Observe-se que a validade não é um atributo da norma jurídica propriamente dita, mas sim de seus significantes, de suas formas de expressão ou, reduzindo, de seus textos[13].

---

12   AFTALIÓN, Enrique e VILANOVA, José. **Introducción al Derecho**, ed. Julio Raffo. Buenos Aires: Abeledo-Perrot, 2ª. ed. 1998, p. 632 s.

13   MÜLLER, Friedrich; CHRISTENSEN, Ralph; e SOKOLOWSKI, Michael. **Rechtstext und Textarbeit**. Berlin: Duncker & Humblot, 1997, p. 32 e s.

4. A RACIONALIZAÇÃO HIERÁRQUICA DAS FONTES FORMAIS DO DIREITO COMO ESTRATÉGIA DOGMÁTICA: PRIMÁRIAS E SECUNDÁRIAS

Afastadas as discussões "filosóficas" sobre as "fontes das fontes", sobre aquelas fontes agora classificadas como "materiais", a dogmática viu-se às voltas com o problema de hierarquizar suas fontes formais para enfrentar o fantasma das antinomias que um sistema unificado e centralizado não pode tolerar indefinidamente.

Dessarte a dogmática definiu as **fontes formais secundárias** como aquelas cuja própria validade depende do acordo com as fontes definidas como primárias. Por isso um contrato ou uma sentença (fontes formais secundárias) não podem contradizer a lei, sob pena de invalidade, sob pena de em tese deixarem de existir para a retórica material dogmática. Uma **fonte formal primária** é definida como aquela que retira de si mesma sua força coercitiva e não de outra fonte qualquer[14].

Aqui o problema do conflito entre as fontes encontra seus primeiros critérios de tratamento, porque, obviamente, as fontes formais primárias prevalecerão sobre as secundárias. Essa hierarquia entre as fontes formais reflete, na teoria do direito, a luta política entre os três poderes definidos por Montesquieu e a busca pela harmonia.

A primeira tendência, como quer o legalismo, é que só a lei é fonte formal dogmática primária, na medida em que só ela é inteiramente independente de quaisquer outras fontes. Todas as demais precisam estar de acordo com a lei para vigorarem, todas são secundárias em relação a ela. Também a jurisprudência precisa descobrir e declarar o sentido da lei, daí a metáfora de Montesquieu sobre o juiz ser o arauto da lei, ilegítimo e incapaz de criar direito. De acordo com essa compreensão, a lei geral, criada pelo órgão legislativo máximo, é a única fonte legítima de norma jurídica, com a qual todas as demais manifestações, parâmetros e decisões do sistema (secundárias) precisam estar de acordo.

Com a evolução do direito europeu, duas novas frentes se abrem dentro do positivismo, a partir da Escola da Exegese francesa: por um

---

14 Essa denominação é controversa, pois há autores para os quais fontes primárias são as fontes materiais, isto é, são "primárias" não no sentido de fontes formais independentes, mas sim no sentido de serem fontes das fontes formais.

lado aquela de viés mais estatalista, que considera que a lei (emanada do legislativo e agora cada vez mais do executivo) e a jurisprudência (emanada do judiciário) são fontes primárias e não se podem logicamente contradizer; uma sentença isolada pode ser contra a lei, a jurisprudência nunca, pois é ela quem diz o que diz a lei. Não tem procedência a afirmação de que a jurisprudência estaria eventualmente contra a lei, pois a jurisprudência é a instância para dizer o que a lei significa.

Em terceiro lugar há os positivistas de tendência sociológica, que defendem o costume como o fato social que primeiro revela o direito, sua fonte mais primordial; essa corrente, chamada sociologismo jurídico e bem exemplificada pela Escola do Direito Livre alemã, entende como fontes primárias o costume, a jurisprudência e a lei. Assim, é possível que o direito se manifeste por um costume *contra legem*, por exemplo, uma vez que a primazia das fontes estatais não é aceita pelos juristas sociologistas e o costume *contra legem* pode valer no mesmo âmbito de influência, mesmo contra a letra da lei. O costume *praeter legem* é inofensivo para a dogmática, ou seja, é aceito tanto pelo legalismo (só a lei é fonte formal primária) quanto pelo estatalismo (a lei e a jurisprudência constituem as fontes formais primárias). Se o costume contra a lei retira de si mesmo sua força coercitiva, então ele é uma fonte formal primária e assim criam normas jurídicas instâncias paralelas como traficantes, nas grandes cidades, "coronéis", no interior dos rincões, assim como "sua excelência, o comissário".[15]

Uma posição especial ocupa a última dessas quatro tradicionalmente chamadas fontes formais do direito, a doutrina.

O principal motivo para a doutrina ter durante tanto tempo sido considerada uma fonte formal do direito tem suas raízes em Roma. O *Corpus Juris Civilis* de Justiniano I foi compilado entre os anos 529 e 565, ocupou mais de uma geração de juristas e permaneceu como a mais importante fonte do direito na Europa até a modernidade. Essa compilação, contudo, não se compunha apenas de leis, mas também de orientações jurisprudenciais e doutrina. Sabe-se que a doutrina do chamado "tribunal dos mortos", que consistia em uma compilação das opiniões dos

---

15 OLIVEIRA, Luciano. Sua excelência o comissário – a polícia enquanto "justiça informal" das classes populares no Grande Recife, *in*: OLIVEIRA, Luciano. **Sua excelência o comissário –** e outros ensaios de sociologia jurídica. Rio de Janeiro: Letra Legal, 2004, p. 19-53.

cinco grandes juristas Gaio, Papiniano, Modestino, Paulo e Ulpiano, pesava mais nas decisões do que qualquer outra fonte do direito. Ou seja: o *Corpus* era muito importante e, dentro dele, a doutrina era fundamental.

Sua primeira parte, o *Codex*, era uma consolidação de todas as leis romanas anteriores agora recepcionadas, depois acrescidas de parte da legislação ditada pelo próprio Justiniano. O *Digesto* ou *Pandectae* resultou da compilação da doutrina propriamente dita e excluía expressamente como inválida qualquer doutrina que não constasse de seus 50 livros. As Instituições compunham-se de textos mais elementares e esquemas pedagógicos destinados à educação dos jovens juristas. As *Novellae* foram publicadas por último e, como o nome diz literalmente, continham as novas leis de Justiniano, decretadas após a revisão do *Codex*.

Vários séculos se passaram sem que aparecessem juristas no nível técnico dos romanos, um povo antigo e sábio na visão das nações posteriores, oriundo de uma cidade que era a sede da Cristandade, e o simples passar do tempo trouxe ainda mais autoridade ao seu maior monumento jurídico, o *Corpus*. O fato de ser escrito foi lhe dando força de "lei" (o texto da norma que se comunica por meio da leitura e cuja aplicação se pretende internacional, muito diferente dos costumes medievais localizados), ainda que seu conteúdo abrangesse todos os tipos de fontes formais do direito: legislação, jurisprudência, costumes e doutrina.

Por fazer parte do conteúdo do *Corpus Juris Civilis* a doutrina foi assim considerada fonte formal do direito; a princípio a doutrina romana original, depois a doutrina mesma dos juristas contemporâneos, sobretudo a partir da Escola de Bolonha e dos glosadores do próprio *Corpus*, os quais o explicavam e até complementavam, adaptando-o ao direito do tempo e lugar.

Mesmo hoje não se nega que a doutrina é uma fonte material do direito de grande importância. Pois se a ideologia e as opiniões de qualquer grupo social são fontes materiais do direito, claro que também o serão as ideologias e opiniões dos juristas. A doutrina interfere profundamente sobre juízes e legisladores, mas hoje não se pode dizer que seja fonte formal. Entre outros motivos, porque pode ser objeto de contrato de consultoria, como nos pareceres, ou, em outras palavras, que a doutrina contemporânea pode ser comprada. Sim, porque nenhum empresário ou escritório de advocacia vai contratar um jurista para que simplesmente dê sua opinião sobre o problema; a opinião precisa ser do interesse do contratante e objetiva influir na decisão que o sistema vai tomar a respeito do conflito.

Problema bem específico enfrenta a doutrina jurídica (dogmática) no Brasil, na medida em que quase se reduz a relatos descritivos e superficiais do direito positivo, exposições de textos legais e de decisões dos tribunais. Em um sentido bem literal, ela forma a retaguarda do direito positivo e não sua vanguarda. Não desempenha sua função crítica como metodologia, de doutrina dogmática como estratégia de modificação da dogmática material. Os doutrinadores brasileiros relatam decisões, repetem magistrados, os quais não veem necessidade de acompanhar um debate doutrinário quase inexistente e declaram "já possuir notório saber e reputação ilibada", além de "decidir conforme sua consciência"[16].

O outro bastião da doutrina dogmática, os pareceres jurídicos enfrentam obstáculo diferente para legitimar o conhecimento do direito: têm muito mais qualidade e profundidade do que a doutrina dos grandes mercados de livros, porém são fruto de um contrato de consultoria muito bem remunerado. Um parecerista com ética profissional, evidentemente, só aceita a tarefa de defender um lado da questão, e para isso constrói e defende uma tese jurídica, se nele acredita. Mas o interesse econômico envolvido certamente não é um dos elementos presentes na concepção que hoje a ciência diz de si mesma.

Um último comentário a respeito: a doutrina, como qualquer metodologia, está ligada ao ensino, claro. Se a doutrina vai mal, o ensino vai mal e vice-versa. O estudo do direito no Brasil é hoje somente mnemônico, vez que a falta de bolsas, refeitórios, salários e outras infraestruturas impedem a dedicação em tempo suficiente e a imensa maioria dos estudantes e professores simplesmente não estuda. Assim o aprendizado é quase que exclusivamente dogmático, e mesmo assim mal feito, pois se reduz a descrever e decorar, sem sequer problematizar, textos legais e jurisprudenciais que constituem meros dados de entrada na concreti-

---

16   STRECK, Lenio. **O que é isto – Decido conforme minha consciência?** Porto Alegre: Livraria do Advogado, 2010, p. 24-25 e *passim*, referindo voto do Superior Tribunal de Justiça, no qual se afirma "não me importa o que pensam os doutrinadores", "os senhores ministros decidem assim porque pensam assim", "esse é o pensamento do Superior Tribunal de Justiça e a doutrina que se amolde a ele" e "ninguém nos dá lições, não somos aprendizes de ninguém" (Agravo Regimental em ERESP n° 279.889-AL STJ).

zação do direito positivo. Nem para a prática dogmática esse ambiente educacional e científico serve.

Tomem-se agora como parâmetros duas subdivisões conceituais para observar a educação dos juristas no Brasil: primeiro, dentre os três sentidos em que é utilizada a expressão "norma jurídica", a educação jurídica brasileira concentra-se apenas no estudo (mnemônico) de uma parte das fontes do direito, vale dizer, dos significantes normativos mais importantes do sistema, ou seja, nos textos do *Vade Mecum*, volume que reúne as leis tidas como as mais importantes do Brasil, e das decisões dos tribunais superiores; segundo, dentre os quatro estágios da concretização dogmática, a educação jurídica brasileira só se volta para o primeiro, para a tarefa de escolher as fontes pertinentes, válidas e vigentes que vão dar início aos procedimentos metodológicos da dogmática jurídica. Isso porque quase nenhuma atenção é dedicada aos procedimentos hermenêuticos do segundo passo e absolutamente nenhuma atenção é dedicada à estratégia da argumentação jurídica ou à teoria da decisão.

Esse dado revela-se nas sustentações orais de advogados e membros do ministério público nos tribunais, nas falas de alunos e professores em debates, exposições e salas de aula, nos questionamentos dos juízes em audiências e em todas as expressões escritas dessas atividades. "O resultado são textos feios, difíceis de entender e de leitura monótona."[17] Por isso o ministério da justiça alemão vem envidando esforços para tornar a educação jurídica em seu país menos dirigida a atividades contenciosas como a judicante, centrada na figura da atividade do magistrado, e cada vez mais direcionada para prevenção de litígios, aconselhamento jurídico, mediação, conciliação, arbitragem.

> Evitar conflitos ganha. Decidir conflitos perde significação. Em consequência, a clara maioria dos estudantes de direito escolhe a profissão de advogado, a qual, por seu lado, passou por forte diferenciação. Daí crescem as exigências por capacidades e conhecimentos interdisciplinares, tais como ciências econômicas ou sociais, retórica, administração de negócios, arbitragem ou mediação.[18]

---

17 SCHLIEFFEN, Katharina von; MICHAELIS, Lars Oliver. Schlüsselqualifikation Rhetorik. **Juristische Arbeitsblätter** Heft 8/9, Juni 2003, S. 718-725: „Das Resultat sind unschöne, schwer verständliche Texte, und eine gelangweilte Leserschaft".

18 *Idem*, p. 718: „Streitvermeidung gewinnt. Streitentscheidungen verlieren na Bedeutung. Folglich ergreift der deutlich überwiegend Teil der Juristinnen und Juristen den Anwalts-

Tendo em vista essa relação entre regras e metarregras, propõe-se aqui uma classificação das fontes diferente da bipartição primárias e secundárias, mas que não é incompatível com ela: fontes que se referem à conduta e fontes que se referem a fontes, ou seja, significantes jurídicos de **primeiro nível**, que se dirigem a conflitos entre seres humanos (as pessoas casadas não podem casar), e significantes jurídicos de **segundo nível**, que se referem a conflitos entre os significantes de primeiro nível e que são, portanto, apenas mediatamente dirigidos aos conflitos de conduta (a lei superior prevalece sobre a inferior).

Concentrar o estudo do direito na memorização dessas fontes de primeiro nível, tanto da parte dos estudiosos doutrinadores e profissionais, como da parte dos concursos públicos, dos estudantes e das faculdades de direito, é objetivo inútil. As fontes de primeiro nível são literalmente infinitas e modificam-se cotidianamente. O *Vade Mecum* pouco significa em muitos casos, na maioria deles. Há regras das quais nem se fala nas faculdades de direito, uma infinidade de instruções normativas, portarias e resoluções, que são muitas vezes cruciais para a questão dogmática que se quer tratar no momento. E é impossível que um currículo escolar consiga abarcar a descrição e a memorização de todas as possibilidades de regras jurídicas na sociedade complexa.

Claro que essas regras de conduta, de primeiro nível, são importantes, pois elas serão alegadas como pontos de partida da interpretação, da argumentação e da decisão jurídicas. Todo argumento dogmático precisa partir de fontes do direito, ou seja, da norma simbólica. O equívoco é concentrar nelas o estudo do direito, que deve atentar para o aprendizado dos métodos e metodologias de interpretação, argumentação e decisão, guiado por regras que não se dirigem diretamente a tratar conflitos de conduta, mas sim conflitos entre as regras de conduta.

Essas metarregras são em muito menor número e modificam-se em ritmo mais lento do que as regras do primeiro plano, mas compõem o ordenamento jurídico juntamente com elas. A doutrina deve se ocupar delas, pois são as mais importantes e decisivas.

---

beruf, der seinerseits starke Ausdifferenzierung erfahren hat. Hierdurch wachsen die Anforderungen an die interdisziplinären Fähigkeiten und Kentnisse wie Wirtschafts- oder Sozialwissenschaften, Rhetorik, Verhandlungsmanagement, Streitschlichtung oder Mediation."

5. A REVOLUÇÃO DO TEXTO E A ILUSÃO DA OBJETIVIDADE: AS RETÓRICAS DE PERTINÊNCIA, VALIDADE, VIGÊNCIA, EFICÁCIA JURÍDICA E EFICÁCIA SOCIAL

É curioso como esse terceiro elemento, linguístico, demorou a despertar a devida importância na teoria do conhecimento. A sensação de que a realidade é "independente" e "fora" do ser humano foi sempre tão forte e presente que só no século XX a linguagem vai deixar de se confundir tanto com o mundo real quanto com seus significados. Ainda assim o "preconceito do dado" empírico prevalece e a distinção parece de difícil compreensão para o senso comum.

Nos termos aqui, para aqueles que defendem que a linguagem significante se confunde com o mundo real, como no caso dos autores que afirmam que o texto é um evento, pode-se falar de um **preconceito empirista**, do dado empírico.

Aqueles para os quais a linguagem se confunde com seus significados, como os autores que não enxergam distinção entre significante e significado, por ter o significante apenas um significado "correto", pode falar de um **preconceito racionalista**.

Quem se comunica, pensa que significou os significados que queria e por vezes surpreende-se quando percebe que os outros entendem diferentemente os significantes utilizados, ainda que partilhem de uma assim chamada língua comum. Isso existe em toda forma de linguagem, como na fala e no gesto, mas na textual o problema é mais claro, diante da suposta mágica de o texto aprisionar precisamente o significado.

A impossibilidade de correspondência entre significantes e significados não quer dizer que toda linguagem seja igualmente inútil, porém, como pregou Górgias. É possível que o significante se aproxime mais ou menos do significado pretendido, que a comunicação seja menos ou mais precisa. Um problema – quase lógico, de caráter semântico – é que quanto mais específica for a linguagem, quanto mais exaustiva a explicitação significativa, maior as possibilidades de desacordo na comunicação. Outro problema conexo – de cunho pragmático – é que quanto mais específica pretender ser a linguagem, mais requisitos (vocabulário, passado, informações comuns, ou seja, acordos linguísticos em geral) e constrangimentos (temporais, de interesses, de pressupostos) haverá.

Daí a tendência e a necessidade espontâneas de procurar termos vagos e ambíguos para alcançar acordos, por momentâneos que sejam. Por vezes mais eficiente ainda é a **esfera do silêncio**, pela qual se supõe o *topos* "quem cala, consente" ou, pelo menos, quem cala está sem saber o que dizer. Releva assim a importância dos *topoi* (e da tópica), lugares-comuns que pressupõem um acordo o qual, se for discutido em detalhes, tende a se enfraquecer e daí a desaparecer. Sua força vinculante reside exatamente no caráter não explícito. Os participantes de um discurso no nível predominante do *logos* tendem a atribuir mais e mais diferentes significados à linguagem e ao desacordo, vale dizer, a utilizar menos catálogos de *topoi*. Já o *ethos* e o *pathos* oferecem um nível menor de explicitação argumentativa e tendem a ser mais entimemáticos.

Em síntese, as diferenças entre a norma como ideia (o significado ideal para controle de expectativas atuais sobre condutas futuras) e a norma como símbolo linguístico (os significantes que se percebem por meio da comunicação a partir das chamadas fontes do direito) são particularmente importantes para a interpretação e a argumentação jurídicas. Sem esquecer que, quanto mais diferenciada a sociedade, quanto maior a complexidade, maior a distância entre os textos normativos (fontes significantes) e as normas jurídicas (ideias significadas), por conta da pulverização das demais ordens éticas e da sobrecarga do direito positivo como único ambiente ético comum, conforme discutido alhures[19].

Entender a norma como significante revelador do direito é o sentido mais antigo da expressão "norma jurídica", a primeira metonímia. É o que ocorre quando o professor aponta para o código e diz que ali "estão as normas" do ordenamento jurídico, do mesmo modo que os hebreus viram normas no texto dos Dez Mandamentos. A perspectiva retórica não pode confundir esses dois elementos do conhecimento jurídico – significantes e significados – pois há um abismo entre eles.

Não se quer aqui dizer, contudo, que os textos, mídias para comunicação de normas, não têm qualquer força vinculante (*Verbindungskraft*) e que podem ser entendidos de qualquer maneira. Porém a relação entre

---

19 ADEODATO, João Maurício. **A retórica constitucional** – sobre tolerância, direitos humanos e outros fundamentos éticos do direito positivo. São Paulo: Saraiva, 2010 (2ª ed.) e **Uma teoria retórica da norma jurídica e do direito subjetivo**. São Paulo: Noeses, 2011.

a expressão simbólica prévia e a decisão, essa força e conexão, só é resolvida no momento da decisão, pelos próprios envolvidos na comunicação. O texto prévio impõe constrangimentos, sim, sintáticos, semânticos, mas dentro dessa "moldura" permanece possível uma infinidade de significados que precisam ser tratados e decididos a partir de **elementos que não estão no texto**.

Também as diferentes concepções sobre o que é norma demonstram o porquê da evolução, pois fica o velho sentido de norma (como "fonte", lei, expressão simbólica significante) e vão aparecendo os outros (norma como ideia e depois norma como decisão concreta).

Outra tese aqui, talvez óbvia, é que, se todo significado necessita de um substrato físico para poder significar para alguém, a conduta dos indivíduos consiste num substrato físico do mesmo modo que o texto (diferentemente de Carlos Cossio, para quem a conduta não constituiria um substrato "mundanal" ou físico como o texto, mas sim "egológico"). Aqui não cabe essa distinção: a conduta já se expressa, no mínimo, por meio de gestos e, mais ainda, só subsiste em seu respectivo relato, o qual vai eventualmente precisar de substrato físico, mundanal ainda que oral, tanto quanto o significado que o texto busca expressar.

Menos evidente é a tese de que a via pela qual o veículo significante (ou substrato físico), que conduz o início do processo de construção de significado, **interfere diretamente** sobre esse significado. Uma sociedade que se comunica de forma oral e gestual, por meio de significantes sonoros e visuais, constrói uma teia de significados supostamente mais simples, pois nesse tipo de comunicação a presença direta do outro é necessária, o que já reduz mais a complexidade.

Com o aparecimento da escrita, o significante textual passa a um artefato dentro da própria cognição humana e a cultura ganha uma nova dimensão, pois a tradição oral pode ser superada e ultrapassada por um contato mais direto com interlocutores mais distantes no espaço e com gerações anteriores e posteriores no tempo. Além da escrita, a imprensa de Gutenberg vai causar outra revolução, ampliando o número de emissores e receptores e tornando mais e mais complexa a comunicação.

Com a televisão e, mais ainda, com a rede mundial de computadores, os **significantes pictóricos** trazem outra nova dimensão aos textuais. Trata-se agora de uma variante do substrato gestual, posto que esse tipo

213

de comunicação deixa de ser necessariamente presencial. Essa via significante já é hoje importante em vários procedimentos jurídicos e nota-se uma tendência de ampliar esse uso.

Mas as imagens, assim como o texto, que ainda parece o revelador de significados mais importante no mundo moderno, são artefatos da cognição humana. Além das dificuldades apontadas por especialistas, a postura retórica não se preocupa em determinar a relação entre esses artefatos e supostas relações com fontes biológicas ou físicas, pois a articulação desses significantes é fruto de invenção humana. A teoria tradicional, com base em Piaget, preocupa-se mais com a evolução biológica do cérebro e trata os artefatos como elementos da natureza biológica. Tudo indica que a linguagem escrita, contudo, assim como a própria linguagem, é **relativamente independente da biologia**, ou pelo menos segue outros padrões, desenvolve-se diferentemente da evolução biológica.

Observe-se que o resultado dessa evolução para o texto na espécie humana demorou milhares de anos, mas pode ser adquirido hoje em poucos anos de aprendizagem. Com efeito, para crianças aprendendo a ler, uma palavra escrita é algo para ser lido e não para ser falado; descobrir que as palavras escritas podem representar palavras faladas é uma das percepções mais importantes nessa evolução, dizem. Estudos indicam que, a princípio, a criança assume que os sinais escritos representam eventos e não significados sobre eventos. Assim como as crianças e adultos em processo de alfabetização, culturas mais primitivas parecem não ter um conceito claro de significados ideais, pois os símbolos representam "objetos reais" e não significados. Daí a dificuldade, encontrada em experiências nesse sentido, para escrever negações e para compreender o zero. Três sinais representam três árvores, dois sinais, duas. Mas as crianças e os adultos em alfabetização reagem que "não há gatos" não pode ser escrito[20].

Para explicar esse processo e a função desses símbolos, há diferentes caminhos.

---

20 OLSON, David R. What writing does to the mind, in AMSEL, Eric & BYNES, James P. (eds.). **Language, literacy and cognitive development and consequences of symbolic communication.** Mahwah (New Jersey) – London: Lawrence Erlbaum Associates, 2002, p. 153-165.

Para uma corrente mais inicial nesses estudos, mas que já tem clara a distinção entre significantes e significados, o texto é uma **extensão da memória**, um instrumento para armazenar informações complexas e deixar espaço para novas informações. Destarte, o texto não altera o processo de conhecimento, é apenas expressão simbólica de significados cognitivos preexistentes, numa relação, por assim dizer, de mão única, de dentro (ideias de razão) para fora (mídias de comunicação). Para a visão cibernética subseqüente, atenta a redes neurais e relações cerebrais construtivistas, a notação textual não serve apenas para lembrar e expressar, mas **possibilita e efetiva funções** cognitivas complexas que seriam impossíveis sem tal artefato.

A tese aqui é que a invenção do texto envolve a criação de novos significados e a produção de novos planos de conhecimento. Os significantes não são espelhos dos significados, mas também os constituem, vale dizer, o texto não apenas significa a ideia, mas também a conforma e produz, volta a ela e nela interfere em um entrelaçamento infindável.

No campo especificamente jurídico, isso faz com que as fontes do direito e os significados normativos interpenetrem-se de maneira intrincada e insuperável, insista-se que sua separação é uma necessidade epistemológica, artificial. Por isso fazer a ponte entre as regras genéricas do sistema e a decisão concreta se apresentar como "científica", passando pela interpretação e pela argumentação, com todos os corolários de objetividade e neutralidade da ciência, parece ter sido projeto abandonado pela boa doutrina:

> Anote-se que o suposto normativo não se dirige aos acontecimentos do mundo com o fim de regrá-los. Seria um inusitado absurdo obrigar, proibir ou permitir as ocorrências factuais, pois as subespécies deônticas estarão unicamente no prescritor. A hipótese guarda com a realidade uma relação semântica de cunho descritivo, mas não cognoscente, e esta é sua dimensão denotativa ou referencial.[21]

Em outras palavras, deduzem-se duas lições daí: em primeiro lugar, que a hipótese (ou "suposto") da estrutura normativa vem antes do dever ser e da prescrição deontológica, ou seja, é descritiva, ainda que a prestação a ela conectada seja prescritiva (como a prescrição é o cerne

---

21   CARVALHO, Paulo de Barros. **Direito tributário, linguagem e método**. São Paulo: Noeses, 2008, p. 133.

da norma, daí a metonímia dos kelsenianos: a norma é um juízo prescritivo ou a disjunção de dois juízos prescritivos); em segundo lugar, por isso mesmo, o trabalho jurídico no nível material ou no nível estratégico não pode ser tido como científico, nem sequer cognoscente, pois ele literalmente fabrica a realidade. Rigorosamente falando, só a retórica analítica poderia se pretender científica, a depender do que isso signifique.

O primeiro passo da concretização normativa consiste, assim, na escolha de fontes do direito, aqui entendidas como significantes jurídicos dotados de pertinência, validade, vigência e eficácia jurídica. A ausência de uma delas já inviabilizaria o argumento construído a partir daquela fonte. Como são expressões extremamente ambíguas na doutrina, pois os autores variam sobremaneira em sua compreensão, cabe defini-las rapidamente. O nome que se dá é de menor importância, o principal é reter as diferenças conceituais, ou seja, há quatro significados que devem ser distinguidos.

A **pertinência** é entendida aqui como a qualidade do significante jurídico, da fonte do direito que o sistema dogmático determinou como adequada ao caso em tela. Isso significa que as fontes do direito pinçadas do ordenamento jurídico para fundamentar a interpretação, a argumentação e a decisão sugerida por qualquer dos participantes em uma lide dogmática precisam corresponder ao caso concreto. Assim, numa questão trabalhista, por exemplo, o código do consumidor ou precedentes judiciais sobre guarda de filhos não devem ser invocados pelos participantes por serem impertinentes. A dogmática jurídica estratégica desenvolve mecanismos para detectar e construir essa pertinência. Todos os participantes do discurso dogmático precisam fazer esse teste da pertinência com suas fontes e também com as fontes alegadas pelos demais, pois só assim pode continuar o procedimento. Demonstrada a falta de pertinência, de validade, de vigência ou de eficácia jurídica das fontes alegadas por qualquer das partes, o procedimento é interrompido com desvantagem para essa parte. Como se vê, a pertinência aqui não significa que a fonte existe e pertence a um sistema, mas sim que ela é em tese considerada adequada ao caso concreto.

Além de dogmaticamente adequadas ao caso concreto no que diz respeito a seu conteúdo, ainda no primeiro passo da concretização, as fontes escolhidas precisam ser dotadas de **validade** formal. Essa qualidade quer dizer que a fonte foi criada e está até o momento de acordo com as regras sistêmicas que o ordenamento jurídico determina para sua positivação, ou seja, foi posta por autoridade competente e seguiu o rito de elaboração devido.

Uma terceira qualidade que as fontes escolhidas ainda precisam ter para que se possa passar para a retórica da interpretação, o segundo passo do procedimento, é a **vigência**. Isso significa que precisam, além de válidas, de estar prontas e acabadas para servir de ponto de partida para a concretização normativa que virá com a decisão do caso juridicamente relevante. Uma fonte só pode ser vigente se for previamente válida, mas há casos em que a fonte é dotada de validade, mas não tem alegabilidade dogmática, vale dizer, não está apta para servir de fundamento à decisão, como a vacância da lei. Mas a palavra "vigência" é também usada como sinônimo da ideia que aqui se denomina "validade":

> A *vigência*, aqui, é tomada no seu sentido técnico-formal de norma que foi regularmente promulgada e publicada, com a condição de entrar em vigor em data determinada. *Vigência* (do verbo *viger*, do latim *vigere*) é, no sentido indicado, a qualidade da norma que a faz existir juridicamente e a torna de observância obrigatória, isto é, que a faz exigível, sob certas condições. Vigência, pois, é o modo específico da existência da norma jurídica.[22]

Diferentemente, a palavra "vigência" é utilizada aqui como aptidão para produzir efeitos, quer dizer que, além de válida, a fonte do direito está pronta para servir de base a interpretações, argumentações e decisões dogmáticas. Não está em vacância nem depende de que seja promulgada outra fonte para produzir seus efeitos, por exemplo, como no caso de normas jurídicas regulamentadoras. Esse significado também se expressa, na teoria dogmática, por meio do termo **eficácia jurídica**, que se distingue de eficácia social ou efetividade e provoca no estudante e em muitos juristas uma grande confusão. Em resumo, essas duas ideias, "fonte elaborada de acordo com as regras do sistema" e "fonte pronta a produzir efeitos jurídicos, além de elaborada de acordo com as regras do sistema" vêm a ser denominadas validade e vigência, como aqui, mas também respectivamente validade e eficácia jurídica, vigência e eficácia jurídica, como termos intercambiáveis.

---

22   SILVA, José Afonso da. **Aplicabilidade das normas constitucionais**. São Paulo: Malheiros, 1998, p. 52.

A tentativa de separar essa aptidão que se aduz à validade da expressão **aplicabilidade** não parece bem sucedida:

> Uma norma só é aplicável na medida em que é eficaz. Por conseguinte, eficácia e aplicabilidade das normas constitucionais constituem fenômenos conexos, aspectos talvez do mesmo fenômeno, encarados por prismas diferentes: aquela como potencialidade; esta como realizabilidade, praticidade. Se a norma não dispõe de todos os requisitos para sua aplicação aos casos concretos, falta-lhe eficácia, não dispõe de aplicabilidade. Esta se revela, assim, como possibilidade de aplicação.[23]

Ora, dizer que eficácia é potencialidade e depois dizer que aplicabilidade é possibilidade de aplicação é dizer o mesmo, é falar da aptidão para produzir efeitos, para ter eficácia social. Por isso, aqui, eficácia jurídica é a qualidade que adere a uma fonte do direito no momento em que o fato juridicamente relevante a que ela se refere ocorre, o que não se confunde com a eficácia social ou efetividade. A eficácia jurídica é o quarto e último plano na dogmática das fontes do direito. Uma fonte (ou "norma jurídica") pode ser pertinente, válida e vigente, mas não ter eficácia jurídica, como no caso da caducidade.

A **eficácia social** já implica constituição da realidade, interferência sobre a retórica material: diz-se que uma fonte é socialmente eficaz quando seus destinatários cumprem sua disposição ou quando, em caso de descumprimento, os órgãos competentes aplicam sua sanção.

Uma fonte torna-se então válida se foi completado o processo de sua produção de acordo com os requisitos do ordenamento jurídico e cada tipo de fonte (decreto, regulamento, sentença, jurisprudência, instrução normativa etc.) tem diferentes procedimentos de validade. Isso faz problemático distinguir validade de vigência a partir das fases do processo legislativo:

> Por exemplo, terminada a fase constitutiva do processo produtivo de normas legais, que ocorre com sua sanção, temos uma lei válida. Sancionada a norma legal, para que se inicie o *tempo* de sua validade, ela deve ser publicada. Publicada a norma, diz-se, então, que a

---

23 *Idem*, p. 60.

norma é vigente. *Vigência* é, pois, um termo com o qual se demarca o tempo de validade de uma norma.[24]

Isso justamente porque a feitura das fontes do direito segue fases diferentes segundo a fonte. O critério de a validade completar-se com a sanção e a vigência, com a publicação, só se poderia aplicar a fontes como a lei ordinária, que passa por essas fases, mas já não serve para examinar uma resolução do Ministério da Educação ou uma portaria do Conselho Administrativo de Recursos Fiscais.

Pelo critério aqui sugerido, ficando no exemplo, uma lei ordinária adquire validade após sua publicação e torna-se vigente quando outros requisitos – se os houver – venham a ser preenchidos e ela esteja dogmaticamente pronta para ser alegada como fundamento de uma argumentação, de uma decisão. Nesses termos o conceito de vigência diz respeito a uma possibilidade. A eficácia jurídica vem juntar-se à vigência quando o fato previsto efetivamente acontece, mesmo que aquela interferência que a fonte prescreve não venha a acontecer. Se e quando essa alegação posteriormente constituir a retórica material e se tornar o relato vencedor já é uma questão de efetividade ou eficácia social daquela fonte.

Por efetividade deve-se entender a observância verificada, a aplicação e a obediência ocorridas. A norma efetiva é a norma observada em larga extensão. Já eficácia deve ser termo relacionado com as condições de aplicação e obediência, portanto, aquelas condições técnicas que tornam a norma aplicável e obedecível. Pode-se, assim, dizer de uma norma, já no momento inicial de sua vigência, se ela é eficaz, ainda que não tenha ocorrido de fato o fenômeno da sua aplicação e obediência.[25]

Considerando os três sentidos de norma jurídica admitidos aqui, considerando que vigência é conceito dependente de validade (não há vigência sem validade, ainda que haja validade sem vigência) e que a distinção entre validade e vigência só tem significação no âmbito do direito estatal, entende-se que a **existência** de uma "norma" (fonte) pode dar-se pela porta da validade ou pela porta da efetividade, quer dizer, considera-se que uma fonte é direito positivo, existe, se foi elaborada

---

24   FERRAZ Junior, Tercio Sampaio. **Introdução ao estudo do direito** – técnica, decisão, dominação. São Paulo: Atlas, 2008, p. 165-166.

25   FERRAZ Junior, Tercio Sampaio. **Direito constitucional** – liberdade de fumar, privacidade, Estado, direitos humanos e outros temas. São Paulo: Manole, 2007, p. 15.

de acordo com as regras do sistema (norma como significante) ou se seus destinatários comportam-se de acordo com ela (norma como significado ideal e como decisão concreta), independentemente das regras dogmáticas de validação. Nesses termos é possível existir uma norma jurídica contra um direito estatal que pretende, mas não consegue, monopolizar as regras de produção do direito positivo.

A dogmática jurídica, centralizada no Estado, privilegia a validade, conceito moderno. Um significante jurídico, porém, não precisa obedecer aos cânones estatais da validade para comunicar significados normativos, como mostra o direito que efetivamente funciona em países subdesenvolvidos, nos quais há validade sem efetividade e efetividade sem validade.

CAPÍTULO 09

DA TEORIA GERAL DO DIREITO À TEORIA GERAL DO PROCESSO: UM ENSAIO SOBRE POSSÍVEIS *FORMAS DE PENSAR* O FENÔMENO PROCESSUAL BRASILEIRO E SEUS VÍNCULOS IDEOLÓGICOS

Mateus Costa Pereira

Sumário: 1. Introdução. 2. A tese. 3. A antítese. 4. A síntese. 5. Referências Bibliográficas.

1. INTRODUÇÃO

O debate acerca da existência/configuração da Teoria Geral do Processo (TGP) não é novo entre nós. Contudo, malgrado não se revista de novidade, ostenta inegável atualidade. Não porque a doutrina processual brasileira esteja imersa em discussões limitadas no tempo, senão porque novos aportes doutrinários, aqui e acolá com requintes de originalidade, têm enriquecido o debate ao longo dos anos. Remontando a autores peninsulares,[1] a polêmica travada entre os partidários das cor-

---

1. Muito embora tenha sido um dos mais conhecidos arautos da TGP, revisitando sua doutrina, Carnelutti se tornou um dos mais notórios críticos dela; a observação não passa despercebida ao leitor das Instituições. CARNELUTTI, Francesco. **Instituições do processo civil.** 5. ed. rev. e atual. Trad. por Adrián Sotero De Witt Batista. Campinas: Servanda, 1999, p. 103-104. CARNELUTTI, Francesco. **Diritto e processo.** Napoli: Morano Editore, 1958, p. 55-56. Sobre o pensamento de Carnelutti e os fundamentos da mudança doutrinária, ver:

rentes unitária e dualista continua acesa entre nós, mas sobre plataforma argumentativa diferenciada.

Cediço que a defesa de uma TGP não se confunde à combalida proposta de unificação do direito processual.[2] Em verdade, a tese do "direito processual único" contou com pouquíssimas expressões e a literatura – nacional – indica que ela não subsiste.[3] Dessa proposta arrojada, pouco restou entre nós. Há algum tempo a TGP sofreu um redirecionamento, desta feita, mirando a sistematização de seus institutos fundamentais (categorias amplíssimas);[4] do reconhecimento da base principiológica que lhe é comum,[5] mas sem se ater aos dois grandes ramos (civil e penal); inclusive, para alguns doutrinadores, sem restrições aos processos jurisdicionais ou aos estatais. Nessa perspectiva, parcela da processualística sustenta que a sistematização do processo fundada na dicotomia civil e penal teria se esvaziado com o advento da Constituição Federal de

---

COUTINHO, Jacinto N. de Miranda. **A lide e o conteúdo do processo penal**. Curitiba: Juruá, 1998, p. 19 e ss. Para um estudo da "lide", em si considerada, e sua importância na doutrina do mestre peninsular, cf. CUNHA, Alcides Alberto Munhoz da. **A lide cautelar no processo civil**. Curitiba: Juruá, 1992, p. 77 e ss.

2. Poucos foram os defensores da unificação; o próprio Carnelutti, num primeiro momento de seu pensamento, foi um deles. Niceto Alcalá-Zamora y Castillo faz menção a alguns continuadores dessa proposta; assim, na Alemanha, Wilhelm Sauer e James Goldschmidt; e na Itália, Rende e D'Agostino. No tocante aos germanos, afirmava que estaria implícito em suas obras (CASTILLO, Niceto Alcalá-Zamora Y. **Estudios de Derecho Procesal**. Madrid: Centro Editorial Góngora, 1934, p. 85, nota 12). Já Zanzucchi, acreditava que a falta de construção da TGP na Itália se devia ao ensino apartado do processo civil, penal e administrativo e, inclusive, ministrado por docentes diferentes (ZANZUCCHI, Marco Tulio. **Diritto Processuale Civile**: introduzione e parte generale. Milano: Giuffrè, 1947, p. 81.)
3. Usualmente, quando os autores se referem à unidade fundamental do processo, não comprometida por sua especificação em ramos, aludem ao terreno comum que vimos tratando. Por todos, cf. ROCHA, José de Albuquerque. **Teoria geral do processo**. 9. ed. São Paulo: Atlas, 2007, p. 21 e ss.
4. DINAMARCO, Cândido Rangel. **Instituições de Direito Processual Civil**. 5. ed. São Paulo: Malheiros, 2005, v. 1, p. 275. Em sentido crítico, entendendo que a primeira vertente já perdeu sua importância, cf. SICA, Heitor Vitor Mendonça. "Perspectivas atuais da 'Teoria Geral do Processo'". In: **Bases científicas para um renovado direito processual**. Athos Gusmão Carneiro e Petrônio Calmon (orgs.). Brasília: IBDP, 2008, v. 1, p. 39-66.
5. Com Fazzalari, podemos citar o princípio da demanda, publicidade, motivação, dispositivo, contraditório, ampla defesa etc. **Conocimiento y valores:** ensayos. Lima: Communitas, 2008, p. 197-198.

1988.[6-7] Em síntese, e para atender ao avanço científico que fomentou o reconhecimento de outros ramos processuais, a Teoria Geral do Processo careceria de outra configuração, mais larga, com o "cuidado" para não cair em excessiva generalização.

Seguindo o passo, para além da bipartição clássica do direito processual, a doutrina aponta outros processos jurisdicionais, tais como o trabalhista, o eleitoral e o tributário – ombreando com os processos de cunho administrativo –, se é que não seria possível reconhecer um *processo* também na atividade das entidades intermediárias,[8] ou, adotando outras tipologias, dilatadas, falar em um processo legislativo (edição de normas de caráter geral) etc.[9] O tema não ofereceria embaraços se se reconhecer a condução de processos estatais sujeitos ao contraditório e vocacionados à produção de uma norma jurídica nas diferentes manifestações da atuação estatal,[10] assumindo-se que todas elas se caracterizariam por um processo de escolha: das diferentes possibilidades de resolução seria eleita uma; logo, uma decisão de cunho normativo.[11] Bastaria, portanto, endossar a premissa, e o pensamento desconheceria rédeas rumo à generalidade e à abstração.

---

6. SICA, Heitor Vitor Mendonça. "Perspectivas atuais da 'Teoria Geral do Processo'". **Bases científicas para um renovado direito processual**. Athos Gusmão Carneiro e Petrônio Calmon (orgs.). Brasília: Instituto Brasileiro de Direito Processual, 2008, v. 1, p. 47.

7. Sem olvidar a evolução do processo civil em aproximação ao processo penal, bastando resgatar o desenvolvimento do *devido processo legal* entre nós (cf. LIMA, Maria Rosynete Oliveira. **Devido Processo Legal**. Porto Alegre: Sergio Antonio Fabris, 1999, p. 158); e sem perder de vista que, com o processualismo científico, foi o processo penal que se abeberou do processo civil. Incorporando, dentre outros, o conceito de relação jurídica processual, a autonomia da ação e a noção de partes (RÚA, Fernando de la. **Teoría general del proceso**. Buenos Aires: Depalma, 1991, p. 01 e ss).

8. DINAMARCO, Candido Rangel. **A instrumentalidade do processo**. 12. ed. rev. e atual. São Paulo: Malheiros, 2005, p. 86.

9. SOARES, Ricardo Maurício Freire. **Fundamentos epistemológicos para uma teoria geral do processo**. Teoria do Processo: panorama doutrinário mundial. Coord. Fredie Didier Jr. e Eduardo Ferreira Jordão. Salvador: JusPodivm, 2008, p. 846.

10. DIDIER JR., Fredie. **Curso de direito processual civil:** teoria geral do processo e processo de conhecimento. 11. ed. Salvador: JusPodivm, 2009, v. 1, p. 29.

11. BRAGA, Paula Sarno. **Aplicação do devido processo legal nas relações privadas**. Salvador: JusPodivm, 2009, p. 37 e ss. Isso, para quem admite que exista um processo de escolha também na jurisdição.

De fato, é possível reconhecer uma base comunitária atravessando múltiplos ramos ou disciplinas, tenham ou não caráter jurisdicional,[12] sendo suficiente lembrar a incidência de direitos fundamentais enfeixados sob a rubrica do devido processo legal em processos de caráter não jurisdicional, tais como: o respeito à igualdade nos procedimentos licitatórios; a participação dos interessados no processo administrativo; a ampla defesa no processo disciplinar etc.[13] A problemática repousaria no modo de construção dessa base; na extensão geográfica que seja possível – sem artifícios retóricos – atribuir a ela; em sua importância à compreensão do fenômeno processual brasileiro; outrossim, em meditar se os avanços abstrato-sistemáticos são imprescindíveis ao aperfeiçoamento do processo e da tutela dos direitos.

Em passos ainda mais audaciosos, fração da doutrina situa a categoria dos atos jurídicos em sentido amplo na TGP (ato jurídico em sentido estrito e negócio jurídico), fundando-se na incidência dos direitos fundamentais nas relações privadas – a conhecida eficácia horizontal,[14] projetando-se mediata e imediatamente.[15] Em verdade, haveria uma tendência de não apenas identificar um caráter público à relação processual

---

12. RODRIGUES, Horário Wanderlei Rodrigues; LAMY, Eduardo de Avelar. **Teoria geral do processo.** Rio de Janeiro: Elsevier, 2012, p. 12-13.
13. DINAMARCO, Candido Rangel. **A instrumentalidade do processo.** 12. ed. rev. e atual. São Paulo: Malheiros, 2005, p. 85.
14. MARINONI, Luiz Guilherme. **Teoria geral do processo.** 2. ed. São Paulo: Revista dos Tribunais, 2007, v. 1, p. 76-88; SOARES, Ricardo Maurício Freire. **Fundamentos epistemológicos para uma teoria geral do processo.** Teoria do Processo: panorama doutrinário mundial. Coord. Fredie Didier Jr. e Eduardo Ferreira Jordão. Salvador: JusPodivm, 2008, p. 846; Cf. BRAGA, Paula Sarno. **Aplicação do devido processo legal nas relações privadas.** Salvador: JusPodivm, 2009, p. 37 e ss. Em sentido semelhante, mas sem aludir à eficácia horizontal dos direitos fundamentais, cf. ROCHA, José de Albuquerque. **Teoria geral do processo.** 9. ed. São Paulo: Atlas, 2007, p. 20. Ainda sobre o tema, cf. SICA, Heitor Vitor Mendonça. "Perspectivas atuais da 'Teoria Geral do Processo'". In: **Bases científicas para um renovado direito processual.** Athos Gusmão Carneiro e Petrônio Calmon (orgs.). Brasília: IBDP, 2008, v. 1, p. 39-66.
15. Cf. MARINONI, Luiz Guilherme. **Teoria geral do processo.** 2. ed. São Paulo: Revista dos Tribunais, 2007, v. 1, p. 76-88. O tema da incidência dos direitos fundamentais é dos mais enervantes. Compulsando obra monográfica sobre o assunto, colhe-se diferentes situações de atos jurídicos em sentido amplo em se impõe a observância das garantias mínimas que informam os processos em geral, bastando figurar o caso do "adimplemento restritivo" da obrigação, em que será necessário o respeito ao contraditório, ampla defesa etc. BRAGA, Paula Sarno. **Aplicação do devido processo legal nas relações privadas.** Salvador: JusPodivm, 2009, p. 49.

(= ato complexo), subsumindo-se os atos negociais na mesma categoria; destarte, do processo formativo ao processo executivo, o ato negocial seria animado pela cláusula do devido processo legal, consubstanciando-se na "exigência de moderação e legalidade no exercício dos poderes".[16] Com reservas, o próprio Dinamarco já afirmava que, deixando de lado a circunstância dos atos negociais não serem ultimados por um provimento, também neles seria possível visualizar um processo.[17]

Já os que se contrapõem ao desenvolvimento da Teoria Geral do Processo, nem sempre estão calcados em argumentos tão consistentes e/ou atraentes do ponto de vista do discurso;[18] não raro, fiando-se em meros extratos do direito positivo, o que nos remete ao alerta de Kirchmann, já que a sorte das objeções fica ao inteiro sabor do legislador. Ao fim e ao cabo, além de desequilibrado, o debate entre os adeptos das correntes unitária e dualista também resta enfraquecido. Pior, com a sensação de que a razão assistiria aos que navegam pelo pensamento sistematizante,[19] já que os críticos da TGP logram a façanha de se desacreditar.

De nossa parte, acreditamos que um verdadeiro diálogo com os cultores da Teoria Geral do Processo, prenhe de dialogicidade,[20] funda-se

---

16. BRAGA, Paula Sarno. **Aplicação do devido processo legal nas relações privadas**. Salvador: JusPodivm, 2009, p. 49.
17. DINAMARCO, Candido Rangel. **A instrumentalidade do processo**. 12. ed. rev. e atual. São Paulo: Malheiros, 2005, p. 79. Para ele, a TGP consistiria num "sistema de conceitos e princípios elevados ao grau máximo de generalização útil e condensados indutivamente a partir do confronto dos diversos ramos do direito processual." (p. 68).
18. Temos alguns bons exemplos entre nós; por todos, cite-se o magistério de Ovídio Baptista da Silva e Luiz Guilherme Marinoni, os quais são citados ao longo do trabalho. Na doutrina estrangeira, cf. DIAS, Jorge Figueiredo. **Direito processual penal**. Coimbra: Coimbra Editora, 2004, p. 54.
19. A sistematização não é um problema. Mesmo porque, como anota Morin, tudo é formado por sistemas; a própria vida é um sistema de sistemas (MORIN, Edgar. **O método 1**: a natureza da natureza. Trad. Juremir Machado da Silva. 3. ed. Porto Alegre: Sulina, 2005, p.128-129). O problema repousa na busca de sistematicidade embebida nos mesmos padrões científicos engendrados nos sécs. XVII e XVIII, instituindo sistemas irredutíveis e que repudiam a complexidade.
20. "[...]. A epistemologia, é preciso sublinhar, nestes tempos de epistemologia policialesca, não é um ponto estratégico a ocupar para controlar soberanamente qualquer conhecimento, rejeitar qualquer teoria adversa, e dar a si o monopólio da verificação, portanto da verdade. A epistemologia não é pontifical nem judiciária; ela é o lugar ao mesmo tempo da incerteza e da dialógica. De fato, todas as incertezas que consideramos relevantes devem ser confrontadas, corrigir umas às outras, entredialogar sem que, no entanto, se

em perspectiva filosófica – sem o endosso da herança cartesiana.[21] Nessa linha, a opção de enfrentamento do tema utiliza a obra monográfica de Fredie Didier Jr. como fio condutor,[22] o que está calcado em diferentes motivos, dos quais destacamos: sua monografia é o resultado de um dos mais recentes trabalhos de fôlego publicados em nosso país; nela, o autor dialoga com os principais trabalhos nacionais e internacionais já publicados, condenando larga fração deles por alimentarem uma visão caricaturada da TGP;[23] e, seus argumentos não são construídos com a redução do fenômeno jurídico ao direito positivo, senão pretendendo arrimar a tese em bases filosóficas. É a oportunidade de perquirir a linha filosófica perfilhada pelo referido autor, bem como entender seus compromissos ideológicos.[24]

Para tanto, no afã de facilitar a leitura e compreensão do texto, o presente estudo será dividido em três partes, quais sejam: tese, antítese e síntese; na primeira faremos um bosquejo das ideias de Fredie Didier Jr., destacando as linhas gerais de sua obra; na segunda, já num viés dialético, desnudaremos os alicerces de seu pensamento, ao tempo em que também serão alinhavadas as principais objeções à sua tese; ao final, ainda em perspectiva crítica e já em caráter conclusivo, apresentaremos a síntese. Respeitadas as limitações de espaço peculiares a um artigo, esclarecemos que em outro trabalho, ao estudar o racionalismo e sua repercussão no Direito e no processo, tivemos o cuidado de resgatar as raízes da TGP, analisando o tema com a profundidade que merece.[25]

---

imagine possível tapar com esparadrapo ideológico a última brecha". **Introdução ao pensamento complexo.** Trad. Eliane Lisboa. 4. ed. Porto Alegre: Sulina, 2011, p. 46.

21. Como anota Morin, Descartes é um dos principais responsáveis pela separação entre ciência e filosofia. MORIN, Edgar. **Introdução ao pensamento complexo.** Trad. Eliane Lisboa. 4. ed. Porto Alegre: Sulina, 2011, *passim*.

22. **Sobre a teoria geral do processo:** essa desconhecida. Salvador: JusPodivm, 2012.

23. A expressão é nossa, mas é o que seu trabalho denota pelo próprio título adotado para a obra ("essa desconhecida").

24. Argumentar que uma obra possui compromissos ideológicos não é uma forma de rotulá-la ou diminuí-la. Muito pelo contrário, já que, na linha de Nelson Saldanha, entendemos que, em acepção larga, toda obra humana guarda compromissos ideológicos; em sentido estrito, contudo, são consideradas ideológicas as posturas comprometidas com o poder ou à sua luta. **Da teologia à metodologia:** secularização e crise no pensamento jurídico. Belo Horizonte: Del Rey, 1993, p. 81.

25. PEREIRA, Mateus Costa. **O paradigma racionalista e sua repercussão no direito processual brasileiro** (Dissertação de Mestrado). Recife: Unicap, 2009.

O estudo do tema conduz à reflexão do *modo de pensar* o processo civil brasileiro e, pois, em certa medida, também da novel legislação processual.[26] Mesmo porque, se as reformas legislativas deve(ria)m ser a *ultima ratio* à evolução da dogmática processual – a lição é de Eduardo José da Fonseca Costa –, algo que, antes, deveria ser obrado em debates científicos,[27] resta saber como a doutrina nacional concebe os alicerces do processo; e, diante do CPC/15, o paradigma que conforma o fenômeno processual brasileiro.

2. A TESE

> A Analítica Jurídica não é o único repertório de que se deve valer o cientista do Direito. Não se faz ciência do Direito apenas manipulando os conceitos jurídicos fundamentais. A afirmação que pode soar como platitude, justifica-se para evitar a crítica de que esta tese ignora, por exemplo, as funções da Hermenêutica e da Axiologia Jurídica para a Ciência do Direito.[28]

Com o nítido propósito de advertir o leitor, a afirmação de Fredie Didier Jr. – constante da transcrição acima – não soa como platitude ou sensaboria. Todavia, como pretendemos demonstrar adiante, conserva ranços iluministas, ligando-se à forma de pensar dos setecentos e oitocentos; ao cientificismo e ao paradigma da ciência moderna. Não havendo texto sem contexto, seríamos levianos ao julgar o pensamento de um autor com base em excerto pinçado de sua obra. Sem embargo, a premissa por ele encampada não pode ser ignorada, na medida em que os compromissos paradigmáticos (modernidade) não estão presentes apenas naqueles que reduzem o fenômeno jurídico à analítica, mas também nas obras calcadas em sua hipertrofia ou exaltação.[29] Mas os contornos da crítica podem esperar a "antítese" (item seguinte).

---

26. Para ilustrar nossas colocações, veja-se o interessante trabalho de Leonard Ziesemer Schmitz, o qual analisa os liames dentre a TGP e a parte geral do novo Código. "A Teoria Geral do Processo e a Parte Geral do Novo Código de Processo Civil". *In:* **Novo CPC doutrina selecionada:** parte geral. Lucas Buril de Macêdo, Ravi Peixoto e Alexandre Freire (orgs.). Salvador: JusPodivm, 2015, v. 1, p. 101-132.
27. COSTA, Eduardo José da Fonseca. "Uma arqueologia das ciências dogmáticas do processo". **Revista Brasileira de Direito Processual (RBDPro),** Belo Horizonte, Ano 16, n. 61, jan.--mar. 2008, p. 11-44.
28. DIDIER JR., Fredie, op. cit., p. 53.
29. Aliás, o que é a marca de nossa doutrina, como bem pontuado por Eduardo José da Fonseca Costa. "Uma arqueologia das ciências dogmáticas do processo". **Revista Brasileira de**

Muito embora reconheça o Direito como um objeto cultural, sujeito a contingências histórico-temporais, o processualista baiano defende a existência de conceitos que se prestariam à compreensão do fenômeno jurídico onde quer que ele ocorra e independente de seu conteúdo;[30] sugere, no ponto, um cuidado em selecionar quais seriam os conceitos aptos para tanto. Trabalha, pois, com conceitos lógico-jurídicos [também chamados de fundamentais; utilizados à compreensão, interpretação e aplicação do ordenamento jurídico (função heurística)]; e jurídico-positivos, elaborados a partir dos primeiros.[31]

Adotando a linha perfilhada por Juan Manuel Teran,[32] Didier Jr. entende que os conceitos jurídico-positivos seriam extraídos da observação de um determinado Direito Positivo. Já por conceitos lógico-jurídicos compreende aqueles com "pretensão de validez universal"; prestar-se-iam, pois, à compreensão de qualquer ordenamento jurídico determinado. Nesse orbe, os conceitos lógicos seriam indispensáveis a qualquer contato científico com o Direito; assumiriam o status de conceitos aprioríscos (fundamentais), malgrado defenda que também seriam produto da experiência jurídica.[33-34] Para ele, o progresso científico está atrelado à superação dos conceitos lógico-jurídicos fixados de antanho, na medida em que não mais sirvam à compreensão da experiência, vale dizer, se o "conceito perde o seu alcance ('portata') teórico e a sua capacidade explicativa, ele deve ser revisto".[35] Na mesma linha, os conceitos funda-

---

Direito Processual (RBDPro), Belo Horizonte, Ano 16, n. 61, jan.-mar. 2008, p. 11-44.

30. DIDIER JR., Fredie, op. cit., p. 38-39.
31. Ibid., p. 49. E sobre a relação dentre os conceitos: p. 49; p. 118; p. 134.
32. TERAN, Juan Manuel. **Filosofia del derecho**. 7. ed. México: Editorial Porrua, 1977.
33. DIDIER JR., op. cit., p. 39-43.
34. Arrola como exemplos de conceitos jurídico-positivos: casamento, estupro, recurso extraordinário, apelação etc. Exemplos de conceitos que, para ele, seriam fundamentais, também hauridos de sua obra: fato jurídico, relação jurídica, invalidade, efeito jurídico, ato jurídico, ato-fato jurídico, fonte do direito, norma jurídica, regra jurídica, princípio, sujeito de direito, capacidade, personalidade, objeto do direito, causa etc. – conceitos que reputa fundamentais à ciência jurídica. Particularizando ao âmbito processual: competência, decisão, cognição, admissibilidade, norma processual, processo, demanda, legitimidade, pretensão processual, capacidade de ser parte, capacidade processual, capacidade postulatória, prova, presunção, tutela jurisdicional etc. Ibid., p. 43-45.
35. Insistindo em classificá-los como a priori ("aprioríscos"), e no afã de demonstrar suas afirmações, aponta a preclusão e a execução forçada como exemplos de conceitos lógico-jurídicos que teriam sido substituídos por sua inadequação. Ibid., p. 47-48.

mentais seriam "reconstruíveis", pois a realidade jamais poderia ser ignorada em prol da preservação do conceito.[36]

Na concepção de Fredie Didier Jr., as bases da Teoria Geral do Processo remontam à função da Teoria Geral do Direito (TGD) – a última é equiparada à Teoria Fundamental do Direito ou à Analítica Jurídica. A TGD forneceria o material às ciências jurídicas dogmáticas específicas (exs. Direito Processual Civil; Direito Penal etc.). E, posto que não equipare a TGD a uma construção lógico-formal – a TGD seria irredutível à lógica – assume que os princípios supremos da lógica seriam aplicáveis ao direito (identidade, não contradição e terceiro excluído).[37-38]

A Teoria Geral do Direito é única; à sustentação de uma Teoria Geral do Processo (TGP), o autor aplica o mesmo raciocínio expendido para a TGD, também alicerçando a Teoria do Processo em conceitos lógico-jurídicos;[39] e no conceito de *processo jurisdicional* como conceito fundamental primário desse conjunto, o que o referido autor já faz na perspectiva de uma Teoria Geral do Processo Jurisdicional. De acordo com a sua doutrina, a TGP é um "excerto" da TGD: uma teoria parcial em relação a ela, tendo por objeto a compreensão do fenômeno processual em qualquer lugar em que aconteça. A TGP desconheceria barreiras geográficas, dado não cuidar de qualquer direito positivo, senão lhe subsidiando com o repertório conceitual necessário a esse exame.[40]

Como sói ocorrer, na pretendida generalidade – leia-se, pretensão de universalidade –, a TGP diminui sua intensidade; sua larga abrangência compromete sua profundidade, de modo que, "em relação a teorias particulares ou individuais do processo", a disciplina possui "uma

---

36. Ibid., p. 53.
37. Ibid., p. 54-55.
38. Nas palavras do autor: "A Teoria Geral do Direito é, portanto, uma disciplina filosófica, especificamente epistemológica: trata-se de um conhecimento (logos) sobre uma ciência (episteme). É possível afirmar que se trata do conhecimento científico, desde que se compreenda a Epistemologia como a ciência da ciência." Ibid., p. 56-57.
39. Ao divergir do pensamento de Niceto Alcalá-Zamora y Castillo: "[...]. A premissa é diversa da que se adota nesta tese, que segue a linha de que a Teoria Geral do Direito (e, *a fortiori*, a Teoria Geral do Processo) é uma disciplina epistemológica e, pois, filosófica" (Ibid., p. 91-92). Baseando-se em Lourival Vilanova, o autor entende que o conceito primário é aquele, dentre os conceitos lógico-jurídicos, que fundamenta todos os outros; conceito que delimita o próprio campo da respectiva ciência. (Ibid., p. 65-66).
40. Ibid., p. 75-78.

reduzida capacidade de explicação de fenômenos jurídicos próprios de uma determinada ordem jurídica" –[41] palavras que precipitam a censura, muito embora, noutro momento de seu trabalho, por força do "neopositivismo", Didier Jr. afirme que a incorporação de alguns conceitos à TGP (atrelados ao papel normativo da jurisdição), teria levado ao aumento de sua intensidade (incremento da capacidade explicativa) e à perda de sua extensão.[42] Algumas indagações são suscitadas, sobretudo a partir da segunda colocação: significa que a TGP já não alimenta as pretendidas bases universais? O papel normativo da jurisdição é um ponto oriundo da observação do ordenamento jurídico brasileiro ou teria sido extraído da experiência de qualquer outro país?

O repertório oferecido pela TGP teria como principal serventia a compreensão e aplicação do direito processual – onde quer que ele ocorra, insista-se; um instrumento que seria indispensável ao êxito da Ciência Dogmática do Processo.[43] O processualista baiano divisa a TGP da Ciência (dogmática) do Processo e, por mais que trabalhe com dois níveis de linguagem em seu discurso – o epistemológico (TGP) e o da dogmática –, de suas palavras ainda é possível discernir um terceiro, concernente ao direito positivo.[44] Recorremos às palavras do autor:

> Faz-se *Ciência (dogmática) do Processo* quando se discute sobre se o recurso cabível contra uma determinada decisão é apelação ou agravo; sobre se o prazo para apresentação de defesa na execução de sentença é de quinze ou trinta dias; sobre se é cabível uma determinada modalidade de intervenção de terceiro em certo tipo de procedimento.
>
> É Epistemologia do Processo, porém, definir o que seja *decisão, defesa* ou *intervenção de terceiro*. Não se trata de problemas da *Ciência do Direito Processual*, que, por ser dogmática, toma um determinado arcabouço de conceitos como corretos e, após se valer deles, propõe soluções às questões de direito positivo.
>
> A relação entre esses dois níveis de linguagem é permanente e inevitável, mas é preciso que fiquem sempre claras as suas diferenças.[45]

---

41. Ibid., p. 64-65.
42. Ibid., p. 164.
43. Ibid., p. 118.
44. Ibid., p. 78.
45. Ibid., p. 78.

As diferenças devem permanecer claras, prossegue, a fim de evitar discussões doutrinárias que tratam de questões de direito positivo como se problemas "gerais" fossem – situação em que os interlocutores não estariam fazendo teoria do processo.[46] Daí a crítica que, adiante, Didier Jr. reserva a alguns doutrinadores que se propuseram a enfrentar o tema.[47]

A TGP não excluiria a construção de uma *Teoria do Processo Civil brasileiro*, para ele, consistente no universo dos conceitos jurídico-positivos necessários à compreensão do direito processual civil brasileiro; tal e qual, ombreando a ela, haveria outras teorias parciais (do processo penal, do processo administrativo, do processo tributário etc.) – antes, a TGP permitiria a compreensão de todas as demais.[48] E a própria Teoria do Processo Civil brasileiro abarcaria outras teorias parciais (da prova, dos recursos, da competência etc.) – todas formadas por dedução dos princípios *lógico-jurídicos*.[49] Observando que uma Teoria do Processo Civil brasileiro não teria status científico, haja vista a limitação geográfica imposta pela análise de conceitos positivados; o discurso científico – está pressuposto na assertiva do autor – tem bases (pretensões) universais. Se toda construção científica ocorre apenas num plano universal, resta saber qual a contribuição que os "cientistas" de cada país – do Brasil, por exemplo –, fornecem à consolidação desse discurso hegemônico; eventualmente, algo que no passado nos tornou – quiçá, ainda torna – objeto de colonização doutrinária...

No tocante à utilidade da TGP, Fredie Didier Jr. sustenta uma função "bloqueadora", preconizando que a solução jurídica a um problema de direito processual terá sua aceitabilidade condicionada ao alinhamento com a pauta conceitual por ela fornecida. No mesmo contexto, endossa a

---

46. Ibid., p. 80.
47. Ibid., p. 86-108.
48. A mesma afirmação é afirmada e reiterada ao longo da tese. Na p. 85: "Mas a Teoria Geral do Processo é única e, como sobrelinguagem, servirá à compreensão de qualquer dessas linguagens normativas". Na p. 103: "[...]. Reafirma-se, assim, o que se vem dizendo ao longo de toda a tese: a Teoria Geral do Processo é um repertório de conceitos jurídicos fundamentais para a compreensão de qualquer processo ou de qualquer direito processual, pouco importando a sua respectiva 'morfologia'". Na p. 109: "a Teoria Geral do Processo serve à compreensão de qualquer processo, inclusive do processo penal".
49. Ibid., p. 80-81.

posição de Tércio Sampaio Ferraz Jr., para quem uma interpretação válida seria aquela cuja argumentação esteja em conformidade aos padrões dogmáticos.[50] Em outras palavras, as respostas aos problemas de direito processual deverão ser extraídas desse sistema conceitual (conceitos jurídico-positivos e, *a fortiori*, lógico-jurídicos). Noutro momento, reafirmando seu ponto de vista: "Sem o manancial teórico fornecido pela Teoria Geral do Processo, a interpretação justa do direito processual torna-se, rigorosamente, impossível."[51] E o que se concebe por *interpretação justa*? Justa é a interpretação que *deduz* a solução jurídica de um manancial teórico hegemônico?

A TGP também evitaria a equivocidade terminológica; evitaria a equivocidade e garantiria o aperfeiçoamento profissional.[52] O autor preconiza que o domínio dos conceitos fundamentais facilitaria o manuseio dos conceitos jurídico-positivos e, pois, o trânsito dos profissionais pelo Direito. Todavia, assim nos parece, as bases científicas da TGP leva(ra)m ao seu desenvolvimento no plano abstrato-sistemático. Conquanto ela possa auxiliar em alguns casos, limita-se a "explicar" os fenômenos pelo viés analítico, não levando à compreensão dos casos (litígio), tampouco oferecendo todo o substrato indispensável à compreensão e construção da solução à espécie – algo que, decerto, e no intuito de se protegerem, os analíticos relegam a outras abordagens do Direito. À TGP (Analítica Processual) caberia apenas fornecer o repertório conceitual, confiando que o legislador observará esses conceitos elaborados em nível epistemológico pela doutrina.[53]

Por fim, após sugerir o conteúdo programático da disciplina que tem por objeto o ensino da Teoria Geral do Processo nos cursos de Direito (graduação) de perfil generalista (caso brasileiro), sugere uma mudança na nomenclatura, propondo-se uma *Introdução ao Estudo do Direito Processual* ou *Introdução ao Direito Processual*; mesmo porque, a Teoria Geral do Processo seria apenas um excerto dessa disciplina. Recomendação diversa é preconizada aos estudos em nível de mestrado e de

---

50. Ibid., p. 118-119.
51. Ibid., p. 119.
52. Ibid., p. 135-142.
53. Ibid., p. 142 e p. 147.

doutorado –⁵⁴ questões que refogem ao objeto deste diálogo; aludimos a elas apenas para registrar o alcance e seriedade da proposta encabeçada pelo autor.

3. A ANTÍTESE

> É de certa forma curioso que o legalismo, característico das grandes visões de interpretação do direito no século XIX, aparece aos poucos, sob outros nomes e outras vestes, a partir dos anos 60 ou 70, dentro da orientação que se chamaria "analítica". **Uma orientação que não trata do ser do direito, nem da vida do direito como realidade histórica, nem da hermenêutica como parte permanente dessa realidade.**55 (grifamos)

Inicialmente, desdobrando o excerto acima, permita-se um brevíssimo esclarecimento: no Ocidente moderno e contemporâneo foi estabelecida uma concepção extrínseca e questionável de interpretação, a qual, reduzida no séc. XVIII a alguns cânones sem vida, foi repudiada por Napoleão,[56] compactada em esquematismos pelos exegetas e, adiante, estudada como instrumental paradidático por Savigny. Desde então, hermenêutica e interpretação passaram a ser encaradas como algo complementar ao Direito,[57] nada obstante a contribuição do romantismo e, mais tardiamente, o expressivo desenvolvimento da hermenêutica pelo contributo de Heidegger, Betti e Gadamer,[58] para citar apenas alguns dos nomes mais marcantes.

---

54. Ibid., p. 168-177.
55. SALDANHA, Nelson. "Do direito natural à teoria da argumentação". In: **História do Direito e do Pensamento Jurídico em Perspectiva**. Cláudio Brandão, Nelson Saldanha e Ricardo Freitas (coords.). São Paulo: Atlas, 2012, p. 235. Sobre o *legalismo,* do mesmo autor, cf. **Legalismo e ciência do direito**. São Paulo: Atlas, 1977, p. 31 e ss.
56. Basta lembrar a nada otimista reação de Napoleão ao surgimento dos comentários ao Código de 1.804: "Mi código está perdido". AFTALIÓN, Enrique R; GARCA OLANO, Fernando; VILANOVA, José. **Introduccion al derecho:** Nociones preliminares, teoria general, enciclopedia juridica, historia de las ideas. 12. ed. Buenos aires: Abeledo-perrot, 1980, p. 417.
57. SALDANHA, Nelson. **Estudos de teoria do direito**. Belo Horizonte: Del Rey, 1994, p. 71.
58. Entre nós, o destaque ao rico e denso pensamento de Nelson Saldanha; a hermenêutica está presente em todas suas obras, mormente pelo enaltecimento do historicismo e da compreensão. Sem embargo, ainda dedicou o esforço de uma obra ao tema. **Ordem e hermenêutica**. 2. ed. Rio de Janeiro: Renovar, 2003.

Mas a herança racionalista (racionalismo *epistemológico*), cujo ápice ocorreu com a Ilustração, operou a mutilação da axiologia,[59] centrando o conceito de Direito sobre a ideia de ordem.[60] Ademais, levou à criação de uma ciência sem "preconceitos", termo que passou a ser utilizado pejorativamente com o Iluminismo.[61] Outrossim, carregando a proposta de depurar a ciência de elementos empíricos, fomentou a crença do conhecimento alheio a experiências (não contingencial; de pretensões universais). Em suma, o conhecimento racional (objetivo), não apenas precedia a consciência histórica, como repudiava os elementos empíricos (acidentais).

De um ponto de vista crítico, a modernidade, "época do fácil" que se consolidou com os ventos iluministas, implicou no esvaziamento de conceitos; na perda de valores fundantes.[62] A cultura, tão cara a outros momentos históricos, tornou-se mutável e fragmentada. Gradualmente, o historicismo perdeu sua importância, num passo contínuo de esvaziamento que conduziu o conhecimento ao estudo das formas, desprezando-se tudo aquilo agrupável sob o rótulo de "contingências". O campo científico – moderno – não trabalha(va) com o residual, visto que o conhecimento fomentado pelas ciências haveria de ser universal, tal como era a linguagem matemática utilizada por elas. Curiosamente, este conhecimento, *uno*versal,[63] representaria uma apropriação indevida do *teorein* grego, no qual o *pensar* não mais seria antecedido pelo *ver*.[64]

---

59. Asfixiando a hermenêutica, como ensinava Nelson Saldanha. **Filosofia do direito.** 2. ed. rev. e ampl. Rio de Janeiro: Renovar, 2005, p. 149.
60. SALDANHA, Nelson. **Estudos de teoria do direito.** Belo Horizonte: Del Rey, 1994, p. 78-80.
61. Coube a Gadamer buscar a revalorização do termo ("preconceito"), o qual, em seu pensamento, confunde-se às estruturas prévias da compreensão. Sobre o tema, cf. CORETH, Emerich. **Questões fundamentais de hermenêutica.** Trad. Carlos Lopes de Matos. São Paulo: Ed. Da Universidade de São Paulo, 1973, p. 24-25. SCHMIDT, Lawrence K. **Hermenêutica.** Trad. Fábio Ribeiro. Petrópolis: Vozes, 2012, p. 186-188.
62. SALDANHA, Nelson Nogueira. **Ética e história.** 2. ed. Rio de Janeiro: Renovar, 2007, p. 75.
63. O paradigma conforma a ciência; o paradigma racionalista conformou a ciência moderna. O método científico foi modelado de acordo com os valores carreados pelo paradigma (princípios ocultos que governam a nossa visão), os quais foram enfatizados pelo Iluminismo. O método foi desenvolvido no seio das ciências naturais e calcado na linguagem matemática enquanto sustentáculo de um saber universal; não foi pensado, portanto, em consideração às características das ciências humanas – diante de um conhecimento *uno*versal, a ciência também deveria ser una.
64. SALDANHA, Nelson Nogueira. **Teológico, Metafísico e Positivo:** filosofia e epistemologia no ocidente moderno. Rio de Janeiro: Academia Brasileira de Letras, 2010, p. 13.

As linhas anteriores tiveram em mira deixar claro que não tomamos a hermenêutica como sinônimo de interpretação (ou arte de interpretação), muito embora ela também possa significar isso.[65] Para nós, a hermenêutica não tem uma função paralela, ao alvedrio da abordagem eleita pelo estudioso. Todo trabalho científico-social é hermenêutico;[66] toda obra humana reclama a hermenêutica, cujos passos iniciais remonta a autores como Schleiermacher e Dilthey,[67] o último já enaltecendo a historicidade do saber, a despeito do objetivismo científico – marcante nos sécs. XVII e XVIII – ter obnubilado muitas lentes.[68] Entre outros, o

---

65. "O termo hermenêutica tem sido utilizado na doutrina jurídica sem suficiente consciência de suas relações (e distinção) em face da noção de interpretar. Em nosso entender a hermenêutica tem um sentido mais genérico e mais preso ao plano teórico (talvez se possa afinal aceitar a sua conceituação como 'teoria dos fundamentos do interpretar'); a interpretação, que visa o concreto e que atende ao movimento da ordem para a prática, aparece motivada por uma finalidade que é a aplicação. Entretanto, como toda ordem é interpretável, na medida em que é compreensível e em que alcança com sua prescritibilidade o plano das vidas reais (e daí a importância da noção de experiência), a hermenêutica e a interpretação existem no Direito tanto quanto na política, tanto quanto na teologia. Estas ordens se testam no real particular, projetando-se nas situações concretas e ensejando interpretações que são (ou devem ser) sempre relativas: tão relativas quanto clara for a consciência de que o concreto é sempre o contingente e é nele que ocorrem os conflitos e os apelos próprios da condição humana". SALDANHA, Nelson Nogueira. **Ordem e hermenêutica.** 2. ed. Rio de Janeiro: Renovar, 2003, p. 246. Ainda sobre o tema, do mesmo autor, ver: **Estudos de teoria do direito.** Belo Horizonte: Del Rey, 1994, p. 85-87.

66. SALDANHA, Nelson. **Estudos de teoria do direito.** Belo Horizonte: Del Rey, 1994, p. 85-87. Em sentido mais amplo, sustentando uma mesma "cidadania epistemológica" para todos, fundada na hermenêutica, ver PASQUALINI, Alexandre. **Hermenêutica e sistema jurídico:** uma introdução à interpretação sistemática do direito. Porto Alegre: Livraria do Advogado, 1999, p. 16-17.

67. DILTHEY, Wilhelm. **Introducción a las ciencias del espíritu:** ensayo de una fundamentación del estudio de la sociedad y de la historia. Trad. Julián Marías. Madrid: Alianza Editorial, 1986, p. 39 e ss. GADAMER, Hans-Georg. **El giro hermenéutico.** 2. ed. Trad. Arturo Parada. Madrid: Ediciones Cátedra, 1995, p. 85 e ss. SILVA, Ovídio A. Baptista da. **Epistemologia das ciências culturais.** Porto Alegre: Verbo Jurídico, 2009, p. 57-74. PASQUALINI, Alexandre. **Hermenêutica e sistema jurídico:** uma introdução à interpretação sistemática do direito. Porto Alegre: Livraria do Advogado, 1999, p. 15 e ss. PALMER, Richard E. **Hermenêutica.** Trad. Maria Luisa Ribeiro Ferreira. Lisboa: Edições 70, 1999, p. 106-112. VASCONCELLOS, Maria José Esteves. **Pensamento sistêmico:** o novo paradigma da ciência. Campinas – SP: Papirus, 2002, p. 64.

68. Sem ignorar os ranços de objetividade presentes no próprio Dilthey. cf. GADAMER, Hans-Georg. **Verdad y Metodo.** Trad. Ana Agud Aparicio y Rafael de Agapito. 4. ed. Salamanca: Ediciones Sígueme, 1991, v. 1, p. 599 e ss. ROHDEN, Luiz. **Hermenêutica filosófica:** entre a linguagem da experiência e a experiência da linguagem. São Leopoldo: Ed. Unisinos, 2005, p. 66.

ponto não passou despercebido ao magistério de Ovídio Baptista da Silva.[69] Feito esse prelúdio à construção do tópico, registre-se que a crítica ora empreendida ao pensamento de Fredie Didier Jr. é transcendente, e não imanente; logo, não investigamos sua coerência, senão optando por colocar as premissas ou conjunto de axiomas, dos quais o autor partiu, em discussão.[70] A essa altura, após a apresentação dos contornos fundamentais de sua doutrina, não é difícil identificar o manancial de seu pensamento.

Com uma concepção entusiasmada da dimensão analítica – depositário e continuador dos pressupostos científicos do paradigma da modernidade –, a tese de Fredie Didier Jr. aparta o fenômeno jurídico da hermenêutica. Em verdade, em sua obra a hermenêutica parece reduzida à interpretação, se é que não seria um outro viés de encarar a juridicidade – não é "parte permanente" do fenômeno jurídico, tal como assinalado por Saldanha na transcrição acima.

Sob outro prisma, a obra em análise também afasta o pensamento da empiria, na medida em que os conceitos jurídico-positivos são elaborados a partir da experiência *formalizada* nos conceitos lógico-jurídicos ("aprioristicos") – estes formados por indução e aqueles mediante dedução. Tudo isso, sem olvidar que, no respeitante aos conceitos fundamentais não é possível saber de onde é haurida a experiência que, minimamente, compõe seu substrato; inclusive, formando-se a partir de sucessivas abstrações, sublimam a empiria, sem o que não se "legitimaria" a pretensão de validez universal.[71] Por mais que, noutro momento, Fredie

---

69. "[...]. A redução do conceito de ciência, peculiar ao pensamento moderno, que somente concebe como científicos os ramos do conhecimento humano destinados a medir, pesar e contar, fez com que o Direito se transformasse num conjunto sistemático de conceitos, com pretensão à eternidade, desvinculando-o da história."

    "Como é igualmente compreensível, o Direito Processual foi o domínio jurídico mais danificado por essa metodologia, em virtude de ser o processo aquele ramo do conhecimento jurídico mais próximo do mundo da vida, da prática social e que, além disso, pressupõe que o acesso a seus domínios seja alcançado através da hermenêutica, naturalmente incompatível com o pensamento dogmático." SILVA, Ovídio A. Baptista da. **Processo e ideologia:** o paradigma racionalista. 2. ed. Rio de Janeiro: Forense, 2006, p. 01.

70. Crítica "imanente" e "transcendente", tal como pontuado por Losano. **Sistema e estrutura do direito:** o século XX. Trad. Luca Lamberti. São Paulo: Martins Fontes, 2010, v. 2, p. 129.

71. A pretensão é utópica, obviamente. Sobre a generalidade como meta da ciência, com ênfase na física, ver CHALMERS, Alan. **A fabricação da ciência.** Trad. Beatriz Sidou. São Paulo: Fundação Editora Unesp, 1994, p. 41-59.

Didier Jr. reconheça que o objeto da TGP é deveras amplo, fator que reduz sua capacidade de explicação dos fenômenos afetos às diferentes ordens jurídicas,[72] suas palavras denotam a propensão do formalismo ao reducionismo e à desconsideração de tudo aquilo que não possa ser encaixado nos moldes epistêmicos pré-determinados.[73] Sob esse horizonte, a resistência à superação dos conceitos é uma postura natural, sendo uma manifestação (in)consciente do paradigma que, a qualquer custo, buscará encaixar a realidade nos moldes epistêmicos adrede formulados. Tardiamente, contudo, após a ilusão de aprisionamento do real, o conceito cede aos constrangimentos impostos pela riqueza da vida; observando que a analítica não se prestaria a essa superação, carecendo da pragmática.

A tese também carrega a tentativa de negar o historicismo, visto que, em nenhum momento o trabalho situa a história como um componente do Direito ou do Direito Processual. No ponto, cabe uma importante observação: não é uma questão de tratar do tema da história propriamente dito, senão de afastar a teoria (ou mesmo os conceitos) de ambientes culturais (um consectário da universalidade); de se perder a "consciência histórica" dos conceitos – sufragando construções a-históricas – e, reflexamente, da perda de "consciência histórica" do próprio sujeito.[74] Afinal, se todo conhecimento principia na experiência, qual é a experiência que está à base dos conceitos lógico-jurídicos?

Na concepção de Didier Jr. incumbiria ao filósofo do Direito identificar e selecionar o componente comum a qualquer Direito positivo.[75] Ora, mas essa é uma tarefa exequível, ou, aproximando-se da proposta de Nawiasky quanto à Teoria Geral do Direito – "ancestral" da TGP –, seria o caso de limitá-la ao mundo ocidental?[76] Superado o cientificismo

---

72. DIDIER JR., Fredie, op. cit., p. 65.
73. SALDANHA, Nelson. **Da teologia à metodologia:** secularização e crise no pensamento jurídico. Belo Horizonte: Del Rey, 1993, p. 20-21.
74. Sobre o tema da "consciência histórica", conferir o ensaio de Nelson Saldanha. "Consciência histórica". **Symposium,** Recife/PE, ano 9, n. 2, p. 81-96, jul. 1967. Do mesmo autor, cf.: **Teoria do Direito e Crítica Histórica.** Rio de Janeiro: Freitas Bastos, 1987, p. 18-27.
75. DIDIER JR., Fredie, op. cit., p. 45.
76. Ao tratar da Teoria Geral do Direito (TGD) – lembrando que muitos autores buscam alicerces à TGP, na TGD –, comentado por Máynez, Nawiasky entendia que a TGD seria um saber limitado a identificar os elementos comuns dos Ordenamentos Jurídicos dos países

que marcou os setecentos e os oitocentos, mas que também fez escola nos novecentos, ainda seria possível alimentar a crença em construções jurídicas com pretensão de validez universal?[77] Supondo que a indagação receba uma resposta afirmativa, semelhante raciocínio poderia ser endossado no Direito? Em Kant, o *a priori* seria dos conceitos ou estaria no sujeito, isto é, nas intuições puras?[78]

No ensejo, a aplicação da proposta gnosiológica de Kant ao Direito demonstrou a insuficiência do manejo estrito das formas (espaço), como se pudessem ser ignorados os conteúdos (tempo); melhor dizer, como se o tempo também fosse uma abstração (categoria) e, pois, pudesse estar situado no *a priori* do espírito.[79] É por esse motivo que as categorias construídas pelas teorias que se pretendem universais têm a marca da atemporalidade; (in)conscientemente, também situam o tempo no "eu transcendental".

Pelas razões encimadas, a proposta epistemológica capitaneada por Fredie Didier Jr. está alinhada com o formalismo: não tanto pela exclusão do componente empírico na conceituação do Direito – elevado ao abstrato cientificista, como visto –, mas pela exacerbação ou redução à forma, apertando a noção do jurídico no componente norma ou concei-

---

do Ocidente; o autor preconizava uma delimitação de âmbito cultural, da historicidade, já que o programa da TGD não deveria se apegar a todas as épocas, senão considerar, primordialmente, o tempo vigente (MÁYNEZ, Eduardo García. **Filosofía del derecho.** México: Editorial Porrúa, 1974, p. 12).

77. Lembrando da crítica de Jorge de Figueiredo Dias. op. cit., p. 54.

78. Estamos nos referindo às reflexões kantianas do conhecimento de segunda ordem (conhecimento do conhecimento) ou de como seria possível conhecer. No *apriorismo* kantiano a experiência impulsiona, mas não é limite. Cuida-se da indagação que o filósofo adotou como ponto de partida acerca da possível existência de juízos sintéticos *a priori*. Na lição do autor, juízos analíticos são aqueles em que o predicado está contido no sujeito e, pois, ocorrem *a priori* (independente da experiência); de outro lado, sintéticos são os juízos em que o predicado é agregado ao sujeito, e não nele contido (*a posteriori*). Em suma, Kant refletiu a existência de juízos sintéticos *a priori*, isto é, que agregam uma carga de informação, mas que não precisem ser confirmados na prática; e concluiu quanto à sua possibilidade na matemática e na física – não houve menção ao Direito... KANT, Immanuel. **Crítica da razão pura.** 5. ed. Trad. Manuela Pinto dos Santos e Alexandre Alfradique Morujão. Lisboa: Fundação Calouste Gulbenkian, 2001. Ainda sobre o assunto, ver MORIN, Edgar. **O método 3:** o conhecimento do conhecimento. Trad. Juremir Machado da Silva. 3. ed. Porto Alegre: Sulina, 2005, p. 27 e ss.

79. Na crítica de Siches. SICHES, Luis Recásens. **Experiencia jurídica, naturaleza de la cosa y Lógica "Razonable".** México: Fondo de Cultura Económica, 1971, p. 52.

tual.[80] Se se acredita que os conceitos lógico-jurídicos se prestem ao conhecimento de qualquer ordenamento jurídico – e sem a preocupação em registrar o conceito adotado de ordem –, o corolário é a retirada (ou repúdio) do objeto do direito processual de tudo aquilo não comportado pela forma, como se o conhecimento da forma esgotasse o conhecimento da própria coisa.[81] Bem sabemos, ao longo de nossa história, como isso tem repercutido no magistério.

Como não poderia ser diferente, a concepção assumida sobre a teoria do processo tem uma série de desdobramentos práticos,[82] os quais, a nosso ver, podem ser sintetizados em: formalismo;[83] a uma sobranceria que acredita ser possível aprisionar o real, de modo que o sistema seria um todo completo e harmônico (coerente) e a partir dele seriam extraíveis todas as soluções aos problemas da vida –[84] não que o autor proponha isso, mas se os conceitos são deduzidos uns a partir dos outros, é o que, fatalmente, acontecerá; afastam-se outras possibilidades de abordagem do real (negando-se as vias de diálogo ao complexo), senão a partir das formas, as quais seriam o caminho legítimo (reconhecido).[85]

80. SALDANHA, Nelson. **Da teologia à metodologia:** secularização e crise no pensamento jurídico. Belo Horizonte: Del Rey, 1993, *passim*.

81. SILVA, Ovídio A. Baptista da. Direito material e processo: estudo para compor o livro em homenagem ao Prof. Egas Muniz de Aragão. **Academia Brasileira de Direito Processual Civil.** Disponível em: <www.abdpc.com.br>. Acesso em: 01 mai. 2013.

82. Haveria uma teoria geral do processo ou existiria uma teoria "geral" do processo civil brasileiro? Essa indagação é respondida por muitos autores que criticam a construção de uma TGP da forma como propugnada por Fredie Didier Jr. e tantos outros doutrinadores que lhe antecederam. Para citar apenas as críticas mais conhecidas: SILVA, Ovídio A. Baptista da. **Processo e ideologia:** o paradigma racionalista. 2. ed. Rio de Janeiro: Forense, 2006, p. 01 e ss. MARINONI, Luiz Guilherme. "Apresentação à 1ª Edição". **Teoria geral do processo.** 2. ed. São Paulo: Revista dos Tribunais, 2007, v. 1.

83. SALDANHA, Nelson Nogueira. **Filosofia do Direito.** 2. ed. Rio de Janeiro: Renovar, 2005, p. 69.

84. Das obras já citadas, cf.: HABERMAS, Jürgen. **La lógica de las ciencias Sociales.** Trad. Manuel Jiménez Redondo. 3. ed. Madrid: Editorial Tecnos, 1996, p. 25 e ss. CORDEIRO, António Menezes. "Introdução à edição portuguesa". CANARIS, Claus-Wilhelm. **Pensamento sistemático e conceito de sistema na ciência do direito.** 3. ed. Lisboa: Fundação Calouste Gulbenkian, 2002, p. XX e ss. LARENZ, Karl. **Metodología de la ciencia del derecho.** 2. ed. Trad. Marcelino Rodríguez Molinero. Barcelona: Ariel, 1980, p. 442 e ss.

85. A distinção em "momentos" ou em "problemas diversos" seria apenas didática. O problema é um só, manifestando-se por diferentes meios.

Dessa postura emerge o "conceitualismo",[86] o perpétuo trabalho de limar os conceitos como se pudessem ou fossem considerados "entidades puramente abstratas" –[87] por isso, temos insistido, a marca de universalidade presente nos conceitos lógico-jurídicos (aprioristicos...)[88]; donde a possibilidade (?) de transposição de conceitos estabelecidos noutras ambiências culturais, para explicar o – complexo – fenômeno jurídico brasileiro.[89] E onde fica/entra a consciência histórica? A exposição pressupõe a imutabilidade do elemento formal ou a *estabilidade* da ordem?

Nova oportunidade de ceder a palavra para Nelson Saldanha:

> [...]. Nossa época, carregada de consciência histórica, convida os pensadores do Direito a compreender que a historicidade do saber jurídico – como a da experiência, e a dos conceitos – significa a um só tempo a perecibilidade das formas que ele assume e a permanência dos problemas maiores que o motivam.[90]

Por outro lado, a crença de que os conceitos jurídico-positivos seriam moldados a partir dos conceitos lógico-jurídicos nos remete a uma abstração de segundo nível: uma primeira abstração à construção dos conceitos (pretensão universal...); e, uma segunda, para a dedução do repertório conceitual jurídico-positivo. Com as devidas proporções, essa construção da ciência processual enquanto uma sistemática conceitual –[91] destacando o Direito de suas contingências histórico-culturais –, tem correspondência na memória de algumas escolas positivistas e formalistas, com seus respectivos padrões cientificistas (sécs. XIX e XX). Já a "reduzida capacidade" de explicação do fenômeno jurídico, assumida

---

86. Para uma crítica ao conceitualismo, posto que discordemos das conclusões do trabalho, veja-se o ensaio de João Maurício Adeodato sobre o "céu de conceitos" de Ihering. ADEODATO, João Maurício. **Ética e retórica:** para uma teoria da dogmática jurídica. 3. ed. São Paulo: Saraiva, 2007, p. 285 e ss. Sobre o mesmo ensaio de Ihering, cf. HART, H. L. A. **Ensaios sobre a Teoria do Direito e Filosofia.** Trad. José Garcez Ghirardi e Lenita Maria Rimoli Esteves. Rio de Janeiro: Elsevier, 2010, p. 299 e ss.
87. SALDANHA, Nelson Nogueira. **Legalismo e ciência do direito.** São Paulo: Atlas, 1977, p. 13.
88. TERAN, Juan Manuel. **Filosofia del derecho.** 7. ed. México: Editorial Porrua, 1977, p. 82.
89. ROCHA, José Elias Dubard. **Crise cognitiva do processo judicial:** processualística sistêmica I. Recife: Nossa Livraria, 2008, p. 101 e ss.
90. SALDANHA, Nelson Nogueira. **Teoria do Direito e Crítica Histórica.** Rio de Janeiro: Freitas Bastos, 1987, p. 93.
91. Situação que, já há algum tempo, era denunciada por Nelson Saldanha quanto ao Direito como um todo. Ibid., p. 08 e ss.

pelo próprio Fredie Didier Jr., coloca-nos em contato com a reflexão de Boaventura de Souza Santos no tocante ao papel da ciência no enriquecimento ou empobrecimento prático de nossas vidas.[92]

É importante observar que, independentemente da originalidade que marca o pensamento do processualista baiano, ao antagonizar o historicismo para perfilhar uma vertente abstrato-racionalista, suas bases situam-no na linha neokantista da Escola de Marburgo. Em larga medida, sua doutrina é caudatária da *objetividade, simplicidade* e *estabilidade – disjunção, redução* e *abstração*, no diálogo com Morin –[93], expressando inescondível compromisso com o paradigma da modernidade (da simplificação ou racionalista).

Conquanto já tenhamos registrado que o componente *forma* não pode ser descartado do fenômeno jurídico, é preciso despertar a consciência que "a compreensão integral da experiência jurídica requer a referência a elementos não formais, como valores, e a dimensões empíricas como a historicidade".[94] Não é uma questão de negar a axiologia, o que o autor tampouco faz – sobre situar a epistemologia na filosofia, o autor afasta a axiologia da TGD e da TGP, encarando-a como um outro viés (filosófico) sobre o processo;[95] e sim, de reduzir o Direito a uma abordagem analítica, numa espécie de renovado apelo ao cientificismo. Ora, será que em pleno séc. XXI, em que a história testemunhou a insuficiência das construções positivistas e/ou formais dos dois séculos antecedentes, é possível insistir numa abordagem estritamente conceitual (analítica) do fenômeno jurídico? Sendo possível, mas diante de sua reduzida capacidade de explicação dos fenômenos jurídicos particulares, a que ela se presta?

Sabe-se que o Direito não se reduz a um sistema conceitual;[96] o viés analítico, por si só, é simplificador da experiência jurídica, sendo um re-

---

92. SANTOS, Boaventura de Souza. **Um discurso sobre as ciências.** 5. ed. São Paulo: Cortez, 2008, p. 18-19.
93. Sobre o tema, cf. MORIN, Edgar. **Introdução ao pensamento complexo.** Trad. Eliane Lisboa. 4. ed. Porto Alegre: Sulina, 2011, p. 06 e ss.
94. SALDANHA, Nelson Nogueira. **Filosofia do direito.** 2. ed. rev. e ampl. Rio de Janeiro: Renovar, 2005, p. 69.
95. DIDIER JR., Fredie, op. cit., p. 97.
96. HESPANHA, António Manuel. **História das instituições:** épocas medieval e moderna. Coimbra: Almedina, 1982, p. 12-13.

flexo da *objetividade* científica – de suas lentes *redutoras* não é possível a adequada compreensão dos fenômenos, consciência que é afastada pelos princípios ocultos que governam a nossa visão (= paradigma). Não acreditamos que a analítica possa levar ao aperfeiçoamento científico do Direito ou que níveis mais intensos de analiticidade expressem a cientificidade, pois atrelamos esse aprimoramento em melhorias à sociedade, desacreditando propostas desinteressadas de conteúdos, as quais, em verdade, expressam um relativismo filosófico.

Sem esquecer, obviamente, a intenção – primeva – substitutiva carregada pela TGD, pois se acreditava que toda reflexão metafísica (filosófica) deveria ser expurgada do Direito em nome de sua dignidade científica,[97] afastando-se a Jurisprudência do "gênero da especulação desinteressada".[98] E, como também não deixamos de notar ao refletir as ideias de Didier Jr., sua tese à Teoria Geral do Processo assenta na TGD, cujos lindes com a Filosofia do Direito ainda são carentes do esforço doutrinário. Ora, alguém acredita que a TGD seria forma, e a Filosofia do Direito, conteúdo? Quais seriam as raias dentre elas?[99]

Não fossem suficientes essas palavras, observamos que a tese também está lastreada na epistemologia de Karl Popper,[100] autor que, reconhecidamente, rejeita o historicismo –[101] rejeita, no entanto, sem en-

---

97. "De modo geral o objetivo doutrinário dêsse enderêço teórico era suprimir a Filosofia Jurídica graças a uma ciência indutiva generalíssima, sob influxo da atitude antimetafísica inspirada no positivismo reinante". Ibid., p. 20.
98. VILLEY, Michel. **A formação do pensamento jurídico moderno.** Trad. Claudia Berliner. São Paulo: Martins Fontes, 2005, p. 590.
99. Muitos doutrinadores já se debruçaram sobre o tema, nem sempre com a consciência de que a separação entre ciência e filosofia também é um legado da modernidade, o qual Edgar Morin tributa ao cartesianismo. Sobre o confronto entre TGD e Filosofia do Direito, ver: BOBBIO, Norberto. **Contribucion a la teoria del derecho.** Trad. Alfonso Ruiz Miguel. Valencia: Fernando Torres Editor, 1980, p. 75. MACHADO NETO, A. L. **Teoria geral do direito.** Rio de Janeiro: Edições Tempo Brasileiro Ltda., 1966, p. 23-24. DEL VECCHIO, Giorgio; RECASÉNS SICHES, Luis. **Filosofía del Derecho Y Estudios de Filosofía del Derecho.** México: Uetha, 1946, v. 1, p. 67. SICHES, Luiz Recaséns. **Panorama del pensamiento jurídico del siglo XX.** México: Porrúa, 1963, t. I, p. 07. MÁYNEZ, Eduardo García. **Filosofía del derecho.** México: Editorial Porrúa, 1974, p. 12 e ss.
100. DIDIER JR., Fredie, op. cit., p. 35-39.
101. O historicismo "não é uma ideologia como o marxismo ou comtismo, não é uma 'escola' como o neopositivismo. Consolida-se como um ponto de vista e como um modo de encarar as coisas, em torno da ideia básica da historicidade do homem e dos problemas

frentar o pensamento de autores verdadeiramente historicistas, o que não passou despercebido ao magistério de Nelson Saldanha,[102] o qual acusa suas obras de serem repletas de "mal-entendidos".[103] Lado outro, agora numa objeção que parte de Kaufmann, Popper é um doutrinador que restringe a ciência ao emprego do método dedutivo.[104-105] Em arremate, na observação de Morin, não trabalha com a complexidade, senão se preocupando, tal qual sucedeu no debate anglo-saxônico, com o desenvolvimento das ciências, a (in)certeza das ciências e a demarcação dentre o campo científico e o não científico – tudo isso, mas não a temática da complexidade,[106] latente nas questões históricas, nos problemas humanos.

4. A SÍNTESE

> O rigor científico, porque fundado no rigor matemático, é um rigor que quantifica e que, ao quantificar, desqualifica, um rigor que, ao objectivar os fenómenos, os objectualiza e os degrada, que, ao caracterizar os fenómenos, os caricaturiza. É, em suma e finalmente, uma forma de rigor que, ao afirmar a personalidade do cientista, destrói a personalidade da natureza. Nestes termos, o conhecimento ganha em rigor o que perde em riqueza e a retumbância dos êxitos da intervenção tecnológica esconde os limites da nossa compreensão do

---

humanos". SALDANHA, Nelson Nogueira. **Academia Pernambucana de Letras, coleção debates.** Fátima Quintas (org.). Recife: Bagaço, 2015, p. 51.

102. Para o expoente da Faculdade de Direito do Recife, "o sempre equivocado Popper", nas duas obras pretensiosas em que aborda o historicismo, toma-o em sentido completamente diverso de qualquer historicista que se preze, confundindo-o a "previsões históricas através de leis" e, erroneamente, situando o marxismo no historicismo. SALDANHA, Nelson Nogueira. **Historicismo e Culturalismo.** Rio de Janeiro: Fundarpe, 1986, p. 16.

103. Saldanha afirma que o historicismo visado por Popper (visado em sua pretensão de crítica), não corresponderia ao conceito de Dilthey, tampouco ao de Croce, Ortega ou de qualquer historicista. Ibid., p. 82.

104. KAUFMANN, Arthur. "A problemática da filosofia do direito ao longo da história". In: **Introdução à filosofia do direito e à teoria do direito contemporâneas.** Trad. Marcos Keel. A. Kaufmann e W. Hassemer (orgs.). Lisboa: Fundação Calouste Gulbenkian, 2002, p. 183.

105. DEUS, Jorge Dias de. "A minha crítica da ciência". In: **Conhecimento prudente para uma vida decente.** Boaventura de Souza Santos (org.). São Paulo: Cortez, 2004, p. 213-220.

106. MORIN, Edgar. "Problemas de uma epistemologia complexa". In: **O problema epistemológico da complexidade.** Edgar Morin (org.) 3. ed. Portugal: Publicações Europa-América, 2002, p. 13-14.

mundo e reprime a pergunta pelo valor humano do afã científico assim concebido.[107]

Somente com a mutilação da juridicidade é possível admitir a construção do saber presa a uma dimensão conceitual (conceitos lógico-jurídicos e jurídico-positivos); não que Fredie Didier Jr. defenda essa redução abertamente/conscientemente – algo que se compreende em nível paradigmático –, mas é o que sua proposta carrega e supõe por antecipação; para "fundar" a TGP, um excerto da Teoria Geral do Direito, entende que o caminho se impõe.

Bem postas as questões, o trabalho em análise retrata o atual "estado de arte" no cenário brasileiro, no qual há nítida preponderância do pensar analítico. Sua tese, portanto, espelha e mira a legitimação do *status quo*, na medida em que não apenas o retrata, senão que o defende como indispensável à ciência do Direito, aquilatando-o, a bem da verdade. O que não quer dizer, obviamente, que esse *status* e seus vínculos ideológicos, seja o mais apropriado à compreensão e ao progresso do Direito e, particularmente, à compreensão e ao desenvolvimento do direito processual e da tutela dos direitos.

Como sói, agora em síntese, não se nega a contribuição sistemática ao Direito, nem mesmo a herança iluminista e do jusracionalismo –[108] quiçá a separação dentre ciência e filosofia tenha sido necessária ao progresso naquela época de incipiência da relação do homem com o meio;[109] mesmo porque, a modernidade legou um conhecimento funcio-

---

107. SANTOS, Boaventura de Souza. **Um discurso sobre as ciências.** 5. ed. São Paulo: Cortez, 2008, p. 55.
108. Sobre a diferença dentre o iluminismo e o jusracionalismo, cf. WIEACKER, Franz. **História do direito privado moderno.** 3. ed. Trad. A. M. Botelho Hespanha. Lisboa: Fundação Calouste Gulbenkian, 2004, p. 353-354.
109. "De fato, a ciência ocidental fundamentou-se na eliminação positivista do sujeito a partir da ideia de que os objetos, existindo independentemente do sujeito, podiam ser observados e explicados enquanto tais. A ideia de um universo de fatos objetivos, purgados de qualquer julgamento de valor, de toda deformação subjetiva, graças ao método experimental e aos procedimentos de verificação, permitiu o desenvolvimento prodigioso da ciência moderna. De fato, como define muito bem Jacques Monod, trata-se aí de postulado, isto é, de um desafio sobre a natureza do real e do conhecimento". MORIN, Edgar. **Introdução ao pensamento complexo.** Trad. Eliane Lisboa. 4. ed. Porto Alegre: Sulina, 2011, p. 39.

nal do mundo que ampliou sobremaneira nossas perspectivas de sobrevivência.[110]

Nada obstante, a problemática é deveras mais acentuada, pois em algum momento a humanidade passou a crer na estabilidade do conhecimento e na plena manipulação do real; no domínio sobre o mundo; construindo teorias e doutrinas fundadas na objetividade e na simplificação; manipulando institutos e conceitos, fechando os olhos ao enfrentamento da realidade. Porém, os avanços teóricos foram postos em causa quando, por exemplo, o mundo presenciou a ascensão do nazi-fascismo, duas grandes guerras e tantos outros fatídicos acontecimentos,[111] aos quais, sobre não oferecer alternativas dialógicas, o paradigma forneceu um silêncio eloquente. Ora, indagamos, faz sentido insistir num paradigma que já demonstrou a sua insuficiência?[112] O que aconteceu com a teoria pura do Direito, um dos maiores emblemas do formalismo jurídico, após a ascensão dos regimes totalitários? Qual é a sua aplicabilidade hoje em dia?[113]

Criticar a visão de sistema – objetando as pretensões científicas sistematizantes pautadas nos mesmos valores epistemológicos já mencionados –, não significa rechaçar a existência de uma ordem, a qual, inclusive, é indispensável para que os problemas da vida se conformem enquanto tais. Todavia, não acreditamos que o desenvolvimento do Direito em abstrato, tal como propugnado por larga fração de nossa doutrina, conduza a uma evolução – "científica" – em benefício da socieda-

---

110. SANTOS, Boaventura de Souza. **Um discurso sobre as ciências**. 5. ed. São Paulo: Cortez, 2008, p. 85. CHALMERS, Alan. **A fabricação da ciência**. Trad. Beatriz Sidou. São Paulo: Fundação Editora Unesp, 1994, p. 45.

111. CAPRA, Fritjof. **O ponto de mutação**. São Paulo: Cultrix, 1982, *passim*. Em nossa tradição, suficiente pensar na vivência de duas ditaduras.

112. Morin já alertava quanto ao "progresso cego e incontrolado do conhecimento". MORIN, Edgar. **Introdução ao pensamento complexo**. Trad. Eliane Lisboa. 4. ed. Porto Alegre: Sulina, 2011, p. 09.

113. Quem responde é Kaufmann, afirmando que a redução do fenômeno jurídico à dimensão formal operada pela teoria pura, fruto de um relativismo filosófico – caracterizado por uma recusa aos valores –, fez com que, do ponto de vista prático, a ela não fosse dispensada maior atenção; até porque, sabido que formas e categorias têm diminuta importância no plano da vida. KAUFMANN, Arthur. "A problemática da filosofia do direito ao longo da história". In: **Introdução à filosofia do direito e à teoria do direito contemporâneas**. Trad. Marcos Keel. A. Kaufmann e W. Hassemer (orgs.). Lisboa: Fundação Calouste Gulbenkian, 2002, p. 182.

de. Já passou a hora de devolver os fundamentos éticos ao Direito – o que, em Kelsen, encontrou um eco tardio; e de reconciliar as propostas científicas com as reflexões filosóficas, na linha de Edgar Morin, Nelson Saldanha, Boaventura de Souza Santos e outros.[114] Mesmo porque, como enfatizado por Japiassu, decerto que a ciência pode ser colocada a serviço de "interesses econômicos, políticos, médicos, técnicos e outros"; contudo, prossegue o autor em tom de censura, "o *valor* de um desses *fins* é imposto de *fora*, não tendo justificação na própria ciência".[115]

A construção da ciência processual não pode teimar nas mesmas pretensões a-históricas que marcaram a corrida científica do Direito no séc. XIX e primeira metade do séc. XX,[116] cujos problemas foram denunciados pela própria modernidade. A persistência em construções calcadas nos mesmos valores epistemológicos que a engendraram navega em sentido contrário a qualquer possível conciliação entre forma e o historicismo. Aliás, secundando a doutrina de Nelson Saldanha, temos insistido que o elemento histórico-cultural está situado no Direito, dado também ser um componente não descartável; em suma, não se configura numa perspectiva lateral de encarar a juridicidade.

---

114. Remexendo os alicerces científicos da modernidade – e do Direito – o doutrinador português defende um novo paradigma (paradigma de um conhecimento prudente para uma vida decente), o que passa por uma "redescoberta" da filosofia e da sociologia: "...o direito, que reduziu a complexidade da vida jurídica à secura da dogmática, redescobre o mundo filosófico e sociológico em busca da prudência perdida." SANTOS, Boaventura de Souza. **Um discurso sobre as ciências.** 5. ed. São Paulo: Cortez, 2008, p. 74.

115. JAPIASSU, Hilton. **O mito da neutralidade científica.** Rio de Janeiro: Imago Editora, 1975, p. 32.

116. Sobre a pretensão a-histórica de alguns filósofos e suas teorias, cf. as críticas de: DILTHEY, Wilhelm. **Introducción a las ciencias del espíritu:** ensayo de una fundamentación del estudio de la sociedad y de la historia. Trad. Julián Marías. Madrid: Alianza Editorial, 1986, p. 100. BLOCH, Ernst. **Sujeto-objeto:** el pensamiento de Hegel. 2. ed. Madrid: Fondo de Cultura Económica, 1982, p. 60 ss. CHALMERS, Alan. **A fabricação da ciência.** Trad. Beatriz Sidou. São Paulo: Fundação Editora Unesp, 1994, p. 14-15 e p. 26-27. WELZEL, Hans. **Introduccion a la filosofia del derecho:** derecho natural y justicia material. Trad. Felipe González Vicen. Madrid: Aguilar, 1977, p. 184. MORIN, Edgar. **Introdução ao pensamento complexo.** Trad. Eliane Lisboa. 4. ed. Porto Alegre: Sulina, 2011, p. 06. SALDANHA, Nelson Nogueira. **Historicismo e Culturalismo.** Rio de Janeiro: Fundarpe, 1986, p. 17. SALDANHA, Nelson Nogueira. "Kelsenismo". **Enciclopédia Saraiva do Direito.** São Paulo: Saraiva, 1977, v. 47, p. 477 e ss. REALE, Miguel. "Kelsenismo". **Enciclopédia Saraiva do Direito.** São Paulo: Saraiva, 1977, v. 47, p. 460.

A preocupação com o elemento histórico tem em mira colocar o Direito em contato com seus desafios diuturnos, resgatando a crítica e seus verdadeiros problemas; objetiva retirá-lo da dimensão abstrata para situá-lo numa dimensão concreta (do sujeito, e não dos conceitos; da intersubjetividade). Inclusive, os problemas jurídicos deveriam ser os problemas do sujeito ou atrelados a ele, e não problemas centrados em questões conceituais. É volvendo à dimensão histórica do sujeito e, ademais, reconciliando *ego cogitans* (sujeito pensante) e *res extensa* (coisa entendida) – ciência e filosofia –, que será possível dialogar com a complexidade do fenômeno jurídico;[117] progredir rumo à compreensão da ordem e seus valores transcendentes, refutando qualquer adoração ou construção da ordem enquanto arquitetônica ou sistema que, há muito, provou-se irredutível.[118]

De tudo isso, subsiste uma dúvida: por que falar em Teoria Geral do Direito e em Teoria Geral do Processo, mas não em uma Teoria Geral do Direito Civil, uma Teoria Geral do Direito Penal etc.? Haveria uma carência de discursos científicos (epistemológicos) aos demais "ramos" do Direito?

5. REFERÊNCIAS BIBLIOGRÁFICAS

ADEODATO, João Maurício. **Ética e retórica:** para uma teoria da dogmática jurídica. 3. ed. São Paulo: Saraiva, 2007.

AFTALIÓN, Enrique R; GARCA OLANO, Fernando; VILANOVA, José. **Introduccion al derecho:** Nociones preliminares, teoria general, enciclopedia juridica, historia de las ideas. 12. ed. Buenos aires: Abeledo-perrot, 1980.

BOBBIO, Norberto. **Contribucion a la teoria del derecho.** Trad. Alfonso Ruiz Miguel. Valencia: Fernando Torres Editor, 1980.

BRAGA, Paula Sarno. **Aplicação do devido processo legal nas relações privadas.** Salvador: JusPodivm, 2009.

CAPRA, Fritjof. **O ponto de mutação.** São Paulo: Cultrix, 1982.

CARNELUTTI, Francesco. **Diritto e processo.** Napoli: Morano Editore, 1958.

---

117. MORIN, Edgar. **Introdução ao pensamento complexo.** Trad. Eliane Lisboa. 4. ed. Porto Alegre: Sulina, 2011, p. 11 e 40.
118. HABERMAS, Jürgen. **La lógica de las ciencias Sociales.** Trad. Manuel Jiménez Redondo. 3. ed. Madrid: Editorial Tecnos, 1996, p. 25. FREITAS, Juarez. **A interpretação sistemática do direito.** 4. ed., rev. e ampl. São Paulo: Malheiros, 2004, p. 26.

_____. **Instituições do processo civil.** 5. ed. rev. e atual. Trad. por Adrián Sotero De Witt Batista. Campinas: Servanda, 1999.

CHALMERS, Alan. **A fabricação da ciência.** Trad. Beatriz Sidou. São Paulo: Fundação Editora Unesp, 1994.

CORDEIRO, António Menezes. "Introdução à edição portuguesa." CANARIS, Claus-Wilhelm. **Pensamento sistemático e conceito de sistema na ciência do direito.** 3. ed. Lisboa: Fundação Calouste Gulbenkian, 2002.

CORETH, Emerich. **Questões fundamentais de hermenêutica.** Trad. Carlos Lopes de Matos. São Paulo: Ed. Da Universidade de São Paulo, 1973.

COSTA, Eduardo José da Fonseca. "Uma arqueologia das ciências dogmáticas do processo". **Revista Brasileira de Direito Processual (RBDPro),** Belo Horizonte, Ano 16, n. 61, jan.-mar. 2008.

COUTINHO, Jacinto N. de Miranda. **A lide e o conteúdo do processo penal.** Curitiba: Juruá, 1998.

CUNHA, Alcides Alberto Munhoz da. **A lide cautelar no processo civil.** Curitiba: Juruá, 1992.

DEUS, Jorge Dias de. "A minha crítica da ciência". In: **Conhecimento prudente para uma vida decente.** Boaventura de Souza Santos (org.). São Paulo: Cortez, 2004.

DIAS, Jorge Figueiredo. **Direito processual penal.** Coimbra: Coimbra Editora, 2004.

DIDIER JR., Fredie. **Curso de direito processual civil:** teoria geral do processo e processo de conhecimento. 11. ed. Salvador: JusPodivm, 2009, v. 1.

_____. **Sobre a teoria geral do processo:** essa desconhecida. Salvador: JusPodivm, 2012.

DILTHEY, Wilhelm. **Introducción a las ciencias del espíritu:** ensayo de una fundamentación del estudio de la sociedad y de la historia. Trad. Julián Marías. Madrid: Alianza Editorial, 1986.

DINAMARCO, Candido Rangel. **A instrumentalidade do processo.** 12. ed. rev. e atual. São Paulo: Malheiros, 2005.

FAZZALARI, Elio. **Conocimiento y valores:** ensayos. Lima: Communitas, 2008.

FREITAS, Juarez. **A interpretação sistemática do direito.** 4. ed., rev. e ampl. São Paulo: Malheiros, 2004.

GADAMER, Hans-Georg. **El giro hermenéutico.** 2. ed. Trad. Arturo Parada. Madrid: Ediciones Cátedra, 1995.

_____. **Verdad y Metodo.** Trad. Ana Agud Aparicio y Rafael de Agapito. 4. ed. Salamanca: Ediciones Sígueme, 1991, v. 1.

HABERMAS, Jürgen. **La lógica de las ciencias Sociales.** Trad. Manuel Jiménez Redondo. 3. ed. Madrid: Editorial Tecnos, 1996.

HESPANHA, António Manuel. **História das instituições:** épocas medieval e moderna. Coimbra: Almedina, 1982.

JAPIASSU, Hilton. **O mito da neutralidade científica.** Rio de Janeiro: Imago Editora, 1975.

KANT, Immanuel. **Crítica da razão pura.** 5. ed. Trad. Manuela Pinto dos Santos e Alexandre Alfradique Morujão. Lisboa: Fundação Calouste Gulbenkian, 2001.

KAUFMANN, Arthur. "A problemática da filosofia do direito ao longo da história". In: **Introdução à filosofia do direito e à teoria do direito contemporâneas.** Trad. Marcos Keel. A. Kaufmann e W. Hassemer (orgs.). Lisboa: Fundação Calouste Gulbenkian, 2002.

LARENZ, Karl. **Metodología de la ciencia del derecho.** 2. ed. Trad. Marcelino Rodríguez Molinero. Barcelona: Ariel, 1980.

LIMA, Maria Rosynete Oliveira. **Devido Processo Legal.** Porto Alegre: Sergio Antonio Fabris, 1999.

LOSANO, Mario. **Sistema e estrutura do direito:** o século XX. Trad. Luca Lamberti. São Paulo: Martins Fontes, 2010, v. 2.

MACHADO NETO, A. L. **Teoria geral do direito.** Rio de Janeiro: Edições Tempo Brasileiro Ltda., 1966.

MARINONI, Luiz Guilherme. **Teoria geral do processo.** 2. ed. São Paulo: Revista dos Tribunais, 2007, v. 1.

MÁYNEZ, Eduardo García. **Filosofía del derecho.** México: Editorial Porrúa, 1974.

MORIN, Edgar. **Introdução ao pensamento complexo.** Trad. Eliane Lisboa. 4. ed. Porto Alegre: Sulina, 2011.

_____. **O método 1:** a natureza da natureza. Trad. Juremir Machado da Silva. 3. ed. Porto Alegre: Sulina, 2005.

_____. **O método 3:** o conhecimento do conhecimento. Trad. Juremir Machado da Silva. 3. ed. Porto Alegre: Sulina, 2005.

_____. "Problemas de uma epistemologia complexa". In: **O problema epistemológico da complexidade.** Edgar Morin (org.) 3. ed. Portugal: Publicações Europa-América, 2002.

PALMER, Richard E. **Hermenêutica.** Trad. Maria Luisa Ribeiro Ferreira. Lisboa: Edições 70, 1999.

PASQUALINI, Alexandre. **Hermenêutica e sistema jurídico:** uma introdução à interpretação sistemática do direito. Porto Alegre: Livraria do Advogado, 1999.

PEREIRA, Mateus Costa. **O paradigma racionalista e sua repercussão no direito processual brasileiro** (Dissertação de Mestrado). Recife: Unicap, 2009.

REALE, Miguel. "Kelsenismo". **Enciclopédia Saraiva do Direito.** São Paulo: Saraiva, 1977, v. 47.

ROCHA, José de Albuquerque. **Teoria geral do processo.** 9. ed. São Paulo: Atlas, 2007.

ROCHA, José Elias Dubard. **Crise cognitiva do processo judicial:** processualística sistêmica I. Recife: Nossa Livraria, 2008.

RODRIGUES, Horário Wanderlei Rodrigues; LAMY, Eduardo de Avelar. **Teoria geral do processo.** Rio de Janeiro: Elsevier, 2012.

ROHDEN, Luiz. **Hermenêutica filosófica:** entre a linguagem da experiência e a experiência da linguagem. São Leopoldo: Ed. Unisinos, 2005.

RÚA, Fernando de la. **Teoría general del proceso.** Buenos Aires: Depalma, 1991.

SALDANHA, Nelson Nogueira. **Academia Pernambucana de Letras, coleção debates.** Fátima Quintas (org.). Recife: Bagaço, 2015.

_____. "Consciência histórica". **Symposium,** Recife/PE, ano 9, n. 2, p. 81-96, jul. 1967.

_____. **Da teologia à metodologia:** secularização e crise no pensamento jurídico. Belo Horizonte: Del Rey, 1993.

_____. "Do direito natural à teoria da argumentação". In: **História do Direito e do Pensamento Jurídico em Perspectiva.** Cláudio Brandão, Nelson Saldanha e Ricardo Freitas (coords.). São Paulo: Atlas, 2012.

_____. **Estudos de teoria do direito.** Belo Horizonte: Del Rey, 1994.

_____. **Ética e história.** 2. ed. Rio de Janeiro: Renovar, 2007.

_____. **Filosofia do direito.** 2. ed. rev. e ampl. Rio de Janeiro: Renovar, 2005.

_____. **Historicismo e Culturalismo.** Rio de Janeiro: Fundarpe, 1986.

_____. "Kelsenismo". **Enciclopédia Saraiva do Direito.** São Paulo: Saraiva, 1977, v. 47.

_____. **Legalismo e ciência do direito.** São Paulo: Atlas, 1977.

_____. **Ordem e hermenêutica.** 2. ed. Rio de Janeiro: Renovar, 2003.

_____. **Teológico, Metafísico e Positivo:** filosofia e epistemologia no ocidente moderno. Rio de Janeiro: Academia Brasileira de Letras, 2010.

_____. **Teoria do Direito e Crítica Histórica.** Rio de Janeiro: Freitas Bastos, 1987.

SANTOS, Boaventura de Souza. **Um discurso sobre as ciências.** 5. ed. São Paulo: Cortez, 2008.

SCHMIDT, Lawrence K. **Hermenêutica.** Trad. Fábio Ribeiro. Petrópolis: Vozes, 2012.

SCHMITZ, Leonard Ziesemer. "A Teoria Geral do Processo e a Parte Geral do Novo Código de Processo Civil". *In:* **Novo CPC doutrina selecionada:** parte geral. Lucas Buril de Macêdo, Ravi Peixoto e Alexandre Freire (orgs.). Salvador: JusPodivm, 2015, v. 1.

SICA, Heitor Vitor Mendonça. "Perspectivas atuais da 'Teoria Geral do Processo'". *In:* **Bases científicas para um renovado direito processual.** Athos Gusmão Carneiro e Petrônio Calmon (orgs.). Brasília: IBDP, 2008, v. 1.

SICHES, Luis Recásens. **Experiencia jurídica, naturaleza de la cosa y Lógica "Razonable".** México: Fondo de Cultura Económica, 1971.

_____. **Panorama del pensamiento jurídico del siglo XX.** México: Porrúa, 1963, t. I.

_____.; DEL VECCHIO, Giorgio. **Filosofía del Derecho Y Estudios de Filosofía del Derecho**. México: Uetha, 1946, v. 1.

SILVA, Ovídio A. Baptista da. Direito material e processo: estudo para compor o livro em homenagem ao Prof. Egas Muniz de Aragão. **Academia Brasileira de Direito Processual Civil**. Disponível em: <www.abdpc.com.br>. Acesso em: 01 mai. 2013.

_____. **Epistemologia das ciências culturais**. Porto Alegre: Verbo Jurídico, 2009.

_____. **Processo e ideologia**: o paradigma racionalista. 2. ed. Rio de Janeiro: Forense, 2006.

SOARES, Ricardo Maurício Freire. **Fundamentos epistemológicos para uma teoria geral do processo**. Teoria do Processo: panorama doutrinário mundial. Coord. Fredie Didier Jr. e Eduardo Ferreira Jordão. Salvador: JusPodivm, 2008.

TERAN, Juan Manuel. **Filosofia del derecho**. 7. ed. México: Editorial Porrua, 1977.

VASCONCELLOS, Maria José Esteves. **Pensamento sistêmico**: o novo paradigma da ciência. Campinas – SP: Papirus, 2002.

VILLEY, Michel. **A formação do pensamento jurídico moderno**. Trad. Claudia Berliner. São Paulo: Martins Fontes, 2005.

WELZEL, Hans. **Introduccion a la filosofia del derecho**: derecho natural y justicia material. Trad. Felipe González Vicen. Madrid: Aguilar, 1977.

WIEACKER, Franz. **História do direito privado moderno**. 3. ed. Trad. A. M. Botelho Hespanha. Lisboa: Fundação Calouste Gulbenkian, 2004.

ZANZUCCHI, Marco Tulio. **Diritto Processuale Civile**: introduzione e parte generale. Milano: Giuffrè, 1947.

CAPÍTULO 10

CUMPRIMENTO DE DECISÃO JUDICIAL E INEXIGIBILIDADE DE CONDUTA DIVERSA

Paulo de Barros Carvalho

Sumário: 1. Delimitação do tema e aproximação metodológica: o direito como corpo de linguagem; 2. Brevíssima nota sobre os aspectos sintático, semântico e pragmático da comunicação jurídica; 3. A estrutura das normas jurídicas; 4. Hipótese e consequência normativa: sujeição ao limite ontológico da possibilidade; 5. A decisão judicial como veículo introdutor de normas jurídicas; 6. Conclusão: inexistência de mora na hipótese de cumprimento de decisão judicial posteriormente reformada.

1. DELIMITAÇÃO DO TEMA E APROXIMAÇÃO METODOLÓGICA: O DIREITO COMO CORPO DE LINGUAGEM

Dentre os muitos traços que lhe são peculiares, o direito oferece o dado da linguagem como seu integrante constitutivo. A linguagem não só fala do objeto (Ciência do Direito) como participa de sua constituição (direito positivo). Se é verdade que não há fenômeno jurídico sem prescrições escritas ou não escritas, também é certo que não podemos cogitar de manifestação do direito sem uma linguagem, idiomática ou não, que lhe sirva de veículo de expressional.

Dessa maneira, o procedimento de quem se põe diante do direito com pretensões cognoscitivas há de ser orientado pela compreensão desses textos prescritivos. A partir do (i) contato com a literalidade textual, vale dizer, com o plano dos significantes ou com o chamado plano da expressão, ali onde estão as estruturas morfológicas e gramaticais,

(ii) o intérprete constrói os conteúdos significativos e (iii) ordena-os na forma estrutural de normas jurídicas, (iv) articulando essas entidades para formar um domínio. Se retivermos a observação de que o direito carrega sempre esses quatro planos – o das formulações literais, o de suas significações enquanto enunciados prescritivos, o das normas jurídicas, como unidades de sentido obtidas mediante o grupamento de significações segundo determinado esquema formal (implicação), e, por fim, o sistema jurídico, como forma das formas (Husserl), construído a partir da organização vertical e horizontal das regras de direito positivo –, e se pensarmos que todo nosso empenho se dirige para construir essas normas a partir de um estrato de linguagem, não será difícil verificar a gama imensa de obstáculos encontrados no percurso gerativo de sentido ou, em termos mais simples, na trajetória da interpretação.

A missão do exegeta dos textos jurídico-positivos, ainda que possa parecer facilitada pela eventual coincidência da mensagem prescritiva com a sequência das fórmulas gráficas utilizadas pelo legislador (no direito escrito), oferece ingentes dificuldades, se a proposta for de um exame mais sério e atilado. E, sendo o direito um objeto da cultura, invariavelmente penetrado por valores, teremos, de um lado, as estimativas, sempre cambiantes em função da ideologia de quem interpreta; de outro, os intrincados problemas que cercam a metalinguagem, também inçada de dúvidas sintáticas e de problemas de ordem semântica e pragmática.

A lei, vista de certo ângulo, representa o texto, na sua dimensão de veículo de prescrições jurídicas. Constituição, emenda constitucional, lei complementar, lei ordinária, medida provisória, resoluções, decretos, sentenças, acórdãos, contratos, manifestações unilaterais de vontade e atos administrativos, enquanto suportes materiais de linguagem prescritiva, pertencem à plataforma da expressão dos textos prescritivos e, como tais, são veículos introdutórios de normas jurídicas, constituindo a base empírica do conhecimento do direito posto.

Já a norma jurídica é juízo implicacional construído pelo intérprete em função da experiência no trato com esses suportes comunicacionais. Por isso, não há de confundir norma, como complexo de significações enunciativas, unificadas em forma lógica determinada (estrutura implicacional), com a expressão literal desses enunciados, ou mesmo os conteúdos de sentido que tais enunciados apresentem quando isoladamente considerados. O plano dos significantes (plano de expressão) é o veículo que manifesta, graficamente (no direito escrito), a mensagem expedida pelo autor. Na sua implexa totalidade, constitui o *sistema morfológico e gramatical do direito posto*, conjunto de frases prescritivas introduzidas por fatos jurídicos que a ordenação positiva para tanto credencia.

Com propósitos analíticos, entretanto, podemos isolar frase por frase, enunciado por enunciado, compondo um domínio de significações, antes de agrupar os conteúdos segundo fórmulas moleculares caracterizadas pelo conectivo implicacional. Nesse momento intermediário, estaremos diante daquilo que poderíamos chamar de *sistema de significações proposicionais*. Agora, num patamar mais elevado de elaboração, juntaremos significações, algumas no tópico de antecedente, outras no lugar sintático de consequente, tudo para constituir as entidades mínimas e irredutíveis (com o perdão do pleonasmo) de manifestação do deôntico, com sentido completo, uma vez que as frases prescritivas, insularmente tomadas, são também portadoras de sentido. Formaremos, desse modo, as unidades normativas, regras ou normas jurídicas que, articuladas em relações de coordenação e de subordinação, acabarão compondo a forma superior do *sistema normativo*.

Colho o ensejo para reiterar que os quatro sistemas a que me referi são constitutivos do *texto*, entendida a palavra na sua mais ampla dimensão semântica. Nunca é demais insistir que as subdivisões em sistemas respondem a cortes metódicos que os objetivos da investigação analítica impõem ao espírito do pesquisador.

Com efeito, a norma jurídica é estrutura categorial construída, epistemologicamente, pelo intérprete, a partir das significações que a leitura do texto do direito positivo desperta em seu espírito. É por isso que, quase sempre, não coincidem com os sentidos imediatos dos enunciados em que o legislador distribui a matéria no corpo físico da lei. Advém daí que, na maioria das vezes, a leitura de um único artigo será insuficiente para a compreensão da regra jurídica. Quando isso acontece, o exegeta vê-se na contingência de consultar outros preceitos do mesmo diploma e, até, de sair dele, fazendo incursões pelo sistema. Esse é o método que adotarei para investigar a composição lógico-jurídica e a possibilidade ou não de atribuir-se os efeitos da mora a sujeito que, sendo detentor de liminar ou decisão judicial favorável, tenha esse entendimento revertido pelo julgador.

2. BREVÍSSIMA NOTA SOBRE OS ASPECTOS SINTÁTICO, SEMÂNTICO E PRAGMÁTICO DA COMUNICAÇÃO JURÍDICA

"*Se tirássemos as palavras do Código Civil, que restaria?*" Além do barbante que une os cadernos, das folhas em branco, do papelão da capa e da tinta que lhe imprimiu as cores, nada mais restará. Certamente, não se poderá dizer que ali está o Código Civil; não será possível afirmar que ali há direito. Com esse contundente exemplo, Gregorio Robles procura ilustrar a premissa de que parto neste estudo: o direito é texto e, como tal, pode ser compreendido por meio da interpretação.

O exame interpretativo de um texto passa, de maneira necessária mas nem sempre conscientemente, pelos planos sintático, semântico e pragmático que se superpõem na formação da linguagem. Chama-se ao primeiro deles de sintático ou lógico para designar às relações que as palavras, os signos, podem estabelecer um com os outros na composição de sentido. A forma lógica, estudada pela sintaxe, é pré-requisito para ordenar as palavras, os signos, em um enunciado bem construído e que possa ser compreendido por outro sujeito no discurso. Ocupa-se a semântica da relação que tem o signo para com o(s) objeto(s) que ele representa. Já a investigação pragmática está voltada para os modos como os falantes empregam esse signo para produzir diferentes efeitos na compreensão de seu interlocutor.

Pois bem, se suspendermos a atenção da semântica e da pragmática para nos voltarmos ao nível estrutural, logo aparecerão os componentes lógicos com que se organizam as normas – todas elas – e, ainda, as possibilidades que a linguagem jurídica oferece para a construção de suas prescrições, por meio dos chamados modais deônticos: elementos que atuam modificando a maneira como se opera o nexo de dever-ser.

Esse tipo de análise é de grande utilidade para compreender a formação das normas jurídicas e para que se possa identificar a existência, no discurso jurídico, de problemas como as contrariedades: os vícios lógicos que ocorrem quando o ordenamento prescreve que uma mesma conduta é, ao mesmo tempo, obrigatória e proibida. É certo que o discurso do direito positivo está carregado desses problemas, cabendo ao intérprete depurá-los, buscando, a partir do próprio ordenamento, critérios para, preferindo uma à outra solução, apontar aquela mais apropriada à situação concreta.

3. A ESTRUTURA DAS NORMAS JURÍDICAS

As normas jurídicas apresentam a organização interna das proposições condicionais, em que se enlaça determinada consequência à realização de um fato. Dentro desse arcabouço, a hipótese refere-se a um fato de possível ocorrência, enquanto o consequente prescreve a relação jurídica que se vai instaurar, onde e quando acontecer o fato cogitado no suposto normativo. Reduzindo complexidades, podemos representar a norma jurídica da seguinte forma: H → C, onde a hipótese (H) alude à descrição de um fato e a consequência (C) prescreve os efeitos jurídicos que o acontecimento irá provocar, razão pela qual se fala em descritor e prescritor, sendo o primeiro para designar o antecedente normativo e o segundo para indicar seu consequente.

Mas a norma de que falamos é unidade de um sistema, tomado aqui como conjunto de partes que entram em relação formando um todo unitário. O todo unitário é o sistema; as partes, unidades que o compõem, configuram o repertório; e as relações entre essas partes tecem sua estrutura.

As regras jurídicas não existem isoladamente, mas sempre num contexto de normas com relações particulares entre si. Atentar para a norma na sua individualidade, em detrimento do sistema é, na célebre metáfora de Norberto Bobbio[1], *"considerar-se a árvore, mas não a floresta"*. Construir a norma aplicável é tomar os sentidos de enunciados prescritos no contexto do sistema de que fazem parte. A norma é proposição prescritiva decorrente do todo que é o ordenamento jurídico. Enquanto corpo de linguagem vertido sobre o setor material das condutas intersubjetivas, o direito aparece como conjunto coordenado de normas, de tal modo que uma regra jurídica jamais se encontra isolada, monadicamente só: está sempre ligada a outras normas, integrando um determinado sistema de direito positivo.

---

1. *Teoria do ordenamento jurídico*, Trad. Maria Celeste Cordeiro Leite dos Santos, Brasília/São Paulo, UNB/Polis, 1991, p. 19.

Depende a norma, pois, desse complexo produto de relações entre as unidades do conjunto. É produzida por um ato (do Legislativo, do Executivo ou do Judiciário), sua fonte material. Mas, ao ingressar o enunciado linguístico no sistema do direito posto, seu sentido experimenta inevitável acomodação às diretrizes do ordenamento. A norma é sempre o produto dessa transfiguração significativa.

Na completude, as regras do direito têm feição dúplice: (i) norma primária (ou endonorma, na terminologia de Cossio), a que prescreve um dever, se e quando acontecer o fato previsto no suposto; (ii) norma secundária (ou perinorma, segundo Cossio), a que prescreve uma providência sancionatória, aplicada pelo Estado-Juiz, no caso de descumprimento da conduta estatuída na norma primária.

Essa concepção nada mais é do que corolário daquilo que já assertamos de modo peremptório. Inexistem regras jurídicas sem as correspondentes sanções, isto é, sem normas sancionatórias. A organização interna de cada qual, porém, será sempre a mesma, o que permite produzir-se um único estudo lógico para a análise de ambas. Tanto na primária como na secundária a estrutura formal é uma só [D(p→q)]. Varia tão somente o lado semântico, porque na norma secundária o antecedente aponta, necessariamente, para um comportamento violador de dever previsto na tese de norma primária, ao passo que o consequente prescreve relação jurídica em que o sujeito ativo é o mesmo, mas agora o Estado, que, exercitando sua função jurisdicional, passa a ocupar a posição de sujeito passivo. Por isso, o que existe entre ambas é uma relação de ordem não simétrica, como agudamente pondera Lourival Vilanova[2].

Apresentada em notação simbólica, a norma secundária apareceria da seguinte forma: D [(p.-q)→S]. E com o desdobramento de S seria (S'RS'''), em que *p* é a ocorrência do fato jurídico; ".", o conectivo conjuntor; -*q* representa a conduta descumpridora do dever; "→", o operador implicacional; e *S*, a sanção, desdobrada em *S'* como sujeito ativo (o mesmo da relação da norma primária); *R*, o relacional deôntico; e *S'''*, o Estado-Juiz perante quem se postula o exercício da coatividade jurídica. A Teoria Geral do Direito refere-se à relação jurídica prevista na norma primária como

---

2. *Estruturas lógicas e o sistema de direito positivo*, São Paulo: Noeses, 2005, p. 64.

de índole material, enquanto a estatuída na norma secundária seria de direito formal (na acepção de norma processual, adjetiva).

Norma primária e norma secundária são duas entidades que, juntas, formam a norma completa, expressam a mensagem deôntico-jurídica na sua integridade constitutiva, significando orientação da conduta, juntamente com a providência coercitiva que o ordenamento prevê para seu descumprimento. Em representação formal: $D\{(p\rightarrow q)v[(p.-q)\rightarrow S]\}$. Ambas são válidas no sistema, ainda que somente uma venha a ser aplicada ao caso concreto. Por isso mesmo, empregamos o disjuntor includente ("v"), que suscita o trilema: uma, ou outra, ou ambas. A utilização desse disjuntor tem a propriedade de mostrar que as duas regras são simultaneamente válidas, mas que a aplicação de uma exclui a da outra.

4. HIPÓTESE E CONSEQUÊNCIA NORMATIVA: SUJEIÇÃO AO LIMITE ONTOLÓGICO DA POSSIBILIDADE

A síntese das articulações que se processam entre as duas peças dos juízos normativos, postulando mensagem deôntica portadora de sentido completo, pressupõe uma proposição-antecedente, descritiva de possível evento do mundo social, na condição de suposto normativo, implicando uma proposição-tese, de caráter relacional, no tópico do consequente. A regra assume, portanto, feição dual, estando as proposições implicante e implicada unidas por um ato de vontade da autoridade que legisla. E esse ato de vontade, de quem detém o poder jurídico de criar normas, expressa-se por um "dever-ser" neutro, no sentido de que não aparece modalizado nas formas "proibido", "permitido" e "obrigatório". *Se o antecedente, então deve-ser o consequente*. Assim diz toda e qualquer norma jurídico-positiva.

A hipótese normativa funciona como descritora de evento de possível ocorrência, sem que isso importe submetê-la ao critério de verificação empírica, assumindo os valores "verdadeiro" e "falso". Não se trata, absolutamente, de uma proposição cognoscente do real, mas apenas de proposição tipificadora de um conjunto de eventos.

O antecedente da norma jurídica assenta-se no modo ontológico da possibilidade, quer dizer, os eventos da realidade tangível nele recolhidos terão de pertencer ao campo do possível. Se a hipótese fizer a previsão de fato impossível, a consequência que prescreve uma relação deôntica entre dois ou mais sujeitos nunca se instalará, não podendo a regra ter eficácia. Estaria comprometida no lado semântico, tornando-se inoperante para a regulação das condutas intersubjetivas. Tratar-se-ia de um sem-sentido deôntico, ainda que pudesse satisfazer a critérios de organização sintática.

Se a proposição-hipótese é descritora de fato de possível ocorrência no contexto social, a proposição-tese funciona como prescritora de condutas intersubjetivas. A consequência normativa apresenta-se, invariavelmente, como uma proposição relacional, enlaçando dois ou mais sujeitos de direito em torno de conduta regulada como proibida, permitida ou obrigatória.

Quando versamos o antecedente da norma, salientamos que ela se assenta no modo ontológico da possibilidade, devendo a escolha do legislador recair sobre fatos de possível ocorrência no plano dos acontecimentos sociais. Agora, ao tratarmos do consequente, outro tanto há de ser dito, porque a modalização das condutas interpessoais somente terá sentido dentro do quadro geral da possibilidade. Não faria sentido prescrever comportamento obrigatório, proibitivo ou permissivo a alguém, se o destinatário, por força das circunstâncias, estivesse tolhido de praticar outras condutas. Careceria de sentido deôntico obrigar alguém a ficar em uma sala, proibido de sair, se esse cômodo estivesse trancado, de modo que a saída fosse impossível. Também cairia em solo estéril permitir, nessas condições, que a pessoa lá permanecesse. Ao disciplinar condutas intersubjetivas, o legislador opera no pressuposto da possibilidade. Ali onde houver duas ou mais condutas possíveis, existirá sentido em proibir, permitir ou obrigar determinado comportamento perante outrem.

5. A DECISÃO JUDICIAL COMO VEÍCULO INTRODUTOR DE NORMAS JURÍDICAS

Tenho insistido que consiste o direito positivo em uma camada de linguagem prescritiva, pertencente à região ôntica dos objetos culturais, visto que é produzido pelo homem para disciplinar a convivência social, dirigindo-se, finalisticamente, ao campo material das condutas intersubjetivas. É o conjunto das normas jurídicas válidas em determinado intervalo de tempo e sobre específico espaço territorial, inter-relacionadas sintática e semanticamente, segundo um princípio unificador.

Considerando que o direito existe para disciplinar os comportamentos humanos no convívio social, é o consequente normativo a categoria fundamental do conhecimento jurídico. Forma-se, invariavelmente, por uma proposição relacional, enlaçando dois ou mais sujeitos de direito em torno da conduta regulada como proibida, permitida ou obrigatória.

Tomo as normas jurídicas, portanto, como significações construídas a partir dos textos positivados e estruturadas consoante a forma lógica dos juízos condicionais, compostos pela associação de duas ou mais proposições prescritivas, apresentando-se como mensagens deônticas portadoras de sentido completo. Pressupõem uma proposição-antecedente, descritiva de possível evento do mundo social, na condição de suposto normativo, implicando uma proposição-tese, de caráter relacional, no tópico do consequente, funcionando como prescritora de condutas intersubjetivas.

Para terem sentido e serem devidamente compreendidos pelo destinatário, os comandos jurídicos devem revestir um quantum de estrutura formal. Em simbolismo lógico, teríamos D[F®(S'RS")], que se interpreta assim: deve-ser que, dado o fato F, então se instale a relação jurídica R entre os sujeitos S' e S". Apenas com esse esquema formal haverá possibilidade de sentido deôntico completo. Sua composição sintática é constante: um juízo condicional, em que se associa uma consequência à realização de certo acontecimento fáctico previsto no antecedente, fazendo-o por meio implicacional. Eis porque se afirma ser a norma jurídica a unidade irredutível de manifestação do deôntico.

Parece-nos perfeitamente justificada e coerente, portanto, a adoção das qualidades "abstrato" e "concreto" ao modo como se toma o fato descrito no antecedente. A tipificação de um conjunto de fatos realiza a previsão abstrata, ao passo que a conduta especificada no espaço e no tempo dá caráter concreto ao comando normativo.

A relação jurídica, por sua vez, será geral ou individual, reportando-se o qualificativo ao quadro de seus destinatários: geral, aquela que se dirige a um conjunto de sujeitos indeterminados quanto ao número; individual, a que se volta a certo indivíduo ou a grupo identificado de pessoas.

Com suporte nesses aspectos, poderemos classificar as normas jurídicas em quatro espécies: (i) abstrata e geral; (ii) concreta e geral; (iii) abstrata e individual; e (iv) concreta e individual.

A norma abstrata e geral adota o termo abstrato, em seu antecedente, no bojo do qual preceitua enunciado hipotético descritivo de um fato, e geral, em seu consequente, onde repousa a regulação de conduta de todos aqueles submersos no mundo de um dado sistema jurídico. Observadas essas reflexões, o antecedente das normas abstratas e gerais representará, invariavelmente, uma previsão hipotética, relacionando as notas que o acontecimento social há de ter para que seja considerado "fato jurídico". Em posição subsequente, teremos a consequência normativa que, por seu turno, trará conduta invariavelmente determinada em termos gerais, voltada para conjunto de sujeitos indeterminados.

Penso ser inevitável, porém, insistir num ponto que se me afigura vital para a compreensão do assunto: a norma geral e abstrata, para alcançar o inteiro teor de sua juridicidade, reivindica, incisivamente, a edição de norma individual e concreta. Uma ordem jurídica não se realiza de modo efetivo, motivando alterações no terreno da realidade social, sem que os comandos gerais e abstratos ganhem concreção em normas individuais.

O fenômeno da incidência normativa opera, pois, com a descrição de um acontecimento do mundo físico-social, ocorrido em condições determinadas de espaço e de tempo, que guarda estreita consonância com os critérios estabelecidos na hipótese da norma geral e abstrata. Por isso mesmo, a consequência desse enunciado será, por motivo de necessidade deôntica, o surgimento de outro enunciado protocolar, denotativo, com a particularidade de ser relacional, vale dizer, instituidor de relação entre dois ou mais sujeitos de direito. Esse segundo enunciado, como sequência lógica e não cronológica, há de manter-se, também, em rígida conformidade ao que for estabelecido nos critérios da consequência da norma geral e abstrata. Em um, na norma geral e abstrata, tem-se enunciado conotativo; em outro, na norma individual e concreta, consolida-se enunciado denotativo. Ambos com a prescritividade inerente à linguagem jurídica.

Com efeito, o fato ocorre apenas quando o acontecimento for descrito no antecedente de uma norma individual e concreta. O átimo de constituição, saliente-se, não pode ser confundido com o momento da ocorrência a que ele se reporta, e que, por seu intermédio, adquire teor de juridicidade.

Seguindo o degrau das estruturas normativas, perceberemos que tanto norma geral e abstrata quanto norma individual e concreta pressupõem ato ponente de norma, juridicizado pela competência jurídica de inserir enunciados no sistema do direito positivo. Torna-se preciso, como pede a teoria das fontes do direito, que um veículo introdutor faça a inserção da regra no ordenamento. Significa dizer: unidade normativa alguma entra no sistema jurídico sem outra norma que a conduza. O preceito introduzido é a disciplina dos comportamentos inter-humanos pretendida pelo legislador, independente de ser abstrata ou concreta e geral ou individual, ao passo que a entidade introdutora é igualmente norma, porém concreta e geral. Lembremo-nos de que a regra incumbida de conduzir a prescrição para dentro da ordenação positiva é de fundamental importância para montar a hierarquia do conjunto, axioma do próprio sistema jurídico.

Em sua estrutura completa de significação, a norma geral e concreta tem como suposto ou antecedente um acontecimento devidamente demarcado no espaço e no tempo, identificada a autoridade que a expediu. Muitas vezes vêm numeradas, como é o caso das leis, dos decretos, das portarias, ou referidas diretamente ao número do processo, do procedimento ou da atuosidade administrativa que lhe deu ensejo. A verdade é que a hipótese dessa norma alude a um fato efetivamente acontecido. Já o consequente revela o exercício de conduta autorizada a certo e determinado sujeito de direitos e que se pretende respeitada por todos os demais da comunidade. Nesse sentido é geral.

A importância da norma geral e concreta, em termos sistemáticos, aloja-se em dois pontos: (a) são os instrumentos apropriados para inserir regras jurídicas no sistema positivo; e, além disso, (b) funcionam como referencial para montar a hierarquia do conjunto. Afinal de contas, temos de ser coerentes com as premissas que declaramos. Se o direito é tomado como conjunto de normas válidas, num determinado território e em preciso momento do tempo histórico, tudo dentro dele serão normas, em homenagem ao princípio epistemológico da uniformidade do objeto. Daí porque as entidades "leis", "contratos", "atos administrativos", "desapropriação", "matrimônio", "tributo" etc., reduzidos à expressão mais simples, assumem a condição de normas jurídicas. E a prova está na circunstância segundo a qual a instituição, a modificação e a extinção dessas figuras se operam por regras de direito.

Tudo isso se aplica, na íntegra, à figura das "decisões judiciais" e, dentre elas, à "liminar" e à "sentença". Comunicada a decisão aos destinatários, introduz no sistema norma que relata, no antecedente, fato delimitado no tempo e no espaço, prescrevendo, no consequente, relação jurídica entre sujeitos individualizados, determinando as condutas a serem por estes adotadas em face da situação fática prevista no suposto normativo.

Descabida qualquer alegação no sentido de haver diferenças entre os efeitos da liminar e das demais normas individuais e concretas expedidas pelo Judiciário, por tratar-se aquela de decisão provisória. Breve observação denunciará logo a improcedência desse argumento. Se a liminar é o resultado de um ato judicial, introdutor de norma individual e concreta no ordenamento positivo, desde que atinja os requisitos jurídicos para seu acabamento, dada a conhecer a seus destinatários, ingressa no sistema, passando a integrá-lo. Outra coisa, porém, é a possibilidade de vir a ser modificada, consoante meios previstos para esse fim. A susceptibilidade a impugnações é predicado de todos os atos administrativos, judiciais e legislativos, com exceção somente daqueles que se tornaram imutáveis por força de prescrições do próprio sistema do direito positivo, como é o caso da decisão judicial transitada em julgado, não mais passível de ser atacada por ação rescisória. Não há, portanto, o menor cabimento em estabelecer a dualidade "provisória/definitiva" como critério de referência a normas expedidas pelo Judiciário. Caso contrário, seria forçosa a conclusão de que quase tudo no direito seria provisório. Todas as sentenças seriam provisórias, uma vez que delas a parte vencida pode recorrer. Os acórdãos dos tribunais também seriam provisórios, na medida que podem suscitar novos apelos. E assim por diante. O direito seria um corpo de manifestações interinas, meramente transitórias, com um número reduzido de exceções.

Disso conclui-se que a liminar, assim como a sentença, introduz norma jurídica válida. E esta, enquanto não for retirada do sistema por outra norma jurídica que assim o determine, produzirá efeitos, disciplinando as condutas intersubjetivas por meio de um dever-ser modalizado (proibido, permitido ou obrigatório).

6. CONCLUSÃO: INEXISTÊNCIA DE MORA NA HIPÓTESE DE CUMPRIMENTO DE DECISÃO JUDICIAL POSTERIORMENTE REFORMADA

Havendo decisão judicial que implique postergação da data do pagamento de qualquer débito, mas que, posteriormente, por ocasião da sentença ou do julgamento de recurso, seja alterada e se reestabeleça o restabelecido o prazo originalmente estipulado como termo final do vencimento, tal circunstância não implica que os efeitos já produzidos devam ser desconsiderados e que os atos praticados sob sua égide devam ser analisados segundo os termos da decisão reformadora. O artigo 5º, inciso XXXVI, da Carta Magna, veda terminantemente esse tipo de atitude.

Em homenagem ao direito adquirido e ao princípio da segurança jurídica, a nova norma deve alcançar apenas fatos futuros. Admitir-se o contrário, seria reconhecer a inutilidade da atuação do Poder Judiciário no questionamento da legalidade e da exigibilidade de elementos obrigacionais. A exigência do recolhimento de multa e juros moratórios, numa hipótese como a suscitada, implicaria desconsiderar os efeitos da decisão judicial, que, apesar de introduzir no ordenamento jurídico norma individual e concreta, válida e vigente, seria como se não tivesse existido, visto que incapaz de afastar as consequências decorrentes do não pagamento no tempo previsto.

Mais ainda, estar-se-ia punindo o sujeito que, no exercício do direito de ampla defesa, recorreu ao Judiciário, obteve decisão favorável e a cumpriu. Seria simplesmente absurdo admitir que se pudesse contemplar, como hipótese de incidência da multa e dos juros de mora, a circunstância de alguém agir em cumprimento da determinação judicial. Nesse sentido, pondera Geraldo Ataliba[3] que "sempre que alguém atua concretamente, na conformidade de um preceito normativo que lhe assegura o direito de assim atuar, não pode o intérprete jamais entender como ilícito tal comportamento. É mesmo logicamente inconcebível que um comportamento possa ser jurídico e antijurídico ao mesmo tempo".

Entendimento contrário levaria à conclusão de que incorre em mora quem, recorrendo ao Judiciário, obtém decisão favorável e a cumpre. Tal posicionamento deve ser veementemente repelido. Inadmissível considerar-se inadimplente o sujeito que acode ao Judiciário, mostrando uma pretensão no mínimo plausível e vendo concedida medida liminar em seu favor[4].

---

3. *Estudos e Pareceres de Direito Tributário*. Vol. 2. São Paulo: Revista dos Tribunais, 1978, p. 271.
4. Cf. Eduardo Arruda Alvim. *Mandado de Segurança no Direito Tributário*. São Paulo: Revista dos Tribunais, 1998, p. 221-222.

Com efeito, apenar-se com os consectários da mora aquele contribuinte que acode ao Judiciário, e deste logo obtém proteção liminar, pelo fato dela ter sido posteriormente cassada, significa, indiretamente, obstar ou no mínimo desencorajar o acesso ao Judiciário. Se a lei não pode excluir da apreciação do Judiciário lesão ou ameaça a direito (art. 5º, XXXV, CF/88), com muito mais razão não pode ser interpretada de forma tal que o sujeito que se utilize dessa prerrogativa resulte prejudicado. Não se pode, portanto, qualificar de inadimplente o sujeito que obtém medida liminar suspendendo a exigibilidade do débito.

Estando o sujeito protegido por uma decisão judicial, não incorre ele em mora, visto que em tal situação não se pode falar em inadimplemento ou impontualidade, no sentido de descumprimento de dever legal.

Corolário da inocorrência da mora é a inexigibilidade da multa e dos juros moratórios. Se estes resultam do descumprimento de um comando jurídico, inexistindo desobediência em virtude de uma outra norma jurídica, individual e concreta, responsável pela alteração da primeira, não se observa comportamento contrário ao determinado pelo ordenamento jurídico. Consequentemente, inexistindo mora fica obstada a cobrança de qualquer encargo moratório.

CAPÍTULO 11

FORMALISMO JURÍDICO E "INTERPRETAÇÃO LITERAL" NO DIREITO: UMA ABORDAGEM A PARTIR DE DOIS ESTUDOS DE H.L.A. HART

Renê Chiquetti Rodrigues
Cesar Antonio Serbena

Sumário: Introdução; 1. Sentido literal: uma noção problemática; 2. Retomando H.L.A HART: por uma classificação do problema da interpretação judicial na teoria do direito; 2.1. Nobre sonho e pesadelo: entre a descoberta e criação; 2.2. Formalismo e ceticismo em relação às regras: entre determinação e imprevisibilidade decisória; 2.3 Uma classificação das concepções interpretativas de H.L.A.Hart e de seus debatedores; 3. Considerações Finais; 4. Referências Bibliográficas.

Tudo o que Bilbo, sem suspeitar de nada, viu naquela manhã foi um velho com um cajado [...] — Bom dia! — disse Bilbo sinceramente. O sol brilhava, e a grama estava muito verde. Mas Gandalf lançou-lhe um olhar por baixo de suas longas e espessas sobrancelhas, que se projetavam da sombra da aba do chapéu.

— O que você quer dizer com isso? — perguntou ele. — Está me desejando um bom dia, ou quer dizer que o dia está bom não importa que eu queira ou não, ou quer dizer que você se sente bem neste dia, ou que este é um dia para se estar bem? — Tudo isso de uma vez — disse Bilbo. — É uma manhã muito agradável para fumar um cachimbo ao ar livre, além disso. [...]

— Muito bonito! — disse Gandalf. — Mas eu não tenho tempo para soprar anéis de fumaça esta manhã. Estou procurando alguém para participar de uma aventura que estou organizando, e está muito difícil achar alguém.

— Acho que sim, por estes lados! Nós somos gente simples e acomodada, e eu não gosto de aventuras. São desagradáveis e desconfortáveis! Fazem com que você se atrase para o jantar! [...] Havia decidido que não era do tipo que o agradava e queria que ele fosse embora. Mas o velho não se mexeu. Ficou parado, apoiando-se no seu cajado, observando o hobbit sem dizer nada, até que Bilbo se sentiu meio embaraçado, e até um pouco contrariado. — Bom dia! — disse ele finalmente. — Nós não queremos aventuras por aqui, obrigado! Com isso quis dizer que a conversa estava terminada. — Você usa Bom Dia para um monte de coisas! — disse Gandalf. — Agora está querendo dizer que quer se livrar de mim e que o dia não ficará bom até que eu vá embora. (TOLKIEN, J.R.R. O Hobbit ou lá e de volta outra vez. 1937).

INTRODUÇÃO

A ideia de interpretação literal é uma categoria importante do universo jurídico, desempenhando uma função significativa em variados institutos e categorias de distintos ramos do Direito. No contexto do novo Código de Processo Civil (CPC) – Lei n. 13.105/15 – por exemplo, temos a interpretação literal pressuposta com relação à litigância de má-fé, pois se considera litigante de má-fé aquele que deduz pretensão ou defesa contra texto expresso de lei.

A expressão "texto expresso de lei" seria um uso ou um marco da interpretação literal, no sentido que a lei deve antes de tudo ser lida e interpretada em seu sentido literal. Como também, o antigo Código de Processo Civil (Lei n. 5869/73) – que vigorou até recentemente, vigendo por mais de 30 anos – determinava que a "sentença de mérito, transitada em julgado, pode ser rescindida quando [...] violar literal disposição de lei" (art. 485, *caput*, V), e o Código anterior (Dec-Lei 1608/39) apresentava determinação similar, ao dispor que "Será nula a sentença [...] quando proferida [...] contra literal disposição de lei (art. 798, caput, I, "c"). Já o novo CPC preferiu utilizar a expressão "norma" ao estabelecer a violação manifesta de norma jurídica como condicionante da ação rescisória (Art. 966. "A decisão de mérito, transitada em julgado, pode ser rescindida quando: V - violar manifestamente norma jurídica"); esta nova redação, ao utilizar-se do vocábulo "norma", pretendeu ampliar semanticamente a condicionante para além da interpretação puramente literal. O que será problematizado no presente artigo não será tanto o que há entre a "literalidade da lei" e a "norma", mas a própria categoria de interpretação literal e o seu entendimento pela Teoria do direito.

Não somente o novo CPC, com também o Código Tributário Nacional (Lei 5172/66) – ainda em vigência – faz uso da interpretação literal: 'Interpreta-se literalmente a legislação tributária que disponha sobre (i) suspensão ou exclusão do crédito tributário, (ii) outorga de isenção; (iii) dispensa do cumprimento de obrigações tributárias acessórias' (art. 111). Todavia, ainda que a ideia de interpretação literal por vezes conste expressamente de textos jurídicos, ela surge com maior frequência e é problematizada com maior regularidade nos domínios jurisprudencial e doutrinário.

O presente estudo se encontra inserido no âmbito de um projeto de investigação mais amplo, que objetiva analisar quais os problemas filosóficos se encontram subjacentes ao se falar em "interpretação literal". Este artigo é o primeiro trabalho do mencionado projeto e visa apenas analisar como a noção de literalidade pode ser compreendida no âmbito da interpretação jurídica a partir dos contornos da teoria de Herbert Lionel Adolphus Hart (1907-1992). Assim, baseando-se nos estudos de Francesca Poggi, o texto intenta em sua primeira parte esclarecer o que se entende por "significado literal" e, em sua segunda parte, procura sistematizar as contribuições hermenêuticas dadas por H.L.A.Hart em dois textos distintos: (i) o capítulo sete da obra *The Concept of Law* e (ii) do artigo *American Jurisprudence Through English Eyes: The Nightmare and the Noble Dream*.

1. SENTIDO LITERAL: UMA NOÇÃO PROBLEMÁTICA

O que se pode entender por "significado literal"? Com base nos estudos de Francesca Poggi[1], é possível assinalar que a noção significado literal e a ideia de interpretação literal – a ela conexa – parecem ter vários sentidos distintos, conforme o uso que delas se faça. A autora destaca que a expressão "significado literal" podem se referir tanto a (a) palavras, como a (b) enunciados (ou disposições normativas, no caso da linguagem jurídica).

---

1. POGGI, Francesca. "Significado Literal: una noción problemática". *In*: *DOXA*: Cuadernos de Filosofía del Derecho, n°. 30. 2007, p. 618.

(a) É possível distinguir três tipos de palavras[2]: (i) expressões de uso comum, que não pertencem a nenhuma linguagem técnica ou científica; (ii) expressões que não são usadas no discurso cotidiano ou na linguagem corrente, sendo empregados apenas em linguagens técnicas ou científicas; (iii) expressões que aparecem tanto na linguagem comum como na linguagem especializada de alguma ciência ou técnica, mas com sentidos distintos. Este último caso é o que apresenta maiores problemas. Com respeito a este último grupo, quando uma palavra aparece tanto na linguagem comum quanto na linguagem jurídica (documentos normativos, por exemplo) com sentidos distintos, surgem ao menos dois problemas. O primeiro deles poderia ser observado a partir das seguintes indagações: qual é seu sentido literal dessa palavra? Como devemos compreendê-la? Por conseguinte, Poggi[3] distingue dois casos distintos: (iii.a) o caso das expressões da linguagem cotidiana estarem também definidas nos documentos jurídicos; (iii.b) o caso de expressões que têm um sentido ordinário e um técnico científico, que não estão definidas em documentos normativos, mas em obras dogmáticas de juristas ou sentenças judiciais. O segundo problema[4] consiste no fato de que por "significado literal de uma palavra" entendida como "significado comum" ou como "significado técnico-jurídico", é possível entender ao menos duas coisas distintas: (iii.1) podemos entender que o significado literal de uma expressão é aquele dado pelas regras semânticas do idioma a qual pertence, e nesse caso o sentido literal é aquele indicado pelos dicionários. Todavia, nesse caso perceberemos que, na maioria das vezes, as palavras são polissêmicas, não tendo apenas um, mas múltiplos sentidos possíveis; (iii.2) podemos entender por "significado literal de uma palavra" não o sentido que a expressão possui isoladamente, mas no contexto em que ela aparece – em consonância com as regras semânticas e sintáticas da língua que pertence a palavra pronunciada. Assim, uma palavra que isoladamente é polissêmica poderá ter um único significado quando passa a ser considerada no contexto do enunciado em que ela aparece.

---

2. Ibidem, p. 618-620.
3. Ibidem, p.620.
4. Ibidem, p. 620.

(b) Poggi[5] ressalta que muitos autores observaram que os juristas se utilizam da expressão "significado literal" ao menos em seis sentidos distintos: (1) por significado literal pode-se entender o significado *prima facie* de um enunciado, ou seja, o significado que se compreende de modo imediato, instantaneamente, por pura intuição linguística. Deste modo, "o significado literal de um enunciado se opõe ao significado oculto do mesmo enunciado, quer dizer, se contrapõe ao seu significado não imediato, ao significado encontrado depois de uma reflexão"[6]; (2) conectado ao primeiro sentido, é possível compreender "significado literal" como o sentido aparente de um enunciado, oposto, assim ao "significado verdadeiro, correto e profundo do mesmo enunciado"[7]; (3) por "significado literal" de um enunciado pode-se entender ainda o significado expressado por um enunciado idêntico, "um enunciado exatamente iterativo, que repete exatamente as mesmas palavras, do enunciado que se interpreta"[8]; (4) um quarto modo de se compreender a noção de "significado literal" é como significa não-corretivo, ou seja, como um significado que não amplia nem reduz o significado de um enunciado. Essa compreensão se opõe ao significado corretivo e "a interpretação literal se opõe à interpretação extensiva e à interpretação restritiva"[9]. Segundo a autora, em que pese essa acepção de significado literal não ser incorreta, não parece ser plenamente satisfatória; (5) também é possível conceber a expressão "significado literal" de um enunciado como sendo o significado obtido ao se empregar o argumento *a contrario*. Tendo em vista a existência de dois tipos de argumento *a contrario* (o argumento *a contrario* interpretativo e o argumento *a contrario* criativo), esse quinto sentido proposto se refere ao significado obtido com o uso do argumento *a contrario* interpretativo[10]. Este modo de raciocínio é aquele que diante do enunciado "Todos os cidadãos têm direito ao voto" apenas permite

---

5. Ibidem, p. 620.
6. Ibidem, p. 621.
7. Ibidem, p. 622.
8. Ibidem, p. 622.
9. Ibidem, p. 622.
10. A diferença entre ambos os tipo de argumento *a contrario*, é feita pela autora com base no enunciado prescritivo "Todos os cidadãos têm direito ao voto". Enquanto o argumento *a contrario* interpretativo permite concluir que esta disposição não se aplica aos não cidadãos (pois somente os cidadãos possuem direito ao voto e nada se pode concluir acerca dos não cidadãos), o argumento *a contrario* criativo permite concluir que apenas os cida-

271

concluir que esta disposição não se aplica a quem não seja cidadão, que "com base nesta disposição apenas os cidadãos possuem direito ao voto e não se pode concluir nada acerca dos não cidadãos"[11]; (6) por fim, por "significado literal" de um enunciado é possível entender o significado semântico-gramatical de um enunciado, ou seja, um sentido determinado com base apenas nas regras semânticas e sintáticas do idioma, ao significado das palavras e da conexão sintática, gramatical, das mesmas[12].

Para Poggi, esta última "noção de significado literal parece a mais plausível, e, também, pode ser empregada para completar o quarto e o quinto sentido de significado literal"[13]. Isto, pois, o sentido de "interpretação literal" de um enunciado enquanto significado obtido ao se empregar o argumento *a contrario* interpretativo consiste em sustentar que se deve respeitar o significado semântico-gramatical de um enunciado e a noção de "sentido literal" enquanto significado semântico gramatical consiste em um sentido não corretivo de um enunciado, ou seja, não se amplia nem se reduz o significado estabelecido pelas regras semânticas do idioma. Após apresentar os seis sentidos distintos geralmente utilizados pelos juristas para a expressão "significado literal" a autora entende ser necessário realizar uma distinção adicional para uma boa compreensão do tema, entre "enunciado" e "enunciação"[14]. Enquanto "enunciado" (*sentence*) consiste na expressão linguística formulada em um dado idioma, de forma gramaticalmente perfeita e completa, por "enunciação" se entende a "ocorrência delimitada desde o enfoque espaço-temporal de um enunciado"[15]. Assim, o enunciado é um tipo (*type*) e a enunciação é uma ocorrência daquele tipo (*token*). Como o termo enunciação é ambíguo, pode significar tanto o próprio ato linguístico (processo) quanto o resultado desse ato (produto), ou seja, aquilo que é dito. Poggi afirma que, para as finalidades de seu estudo, enunciação deve ser entendido

---

  dãos possuem direito ao voto e os não cidadãos não possuem direito ao voto. Cf. Ibidem, p. 623.
11. Op. Cit. p. 623.
12. Ibidem, p. 623.
13. Ibidem, p. 623.
14. Ibidem, p. 624.
15. Ibidem, p. 624.

como "o produto, o que se diz, a ocorrência espaço-temporalmente determinada de um enunciado"[16].

Estas considerações de Francesca Poggi nos demonstram a existência de diversos usos da noção de "significado literal" no âmbito jurídico. Nos valemos aqui de tais apontamentos em caráter preliminar apenas para ressaltar que as dificuldades enfrentadas por aquele que busca compreender o que significa a expressão "significado literal" e seu uso pelos juristas por meio da ideia de "interpretação literal" do direito se iniciam logo quando se intenta definir o que seja propriamente a "literalidade". Todavia, é possível destacar que os problemas relacionados à ideia de "interpretação literal" são geralmente associados a uma corrente denominada de "formalismo" na Teoria do direito. Na tentativa de perceber como ocorre esta associação, intentamos sistematizar as contribuições hermenêuticas fornecidas pelo pensamento jusfilosófico de H.L.A.Hart.

2. RETOMANDO H.L.A HART: POR UMA CLASSIFICAÇÃO DO PROBLEMA DA INTERPRETAÇÃO JUDICIAL NA TEORIA DO DIREITO

A noção de interpretação literal do direito é de difícil compreensão na medida em que é possível constatar uma pluralidade de sentidos possíveis o vocábulo "sentido literal". A ideia de interpretação literal ou aplicação literal da lei pelo juiz nos coloca diante de uma série de problemas de atribuição de sentido apontados pela Filosofia da Linguagem. Pretendemos analisar tais problemas filosóficos e sua relação com o pensamento jurídico de modo pormenorizado em futuros estudos. Todavia, por ora, pode ser proveitoso verificar como noção de literalidade na aplicação judicial da lei (ou do direito) é pensada pela Teoria do direito. Para isso, pode ser proveitoso retomar as contribuições hermenêuticas feitas por Herbert Lionel Adolphus Hart (1907-1992).

Tentaremos expor e sistematizar as contribuições hermenêuticas dadas por H.L.A.Hart em dois textos distintos: (i) o capítulo sete da obra *The Concept of Law* [1961] e (ii) do artigo *American Jurisprudence Through English Eyes: The Nightmare and the Noble Dream* [1977]. Como a concepção

---

16. Ibidem, p. 624.

de literalidade na interpretação judicial do direito parece desempenhar um papel de significativa importância na corrente teórica denominada de formalismo jurídico, nosso intuito será verificar como H.L.A.Hart desenvolve os conceitos de "Nobre Sonho", "Pesadelo", "Formalismo" e "Ceticismo acerca das regras", bem como tentar conceber quais seriam as relações entre esses quatro tipos de concepções teóricas.

2.1. Nobre sonho e pesadelo: entre a descoberta e criação

No artigo *American Jurisprudence Through English Eyes: The Nightmare and the Noble Dream* [1977][17], Hart aponta que a teoria do direito norte-americana tem oscilado entre dois extremos – entremeados por muitas posições intermediárias – as quais denomina de "Nobre Sonho" e "Pesadelo"[18]. A diferenciação das duas concepções é feita a partir das expectativas que as partes possuem em um processo judicial. Segundo Hart, as partes "acreditam ter o direito de receber dos juízes uma aplicação da lei existente à sua disputa, não o de ter novo direito feito para resolvê-la"[19], concebendo a figura do juiz como um declarador do direito objetivo preexistente que não deve ser confundida com a imagem bem diferente do legislador.

O Nobre Sonho pode ser compreendido como sendo a crença de que "se pode oferecer uma explicação e uma justificativa para a expectativa comum das partes de que os juízes apliquem a seus casos a lei existente e não que se façam novas leis para eles"[20]. Ao menos no modo como tal perspectiva tem se desenvolvido na teoria do direito norte-americana,

---

17. O artigo foi publicado inicialmente em 1977, no volume 11. n.º 5 (setembro), da Revista *Georgia Law Review* (pp. 969-989) e reimpresso como capítulo 4 do livro de Hart intitulado *Essays in Jurisprudence and Philosophy* (1983). As citações deste trabalho são feitas com base na versão publicada na última obra. As traduções seguem a tradução brasileira: HART, H. L. A. "A teoria do direito norte-americana pelos olhos ingleses: o pesadelo e o nobre sonho." In: *Ensaios Sobre Teoria do Direito e Filosofia*. Tradução José Garcez Ghirardi, Lenita Maria Rimoli Esteves. Rio de Janeiro: Elsevier, 2010. pp. 137-161.

18. HART, H. L. A. "American Jurisprudence Through English Eyes: The Nightmare and the Noble Dream". *In*: HART, H. L. A. *Essays in Jurisprudence and Philosophy*. Oxford: Clarendon, 1983, pp. 123-144.

19. Ibidem, p.126.

20. Ibidem, 132.

o Nobre Sonho não invoca a existência de direito natural universal, mas sim uma forma de particularismo, na medida em que se encontra ligado "às preocupações e ao formato de um sistema jurídico individual e aos fins e valores específicos perseguidos por meio das leis em uma determinada sociedade"[21]. Três autores são apresentados como representantes dessa forma de pensamento: Roscoe Pound (1870-1964); Karl N. Llewllyn (1893-1962) e Ronald M. Dworkin (1931-2013).

Roscoe Pound[22] criticou como sendo uma concepção muito reduzida a noção de que o sistema jurídico seria constituído apenas regras (que ligam situações de fato estreitamente definidas e detalhadas à consequências jurídicas estreitamente definidas) que permitiam que as decisões judiciais fossem tomadas e justificadas pela simples subsunção de casos específicos a essas regras. Segundo Pound, os sistemas jurídicos também seriam constituídos por princípios gerais e amplos – explicitamente promulgados ou implicitamente reconhecidos – não teriam a função de meramente explicar as demais normas em que se manifestam, mas constituiriam orientações gerais de decisão. De tal modo, mesmo diante de um caso em que se constate a indeterminação da regra (ambiguidade/vagueza) ou a ausência de regra explicitamente formulada (lacuna), os tribunais não deveriam se considerar livres para legislar, mas "buscar no sistema jurídico existente um princípio, ou princípios que, isoladamente ou em conjunto, servirão tanto para explicar as normas claras existentes quanto para gerar um resultado específico o caso em questão"[23].

Karl Llewllyn[24] também atacou a ideia de um juiz-legislador (decisão judicial como produto da vontade não controlada do juiz) ao postular um "*grand style*" de decisões judiciais[25]. Para Llewllyn, a ilusão de que o juiz esteja compelido assumir o papel de legislador deriva da incompreensão do "fato de que o processo de tomada de decisão no âmbito jurídico não se dá *in vácuo*, mas sempre contra o pano de fundo de um sistema de regras, princípios, padrões e valores relativamente bem

---

21. Ibidem, p. 133.
22. Cf. POUND, Roscoe. *Jurisprudence*. St. Paul, Minn.: West Publishing Co., 1959.
23. Op. cit. p. 135.
24. Cf. LLEWELLYN, Karl N. *The Common Law Tradition*: Deciding Appeals. Boston: Little, Brown & Co. 1960.
25. Op. Cit, 133, 134.

consolidados"[26]. Assim, ainda que uma dada regra jurídica não ofereça uma orientação clara para a solução do caso, a totalidade do sistema do qual esta regra é uma parte, pode apontar - de forma expressa ou latente – "princípios que, se aplicados consistentemente, gerarão um resultado determinado"[27].

Por sua vez, Ronald Dworkin[28] é apresentado como sendo o "mais nobre sonhador [*the noblest dreamer*] de todos, com uma base filosófica mais ampla e mais qualificada do que seus predecessores"[29]. Dworkin não apenas rejeita a ideia de que o sistema jurídico consiste apenas de suas regras de autoridade explícita, enfatizando a importância de princípios implícitos não formulados (do mesmo modo que Pound), como também rejeita a ideia de que o juiz deva deixar seus livros jurídicos de lado e começar a legislar segundo sua moralidade pessoal ou sua concepção de bem social e de justiça quando as regras explícitas se mostrarem indeterminadas (como Llewellyn). Para Dworkin, "o juiz deve sempre supor que, para cada caso que se possa conceber, há uma solução que já é lei antes de ele decidir o caso e que aguarda ser descoberta"[30], de tal modo que ele "não deve supor que a lei seja, em qualquer momento, incompleta, inconsistente ou indeterminada [...] de modo que não há lugar para um juiz legislar ao escolher entre alternativas sobre o que o direito deve ser"[31].

Se o Nobre Sonho é concebido como a crença de que os juízes apenas aplicam a lei existente – e não que se façam novas leis – ao julgarem os casos, o Pesadelo consiste na perspectiva de que esta imagem clássica do juiz (completamente distinta da figura do legislador) não passa de "uma ilusão, e que as expectativas que dela derivam estão fadadas à decepção – em uma visão extrema, sempre, e em uma visão moderada, com

---

26. Ibidem, p. 134.
27. Ibidem, p. 134.
28. Cf. DWORKIN, Ronald. "Hard Cases". In: *Taking Rights Seriously*. Cambridge: Harward University Press, 1977. pp. 81-130.
29. Ibidem, p. 137.
30. Ibidem, p. 138.
31. Ibidem, p. 138. Um exemplo jurisprudencial apontado por Hart de adoção da perspectiva do Nobre Sonho seria a decisão de Lord Atkin na Câmara dos Lordes ao julgar o caso *Donaghue v. Stevenson* [1932; A.C. 562].

bastante frequência"[32], ou seja, em que pese os tribunais afirmarem que estão apenas aplicando a lei previamente existente ao caso, a decisão judicial seria, na verdade, um caso de criptolegislação. Para o Pesadelo, a decisão judicial é um ato juridicamente não controlado de atividade criadora de direito (*law-making*). O que chama a atenção de Hart é que algumas vertentes norte-americanas dessa perspectiva parecem sustentar que o papel criativo do juiz não seria apenas uma característica de certos tipos (difíceis) de julgamento, mas que a atividade jurisdicional se constituiria *essencialmente* como uma forma de criar direito, "jamais uma instância de declarar o direito existente, sugerindo mesmo que, até que essa verdade seja compreendida e dissipados os mitos convencionais que a obscurecem, não se pode entender a natureza do direito"[33].

Embora a melhor defesa da perspectiva do Pesadelo na teoria do direito norte-americana possa ser observada no Movimento Realista das décadas de 1920 e 1930, Hart cita a obra *The Nature and the Sources of the Law* [1909] de John Chipman Gray (1839-1915)[34] como sendo um "exemplo particularmente assombroso do poder dessa teoria sobre o pensamento jurídico norte-americano"[35]. Uma concepção que perpassa toda esta obra é a de que o direito consiste em normas "estabelecidas pelos tribunais quando da resolução de casos e de que tudo o mais, leis e precedentes anteriores incluídos, era meramente fonte de direito"[36]. Porém, Hart salienta que "muitos dos que pareciam pregar essa mensagem e proclamá-la em ousados *slogans* provocativos, quase sempre pretendiam dizer algo bem menos extravagante do que os *slogans* pareciam manifestar"[37]. Este seria o caso de Oliver Wendell Holmes[38] (1841-1945) que, apesar de proclamar que os juízes legislavam e que deviam legislar em determinados pontos, sustentava que a função legislativa dos juízes era apenas "intersticial"; sua teoria – como aponta Hart – não era uma fi-

---

32. Op. Cit. p. 126.
33. Ibidem, p. 128.
34. Cf. GRAY, John Chipman. *The Nature and the Sources of the Law*. New York: The Columbia university press. 1909.
35. Ibidem, p. 129.
36. Ibidem, p. 129.
37. Ibidem, p. 128.
38. HOLMES, Oliver Wendell. "The Path of the Law". *In*: *Collected Legal Papers*. New York: Harcourt, Brace and Company, 1920. pp. 167-202.

losofia do "adiante a pleno vapor e danem-se os silogismos"[39]. O mesmo não se pode dizer de Jerome Frank (1889-1957). Em sua obra *Law and Modern Mind*[40], Frank estigmatiza a crença de que pudesse haver regras vinculantes aos juízes e por eles aplicadas – não por eles criadas – "como uma forma imatura de fetichismo ou de fixação na figura paterna merecedora de terapia psicanalítica"[41].

Tais juristas possuem o mérito de terem aberto "os olhos das pessoas para aquilo que realmente acontece quando os tribunais decidem causas"[42] e o principal efeito da perspectiva do Pesadelo, segundo Hart, foi o de convencer muitos juristas (no âmbito da prática forense ou na academia) de duas coisas:

> primeira, que eles deveriam sempre suspeitar, embora *não* rejeitar sempre ao final, alegações de que as regras ou precedentes existentes eram limitações fortes e completas o suficiente para determinar qual deveria ser a decisão de um tribunal sem qualquer outra consideração extra-jurídica; segunda, que os juízes não deveriam tentar contrabandear sorrateiramente para dentro do direito suas próprias convicções dos objetivo do direito, sua justiça, política social ou outros elementos extrajurídicos necessários para uma decisão, mas deveriam identifica-las e discuti-las abertamente.[43]

De modo sintético, é possível conceber as duas concepções do seguinte modo: o Nobre Sonho consiste no entendimento de que os juízes nunca criam, mas apenas aplicam o direito pré-existente, e o Pesadelo como sendo "o entendimento de que os juízes sempre criam e nunca encontram o direito que impõem às partes"[44]. Se o Nobre Sonho defen-

---

39. Como salienta Hart: [...] Holmes certamente nunca chegou a esses extremos. Embora proclamasse que os juízes legislavam e deviam legislar em determinados pontos, ele concedia que uma vasta área do direito legislado e muitas doutrinas firmemente estabelecidas na *Common Law*, tais como a exigência de contraprestação para os contratos, bem como as demandas da comparativamente frouxa teoria norte-americana do precedente vinculante, eram suficientemente definidas para tornar absurda a representação dos juízes como, primordialmente, legisladores." (Op. Cit. p. 128).
40. Cf. FRANK, Jerome. *Law and the Modern Mind*. New Brunswick: Transaction Publishers. 1930.
41. Op. Cit. p. 128.
42. HART, H.L.A. Op. Cit., p. 68. (artigo)
43. Os exemplos judiciais dados por Hart como exemplos da adoção da perspectiva do Pesadelo são: caso Roe v. Wade, 410 U.S. 113 (1978); Doe v. Bolton, 410 U.S. 179 (1973).
44. Ambas as concepções possuem muitas variantes internas.

de a imagem tradicional da atividade judicial que, segundo a expressão de um eminente juiz inglês, Lord Radcliffe, é aquela do "declarador do direito objetivo, imparcial, erudito e experiente"[45], a imagem do juiz sustentada pela perspectiva do Pesadelo pode ser vislumbrada nas palavras do bispo Hoadly: "Quem quer que detenha uma *autoridade absoluta* de interpretar quaisquer leis escritas ou orais, *este* é o verdadeiro *legislador* para todos os efeitos e propósitos, e não a pessoa que primeiro as escreveu ou proferiu"[46].

2.2. Formalismo e ceticismo em relação às regras: entre determinação e imprevisibilidade decisória

No capítulo VII de *The Concept of Law* [1961][47], intitulado "Formalism and Rule Scepticism", Hart investiga o problema da indeterminação do direito a partir de duas posturas teóricas sobre o fenômeno jurídico, às quais ele denomina de "formalismo" e de "ceticismo acerca das regras".

Hart chama de formalismo ou conceptualismo a assunção de uma determinada atitude perante as normas formuladas expressamente "que busca, após a edição da norma geral, simultaneamente disfarçar e minimizar a necessidade de tal escolha"[48]. Uma forma de agir assim seria por "congelar o sentido da norma de tal maneira que seus termos gerais

---

45. Op. Cit. p. 126. Hart faz referência ao texto RADCLIFFE, Lord. "The Lawyer and His Times" In: Sutherland, Arthur E. (ed). *The Path of the Law from 1967*: proceedings and papers at the Harvard Law School convocation held on the one-hundred fiftieth anniversary of its founding. Cambridge MA, Harvard University Press, 1968.

46. Ibidem, p. 129. A frase foi proferida em 1717 pelo bispo Benjamim Hoadly (1676-1761) ao Rei George I e citada ao menos três vezes por John Chipman Gray em *The Nature and Sources of Law*. (pp. 102; 125, 172): "Whoever hath an absolute authority to interpret written or spoken laws; it is he who is truly the lawgiver to all intents and purposes and not the person who wrote or spoke them".

47. A primeira edição de The Concept of Law é de 1961, a segunda – com o pós-escrito organizado por Joseph Raz e Penelope Bulloch – é de 1994 e recentemente foi publicado uma terceira edição – com introdução de Leslie Green – em 2012. As citações deste trabalho são feitas com base no texto da 2ª edição (HART, H.L.A. *The Concept of Law*. Oxford, Clarendon Press, 1994), tradução de Antônio Oliveira Sette-Câmara (São Paulo: WMF Martins Fontes, 2012).

48. HART, H.L.A. *O Conceito de Direito*. Trad. Antônio Oliveira Sette-Câmara São Paulo: WMF Martins Fontes, 2012. p. 168.

devem ter o mesmo sentido em todos os casos em que esteja em pauta sua aplicação"[49].

Isso poderia ser feito do seguinte modo: (i) nos concentramos em algumas características do caso mais evidente apontado pela regra, (ii) passamos a considerar tais características como sendo necessárias e suficientes para a aplicação da regra em todos os demais casos, (iii) outras características que os demais casos semelhantes possam apresentar são consideradas irrelevantes para a aplicação da regra; (iv) também são irrelevantes para a aplicação da regra as possíveis consequências sociais que a aplicação ocasionará em tais casos semelhantes. Desse modo, segundo Hart, "realmente conseguimos resolver antecipadamente, mas no escuro, problemas que só podem ser solucionados de modo razoável quando surgem e são identificados"[50]. A adoção dessa atitude interpretativa geraria o que Hart denomina de "paraíso dos conceitos" do jurista e seria alcançada "quando se pudesse atribuir a um termo geral o mesmo sentido, não apenas em todas as aplicações de uma única norma, mas também todas as vezes que o termo surgisse em qualquer norma do sistema jurídico"[51]. Nesse cenário, não haveria necessidade de nenhum esforço "para interpretar o termo à luz das diferentes questões em jogo, em suas várias recorrências"[52].

O problema de tal atitude interpretativa consiste no fato dela não perceber aquilo que Frederick Schauer denomina de caráter subinclusivo e sobreinclusivo das regras[53]. Nas palavras de Hart:

> Essa técnica nos fará a incluir nas normas casos que gostaríamos de excluir a fim de alcançar os objetivos sociais racionais que os termos de nossa linguagem, dotados de textura aberta, nos teriam permitido excluir se tivéssemos definido de modo menos rígido. A rigidez de nossas classificações contrariará, assim, os objetivos que visamos ao ter ou conservar a norma[54].

---

49. Ibidem, p. 168.
50. Ibidem, p. 168.
51. Ibidem, p. 168, 169.
52. Ibidem, p. 169.
53. Ver SCHAUER, Frederick. "The Under- and the Over-Inclusiveness of Rules". In: *Playing by the Rules*: a philosophical examination of rule based decision-making in law and in life. Oxford: Clarendon Press. 1991. pp. 31-34.
54. Op. Cit. p. 168.

Aqui Hart inova no âmbito da teoria do direito ao propor, com base em Friedrich Waismann, a noção de "textura aberta"[55]. Segundo o próprio autor, a textura aberta do direito significa que, em razão dos limites inerentes à linguagem natural, existiriam áreas do comportamento "nas quais muita coisa deve ser decidida por autoridades administrativas ou judiciais que busquem obter, em função das circunstâncias, em equilíbrio, entre interesses conflitantes, cujo peso varia de caso para caso"[56]. Reconhecer a existência da textura aberta do direito significa admitir que em determinadas ocasiões, os tribunais desempenham uma função normativa na resolução de casos judiciais. Desse modo, a noção de formalismo – enquanto situada no campo hermenêutico da aplicação do direito, compreendida como atitude específica sobre as decisões judiciais ou sobre o raciocínio dos órgãos decisórios – importa na rejeição da textura aberta do direito e procura representar a atitude do "juiz [que] tem uma escolha diante de si, mas age como se sua escolha não existisse"[57].

No entendimento de Struchiner, um juiz pode agir como um formalista por três motivos, (i) dissimulação, (ii) por erro, ou (iii) ignorância, sendo que:

> Nos casos de erro ou ignorância o não reconhecimento de uma possibilidade de escolha não se dá de forma consciente. Entretanto, no primeiro caso, o juiz (ou órgão decisório responsável) sabe que a decisão envolve uma escolha fornecida ou deixada em aberto pelo Direito, mas resolve não incluir qualquer justificação pela opção feita no seu cálculo decisório, agindo como se o Direito determinasse, de forma mecânica, uma única solução correta[58].

O próprio Hart ressalta que nem sempre é claro qual é o vício exatamente referido pelos termos "formalismo", "conceptualismo" ou "jurisprudência mecânica"[59]. Em que pese tal dificuldade, podemos conceber o formalismo no âmbito da interpretação judicial como a atitude

---

55. WAISMANN, Friedrich. "Verifiability" In: FLEW, Antony (ed.) Essays on Logic and Language. Basil Blackwell: Oxford, 1951. pp. 117-130.
56. Op. Cit. p. 175.
57. STRUCHINER, Noel. Verbete "Formalismo jurídico". In: BARRETO, Vicente de Paula (Coord.). Dicionário de Filosofia do Direito. São Leopoldo: Editora Unisinos, 2006. p. 364.
58. Ibidem, p. 364.
59. Cf. POUND, Roscoe. "Mechanical Jurisprudence" In: Columbia Law Review, Volume 8. 1908. pp. 605-623.

de tratar uma determinada solução como sendo inexorável, como única solução possível e correta a ser dada a um caso, quando na verdade não passa de uma escolha entre as possíveis soluções viáveis. Hart ressalta que esse fato é muitas vezes obscurecido pela linguagem judicial usada na Inglaterra, pois, os tribunais frequentemente negam que tenham efetuado uma escolha entre possibilidades significativas ao julgar a causa e "insistem em que a função adequada da interpretação jurídica e do uso do precedente são, respectivamente, buscar a 'intenção do legislador' e fazer referência ao direito existente"[60].

A outra postura teórica analisada por Hart no Capítulo VII de *The Concept of Law* é denominada de "ceticismo em relação às regras" e consiste na tese de que "o discurso sobre estas é um mito, ocultando a verdade de que o direito consiste apenas nas decisões dos tribunais e nas previsões a respeito dessas decisões"[61]. Essa concepção teórica não nega a existência de leis, mas afirma que as mesmas constituem meras "fontes" do direito, lhes recusando o caráter de direito até que sejam aplicadas pelos tribunais. A noção de ceticismo em relação às regras pode significar várias coisas distintas, ainda que relacionadas, dentre elas: (i) a completa negação das regras (primárias e secundárias) na determinação da natureza do direito; ou ainda, (ii) a negação do caráter vinculante geral das regras, não sendo estas realmente obrigatórias, sendo elas meramente previsões sobre as decisões dos tribunais. Todavia, nos interessa aqui ainda outra possibilidade: (iii) o ceticismo em relação a regras enquanto teoria sobre a função das normas na decisão judicial.

No último sentido apontado acima, podemos conceber o ceticismo em relação à regras como sendo:

> [A] tese de que, no que diz respeito aos tribunais, nada existente que limite a área de textura aberta, de modo que é falso, senão insensato, considerar que os próprios juízes são sujeitos a normas ou "obrigados" a decidir as causas como o fazem. Eles podem até atuar com uniformidade e regularidade suficientemente previsíveis [...] mas, fora isso, nada existe passível de ser caracterizado como uma norma que devem seguir. Não há nada que os tribunais tratem como padrões de procedimento judicial correto, e, portanto, nada há nes-

---

60. Op. Cit. p. 176.
61. Ibidem, p. 177.

Cap. 11 • FORMALISMO JURÍDICO E "INTERPRETAÇÃO LITERAL" NO DIREITO

se comportamento que manifeste o ponto de vista interno típico de aceitação de normas[62].

Três motivos ou argumentos são geralmente invocados para se justificar a tese do ceticismo hermenêutico: (i) a natureza aberta das normas jurídicas; (ii) o caráter intuitivo de muitas decisões judiciais; e (iii) o fato de que a decisão de um tribunal goza de uma posição singular como algo dotado de autoridade, e, no caso dos supremos tribunais, como decisão definitiva.

Um dos motivos para se negar a importância e a vinculação das regras na interpretação judicial do direito é que, às vezes, o cético no âmbito hermenêutico pode ser, na verdade, um absolutista frustrado[63]. É o caso hipotético do indivíduo que descobre que as normas não são tudo aquilo que seriam no paraíso conceitual de um formalista, sendo impossível eliminar de antemão a indeterminação do direito. Insatisfeito diante de tal situação, o indivíduo "expressa sua decepção negando que haja, ou que possa haver, quaisquer normas"[64]. Tais considerações são feitas para destacar a tese de que, como afirma Llewellyn, "as normas só são importantes na medida em que possam ajudar a prever o que os juízes farão. Essa é toda a sua importância; fora isso, não passam de brinquedos bonitinhos".[65]

Essa tese dá a entender que estamos diante do seguinte dilema: "Ou as normas são o que seriam no paraíso do formalista, e acorrentam como grilhões, ou não há normas, apenas decisões ou padrões de comportamento previsíveis"[66]. Entretanto, a dúvida levantada pelo ceticismo em relação à regras não passa de um falso dilema, pois, o "fato de que tais normas admitem exceções impossíveis de serem exaustivamente previstas não significa que possamos fazer o que quisermos e que não estejamos obrigados a cumprir as promessas"[67]. Em outros termos, uma

---

62. Op. Cit. p. 179.
63. Ibidem, p. 180.
64. Ibidem, p. 180.
65. Ibidem, p. 180. Cf. LLEWELLYN, Karl. *The Bramble Bush*: on our law and its study. New York: Oceana Publications, 1951. p. 9.: "And *rules*, in all of this, are important to you so far as they help you see or predict what judges will do or so far as they help you get judges to do something. That is their importance. That is all their importance, except as pretty playthings".
66. Ibidem, p. 180.
67. Ibidem, p. 180,181.

regra "que termine com as palavras 'não ser que...' não perde sua normatividade ou deixa de ser vinculante"[68].

Outro motivo pelo qual às vezes a existência de normas vinculantes para os tribunais é negada consiste na confusão de duas coisas distintas: uma coisa é o fato de uma pessoa, ao agir de certa maneira, manifestar sua aceitação da norma; outra coisa são as "questões psicológicas referentes aos processos de pensamento experimentados pela pessoa antes de agir ou enquanto age"[69]. A confusão feita pelo ceticismo visa destacar que muitas vezes uma atitude de obediência a uma determinada regra não é acompanhada por uma lembrança explícita da própria regra, não sendo (ao menos segundo a tese cética), assim, uma autêntica atitude de obediência à norma e sim um caso de obediência "irrefletida". Esse argumento cético pode ser concebido, no âmbito hermenêutico, na afirmação de que os juízes decidem de forma intuitiva ou "por palpite" e "só depois escolham, num catálogo de normas jurídicas, uma que eles fingem se adequar ao caso em julgamento"[70]. Tais juízes "poderiam então alegar ser esta a norma que determinou sua decisão, embora nada mais, em suas palavras ou atos, indicasse que a consideravam como vinculante para eles próprios"[71].

Esse argumento cético perde sua força quando levamos em conta a existência de uma distinção importante. Atienza ressalta que essa tese do ceticismo em relação à regras confunde *contexto de descoberta* e *contexto de justificação72*. Nesse sentido, pode até ser verdade que os tri-

---

68. Ibidem, p. 181.
69. Op. Cit. p. 181.
70. Ibidem. p. 182.
71. Ibidem. p. 182. Conforme ressalta Manuel Atienza, esse argumento foi efetivamente suscitado por alguns representantes do realismo jurídico norte-americano - em especial, Jerome Frank (1930) - ao sustentar que as sentenças judiciais são desenvolvidas de modo retrospectivo, a partir de conclusões formuladas com caráter provisório e que as decisões se baseiam nos impulsos do juiz, que fundamentalmente não extrai esses impulsos das leis e dos princípios gerais do Direito, mas sobretudo de fatores individuais que, entretanto, são 'mais importantes que qualquer coisa que poderia ser referida como preconceitos políticos, econômicos ou morais. .(Cf. ATIENZA, Manuel. *As Razões do Direito*. 3ª ed. São Paulo: Landy, 2003. p. 22 e 23). Exemplo significativo no âmbito brasileiro é fornecido pelo Ministro Marco Aurélio (STF) que em uma solenidade organizada em sua homenagem (17.06.2010), afirmou: "Idealizo para o caso concreto a solução mais justa e posteriormente vou ao arcabouço normativo, vou à dogmática buscar o apoio".
72. ATIENZA, Manuel. *As Razões do Direito*. São Paulo: Landy, 2003. pp. 20-23.

bunais julgam intuitivamente – adotando um processo mental que vai da conclusão às premissas e que tal raciocínio esteja permeado de preconceitos – 'mas isso não anula a necessidade de se justificar normativamente a decisão judicial e tampouco converte essa tarefa de justificação em algo impossível'[73]. Por sua vez, Hart aponta que a obediência "irrefletida" não pode ser considerada um verdadeiro óbice à vinculação das regras na medida em que, se algumas pessoas "tivessem nos perguntado qual a maneira correta de agir e por quê, teríamos, se fôssemos sinceros, respondido citando a norma"[74].

Por fim, uma última forma de ceticismo hermenêutico não se encontra apoiada "no fato de que a decisão de um tribunal goza de uma posição singular como algo dotado de autoridade, e, no caso dos supremos tribunais, como decisão definitiva"[75]. Como um supremo tribunal "tem a última palavra ao dizer o que é o direito, e, uma vez que o tenha declarado, a afirmação de que o tribunal "errou" não tem consequências dentro do sistema"[76] e, assim, ao final, seria verdadeira a máxima: "A lei (ou a constituição) é aquilo que os tribunais declaram que é"[77]. Hart de-

---

73. Ibidem, p. 23. Como corretamente destaca Atienza: "A distinção entre contexto de descoberta e contexto de justificação não coincide com aquela existente entre discurso descritivo e discurso prescritivo, a não ser pelo fato de que em relação tanto a um quanto ao outro contexto se pode adotar uma atitude descritiva ou prescritiva. Por exemplo, pode-se descrever quais são as causas que levaram o juiz a emitir uma resolução no sentido indicado (o que significaria explicar a sua conduta), mas também se pode indicar ou recomendar determinadas mudanças processuais para evitar que a ideologia dos juízes (ou dos jurados) tenha um peso excessivo nas decisões a tomar (por exemplo, fazendo com que tenham mais relevância outros elementos que fazem parte da decisão ou propondo ampliar as causas de rejeição de juízes ou jurados). E por outro lado pode-se descrever como o juiz em questão efetivamente fundamentou a sua decisão (baseou-se no argumento de que - de acordo com a Constituição - o valor vida humana deve prevalecer sobre o valor liberdade pessoal); ou então se pode dispor ou sugerir - o que exige por sua vez uma justificação - como o juiz deveria ter fundamentado a sua decisão (sua fundamentação devia ter se baseado em outra interpretação da Constituição que subordina o valor vida humana ao valor liberdade pessoal)." (Ibidem, pp. 20 e 21).
74. Ibidem, p. 182. Segundo Hart, o "mais importante desses fatores que demonstram que, ao agir, aplicamos uma norma, é que, se nosso comportamento for criticado, tenderemos a justificá-lo por meio de uma referência à norma; e a autenticidade de nossa aceitação da norma, e em nossa obediência a ela, mas também em nossas críticas quando nós mesmos, ou os outros, a infringimos." Op. Cit. p. 181.
75. Ibidem, 183.
76. Ibidem, 183.
77. Essa frase é atribuída por Hendel ao Chief Justice Charles Evan Hugues (1889-1950) da Suprema Corte norte-americana. Cf. HENDEL, Samuel. *Charles Evan Hugues and the Supreme*

dica todo o último tópico do capítulo VII para analisar este argumento. Todavia, para o proposito desse estudo cabe apenas ressaltar que uma coisa é o reconhecimento da definitividade da decisão judicial e outra bem distinta é afirmar – em razão de tal definitividade – a infalibilidade dos tribunais[78].

2.3 Uma classificação das concepções interpretativas de h.L.A.Hart e de seus debatedores

Tendo feito essa retomada das considerações de Hart sobre as questões envolvendo o problema da interpretação judicial no âmbito da teoria do direito, podemos chegar a algumas conclusões preliminares e tentar desenvolver uma classificação mais ampla, fundada nas percepções desenvolvidas nos dois estudos, entrelaçando as ideias propostas.

Inicialmente, podemos verificar que a concepção que Hart chama de Pesadelo parece manter certa relação com o ceticismo em relação às regras. A noção de ceticismo em relação às regras, ao menos do modo como o autor a desenvolve em *The Concept of Law*, certamente é bem mais abrangente do que a tese sustentada pela perspectiva do Pesadelo, circunscrita ao âmbito da teoria da decisão judicial. Assim, podemos diferenciá-las nominando-as de "ceticismo geral em relação às regras" [CET.G] e "ceticismo hermenêutico" [CET.H] (esta última para designar especificamente o Pesadelo). Do mesmo modo, a noção de Nobre Sonho parece manter alguma uma relação com o formalismo no âmbito da interpretação judicial. Para nossa classificação, podemos denominar o Nobre Sonho de "cognitivismo hermenêutico" [COG.H.] e manter a denominação hartiana de formalismo jurídico [FOR.J.]. Cabe agora investigar que tipo de relações podem ser verificadas entre tais domínios.

Da própria conceituação feita por Hart, é possível verificar que todo formalista é também um cognitivista hermenêutico (como os adeptos da corrente teórica denominada Escola da Exegese, na França)

Court. New York, King's Crown Press, Columbia University, 1951. p. 11-12.

78. Para um aprofundamento desse ponto, além do último tópico do capítulo VII de *The Concept of Law*, recomendamos a leitura do último capítulo da obra MACCORMICK, Neil. *Rhetoric and The Rule of Law*: A Theory of Legal Reasoning, New: York: Oxford University Press, 2005.

[FOR.J. ⊂ COG.H.], mas nem todo cognitivista hermenêutico é um formalista jurídico – como é o caso de Ronald Dworkin, por exemplo. Também é possível verificar que muitos juristas que adotam o ceticismo geral em relação às regras geralmente também sustentam o ceticismo hermenêutico (como é o caso expressivo de Jerome Frank) [CET.G + CET.H]. Todavia, a distinção entre as modalidades de ceticismo é importante na medida em que há alguns casos de juristas que adotam a perspectiva do ceticismo geral em relação às regras, mas sustentam o cognitivismo hermenêutico, como Karl Llewellyn, por exemplo [CET.G + COG.H].

Mesmo reconhecendo as limitações inerentes a uma representação gráfica, as relações entre as posturas interpretativas desenvolvidas anteriormente poderiam ser simbolizadas graficamente com base na da teoria dos conjuntos, por meio de um diagrama de Venn representado do seguinte modo:

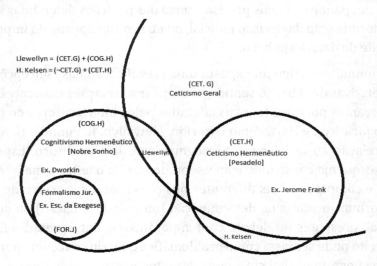

Figura 1. Diagrama combinatório das concepções hartianas.

Ter em mente esse diagrama representando o quadro classificatório das posições hermenêuticas desenvolvidas no decorrer da história da teoria do direito poderá nos ajudar a compreender os problemas ligados à interpretação no âmbito jurídico. Tendo desenvolvido tal classificação a partir dos estudos de Hart, podemos agora compreender como há distintas posições filosóficas na Filosofia jurídica e na teoria do Direito acerca do resultado da interpretação dos textos jurídicos, sendo

287

que não há uma correlação automática entre a "interpretação literal" e a obtenção de um determinismo do significado na linguagem jurídica. A "literalidade" da lei não elimina os problemas filosóficos advindos da interpretação dos textos legais e sua aplicação aos casos concretos.

3. CONSIDERAÇÕES FINAIS

O presente artigo, em sua primeira parte, e com base nas considerações de Francesca Poggi, problematizou os vários significados que os juristas em geral atribuem ao termo "interpretação literal", ou "sentido literal da lei". Em sua segunda parte, a teoria filosófico-jurídica de Hart acerca do problema da decisão judicial e sobre a questão se a decisão jurídica é descoberta ou é criada, e conjuntamente a sua abordagem sobre o formalismo e o ceticismo acerca das regras, foram revisitadas para fornecer um panorama mais preciso acerca das posições defendidas acerca da determinação da decisão judicial, ou no sentido oposto, da imprevisibilidade da decisão judicial.

Ao final do artigo foi exposta uma classificação das concepções interpretativas de Hart, no sentido de mapear as relações existentes entre as diferentes posições teóricas adotadas pelos interlocutores do positivismo jurídico de Hart, como Dworkin, Llewellyn, R. Pound e H. Kelsen, com relação ao ceticismo e ao cognitivismo hermenêutico. Espera-se que o esquema construído e apresentado auxilie o leitor a melhor visualizar e compreender as diferentes posições filosóficas acerca do papel das normas jurídicas na determinação (ou indeterminação) da decisão judicial, presentes no debate contemporâneo. A "interpretação literal" do direito pode ser vista como problemática quando concebida por meio de uma postura formalista – que nega a textura aberta do direito. Todavia, é possível pensar a noção de "interpretação literal" da lei sem recorrer ao "paraíso dos conceitos" e fora de uma concepção mecânica de aplicação do direito.

Pretende-se em investigações futuras abordar as várias teorias acerca do significado para uma melhor compreensão da atividade interpretativa do jurista, e principalmente, tendo como ponto de partida a interpretação literal, entender como em geral atribui-se um sentido ao texto da lei e assim obtém-se a norma legal.

4. REFERÊNCIAS BIBLIOGRÁFICAS

ATIENZA, Manuel. *As Razões do Direito*. São Paulo: Landy, 2003.

DWORKIN, Ronald. "Hard Cases". *In*: *Taking Rights Seriously*. Cambridge: Harward University Press, 1977. pp. 81-130.

FRANK, Jerome. *Law and the Modern Mind*. New Brunswick: Transaction Publishers. 1930;

GRAY, John Chipman. *The Nature and the Sources of the Law*. New York: The Columbia university press. 1909.

HART, H. L. A. "American Jurisprudence Through English Eyes: The Nightmare and the Noble Dream". *In*: HART, H. L. A. *Essays in Jurisprudence and Philosophy*. Oxford: Clarendon, 1983. pp. 123-144;

HART, H. L. A. "A teoria do direito norte-americana pelos olhos ingleses: o pesadelo e o nobre sonho." *In*: *Ensaios Sobre Teoria do Direito e Filosofia*. Tradução José Garcez Ghirardi, Lenita Maria Rimoli Esteves. Rio de Janeiro: Elsevier, 2010. pp. 137-161.

HART, H.L.A. *The Concept of Law*. Oxford, Clarendon Press, 1994.

HART, H.L.A. *O Conceito de Direito*. Trad. Antônio de Oliveira Sette-Câmara. São Paulo: WMF Martins Fontes, 2012.

HENDEL. Samuel. *Charles Evan Hugues and the Supreme Court*. New York, King's Crown Press, Columbia University, 1951.

HOLMES, Oliver Wendell. "The Path of the Law". *In*: *Collected Legal Papers*. New York: Harcourt, Brace and Company, 1920. pp. 167-202.

LLEWELLYN, Karl N. *The Bramble Bush*: on our law and its study. New York: Oceana Publications, 1951.

LLEWELLYN, Karl N. *The Common Law Tradition*: Deciding Appeals. Boston: Little, Brown & Co. 1960.

MACCORMICK, Neil. *Rhetoric and The Rule of Law*: A Theory of Legal Reasoning, New: York: Oxford University Press, 2005.

POGGI, Francesca. "Significado Literal: una noción problemática". *In*: *DOXA*: Cuadernos de Filosofía del Derecho, nº. 30. 2007, pp. 617-634.

POUND, Roscoe. *Jurisprudence*. St. Paul, Minn.: West Publishing Co., 1959.

POUND, Roscoe. "Mechanical Jurisprudence" *In*: *Columbia Law Review*, Volume 8. 1908. pp. 605-623.

RADCLIFFE, Lord. "The Lawyer and His Times" *In*: Sutherland, Arthur E. (ed). *The Path of the Law from 1967*: proceedings and papers at the Harvard Law School convocation held on the one-hundred fiftieth anniversary of its founding. Cambridge MA: Harvard University Press, 1968.

SCHAUER, Frederick. "The Under- and the Over-Inclusiveness of Rules". *In*: *Playing by the Rules*: a philosophical examination of rule based decision-making in law and in life. Oxford: Clarendon Press. 1991. pp. 31-34.

STRUCHINER, Noel. Verbete "Formalismo jurídico". *In*: BARRETO, Vicente de Paula (Coord.). Dicionário de Filosofia do Direito. São Leopoldo: Editora Unisinos, 2006.

WAISMANN, Friedrich. "Verifiability" *In:* FLEW, Antony (ed.) *Essays on Logic and Language*. Basil Blackwell: Oxford, 1951. pp. 117-130.

Capítulo 12

A DECISÃO JUDICIAL E OS DILEMAS DO PÓS-POSITIVISMO

Renê Francisco Hellman

Sumário: 1. À guisa de introdução: os princípios que norteiam a temática da decisão judicial; 1.1. Motivação; 1.2. Contraditório; 1.3. Legitimidade; 2. O pós-positivismo e seus dilemas; 2.1. Neoconstitucionalismo e constitucionalismo contemporâneo; 2.2. Pan-principiologismo; 2.3. Discricionariedade judicial; 3. Considerações finais; 4. Referências.

1. À GUISA DE INTRODUÇÃO: OS PRINCÍPIOS QUE NORTEIAM A TEMÁTICA DA DECISÃO JUDICIAL

É evidente que por ser a decisão judicial o resultado do diálogo processual que os jurisdicionados travam com um dos poderes da República, estará ela submetida àqueles princípios que informam a atividade jurisdicional, assim também a todos os princípios do processo. Entretanto, para não expandir demasiadamente o debate, o que se pretende analisar de forma mais aprofundada aqui são os princípios que têm influência direta na técnica da construção judicial, sem prejuízo de eventual análise por vias oblíquas de outros princípios que possam influenciar o ato de decidir considerado em si mesmo.

1.1. Motivação

A Constituição Federal prevê, em seu artigo 93, IX, que as todas as decisões judiciais deverão ser fundamentadas, sob pena de nulidade. A exigência da motivação das decisões judiciais é um dos garantes da democracia. Dos três poderes que constituem a estrutura do Estado, o Judiciário é o único que não sofre o controle democrático a partir da eleição dos seus membros. Em vista disso, a fim de evitar que essa diferença seja uma característica antidemocrática, exige-se que as decisões sejam devidamente fundamentadas, conferindo-se às partes do processo a prerrogativa de controle interno, por meio de recursos, e aos cidadãos em geral o controle externo.

O tratamento constitucional dado à exigência de motivação nas decisões judiciais destoou da técnica de redação utilizada no restante da Carta Magna[1], tendo o constituinte optado por dar relevo a esse ponto, impondo a pena de nulidade para as decisões que não atendessem a esse comando constitucional[2]. Isso indica o quão importante é a exigência de motivação no ordenamento jurídico brasileiro.

Na lição de Barbosa Moreira, o Estado de Direito é caracterizado como "Estado que se justifica", que demonstra as razões pelas quais promoverá a intromissão na vida dos cidadãos, que "é materialmente justificada, quando para ela *existe* fundamento; é formalmente justificada, quando *se expõe, se declara, se demonstra* o fundamento"[3].

Se há, no Estado de Direito, a exigência constitucional, com aplicação de sanção para o seu desatendimento, de que as decisões judiciais sejam motivadas, há que se ressaltar que a argumentação utilizada pelo magistrado "deve ser efetiva, e não aparente", cabendo a ele estabelecer o liame entre o quanto decidido e os fundamentos que o levaram a isso. Assim, "não basta citar doutrina ou jurisprudência que nada tem de comum com o caso. Também não é suficiente para fundamentar uma decisão, a referência abstrata e geral, sem pertinência com a questão"[4].

Rui Portanova, influenciado pela teoria tridimensional de Miguel Reale e escorado nas lições de Pellegrini Grinover, Barbosa Moreira e

---

1. SILVA, Ovídio A. Baptista da. Fundamentação das sentenças como garantia constitucional. *In:* MARTINS, Ives Gandra da Silva; JOBIM, Eduardo (coords.). *O processo na constituição*. São Paulo: Quartier Latin, 2008, p. 454.
2. SILVA, Ana de Lourdes Coutinho. *Motivação das decisões judiciais*. São Paulo: Atlas, 2012, p. 95.
3. BARBOSA MOREIRA, José Carlos. A motivação das decisões judiciais como garantia inerente ao Estado de Direito. *In:* BARBOSA MOREIRA, José Carlos. *Temas de direito processual* (segunda série). São Paulo: Saraiva, 1980, p. 89.
4. BRASIL JR., Samuel Meira. *Justiça, direito e processo: a argumentação e o direito processual de resultados justos*. São Paulo: Atlas, 2007, p. 54.

Cap. 12 • A DECISÃO JUDICIAL E OS DILEMAS DO PÓS-POSITIVISMO

Dinamarco afirma ser necessária a exposição da motivação valorativa no momento da construção judicial. Para ele, "sendo o direito constituído, pelo menos, de fato, valor e norma, tem-se que é necessário virem à lume também considerações axiológicas"[5].

O entendimento dos tribunais superiores (STF[6] e STJ[7]) é de que o magistrado, ao construir a sua decisão, não está obrigado a responder a todos os argumentos trazidos pelas partes ao processo. No campo doutrinário, Dinamarco defende a necessidade do "exame exaustivo de todos os pontos e questões dos quais dependam as conclusões do juiz"[8], ou seja, abre caminho para que o juiz escolha os argumentos que quer responder, aqueles que formam a sua convicção. Samuel Meira Brasil Jr. defende a correção desse entendimento dos tribunais superiores, que, ao que parece, não restou abalado com o advento do novo CPC. Para o referido autor, "o juiz não precisa responder a toda argumentação da parte, porque nem todo argumento justifica a decisão ou impede a justificação"[9].

Na mesma linha, Carlos Alberto Alvaro de Oliveira, construindo a sua ideia de formalismo-valorativo no processo, ao defender o relevante papel de racionalização desempenhado pela exigência de motivação nas decisões judiciais, admite a existência de discricionariedade ínsita

---

5. PORTANOVA, Rui. *Princípios do processo civil.* 5ª ed. Porto Alegre: Livraria do Advogado, 2003, p. 160-161.

6. Por todos: "O Supremo Tribunal Federal já assentou entendimento de que não há afronta ao art. 93, inc. IX e X, da Constituição da República quando a decisão for motivada, sendo desnecessária a análise de todos os argumentos apresentados e certo que a contrariedade ao interesse da parte não configura negativa de prestação jurisdicional" (BRASIL. STF. Tribunal Pleno. *MS 26163*. Relatora: Min. Cármen Lúcia, julgado em 24/04/2008. Disponível em: www.stf.jus.br. Acessado em: 17/01/2015).

7. A título de exemplo: BRASIL. STJ. 6ª Turma. *EDROMS nº 9702-PR*. Relator: Ministro Paulo Medina. Decisão unânime. Brasília, 15.04.2004. DJ: 10.05.2004. Disponível em: www.stj.jus.br. Acesso em: 17/01/2015. BRASIL. STJ. 4ª Turma. *Recurso Especial nº 717265-SP*. Relator: Ministro Jorge Scartezzini. Decisão unânime. Brasília, 03.08.2006. DJ: 12.03.2007. Disponível em: www.stj.jus.br. Acesso em: 17/01/2015. BRASIL. STJ. 5ª Turma. *Recurso Especial nº 717265-PR*. Relator: Ministra Laurita Vaz. Decisão unânime. Brasília, 26.06.2007. DJ: 06.08.2007. Disponível em: www.stj.jus.br. Acesso em: 17/01/2015.

8. DINAMARCO, Candido Rangel. *Instituições de direito processual civil*, vol. III. 4ª ed. rev. e atual. São Paulo: Malheiros, 2004, p. 201.

9. BRASIL JR., Samuel Meira. *Justiça, direito e processo: a argumentação e o direito processual de resultados justos*. São Paulo: Atlas, 2007, p. 56.

ao ato de livremente convencer-se o juiz e, acreditando ser a imposição de motivação meio suficiente para que se encontre a justificação na decisão, critica a posição tomada por José Maria Tesheiner e afirma que motivar não é convencer, já que esta seria uma tarefa do advogado, e "não é responder um a um os argumentos da parte, mas demonstrar (...) o raciocínio desenvolvido para que se possa verificar, afinal, se a decisão é justa ou não, e tudo não redunde em puro arbítrio"[10].

Não obstante esses argumentos, é forçoso admitir que a ausência de enfrentamento de todos os argumentos trazidos pelas partes é causa suficiente para que a decisão seja considerada não-fundamentada. Utilizando-se do exemplo do autor acima citado, se uma das partes trouxer ao processo discussão sobre um fundamento religioso que ao juiz não se exija pronunciamento sobre a sua substância, ainda assim, para que o argumento seja afastado, há que se ter motivação. Explica-se: não se pode cogitar de uma decisão judicial que silencie sobre um argumento qualquer trazido pelas partes, pois, se não houver pertinência dele com o objeto da discussão, é incumbência do magistrado dizer isso e fundamentar[11] para demonstrar a impossibilidade de se enfrentar a substância do argumento, dada a sua irrelevância para o desate da discussão.

Ao agir nesse sentido, o magistrado estará motivando e atendendo ao ditame constitucional.

O que não se pode admitir, como parece admitir o autor referido, é que o magistrado possa silenciar com respeito àquele argumento, ou que possa simplesmente qualificá-lo como impertinente. Ora, em um processo que se estrutura sobre o pilar do contraditório, considerado modernamente como um meio efetivo de influência e de participação na construção da decisão judicial, não se pode cogitar que haja decisão em que o juiz simplesmente qualifique como impertinente um determinado argumento sem que seja obrigado a dizer as razões da pecha que impôs.

---

10. OLIVEIRA, Carlos Alberto Alvaro. *Do formalismo no processo civil*. 2ª ed. rev. e acrescida de apêndice. São Paulo: Saraiva, 2003, p. 89.
11. "Para que se dê cumprimento escorreito ao princípio constitucional, é fundamental que também os argumentos ou teses que, ao julgador, pareçam ser de menor ou nenhuma relevância para o julgamento sejam identificadas e rejeitadas com essa fundamentação. Caso contrário, não há como verificar em que condições o julgador encontrou os fundamentos suficientes para proferir tal decisão" (BUENO, Cássio Scarpinella. *Curso sistematizado de direito processual civil*. Vol. 1. São Paulo: Saraiva, 2007, p. 135).

A continuar-se nessa linha, além de haver negativa de cumprimento do comando constitucional de motivação das decisões, estará sendo ferido de morte o direito fundamental ao contraditório.

Teresa Arruda Alvim Wambier, fazendo a necessária diferenciação entre os conceitos de decisão *completa* e de decisão *fundamentada*, a fim de que se entendam as exigências de completude de uma decisão de primeiro grau e de uma decisão de segundo grau[12], defende que deve "o magistrado, na sentença, manifestar-se sobre todas as alegações feitas pelas partes"[13].

No mesmo sentido, Fredie Didier Jr., parece indicar, ao afirmar que o juiz possui a obrigação de enfrentar não só os argumentos da parte vencedora, mas também os da parte vencida, que é necessário que todos os argumentos sejam devidamente construídos ou desconstruídos, respeitando, com isso, a perspectiva substancial do contraditório, que indica não bastar à parte que apenas possa levar seus argumentos ao processo e produzir as provas de que disponha, já que "é necessário que essa sua manifestação, esses seus argumentos, as provas que produziu sejam efetivamente analisados e valorados pelo magistrado"[14].

Desse modo, ao contrário do que vem sendo encampado pelos tribunais superiores e por boa parcela da doutrina nacional, entende-se que o dever de motivação implica, sim, em responder a todos os questionamentos formulados pelas partes, mesmo que impertinentes e mesmo que o magistrado já tenha firmado o seu entendimento a partir de argumentos outros.

Acredita-se que com o passar do tempo, criando-se uma cultura decisória sólida e uma educação jurídica voltada à compreensão da problemática jurídica e não apenas à memorização de textos legais, haverá uma considerável melhoria na fabricação das peças processuais que an-

---

12. "Na verdade, rigorosamente, pode-se afirmar que uma decisão pode estar suficientemente fundamentada, no sentido estrito da expressão, embora esta mesma decisão possa ser considerada incompleta" (ARRUDA ALVIM WAMBIER, Teresa. *Nulidades do processo e da sentença*. 7ª ed. rev. atual. e ampl. São Paulo: RT, 2014, p. 335).
13. ARRUDA ALVIM WAMBIER, Teresa. Op. cit., p. 334.
14. DIDIER JR., Fredie. *Sobre a fundamentação da decisão judicial*. Disponível em: http://www.frediedidier.com.br/wp-content/uploads/2012/02/sobre-a-fundamentacao-da-decisao--judicial.pdf. Acessado em: 18/01/2015.

tecedem a decisão judicial e que os excessos na impertinência argumentativa serão devidamente afastados a partir da aplicação de institutos como o da litigância de má-fé, não sendo necessária a firmação de jurisprudência defensiva, de caráter antidemocrático, no sentido de que o magistrado não é obrigado a enfrentar todos os argumentos trazidos pelas partes.

Não se pune o excesso ignorando-o. Ao contrário. Há que se enfrentá-lo.

No CPC/73, a previsão do artigo 131[15] indicava a opção prevalente do legislador brasileiro pelo sistema do livre convencimento motivado, em oposição aos sistemas da tarifação legal da prova e da livre convicção.

Também conhecido como princípio da persuasão racional, o livre convencimento motivado deita raízes no Iluminismo e confere ao magistrado, no momento do julgamento, liberdade na valoração das provas, condicionando-a aos fatos que fundam a relação jurídica, às provas produzidas no processo, às regras legais de prova, às máximas de experiência e à racionalidade, que indica a necessidade de o juiz firmar-se em critérios de valoração que possam ser demonstrados no campo da razão.[16]

A opção por este sistema indicava a existência de uma confiança da sociedade em seus juízes, a credibilidade do Judiciário, o preparo cultural dos magistrados e um maior rigor na sua formação profissional.[17]

Pela importância da obra, convém destacar que Rui Portanova, em seu "Princípios do processo civil", adotando a linha encabeçada por Cândido Rangel Dinamarco sobre os escopos do processo[18] e admitindo, em certa medida, a discricionariedade judicial, quando da defesa da liberda-

---

15. "Art. 131. O juiz apreciará livremente a prova, atendendo aos fatos e circunstâncias constantes dos autos, ainda que não alegados pelas partes; mas deverá indicar, na sentença, os motivos que lhe formaram o convencimento."

16. DIDIER JR., Fredie; BRAGA, Paula Sarno; OLIVEIRA, Rafael. *Curso de direito processual civil: teoria da prova, direito probatório, teoria do precedente, decisão judicial, coisa julgada e antecipação dos efeitos da tutela.* Vol. 2. 4ª ed. rev. ampl. e atual. Salvador: JusPodivm, 2009, p. 40.

17. SILVA, Ovídio Baptista da e outros. *Teoria geral do processo civil.* Porto Alegre: Letras Jurídicas Editora Ltda., 1983, p. 307.

18. Escopos sociais: pacificação com justiça e educação; escopos políticos e escopo jurídico (DINAMARCO, Cândido Rangel. *A instrumentalidade do processo.* 10ª ed. São Paulo: Malheiros, 2002).

de do juiz no momento do julgamento, entende haver diferenças entre os conceitos de "livre convencimento", "motivação" (já mencionado no tópico anterior) e "persuasão", que são por ele classificados como três princípios da sentença.[19]

Afirma Portanova que o princípio do livre convencimento limita-se aos fatos trazidos pelas partes, mas encontra uma extensão superior àquela do artigo 131 do CPC/73. Para ele, o livre convencimento vai além do aspecto probatório, sendo o juiz "livre para se convencer quanto ao direito e justiça da solução a ser dada no caso concreto"[20].

Por sua vez, o princípio da persuasão obrigaria o juiz a fundamentar de tal forma que os motivos expostos o fossem na qualidade de uma comunicação criativa e convencessem as partes do acerto da decisão.[21]

Já no NCPC, o legislador optou por extirpar o vocábulo "livremente" do dispositivo que trata a respeito da apreciação da prova. A redação final do artigo 371 foi fruto de aperfeiçoamento, em que se acolheram sugestões doutrinárias (a chamada emenda Streck) e se deu da seguinte forma:

> Art. 355. O juiz apreciará livremente a prova, independentemente do sujeito que a tiver promovido, e indicará na sentença as que lhe formaram o convencimento.[22]
>
> Art. 378. O juiz apreciará a prova constante dos autos, independentemente do sujeito que a tiver promovido, e indicará na decisão as razões da formação de seu convencimento.[23]
>
> Art. 371. O juiz apreciará a prova constante dos autos, independentemente do sujeito que a tiver promovido, e indicará na decisão as razões da formação de seu convencimento.[24]

Como se vê, desde a aprovação, pela Câmara dos Deputados, do Substitutivo ao Projeto de Lei aprovado pelo Senado Federal, é que se deixou de prever que o juiz poderá valorar de forma livre a prova dos autos. Isso implica em uma mudança paradigmática na construção da deci-

---

19. PORTANOVA, Rui. *Princípios do processo civil.* 5ª ed. Porto Alegre: Livraria do Advogado, 2003.
20. PORTANOVA, Rui. *Op. cit.*, p. 245.
21. PORTANOVA, Rui. *Op. cit.*, p. 252.
22. Projeto de Lei do Senado n. 166, de 2010.
23. Substitutivo da Câmara dos Deputados n. 8.046 de 2010.
24. Texto final do NCPC.

são judicial, pois definitivamente acaba com a ideia, decorrente de uma inadequada interpretação da antiga lei, segundo a qual o juiz poderia escolher a prova que bem entendesse e que bastaria invocar o princípio do livre convencimento motivado para justificar sua tomada de posição. Como se o próprio princípio fosse um álibi para não fundamentar, enquanto ele justamente exige o contrário: que se fundamente!

Fixou-se a leitura do princípio no vocábulo "livre", como se ele fosse o espaço mais importante do comando. Mas não é assim. A exigência de motivação é a garantia de democracia e deve ser levada a sério. Há quem diga, como Lenio Streck, que essa tomada de posição do legislador na nova lei processual civil significa a "proibição do livre convencimento"[25].

Diante da posição assumida por Lenio Streck, Fernando da Fonseca Gajardoni manifestou-se em sentido contrário, afirmando que o princípio do livre convencimento motivado não deixou de existir, porque ele é uma oposição aos sistemas da tarifação legal da prova e do livre convencimento puro. Como o NCPC não assumiu qualquer um desses modelos, o livre convencimento motivado ainda persistiria, embora sobre ele não haja menção expressa na nova lei.[26]

Afirma Gajardoni que o livre convencimento motivado "jamais foi concebido como método de (não) aplicação da lei" e que os artigos 371 e 372 do NCPC, ao indicarem que o juiz atribuirá às provas o valor que entender adequado, desde que indique as razões do seu convencimento, estão tratando do livre convencimento motivado. Para ele, o que ocorreu "foi apenas o advento de uma disciplina mais clara do método de trabalho do juiz, não a extinção da autonomia de julgamento".[27]

Na continuação do debate, Lucio Delfino e Ziel Ferreira Lopes firmaram-se na trincheira contrária, analisando a questão do ponto de vista da crítica hermenêutica do direito. O primeiro argumento manejado foi para dizer que não basta levar em conta a concepção do legislador de 1973, de buscar um contraponto aos sistemas da tarifação legal e do li-

---

25. STRECK, Lenio. *Papai Noel: que nos embargos não mais se leia "nada há a esclarecer"!*. Disponível em: http://www.conjur.com.br/2014-dez-24/senso-incomum-papai-noel-embargos-nao-leia-nada-esclarecer. Acessado em: 20/01/2015.
26. GAJARDONI, Fernando da Fonseca. *O livre convencimento motivado não acabou no novo CPC*. Disponível em: www.jota.com.br. Acessado em: 14-04-2015.
27. GAJARDONI, Fernando da Fonseca. *Op. cit.*

vre convencimento puro, para justificar a manutenção do livre convencimento motivado nas entrelinhas do NCPC.[28]

Nessa linha, os articulistas encontram resquícios da filosofia da consciência na defesa que Gajardoni faz do livre convencimento motivado, de maneira a espancar a ideia de que haja uma escolha no momento da decisão, aquela que se consubstancia em primeiro decidir e depois fundamentar. Propõem Delfino e Ferreira, baseados em Streck, imediatamente, e Gadamer, mediatamente, que "ao invés de fundamentar a partir da própria consciência (ou das essências)", o juiz compreenda e re-conheça na tradição as determinantes da decisão, de maneira que se entenda os princípios como fechos da interpretação e não como causas da sua abertura.

A ideia defendida e que é assumida também neste trabalho, é que uma compreensão sistemática das normas principiológicas do NCPC (contraditório substancial, notadamente, e comparticipação) trazem a visão de um processo "encarado como *locus* normativamente condutor de uma comunidade de trabalho na qual todos os sujeitos processuais atuam em viés interdependente e auxiliar, com responsabilidade na construção e efetivação dos provimentos judiciais"[29]. Vale dizer, o processo de valoração da prova é intersubjetivo, fruto da comparticipação e em honra ao contraditório. E nisso não se encaixa a noção de que o juiz possa livremente convencer-se, mesmo que haja a obrigatoriedade de motivação.

Diz-se que não há mais liberdade para convencimento não para que o juiz seja transformado em um autômato, mas para que se retire de vez a ideia de que ele primeiro decida escolhendo o que lhe convence e, depois, busque os fundamentos para formar a sua tese. Não. O ato decisório nessa nova era deve aproximar-se mais de um método científico apropriado: o pesquisador tem hipóteses e irá investigá-las, de maneira que o resultado da pesquisa seja fruto da construção dos argumentos encontrados durante esse processo. Não pode ocorrer o contrário, com o juiz decidindo antes e buscando fundamentos posteriormente.

---

28. DELFINO, Lucio; LOPES, Ziel Ferreira. *A expulsão do livre convencimento motivado do novo CPC e os motivos pelos quais a razão está com os hermeneutas*. Disponível em: www.justificando.com.br. Acessado em: 14-04-2015.
29. DELFINO, Lucio; LOPES, Ziel Ferreira. *Op. cit.*

Então, a opção legislativa de retirar o vocábulo "livremente" do texto do NCPC serve para demonstrar que em um processo civil construído sobre os pilares democráticos não se coaduna com "escolhas" pessoais, íntimas convicções e nem julgamentos conforme a consciência e aqui é nítida a influência da doutrina de Lenio Streck, que de há muito vem trazendo as luzes da teoria do direito para esse ponto específico do direito processual[30].

Dessa maneira, a posição tomada neste trabalho é a de compreender que houve o fim do princípio do livre convencimento motivado para o direito processual civil, havendo que se entender a necessidade de reestruturação dos sistemas de valoração probatória, já que não se está voltando à tarifação legal e nem mesmo ao livre convencimento puro. O que se vê é um avanço para o sistema de valoração probatória comparticipativo, baseado francamente no contraditório substancial como fator de extinção da liberdade judicial no momento da atribuição dos sentidos.

1.2. Contraditório

Observa-se uma clara evolução do conceito de contraditório no decorrer da história. É evidente que o significado de contraditório nos dias atuais é diverso daquele que se tinha no Estado Liberal, por exemplo. O advento do constitucionalismo trouxe à discussão a necessidade de se buscar meios de "realização efetiva do contraditório", de maneira que o processo fosse legitimado pela possibilidade real de participação – e não meramente formal como antes. Desse modo, "o legislador e o juiz estão obrigados a estabelecer as discriminações necessárias para garantir e preservar a participação igualitária das partes"[31].

Nessa quadra da história, o contraditório ganha relevância pelo fato de servir como guia necessário para a construção da decisão judicial democrática. Ele estabelece ao juiz e às partes limites no curso do processo e, ao fazê-lo, contribui para que a atuação jurisdicional seja revestida

---

30. Por todos: STRECK, Lenio Luiz. *O que é isto – decido conforme minha consciência?*. 4ª ed. rev. Porto Alegre: Livraria do Advogado, 2013.
31. MARINONI, Luiz Guilherme. *Curso de processo civil: teoria geral do processo*. Vol. 1. São Paulo: RT, 2013, p. 417-418.

de legitimidade. Ele é "inerente ao próprio entendimento do que seja processo democrático, pois está implícita a participação do indivíduo na preparação do ato de poder"[32]. O diálogo entre o juiz e as partes, decorrente da chamada bilateralidade de audiência[33], é fator de fundamental importância para o processo. É a partir dele que o julgador buscará elementos que permitam a sua decisão.

Essa moderna visão do contraditório oportuniza que o juiz seja, de fato, influenciado pelos argumentos trazidos pelas partes ao processo. E isso traz consequências que implicarão em profunda mudança no proceder dos agentes processuais, pois leva o juiz a abrir-se aos argumentos das partes e os advogados a uma necessária conscientização sobre a importância de uma adequada argumentação, que seja hábil a convencer o julgador. Decretado está o fim das chamadas "decisões-surpresa", aquelas proferidas sem que tivesse havido prévia discussão sobre os seus fundamentos com as partes.

E neste ponto é fundamental ressaltar a influência de Elio Fazzalari e a sua ideia de processo como procedimento em contraditório, que se manifestaria em dois momentos básicos: o momento da informação e o da reação. Então, é dever do Estado-juiz informar às partes sobre o que se dá no processo, oportunizando que elas possam reagir da forma como entenderem conveniente, sem que isso, no entanto, signifique uma obrigação e sim um ônus.[34]

Essa ideia é contrária àquela defendida por Cândido Dinamarco, que enxerga o processo do ponto de vista de sua efetividade e, a partir disso, busca justificar a atuação do julgador na realização dos escopos do processo, com forte influência da já superada jurisprudência dos valores[35]. Entretanto, como bem ressalta Alexandre Morais da Rosa, essa vinculação axiológica defendida por Dinamarco, com pretensões de moralização do jurídico, em que o juiz aspira os anseios sociais, "com o objetivo

---

32. PORTANOVA, Rui. *Op. cit.*, p. 160-161.
33. CINTRA, Antonio Carlos de Araújo; GRINOVER, Ada Pellegrini; DINAMARCO, Cândido Rangel. *Teoria geral do processo*. 28ª ed. São Paulo: Malheiros, 2012, p. 64.
34. FAZZALARI, Elio. *Istituzioni di diritto processuale*. Padova: CEDAM, 1994.
35. DINAMARCO, Cândido Rangel. *A instrumentalidade do processo*. 10ª ed. São Paulo: Malheiros, 2002.

de realizar o sentimento de justiça do seu tempo, não mais pode ser acolhida democraticamente"[36].

Enquanto Dinamarco segue a linha que deposita demasiada confiança no julgador, pregando um protagonismo judicial, a proposta de Fazzalari vai no sentido do policentrismo processual, justamente indicando essa necessidade de influência das partes na construção da decisão judicial, como uma forma de superação do estatalismo pensado por Dinamarco.

Apesar de haver consideráveis divergências doutrinárias a respeito do tema, verifica-se a estreita ligação entre o tema do contraditório e a chamada colaboração processual. Essa sistemática inaugurada pelo NCPC exige que o juiz comporte-se como um colaborador das partes e com elas dialogue, de maneira que se consiga construir uma decisão que resolva o litígio de forma completa e democrática.

Sob a perspectiva do formalismo-valorativo, Daniel Mitidiero, ao construir a sua ideia de processo colaborativo, entende o contraditório como o "direito a influenciar a formação da decisão jurisdicional"[37]. É verdade que o formalismo-valorativo que influenciou Mitidiero é aquele construído na obra de Carlos Alberto Alvaro de Oliveira, que, apesar de ter dado grande contribuição para a introdução do tema no Brasil, ainda o fez sob uma ótica axiológica. A doutrina, entretanto, evoluiu – justamente para superar essa ideia axiológica de Alvaro de Oliveira e Dinamarco e passou a pensar a colaboração processual e o próprio formalismo pelo viés deontológico.

E foram essas as influências do legislador ao prever no capítulo destinado às normas fundamentais do processo civil do NCPC, além da cooperação, dois artigos que tratam especificamente do contraditório: o 9º e o 10[38].

---

36. ROSA, Alexandre Morais da. *Decisão no processo penal como bricolage de significantes*. Tese (doutorado) - Universidade Federal do Paraná, Setor de Ciências Jurídicas, Programa de Pós-Graduação em Direito. Defesa: Curitiba, 2004, Disponível em: http://dspace.c3sl.ufpr.br:8080/dspace/handle/1884/1203. Acessado em: 24/01/2015, p. 270.
37. MITIDIERO, Daniel. *Colaboração no processo civil: pressupostos sociais, lógicos e éticos*. 2ª ed. rev. atual. e ampl. São Paulo: RT, 2011, p.149.
38. "Art. 9º Não se proferirá decisão contra uma das partes sem que esta seja previamente ouvida.

Por esses dispositivos, o NCPC impõe que se observe de uma vez por todas essa moderna visão do contraditório, com a "previsão de um dever de debate entre o juiz e as partes a respeito do material recolhido ao longo do processo"[39].

1.3. Legitimidade

Como já mencionado anteriormente, a legitimidade democrática do Judiciário reside basicamente na exigência de motivação de suas decisões, tendo em vista as peculiaridades desse poder estatal. Enquanto o Legislativo e o Executivo sofrem um direto controle popular, a partir da eleição dos seus membros, o Judiciário, por necessitar de técnicos livres dos influxos político-partidários, seleciona-os por meio de concursos públicos que avaliam a capacidade técnica.

Neste ponto, importante é destacar a crítica de Calmon de Passos, para quem a seleção por concurso público, apesar de funcionar do ponto de vista técnico, nada representa do ponto de vista político (e aqui ele fala não da política partidária), ou seja, não legitima a atuação do magistrado por este viés[40].

Diante disso, resta a exigência de fundamentação das decisões como meio de conferir que a atuação jurisdicional seja legitimada democraticamente, tanto com vistas ao controle popular, quanto com vistas ao controle recíproco entre os poderes estatais.

Nessa toada, ganha sensível relevo a discussão da legitimidade democrática do Judiciário a partir da fundamentação de suas decisões na época atual, em que se percebe um crescimento acentuado do chamado ativismo judicial.

Parágrafo único. O disposto no caput não se aplica:

I – à tutela provisória de urgência;

II – às hipóteses de tutela da evidência previstas no art. 309, incisos II e III;

III – à decisão prevista no art. 699.

Art. 10. O juiz não pode decidir, em grau algum de jurisdição, com base em fundamento a respeito do qual não se tenha dado às partes oportunidade de se manifestar, ainda que se trate de matéria sobre a qual deva decidir de ofício."

39. MITIDIERO, Daniel. *Op.cit.*, p.150.

40. PASSOS, J.J. Calmon de. *Ensaios e artigos*. Vol. I. Salvador: JusPodivm, 2014, p. 473.

A existência de uma Constituição que reconheceu uma imensa gama de direitos e os qualificou como fundamentais, somada à realidade social brasileira, de extrema carência, a um Estado que recorrentemente nega vigência aos dispositivos constitucionais e à cultura da litigiosidade que marca a sociedade contemporânea é a receita ideal para que se tenha o fortalecimento do Poder Judiciário na sua face ativista.

É comum que o Judiciário seja provocado a atuar para impor obrigações de cumprimento de deveres básicos descumpridos pelo Executivo, assim como tornou-se comum que o Judiciário seja instado a manifestar-se diante da omissão legislativa.

Nesse sentido, ganha extrema relevância a exigência de fundamentação das decisões judiciais, nascendo daí a denominada "legitimidade argumentativa", que não resulta propriamente da eleição dos membros do Judiciário e, sim, "da forma como decidem e da argumentação jurídica que apresentam para justificar as decisões por eles proferidas"[41].

Se o Judiciário é o "guardião supremo da vontade do povo", por lhe competir a guarda da Constituição, das liberdades e direitos[42], é evidente que a forma de controle dos seus atos é de fundamental importância para a preservação da democracia, não se podendo cogitar da existência de decisões judiciais com déficit de fundamentação, pois isso implicaria em déficit democrático.

2. O PÓS-POSITIVISMO E SEUS DILEMAS

O movimento pós-positivista (neopositivista, para alguns) iniciou-se a partir da dificuldade encontrada com o positivismo jurídico e a discricionariedade que ele concedia ao julgador no momento da aplicação da norma. Eduardo Cambi indica vários fatores que contribuíram para que a Constituição passasse a ser "o marco filosófico da compreensão do direito", do que decorreu a onda que denomina de neopositivista[43].

---

41. SILVA, Ana de Lourdes Coutinho. *Op. cit.*, p. 32.
42. MACHADO, Edinilson Donisete. *Ativismo judicial: limites institucionais democráticos e constitucionais*. São Paulo: Letras Jurídicas, 2012, p. 103.
43. CAMBI, Eduardo. *Neoconstitucionalismo e neoprocessualismo: direitos fundamentais, políticas públicas e protagonismo judiciário*. 2ª ed. rev. e atual. São Paulo: RT, 2011, p. 79.

Cap. 12 • A DECISÃO JUDICIAL E OS DILEMAS DO PÓS-POSITIVISMO

Para ele, o declínio da Escola da Exegese, com o advento de uma nova hermenêutica jurídica, a força normativa da Constituição, que passa a expedir comandos e não intenções políticas e o entendimento sobre a natureza contratual do Estado, do que decorre a conclusão de que o direito não decorre do divino e, sim, que é um produto racional, são os fatores que contribuíram de forma decisiva para que um novo paradigma filosófico fosse introduzido no direito[44]. O mesmo autor traça um comparativo entre o positivismo jurídico e o pós-positivismo, indicando que o primeiro possuía as seguintes características básicas:

> a) a *identificação plena do direito com a lei*; b) a completude do ordenamento jurídico (não admissão de lacunas); c) o *não reconhecimento dos princípios como normas*; d) a dificuldade para explicar os *conceitos indeterminados*; e) a *identificação entre vigência e validade* da lei; f) o *formalismo jurídico*; g) o não tratamento da questão da *legitimidade* do direito[45] (grifos no original).

Já o pós-positivismo (neopositivismo na denominação de Cambi) caracteriza-se pela superação do legalismo, uma herança da Revolução Francesa, cujo intento era a manipulação ideológica pela burguesia, com a difusão da "ideia de paz e harmonia, ordem e progresso, consenso e felicidade geral"[46]; pela existência de Constituições que estabelecem um "programa positivo de valores" a serem concretizados pelo legislador, do que decorre o reconhecimento da normatividade dos princípios, que deixam de exercer função secundária, com caráter deontológico-teleológico[47]; pela diferença entre os conceitos de regra e princípio[48]; pelo método concretista da norma jurídica, segundo o qual "a norma não é a mera descrição da lei ou da Constituição, mas resultado da interpretação"[49]; pela superação do formalismo jurídico, que significa a superação do *império do rito*, conferindo-se a importância devida ao conteúdo do direito, sem prevalência das formalidades legais[50]; pela rejeição do império do silogismo judicial, superando-se o modelo de separação entre sujeito e

---

44. CAMBI, Eduardo. *Op. cit.*, p. 79.
45. CAMBI, Eduardo. *Op. cit.*, p. 80.
46. CAMBI, Eduardo. *Op. cit.*, p. 85.
47. CAMBI, Eduardo. *Op. cit.*, p. 89.
48. CAMBI, Eduardo. *Op. cit.*, p. 91.
49. CAMBI, Eduardo. *Op. cit.*, p. 109.
50. CAMBI, Eduardo. *Op. cit.*, p. 114-116.

objeto, promovendo uma reflexão hermenêutica (na análise deste ponto, o autor admite exacerbado subjetivismo, ao afirmar que a sentença, decorrente do verbo *sentir*, é produto da cognição operada no processo judicial e da vontade e do espírito humano do juiz, posição com a qual não se concorda)[51]; pela aproximação do direito e da moral, a partir da previsão de direitos fundamentais, que expressam as *exigências morais* de um determinado período histórico[52]; pela diferenciação dos conceitos de legalidade e legitimidade, de modo que esta seja encontrada no conteúdo da norma e não na sua forma[53], dentre outras características.

Essas características do pós-positivismo indicam, como defende Luis Roberto Barroso, que ele se situa "na confluência das duas grandes correntes de pensamento que oferecem paradigmas opostos para o Direito: o jusnaturalismo e o positivismo"[54]. Nesse sentido, sintetiza:

> O pós-positivismo busca ir além da legalidade estrita, mas não despreza o direito posto; procura empreender uma leitura moral do Direito, mas sem recorrer a categorias metafísicas. A interpretação e aplicação do ordenamento jurídico hão de ser inspiradas por uma teoria de justiça, mas não podem comportar voluntarismos ou personalismos, sobretudo os judiciais. No conjunto de idéias ricas e heterogêneas que procuram abrigo neste paradigma em construção incluem-se a atribuição de normatividade aos princípios e a definição de suas relações com valores e regras; a reabilitação da razão prática e da argumentação jurídica; a formação de uma nova hermenêutica constitucional; e o desenvolvimento de uma teoria dos direitos fundamentais edificada sobre o fundamento da dignidade humana. Nesse ambiente, promove-se uma reaproximação entre o Direito e a filosofia.[55]

Enquanto que positivistas preocupavam-se estabelecer limites do direito, diferenciando os elementos jurídicos dos extrajurídicos, na bus-

---

51. CAMBI, Eduardo. *Op. cit.*, p. 119-122.
52. CAMBI, Eduardo. *Op. cit.*, p. 134-135.
53. CAMBI, Eduardo. *Op. cit.*, p. 144-145.
54. BARROSO, Luis Roberto. *Neoconstitucionalismo e constitucionalização do direito: o triunfo tardio do direito constitucional no Brasil.* Disponível em: http://www.luisrobertobarroso.com.br/wp-content/themes/LRB/pdf/neoconstitucionalismo_e_constitucionalizacao_do_direito_pt.pdf. Acessado em 01/02/2015.
55. BARROSO, Luis Roberto. *Op. cit.*

ca por soluções na construção jurídica do passado, o pós-positivismo propõe um olhar para o futuro, conforme a lição de Albert Calsamiglia[56].

Calsamiglia sugere, então, que as duas principais preocupações do pós-positivismo são a revisão da tese das fontes do direito e a sua indeterminação e a conexão entre a moral e o direito, a partir do que são atacadas as teses positivistas que admitem a discricionariedade judicial.[57] E são estes os dois pontos centrais para os dilemas que o pós-positivismo vem enfrentando, notadamente quando se tem a análise sob o viés da decisão judicial.

2.1. Neoconstitucionalismo e constitucionalismo contemporâneo

Primeiramente, convém destacar que há uma forte discussão teórica sobre qual seria o termo adequado para indicar a quadra atual, norteadora do direito constitucional. Parte da doutrina entende que o termo *neoconstitucionalismo* é o que melhor expressa as características do momento que se vive, enquanto que outra parte defende a necessidade de superar o termo, utilizando a expressão *constitucionalismo contemporâneo*.

Luis Roberto Barroso denomina de neoconstitucionalismo e estabelece três marcos que o caracterizam: o histórico, consubstanciado no constitucionalismo nascido na Europa após a Segunda Grande Guerra e a Constituição de 1988 e o consequente processo de redemocratização no Brasil; o filosófico, traduzido pelo pós-positivismo; e o teórico, que se desdobra em "a) o reconhecimento de força normativa à Constituição; b) a expansão da jurisdição constitucional; c) o desenvolvimento de uma nova dogmática da interpretação constitucional"[58].

Na mesma linha, em obra de referência sobre o tema, Eduardo Cambi indica um caráter transformador na função desempenhada pela Constituição no ordenamento jurídico, de maneira que ela seja entendida em

---

56. CALSAMIGLIA, Albert. Postpositivismo. *Doxa. Cuadernos de Filosofía del Derecho*. Núm. 21, 1998, p. 212. Disponível em: http://www.cervantesvirtual.com/nd/ark:/59851/bmcbk215. Acessado em 31/01/2015.
57. CALSAMIGLIA, Albert. *Op. cit.*
58. BARROSO, Luis Roberto. *Op. cit.*

dois vieses: como uma *ordem-quadro* e como uma *ordem-fundamental*, ou seja, que imponha limitações e proibições à atuação do legislador, deixando para ele uma certa discricionariedade apenas no que seja constitucionalmente "possível" (excluindo-se aqui da discricionariedade legislativa o campo do "necessário" e do "impossível" constitucionalmente falando) e impondo à sociedade um "sistema de valores", "que servem não como limites, mas como fundamentos, fins ou tarefas que devem nortear a atividade estatal ou não, por intermédio de *deveres de proteção*"[59].

Isso indica, então, que a Constituição deixa de ser um mero documento político e passa a desempenhar papel de protagonista na efetivação dos direitos que prevê. Ela deixa de ser "condicionada à liberdade de conformação do legislador ou à discricionariedade do administrador"[60] e passa a impor comandos e limites que devem ser obedecidos.

Daí decorre o ganho de relevância que o Poder Judiciário vem experimentando a partir da expansão da jurisdição constitucional e o seu papel de controlador – e, eventualmente, promotor – das políticas públicas destinadas à efetivação dos direitos fundamentais constitucionalmente previstos. Nesse sentido, Cambi defende a interferência judicial, afirmando que, caso contrário, a efetivação dos direitos, em países de modernidade tardia, como o Brasil, não ocorrerá a contento[61].

Para esse fenômeno da expansão da jurisdição constitucional, Cambi indica como um dos fatores preponderantes a crise da democracia representativa, vinculada que está à *crise* da lei, seja no aspecto estrutural, com a crise da legitimidade dos parlamentos, seja no aspecto funcional, com a "mitigação do princípio da legalidade como o mais importante instrumento regulativo da vida social". E é assim porque já não mais se crê que a lei seja a representação da vontade geral.[62] A realidade indicou que ela geralmente é a representação da vontade do grupo que detém maior poder político no momento da fabricação do texto legal.

---

59. CAMBI, Eduardo. *Op. cit.*, p. 24-25.
60. BARROSO, Luis Roberto. *Op. cit.*
61. CAMBI, Eduardo. *Op. cit.*, p. 182.
62. CAMBI, Eduardo. *Op. cit.*, p. 184.

Não se ignora, também, que a consequência disso tudo foi a *desneutralização política do Judiciário*, que não realizará mais e tão-somente a mecânica tarefa de subsumir o fato à letra da lei, "mas, principalmente, examinar se o exercício discricionário do poder de legislar e de administrar conduzem à efetivação dos resultados objetivados"[63].

Como consequência, tem-se, então, a preocupação com os limites impostos ao Judiciário na imposição dos limites aos demais poderes, de maneira que não se caia no perigoso campo das decisões judiciais políticas, baseadas em fundamentos jurídicos frouxos e mal ajambrados.

Outro grande dilema surgido a partir do reconhecimento de uma gama considerável de direitos fundamentais, seguido da inoperância do Estado na efetivação, foi a corrida ao Judiciário e a judicialização dos conflitos, em grande parte, contra o Estado. Esse fenômeno gerou várias reações da jurisprudência, da doutrina e até do próprio legislador, que, de um lado, buscavam atender à norma do acesso à justiça e, de outro, conter o jurisdicionado. Daí surgiram iniciativas técnicas constitucionalmente defensáveis, como a busca pela racionalização das decisões judiciais e outras que nem de longe passariam pelo crivo da constitucionalidade, como aquelas qualificadas como "jurisprudência defensiva".

Por fim, como característica final do marco teórico definidor do neoconstitucionalismo, Barroso indica o surgimento de uma nova forma de interpretação, que leva em conta a Constituição, que ganhou normatividade. Assim, enquanto que a interpretação jurídica tradicional indicava que o papel da norma seria oferecer a solução aos problemas jurídicos e o papel do juiz seria encontrar no ordenamento a norma adequada que solucionasse o problema jurídico, a interpretação constitucional mostrou que a resposta ao problema jurídico nem sempre é encontrada na abstração do texto normativo, sendo necessária uma análise tópica para que se encontre a solução adequada constitucionalmente e que o papel do juiz não é mais de mero revelador do sentido da norma, mas, sim, participante ativo na sua construção, "completando o trabalho do legislador, ao fazer valorações de sentido para as cláusulas abertas e ao realizar escolhas entre soluções possíveis".[64]

---

63. CAMBI, Eduardo. *Op. cit.*, p. 195.
64. BARROSO, Luis Roberto. *Op. cit.*

Lenio Streck critica a utilização do termo *neoconstitucionalismo* e propõe a utilização da expressão *Constitucionalismo Contemporâneo*, alegando que aquele termo levou a doutrina brasileira a uma percepção equivocada e "acabou por incentivar/institucionalizar uma recepção acrítica da jurisprudência dos valores, da teoria da argumentação de Robert Alexy (...) e do ativismo judicial norte-americano"[65].

Para ele, muito embora a importação do termo e de algumas propostas tenham tido importância estratégica naquele momento histórico, atualmente já não mais se pode aceitar um direcionamento neoconstitucionalista, pois, "as características desse 'neoconstitucionalismo' acabaram por provocar condições patológicas que, em nosso contexto atual, acabam por contribuir para a corrupção do próprio texto da Constituição"[66]

Na leitura que faz, Streck vislumbra dois níveis de redimensionamento da práxis político-jurídica a partir do constitucionalismo contemporâneo: no plano da teoria do Estado e da Constituição, que se mostra pelo Estado Democrático de Direito e no plano da teoria do Direito, com a reformulação da teoria das fontes (onipresença da Constituição), da teoria da norma (princípios como normas) e da teoria da interpretação.[67]

É justamente na reconstrução dessa teoria da interpretação que se pode identificar a principal diferença na abordagem feita por Lenio Streck. Enquanto que autores neoconstitucionalistas, embora manifestem preocupação com a contenção da discricionariedade judicial, não encontram meios eficazes para tanto, a proposta de Streck é mais objetiva no sentido de oferecer subsídios para o fim da discricionariedade.

De todo modo, para além do debate teórico a respeito da denominação, o fato é que o constitucionalismo contemporâneo tem a incumbência de lidar com a discricionariedade judicial e combatê-la e é a partir desse marco que serão analisados os tópicos a seguir, de maneira que se entenda como o fenômeno pós-positivista refletiu no processo civil brasileiro, como a normatividade dos princípios foi mal compreendida e gerou a fabricação de novos "princípios" sem qualquer base normativa e

---

65. STRECK, Lenio. O Que é isto – o constitucionalismo contemporâneo. *In*: HELLMAN, Renê Francisco; MARGRAF, Alencar Frederico. *Os efeitos do constitucionalismo contemporâneo no direito: uma visão interdisciplinar*. Telêmaco Borba: Editora FATEB, 2014, p. 50.
66. STRECK, Lenio. *Op. cit.*, p. 50-51.
67. STRECK, Lenio. *Op. cit.*, p. 51-52.

como tudo isso vem refletindo na forma de construção da decisão judicial, legitimando decisões conforme a consciência do julgador.

2.2. Pan-principiologismo

O termo *pan-principiologismo* foi cunhado por Lenio Streck para designar a abertura oportunizada pelas teorias pós-positivistas para a criação "de todo tipo de 'princípio', como se o paradigma do Estado Democrático de Direito fosse a 'pedra filosofal da legitimidade principiológica'", de onde decorreriam as soluções para todos os casos difíceis ou para "'corrigir' as incertezas da linguagem".[68]

Do positivismo ao pós-positivismo viu-se o ganho de normatividade dos princípios. O que o positivismo denominava de "princípio geral do direito" deixou de existir, uma vez que esse instituto era entendido como uma forma de orientar a interpretação das regras a serem aplicadas no caso concreto. O pós-positivismo propõe, então, a superação da ideia de que princípios sejam "figuras de integração normativa"[69], para compreendê-los, na esteira das lições de Dworkin, como normas de caráter fundante do sistema, que se sobrepõem a argumentos utilitaristas e devem ser considerados pelo intérprete/aplicador[70].

Dworkin promove duas distinções: entre princípios e regras e entre princípios e diretrizes políticas. Esta última distinção, ao que parece, é pouco explorada na doutrina brasileira, que acaba por importar apenas parte da teoria cunhada pelo jusfilósofo americano, dando azo ao pan-principiologismo. Na crítica a isso, vale menção ao alerta da Escola Mineira:

> Retomando, então, a relação entre princípios e diretrizes políticas, pode-se afirmar que um princípio prescreve um direito e, por isso, contém uma exigência de justiça, equanimidade ou devido processo legal; ao passo que uma diretriz política estabelece um objetivo ou uma meta a serem alcançados, que, geralmente, consiste na melhoria de algum aspecto econômico, político ou social da comunidade,

---

68. STRECK, Lenio Luiz. *Verdade e consenso: constituição, hermenêutica e teorias discursivas*. 4ª ed. São Paulo: Saraiva, 2012, p. 518.
69. THEODORO JUNIOR, Humberto e outros. *Novo CPC: fundamentos e sistematização*. Rio de Janeiro: Forense, 2015, p. 41.
70. DWORKIN, Ronald. *Levando os direitos a sério*. São Paulo: Martins Fontes, 2002, p. 119-120.

buscando promover ou assegurar uma situação econômica, política ou social considerada desejável. Dworkin atribui o status de trunfos aos princípios, que, em uma discussão, devem se sobrepor a argumentos pautados em diretrizes políticas, excluindo a possibilidade de os juízes tomarem decisões embasadas nessas diretrizes.

Esse raciocínio marca a posição antiutilitarista assumida por Dworkin, de modo a rejeitar qualquer forma de males feitos aos indivíduos em favor de uma melhoria para o bem-estar geral. (...)

Essa atividade jurisdicional, então, tem de abraçar a afirmação de que é possível uma resposta correta para o julgamento de dado caso particular, o que significa aplicar o princípio adequado ao caso concreto.[71]

Assim, ao que parece, em muitos momentos opera-se uma confusão entre os conceitos de princípio e de diretriz política, de maneira que as metas a serem alcançadas a partir da aplicação do direito transformam-se, como num passe de mágica, em normas principiológicas, mesmo que não o sejam naturalmente.

Na sua obra, Streck elenca alguns exemplos do que considera serem "princípios utilizados largamente na cotidianidade dos tribunais e da doutrina – a maioria deles com nítida pretensão retórico-corretiva, além da tautologia que os conforma"[72]. Serão elencados aqui os exemplos dados e que, de alguma maneira, tenham ligação com o tema do trabalho ou influência no direito processual.

Para ele, o denominado princípio da simetria, invocado no ramo do direito constitucional para justificar a ideia de estender para os Estados da federação o alcance de dispositivos da Constituição Federal nada mais teria do que um caráter retórico, pois é utilizado como um artifício interpretativo para resolver controvérsias relativas às competências dos entes federados que, de todo modo, já estão submetidos aos princípios da Constituição Federal.[73]

A crítica é estendida, ainda, ao chamado princípio da efetividade da Constituição. Para Streck, há uma tautologia na utilização do "princípio", já que a efetividade das normas constitucionais é entendida pela hermenêutica como um pressuposto essencial do Constitucionalismo Con-

---

71. THEODORO JUNIOR, Humberto e outros. *Op. cit.*, p. 42-43.
72. STRECK, Lenio Luiz. *Op. cit.*, p. 519.
73. STRECK, Lenio Luiz. *Op. cit.*, p. 519.

temporâneo, de maneira que a validade principiológica da efetividade há de depender do seu manejo, já que não poderá significar abertura para "decisionismos e/ou ativismos judiciais".[74]

No que toca a decisão judicial, Streck elenca três princípios que considera frutos dessa onda *pan-principiologista*. O primeiro deles, denominado de princípio da precaução, mencionado em julgamentos do STF e do STJ, inclusive, indicaria a necessidade de precaução dos magistrados na tomada de decisões que possam ter consequências graves. Com relação a ele, afirma o autor que somente se poderia considerar um princípio se se partisse da ideia de que os princípios não são normas, figurando apenas como valores, que serviriam como "capas de sentido" ao direito.[75]

Mais adiante, Streck ataca o chamado princípio da não surpresa, para dizer que não há meios de se resolver uma demanda a partir da aplicação desse *standard*, dada a ausência completa de normatividade, por não se conseguir determinar do que decorreria a referida "norma". Na mesma linha, critica o princípio da confiança, que teria nada mais do que "um lugar no campo performático da argumentação jurídica", já que a própria razão de ser do direito é o de "impor limites à livre prática de atos políticos e de uma maneira geral na sociedade", não havendo necessidade de fixação de uma norma para orientar o que é da própria essência do direito.[76]

A crítica é dirigida, ainda, ao denominado princípio do processo tempestivo, cuja existência é defendida por parte da doutrina e da jurisprudência para obrigar o Judiciário a prestar a tutela jurisdicional em um prazo razoável. A questão colocada por Streck, entretanto, coloca em xeque a normatividade do "princípio", para dizer que ele não se sustenta pela sua inutilidade no campo prático. Defende que a utilização do *standard* não contribuiria para a tramitação dos processos de forma mais célere, pois é "somente a partir da integridade e da coerência, fruto da reconstrução institucional do direito, que se alcançará a concretização da necessidade da tempestividade processual".[77]

---

74. STRECK, Lenio Luiz. *Op. cit.*, p. 519-520.
75. STRECK, Lenio Luiz. *Op. cit.*, p. 521.
76. STRECK, Lenio Luiz. *Op. cit.*, p. 521-522.
77. STRECK, Lenio Luiz. *Op. cit.*, p. 523-524.

A partir da análise da crítica feita por Streck ao princípio da instrumentalidade processual, entretanto, o autor não parece negar a sua normatividade, pois centra seu ataque no conteúdo do próprio princípio. Para ele, a instrumentalidade como princípio possibilita o desprezo às formalidades processuais e modifica a natureza do processo, que deixa de ser um direito material e passa a ser considerado "um mero instrumento para alcançar um fim maior", numa "aposta na tradicional delegação processual em favor do juiz", que encontra respaldo no paradigma da filosofia da consciência.[78]

Ainda no campo do processo, Lenio Streck faz veemente ataque ao princípio da cooperação processual e questiona quais seriam as sanções aplicadas às partes em caso de não cooperação no processo.[79] O tema rendeu discussão mais aprofundada e direta com Daniel Mitidiero, para quem a colaboração (ou cooperação) pode ser entendida como um modelo de processo civil e também como um princípio[80].

Na resposta ao convite formulado por Mitidiero, Streck escorou-se na doutrina de Dworkin para defender que os princípios não são valores e aí passou a criticar a ideia de formalismo-valorativo pregado por Carlos Alberto Alvaro de Oliveira, de quem Mitidiero é reconhecidamente um dos mais destacados discípulos. Desse modo, compreendida no âmbito do formalismo-valorativo, careceria da qualidade de princípio a colaboração, pois ela não inibiria a discricionariedade judicial e ocasionaria entraves para a conformação de respostas corretas, jogando por terra a ideia de coerência a que está vinculada a teoria dos princípios proposta por Dworkin.[81]

Travado todo esse debate, ao que parece, o futuro que se antevê a partir das disposições do NCPC, indica que não prevalecerá nem a ideia de ausência de normatividade da cooperação pregada por Streck e nem o formalismo-valorativo defendido por Mitidiero. A formulação da nova

---

78. STRECK, Lenio Luiz. *Op. cit.*, p. 525-526.
79. STRECK, Lenio Luiz. *Op. cit.*, p. 528.
80. MITIDIERO, Daniel. Colaboração no processo civil como um *prêt-à-porter*? Um convite ao diálogo para Lenio Streck. *Revista de Processo*, vol. 194, abril-2011, p. 57.
81. STRECK, Lenio Luiz, MOTTA, Francisco José Borges. Um debate com (e sobre) o formalismo--valorativo de Daniel Mitidiero, ou "colaboração no processo civil" é um princípio?. *Revista de Processo*, vol. 213, nov-2012.

legislação parece ter levado em conta a ideia de *comparticipação*, cunhada por Dierle Nunes[82], um grande expoente da escola mineira do direito processual civil. Essa releitura da cooperação afasta o viés estatalista criticado por Streck e muito forte na teoria de Mitidiero, nos seguintes termos:

> Para que o processo de fato mereça o qualificativo de democrático/*justo*, e se torne real o clima de colaboração entre o juiz e as partes, a nova lei impõe uma conduta leal e de boa-fé, não só dos litigantes, mas também do magistrado, a quem se atribuíram os deveres de *esclarecimento*, de *diálogo*, de *prevenção* e de *auxílio* para com os sujeitos interessados na correta composição do conflito, criando-se um novo ambiente normativo contrafático de inclusão à comparticipação (em decorrência dos comportamentos não cooperativos).[83]

Na sequência, Streck lança questionamentos sobre o chamado princípio da confiança no juiz da causa e argumenta não haver razão para se reconhecer normatividade para ele, pois ele implicaria no esvaziamento do tribunal de revisão da decisão proferida na primeira instância, que poderia estar autorizado apenas à análise da questão de direito, sem poder adentrar no campo fático[84].

Mais adiante, elenca os seguintes princípios: *da jurisdição equivalente*, usado em julgados para justificar o provimento monocrático do recurso, sob a justificativa de que o colegiado assim decidiria; *lógico do processo civil*, do que decorreria a obrigatoriedade óbvia de que a distribuição da justiça deve utilizar-se das formas adequadas e questiona, "o que não é um 'princípio'?"; *da dialeticidade*, segundo o qual o tribunal seria obrigado a apreciar as razões e contrarrazões recursais; *da adaptabilidade processual*, que possibilitaria a adaptação do procedimento à causa, ensejando, segundo Streck, o protagonismo judicial e, consequentemente, o decisionismo; *da inalterabilidade da sentença*, autoexplicativo que é, para Streck, configura-se desnecessário, já que se trata de regra já prevista no ordenamento.[85]

---

82. NUNES, Dierle. *Processo jurisdicional democrático: uma análise crítica das reformas processuais*. Curitiba: Juruá, 2009.
83. THEODORO JUNIOR, Humberto e outros. *Op. cit.*, p. 82-83.
84. STRECK, Lenio Luiz. *Op. cit.*, p. 528.
85. STRECK, Lenio Luiz. *Op. cit.*, p. 532-534.

No combate ao pan-pricipiologismo há que se levar em consideração esse viés comparticipativo idealizado por Dierle Nunes, a fim de que não haja aumento de poder dos magistrados, que não poderão "deixar de se submeter à Constituição" e extrair "'princípios' a partir de outras fontes". Os atores processuais (juízes, partes, terceiros etc.) "estão sobremaneira vinculados à normatividade", de maneira que a "invocação de um princípio precisa encontrar lastro normativo", já que argumentos de natureza lógica, moral e pragmática podem ser usados pelo legislador na formulação dos textos legais e não pelo juiz, para a solução de uma demanda.[86]

2.3. Discricionariedade judicial

O positivismo jurídico deixou um problema para ser resolvido por aqueles que se propuseram a construir um novo paradigma filosófico para o direito: a discricionariedade judicial.

Hans Kelsen, diante da pluralidade de significações dos termos linguísticos e do espaço de variabilidade da norma, admitia a existência de várias possibilidades de aplicação no caso concreto. Na sua metáfora da moldura, Kelsen aceitava a discricionariedade judicial e entendia ser "conforme ao Direito todo ato que se mantenha dentro deste quadro ou moldura, que preencha esta moldura em qualquer sentido possível".[87]

Hart, por sua vez, indicava a existência do que chamou de "textura aberta" no direito, admitindo a discricionariedade judicial sempre que não haja uma regra clara e pré-estabelecida para regular o caso concreto.[88]

Streck bem sintetiza a evolução do problema:

> Assim, da Escola do Direito Livre, passando pela Jurisprudência dos Interesses, pelo normativismo kelseniano, pelo positivismo moderado de Hart, até chegar aos autores argumentativistas, como Alexy, há um elemento comum: o fato de que, no momento da decisão, sempre acaba sobrando um espaço 'não tomado' pela 'razão'; um espaço que, necessariamente, será preenchido pela vontade *discri-*

---

86. THEODORO JUNIOR, Humberto e outros. *Op. cit.*, p. 52-53.
87. KELSEN, Hans. *Teoria pura do direito*. Trad. João Batista Machado. 6ª ed. São Paulo: Martins Fontes, 1998, p. 389-390.
88. HART, Herbert. *O conceito de direito*. Lisboa: Fundação Calouste Gulbenkian, 1994.

cionária do intérprete/juiz (não podemos esquecer que, nesse contexto, *vontade* e *discricionariedade* são faces da mesma moeda).[89]

Sob esse enfoque, desde já é imperioso concordar com Streck quando ele defende a sinonímia entre os vocábulos discricionariedade e arbitrariedade e o faz a partir das lições de Dworkin em sua crítica ao positivismo hartiano, no "sentido forte da discricionariedade", ou seja, quando não há regra clara pré-estabelecida. Mas Streck vai além, denunciando que a discricionariedade que se vislumbra no Brasil encontrou ainda mais espaço[90].

Ocorre, em determinadas circunstâncias, na doutrina, uma confusão entre os conceitos de discricionariedade do juiz no momento da decisão judicial e a discricionariedade do administrador, que é regulada pelo Direito Administrativo e admitida como necessária, inclusive, já que ao administrador público se dá a função de analisar se estão presentes no caso concreto a conveniência e a oportunidade para a prática do ato administrativo discricionário.

Entretanto, quando se fala em discricionariedade do juiz não se está a tratar da discricionariedade do administrador público, razão pela qual não se pode admitir que aquela seja analisada à luz dos requisitos desta. Com isso, não parece adequada a comparação realizada por José Roberto dos Santos Bedaque, a saber:

> (...) quanto maior a indeterminação do conceito legal, mais relevante e delicada se apresenta a função jurisdicional. A decisão, nesses casos, pressupõe grande liberdade de investigação crítica do julgador, que a doutrina processual costuma identificar, de forma não muito precisa, como poder discricionário atribuído ao juiz. Na realidade, não se trata de poder discricionário, visto que o juiz, ao conceder ou negar a antecipação da tutela, não o faz por conveniência e oportunidade, juízos de valores próprios da discricionariedade (...) não tem o juiz, portanto, mera faculdade de antecipar a tutela. Caso se verifiquem os pressupostos legais, é seu dever fazê-lo. Existe, é verdade, maior liberdade no exame desses requisitos, dada a imprecisão dos conceitos legais. Mas essa circunstância não torna discricionário o ato judicial.[91]

---

89. STRECK, Lenio Luiz. *Op. cit.*, p. 38.
90. STRECK, Lenio Luiz. *Op. cit.*, p. 43.
91. BEDAQUE, José Roberto dos Santos. *Tutela cautelar e tutela antecipada: tutelas sumárias e de urgência (tentativa de sistematização)*. 4ª ed. São Paulo: Malheiros, 2006, p. 352.

A análise feita por Bedaque indica a confusão entre os conceitos, mas ela deve ser afastada, já que, no âmbito do direito administrativo, a discricionariedade apresenta-se como um procedimento disponibilizado pela lei ao administrador público para a escolha sobre a prática ou não prática de um determinado ato administrativo. Já no processo, a discricionariedade é percebida não como um procedimento à disposição do juiz, mas sim como a qualidade de um ato decisório realizado a partir de uma escolha. A decisão judicial não pode ser decorrente de uma escolha feita pelo julgador. Impõe-se sempre a vinculação da decisão ao ordenamento e não à vontade do julgador.

Desse modo, quando se diz que o julgador, na interpretação/aplicação de conceitos indeterminados não pode agir de modo discricionário, não se quer dizer que ele não deva interpretar, mas, sim, que ele deva interpretar o texto legal em conformidade com a Constituição Federal e os princípios que formam o que Dworkin denomina de comunidade de princípios.

Não é a "liberdade" interpretativa que tornará o ato discricionário. O que indica a existência de discricionariedade é a possibilidade de o julgador escolher entre vários caminhos aquele que lhe pareça, à luz de sua consciência, melhor. Não, a comunidade de princípios existe justamente para impedir a ação de escolher e dentro dela o juiz é "livre". Nesse sentido, não parece adequada a afirmação categórica de Bedaque no sentido de que não haverá que se falar em discricionariedade se o juiz estiver agindo na esfera da sua liberdade crítica, já que, nesse caso, poderá haver discricionariedade, se a decisão resultar de uma escolha interpretativa diante da indeterminação dos conceitos legais.

Nesse ponto, as ideias de Dworkin para o combate à discricionariedade assumem papel de suma importância, não obstante tenham sido pensadas para um sistema de *common law*, já que os movimentos de vinculação do juiz à letra da lei não foram bem sucedidos, de modo que se faz necessário pensar em meios de, ao mesmo tempo, fortalecer a decisão judicial e controlar a sua produção por meio da exigência de fundamentação adequada.

Outro exemplo bastante claro da discricionariedade tolerada por boa parte da doutrina processualista pode ser retirado da obra de Cândido Rangel Dinamarco, ancorado em Liebman, para quem:

Com razão, os tribunais brasileiros não são radicalmente exigentes no tocante ao grau de pormenorização a que deve chegar a motivação da sentença. Afinal, como disse Liebman e tenho a oportunidade de lembrar tantas vezes, "as formas são necessárias, mas formalismo é uma deformação". Com essa premissa antiformalista entende-se que se toleram na sentença eventuais omissões de fundamentação no tocante a pontos colaterais ao litígio, pontos não-essenciais ou de importância menor, irrelevantes ou de escassa relevância para o julgamento da causa.[92]

Neste ponto, é evidente o alinhamento da jurisprudência dos tribunais superiores com a doutrina de Dinamarco. Sob o argumento de que excesso de motivação é uma deformação, há uma tentativa de conferir ao julgador a possibilidade de eleger os argumentos que considera fundamentais. É imperioso destacar que Dinamarco não indica quais seriam as formas para controle da eleição dos argumentos relevantes pelo magistrado no momento do julgamento. Ou seja, concede-se a ele a oportunidade de escolher quais argumentos quer enfrentar sem que sequer precise justificar as razões de entender que os não enfrentados são irrelevantes para o desate da controvérsia.

É evidente que, do ponto de vista pragmático, uma demanda conterá, eventualmente, um sem-número de argumentos irrelevantes, postos pelas partes apenas para conturbar o andamento do processo. É o caso, por exemplo, das defesas apresentadas por réus contumazes, como as companhias de telefonia celular, que mesmo em ações mais simples, propostas perante os Juizados Especiais Cíveis, apresentam defesas-padrão elencando uma série de argumentos que poderiam ser utilizados para qualquer demanda, por genéricos que são.

Muitos deles, há que se admitir, podem ser irrelevantes para a análise do caso concreto e não se quer, obviamente, que o magistrado seja punido com excesso de trabalho causado pela litigância de má-fé das partes tendo que analisar longamente cada um deles. O que se quer – e Dinamarco parece não se preocupar com isso – é que o julgador declare sobre os motivos pelos quais entende serem irrelevantes os argumentos. E isso pode ser feito em breves linhas, já que fundamentação adequada não significa, necessariamente, fundamentação alongada.

---

92. DINAMARCO, Cândido Rangel. *Fundamentos do processo civil moderno*. Tomo II, 5ª ed. São Paulo: Malheiros, 2002, p. 1078.

Na linha do formalismo-valorativo, Alvaro de Oliveira, já mencionado anteriormente, quando da análise do princípio da motivação, embora faça a defesa dessa obrigatoriedade imposta ao julgador, reputando-a imprescindível para possibilitar controle da atividade jurisdicional pelas partes e pela sociedade, indicando a necessidade de demonstrar a "individuação das normas aplicáveis ao caso concreto e às correspondentes consequências jurídicas, como os nexos de implicação e coerência entre esses enunciados", ainda afirma que ela compreende "o enunciado das escolhas do juiz".[93]

A admissão de que o juiz possa escolher uma "norma" a ser aplicada no caso concreto, ainda que ele indique os caminhos que percorreu, é representativo dessa cultura de discricionariedade judicial, arraigada tanto na prática quanto na doutrina processualista e que é indefensável perante a exigência de motivação à luz da integridade e da coerência, ainda que sejam construídos argumentos teóricos que possam disfarçar o caráter arbitrário dessa conduta.

Na obra de Ernane Fidélis dos Santos também é possível verificar as consequências dessa ideia de discricionariedade no momento do julgamento. Ao referir-se à independência do juiz, alocada em seu manual como uma das garantias da Jurisdição, o referido processualista assim se posiciona:

> Para assegurar a imparcialidade do juiz, é ele dotado de completa independência, a ponto de não ficar sujeito, no julgamento, a nenhuma autoridade superior. No exercício da jurisdição, o juiz é soberano. Não há nada que a ele se sobreponha. Nem a própria lei, embora esta procure fazer limitações ao poder de julgar, como é o caso da proibição do julgamento por equidade, previsto no art. 127 do Código, preceito que resulta inócuo, porque, se o juiz ou tribunal quiserem, a orientação do julgamento poderá contrariar a própria lei e a decisão até se acobertar pela coisa julgada, tornando-se definitiva.[94]

Ao afirmar que o juiz pode se sobrepor à lei e que disso depende apenas que ele "queira", Fidélis dos Santos deixa evidente a sua opção pela discricionariedade judicial, escorando-a nas ideias de independên-

---

93. OLIVEIRA, Carlos Alberto Alvaro de. *Do formalismo no processo civil*. 2ª ed. São Paulo: Saraiva, 2003, p. 88-89.
94. SANTOS, Ernane Fidélis dos. *Manual de direito processual civil*: processo de conhecimento. 13ª ed. São Paulo: Saraiva, 2009, p. 12.

cia e de imparcialidade. É presumível que o autor tenha as melhores intenções ao defender tal posicionamento e que ele deve acreditar também nas melhores intenções do julgador, a ponto de blindá-lo completamente, inclusive, das determinações legais. Entretanto, não se afigura razoável que, em um Estado que se quer democrático e de Direito, possa haver órgãos públicos dotados de tamanha força, que possibilite a manifestação de seus desejos de obedecer ou não ao comando legal, somente porque se confia na instituição. Democracia não é para confiados e, sim, para desconfiados. E confiáveis somente são aqueles que se permitem fiscalizar. Daí a necessidade de superação das ideias discricionárias em favor da exigência de motivação adequada na decisão judicial.

A intenção aqui não é esgotar todos os exemplos de defesa doutrinária da discricionariedade judicial, por impossível que isso seria, mormente porque até em manuais destinados a estudantes de graduação há a indicação explícita nesse sentido, do que decorre a conclusão de que a formação jurídica tem contribuído para o fortalecimento dessas ideias. O que se pretendeu foi pinçar exemplos significativos para demonstrar como o tema é arraigado na cultura jurídica.

3. CONSIDERAÇÕES FINAIS

O pós-positivismo deve significar a superação da discricionariedade que o positivismo jurídico não logrou combater. Para isso, é necessário que os ditames do novo Código de Processo Civil a respeito da construção da decisão judicial sejam efetivamente considerados como meios de democratizar a prestação da tutela jurisdicional.

A exigência de fundamentação analítica das decisões, baseada nos princípios que a norteiam, é fator de grande importância para a superação da discricionariedade no exercício da função jurisdicional e deve ser entendida como instrumento útil e necessário para que se opere na prática essa nova visão que se pretende dar ao processo civil a partir do novo código.

4. REFERÊNCIAS

ARRUDA ALVIM WAMBIER, Teresa. Nulidades do processo e da sentença. 7ª ed. rev. atual. e ampl. São Paulo: RT, 2014.

BARBOSA MOREIRA, José Carlos. A motivação das decisões judiciais como garantia inerente ao Estado de Direito. In: BARBOSA MOREIRA, José Carlos. Temas de direito processual (segunda série). São Paulo: Saraiva, 1980.

BARROSO, Luis Roberto. Neoconstitucionalismo e constitucionalização do direito: o triunfo tardio do direito constitucional no Brasil. Disponível em: http://www.luisrobertobarroso.com.br/wp-content/themes/LRB/pdf/neoconstitucionalismo_e_constitucionalizacao_do_direito_pt.pdf. Acessado em 01/02/2015.

BEDAQUE, José Roberto dos Santos. Tutela cautelar e tutela antecipada: tutelas sumárias e de urgência (tentativa de sistematização). 4ª ed. São Paulo: Malheiros, 2006.

BRASIL JR., Samuel Meira. Justiça, direito e processo: a argumentação e o direito processual de resultados justos. São Paulo: Atlas, 2007.

BRASIL. STF. Tribunal Pleno. MS 26163. Relatora: Min. Cármen Lúcia, julgado em 24/04/2008. Disponível em: www.stf.jus.br. Acessado em: 17/01/2015.

BRASIL. STJ. 4ª Turma. Recurso Especial nº 717265-SP. Relator: Ministro Jorge Scartezzini. Decisão unânime. Brasília, 03.08.2006. DJ: 12.03.2007. Disponível em: www.stj.jus.br. Acesso em: 17/01/2015.

BRASIL. STJ. 5ª Turma. Recurso Especial nº 717265-PR. Relator: Ministra Laurita Vaz. Decisão unânime. Brasília, 26.06.2007. DJ: 06.08.2007. Disponível em: www.stj.jus.br. Acesso em: 17/01/2015.

BRASIL. STJ. 6ª Turma. EDROMS nº 9702-PR. Relator: Ministro Paulo Medina. Decisão unânime. Brasília, 15.04.2004. DJ: 10.05.2004. Disponível em: www.stj.jus.br. Acesso em: 17/01/2015.

BUENO, Cássio Scarpinella. Curso sistematizado de direito processual civil. Vol. 1. São Paulo: Saraiva, 2007.

CALSAMIGLIA, Albert. Postpositivismo. Doxa. Cuadernos de Filosofía del Derecho. Núm. 21, 1998, p. 212. Disponível em: http://www.cervantesvirtual.com/nd/ark:/59851/bmcbk215. Acessado em 31/01/2015.

CAMBI, Eduardo. Neoconstitucionalismo e neoprocessualismo: direitos fundamentais, políticas públicas e protagonismo judiciário. 2ª ed. rev. e atual. São Paulo: RT, 2011.

CINTRA, Antonio Carlos de Araújo; GRINOVER, Ada Pellegrini; DINAMARCO, Cândido Rangel. Teoria geral do processo. 28ª ed. São Paulo: Malheiros, 2012.

DELFINO, Lucio; LOPES, Ziel Ferreira. A expulsão do livre convencimento motivado do novo CPC e os motivos pelos quais a razão está com os hermeneutas. Disponível em: www.justificando.com.br. Acessado em: 14/04/2015.

DIDIER JR., Fredie. Sobre a fundamentação da decisão judicial. Disponível em: http://www.frediedidier.com.br/wp-content/uploads/2012/02/sobre-a-fundamentacao-da-decisao-judicial.pdf. Acessado em: 18/01/2015.

DIDIER JR., Fredie; BRAGA, Paula Sarno; OLIVEIRA, Rafael. Curso de direito processual civil: teoria da prova, direito probatório, teoria do precedente, decisão judicial, coisa julgada e antecipação dos efeitos da tutela. Vol. 2. 4ª ed. rev. ampl. e atual. Salvador: JusPodivm, 2009.

DINAMARCO, Cândido Rangel. A instrumentalidade do processo. 10ª ed. São Paulo: Malheiros, 2002.

DINAMARCO, Cândido Rangel. A instrumentalidade do processo. 10ª ed. São Paulo: Malheiros, 2002.

DINAMARCO, Cândido Rangel. Fundamentos do processo civil moderno. Tomo II, 5ª ed. São Paulo: Malheiros, 2002.

DINAMARCO, Candido Rangel. Instituições de direito processual civil, vol. III. 4ª ed. rev. e atual. São Paulo: Malheiros, 2004.

DWORKIN, Ronald. Levando os direitos a sério. São Paulo: Martins Fontes, 2002.

FAZZALARI, Elio. Istituzioni di diritto processuale. Padova: CEDAM, 1994.

GAJARDONI, Fernando da Fonseca. O livre convencimento motivado não acabou no novo CPC. Disponível em: www.jota.com.br. Acessado em: 14/04/2015.

HART, Herbert. O conceito de direito. Lisboa: Fundação Calouste Gulbenkian, 1994.

KELSEN, Hans. Teoria pura do direito. Trad. João Batista Machado. 6ª ed. São Paulo: Martins Fontes, 1998.

MACHADO, Edinilson Donisete. Ativismo judicial: limites institucionais democráticos e constitucionais. São Paulo: Letras Jurídicas, 2012.

MARINONI, Luiz Guilherme. Curso de processo civil: teoria geral do processo. Vol. 1. São Paulo: RT, 2013.

MITIDIERO, Daniel. Colaboração no processo civil como um prêt-à-porter? Um convite ao diálogo para Lenio Streck. Revista de Processo, vol. 194, abril-2011.

MITIDIERO, Daniel. Colaboração no processo civil: pressupostos sociais, lógicos e éticos. 2ª ed. rev. atual. e ampl. São Paulo: RT, 2011.

NUNES, Dierle. Processo jurisdicional democrático: uma análise crítica das reformas processuais. Curitiba: Juruá, 2009.

OLIVEIRA, Carlos Alberto Alvaro de. Do formalismo no processo civil. 2ª ed. São Paulo: Saraiva, 2003.

PASSOS, J.J. Calmon de. Ensaios e artigos. Vol. I. Salvador: JusPodivm, 2014.

PORTANOVA, Rui. Princípios do processo civil. 5ª ed. Porto Alegre: Livraria do Advogado, 2003.

ROSA, Alexandre Morais da. Decisão no processo penal como bricolage de significantes. Tese (doutorado) - Universidade Federal do Paraná, Setor de Ciências Jurídicas, Programa de Pós-Graduação em Direito. Defesa: Curitiba, 2004, Disponível em: http://dspace.c3sl.ufpr.br:8080/dspace/handle/1884/1203. Acessado em: 24/01/2015.

SANTOS, Ernane Fidélis dos. Manual de direito processual civil: processo de conhecimento. 13ª ed. São Paulo: Saraiva, 2009.

SILVA, Ana de Lourdes Coutinho. Motivação das decisões judiciais. São Paulo: Atlas, 2012.

SILVA, Ovídio A. Baptista da. Fundamentação das sentenças como garantia constitucional. In: MARTINS, Ives Gandra da Silva; JOBIM, Eduardo (coords.). O processo na constituição. São Paulo: Quartier Latin, 2008.

SILVA, Ovídio Baptista da e outros. Teoria geral do processo civil. Porto Alegre: Letras Jurídicas Editora Ltda., 1983.

STRECK, Lenio Luiz, MOTTA, Francisco José Borges. Um debate com (e sobre) o formalismo-valorativo de Daniel Mitidiero, ou "colaboração no processo civil" é um princípio?. Revista de Processo, vol. 213, nov-2012.

STRECK, Lenio Luiz. O que é isto – decido conforme minha consciência?. 4ª ed. rev. Porto Alegre: Livraria do Advogado, 2013.

STRECK, Lenio Luiz. Verdade e consenso: constituição, hermenêutica e teorias discursivas. 4ª ed. São Paulo: Saraiva, 2012.

STRECK, Lenio. O Que é isto – o constitucionalismo contemporâneo. In: HELLMAN, Renê Francisco; MARGRAF, Alencar Frederico. Os efeitos do constitucionalismo contemporâneo no direito: uma visão interdisciplinar. Telêmaco Borba: Editora FATEB, 2014.

STRECK, Lenio. Papai Noel: que nos embargos não mais se leia "nada há a esclarecer"!. Disponível em: http://www.conjur.com.br/2014-dez-24/senso-incomum-papai-noel-embargos-nao-leia-nada-esclarecer. Acessado em: 20/01/2015.

THEODORO JUNIOR, Humberto e outros. Novo CPC: fundamentos e sistematização. Rio de Janeiro: Forense, 2015.

CAPÍTULO 13

PRECISAMOS FALAR SOBRE O INSTRUMENTALISMO PROCESSUAL

Antônio Carvalho Filho

SUMÁRIO: 1. Introdução; 2. O instrumentalismo processual de Dinamarco – em apertadíssima síntese; 3. As flagrantes falhas do instrumentalismo processual; 4. A reviravolta publicista-garantista; 5. Bibliografia.

1. INTRODUÇÃO

Tempos estranhos e angustiantes nos rodeiam e transformam a nossa existência em um emaranhado de aflições, indecisões, debilidades e insuficiência. Em cada jornal, *site* e rádio temos notícias escabrosas acerca da imoralidade política-corruptiva na qual estamos enlameados. Clama-se por justiça, brada-se por punições, exige-se o *"fim da impunidade"*. Esses são o *"sentimento social"* e a *"exigência moral"* que hoje movem a nossa sociedade.

É neste cenário que devemos entender o instrumentalismo processual. Inspiro-me na obra de Lionel Shriver, "Precisamos falar sobre o Kevin", um interessante thriller psicanalítico verídico, que apresenta a história do adolescente *Kevin Khatchadourian*, que aos 16 anos promoveu uma chacina na qual matou sete colegas de escola, uma professora e um servente em um colégio nos Estados Unidos. O livro discute temas dos mais relevantes, tais como casamento, maternidade, família etc. Kevin foi criado em uma família com mãe depressiva sem tratamento e que estava sempre a ponto de explodir, e um pai ausente, a química perfeita para a formação de "assassinos mirins em série" ou "*pitboys*".

Antes de iniciar o nosso "diálogo", faço uma advertência: leia este texto com a "*cabeça aberta*". Se estiver preso a *pré-conceitos* e a convicções plasmadas em rochedo "*dogmatossauro*" sequer prossiga. Certamente serão minutos de aflição, dor e sofrimento. Alerto ainda, não vai aqui qualquer crítica à magistratura e tampouco pessoal ou pontual a qualquer magistrado, tanto que sou juiz de direito: a crítica é voltada essencialmente à nossa doutrina e, principalmente, à epistemologia do processo. Feitas essas considerações e advertências e se estiver de acordo com esses termos, prossiga e seja apresentado, quiçá, à *Matrix do processo*.

2. O INSTRUMENTALISMO PROCESSUAL DE DINAMARCO – EM APERTADÍSSIMA SÍNTESE

Durante o período de redemocratização do Brasil, Cândido Rangel Dinamarco, impulsionado pelos ideais da igualdade material, da justiça social, da preocupação com os pobres, da colaboração, da prevalência do social sobre o individual, da solidariedade e da planificação estatal[1], lança em 1987 a sua obra-prima e considerada por muitos a "bíblia"[2] do "processo moderno": "A instrumentalidade do processo".

---

1. Todos atributos do movimento da *new left*. *Cf* por todos: COSTA, Eduardo José da Fonseca. Los criterios de la legitimación jurisdiccional según los activismos socialista, facista y gerencial, in: Revista Brasileira de Direito Processual : RBDPro. – ano 21, n. 82, (abr./jun. 2013) – Belo Horizonte: Fórum, 2013, p. 208.
2. BEDAQUE, José Roberto dos Santos. Instrumentalismo e garantismo: visões opostas do fenômonemo processual?, *in* Garantismo processual: garantias constitucionais aplicadas ao processo, José Roberto do Santos Bedaque, Lia Carolina Batista Cintra, Elie Pierre Eid (coords.), Brasília : Gazeta Jurídica, 2016, p. 1-39. BEDAQUE, José Roberto dos Santos. Poderes instrutórios do juiz [livro eletrônico], 1. ed. em e-book baseada na 7. ed. impressa, São Paulo : Editora Revista dos Tribunais, 2014, tópico 1.2. A instrumentalidade do processo. BEDAQUE, José Roberto dos Santos. Direito e Processo: influência do direito material sobre o processo, 5. ed., São Paulo : Malheiros editores, 2009, p. 17-30. MARINONI, Luiz Guilherme; ARENHART, Sérgio Cruz; MITIDIERO, Novo Curso de Processo Civil: teoria do processo civil, vol. 1, São Paulo : Editora Revista dos Tribunais, 2015, p. 440-441. YARSHELL, Flávio Luiz. Curso de Direito Processual Civil, vol. I, São Paulo : Marcial Pons, 2014, p. 39-40. NEVES, Daniel Amorim Assumpção, Manual de Direito Processual Civil: volume único, 8. ed., Salvador : Editora JusPodivm, 2016, p. 21 e 22. CAMBI, Eduardo. Neoconstitucionalismo e neoprocessualismo, *in* Processo e Constituição: estudos em homenagem ao professor

Dinamarco propõe a [re]leitura dos institutos processuais (tal como fez Piero Calamandrei), com a jurisdição no centro gravitacional da ciência processual, passando o "processo" a ser mero *instrumento da jurisdição* (=poder)[3]. O processo, por conseguinte, deve ser visto como uma ferramenta a serviço do poder jurisdicional com a finalidade de atender a três escopos, quais sejam: (a) o escopo social; (b) o escopo político e; (c) o escopo jurídico.

O escopo social seria o mais relevante, pois objetiva a resolução dos conflitos para a *"pacificação com justiça"* e a *"educação"* dos jurisdicionados através da decisão judicial.

Constrói-se, a partir daí, um modelo de juiz: um representante do povo, que possui legitimidade democrática tal qual um parlamentar[4] (poder legislativo), que deve estar atento aos anseios e motivações da própria sociedade. É o juiz-antena[5] (ou juiz formiga-atômica), capaz de receber, ler e decifrar os impulsos sociais e os clamores majoritários de justiça e moralidade[6]. *"Eliminar conflitos mediante critérios justos – eis o mais elevado escopo social das atividades jurídicas do Estado"*[7]. O juiz é, senão, o *"gerente nato do bem-comum"*, o jungido para ser *"a providência de seu povo"*[8]. A justiça é para Dinarmarco o *"escopo-síntese"*, pois expressão do *"bem comum"*[9] (*welfare state*). A esperança depositada pela esco-

---

José Carlos Barbosa Moreira, Luiz Fuz, Nelson Nery Jr, Teresa Arruda Alvim Wambier (coords.), p. 680-683. AQUINO. José Carlos Gonçalves Xavier; NALINI, José Renato. Manual de Processo Penal [*livro eletrônico*], 1. ed. em e-book baseada na 4. ed. impressa, São Paulo : Editora Revista dos Tribunais, 2013, tópico 1.1. O conceito de "justitia".

3. DINAMARCO, Cândido Rangel. Instrumentalidade do Processo, 5. ed. São Paulo : Ed. Malheiros, p. 77-82.
4. DINAMARCO, Cândido Rangel. Instrumentalidade do Processo, 5. ed. São Paulo : Ed. Malheiros, p. 159.
5. NALINI, José Renato. A rebelião da toga, 3. ed., São Paulo : Editora Revista dos Tribunais, 2015, p. 248.
6. DINAMARCO, Cândido Rangel. Instrumentalidade do Processo, 5. ed. São Paulo : Ed. Malheiros, p. 195-201.
7. DINAMARCO, Cândido Rangel. Instrumentalidade do Processo, 5. ed. São Paulo : Ed. Malheiros, p. 161.
8. DINAMARCO, Cândido Rangel. Instrumentalidade do Processo, 5. ed. São Paulo : Ed. Malheiros, p. 88.
9. DINAMARCO, Cândido Rangel. Instrumentalidade do Processo, 5. ed. São Paulo : Ed. Malheiros, p. 156.

la instrumentalista do processo é em um juiz onisciente, "magnânimo e preparado"[10].

A instrumentalidade do processo, de cariz *büllowiana-liebmaniana*, surgiu como solução "*mágica*"[11] através da mitificação do "bom" juiz, derivando outras respostas, também "*mágicas*", como a "efetividade", a "celeridade", a "deformalização", a "plasticidade", a "cooperação", o "eficientismo" etc, presentes no CPC/15, todas com vistas a hipertrofiar os poderes judiciais, na verdadeira tradição do processo kleiniano, caindo no cadafalso do *panprincipiologismo*[12].

O movimento angariou adeptos por todos os cantos e formou (e ainda forma) gerações de bacharéis de direito, atores processuais e professores de processo. Através dela, o processo é colocado a serviço da jurisdição. A publicização processual é alçada a níveis hiperbólicos, ganhando o Juiz um protagonismo heroico de "salvador da pátria".

3. AS FLAGRANTES FALHAS DO INSTRUMENTALISMO PROCESSUAL

Contudo, passados 30 anos do lançamento da instrumentalidade de Dinamarco, estamos longe de um processo efetivo e célere como prometido – advirta-se, desde já, o processo, *per se,* não é capaz de solucionar problemas tão graves de estrutura, falta de profissionalização de gestão de pessoas, recursos e tarefas etc.

A aposta no fortalecimento da figura e dos poderes do juiz, o que debilitou (e debilita) as partes e suas funções processuais, falhou gravemente, seja porque as promessas não foram cumpridas, seja, principalmente, porque esse modelo de juiz-instrumentalista vem, dia a dia, açoitando as garantias processuais e violando a Constituição da República.

As garantias processuais – e o próprio processo tido por garantia – passaram a ser [re]lidas a partir da visão instrumental do publicismo

---

10. Conforme acentua em tom crítico LEAL, André Cordeiro. Instrumentalidade do processo em crise, Belo Horizonte : Mandamentos, 2008, p. 137.
11. *Cf.* por todos a crítica de PASSOS, J. J. Calmon de. Instrumentalidade do processo e devido processo legal, Revista de Processo [versão eletrônica], vol. 102/2001, Abr - Jun / 2001, São Paulo : Editora Revista dos Tribunais, p. 55 - 67.
12. Para um rol exemplificativo: STRECK, Lenio Luiz. Verdade e Consenso, 5. ed., São Paulo : Editora Saraiva, 2014, p. 524-548.

processual. O processo é visto como "um mal necessário" para a obtenção da "tutela jurisdicional" em "tempo adequado" e com "satisfação integral", custe o que custar[13]. Os princípios do devido processo legal, em sua perspectiva processual (*procedural due process*), da imparcialidade, da impartialidade e da ampla defesa são paulatinamente solapados a partir da perspectiva do processo como ferramenta nas mãos do juiz para o exercício do poder jurisdicional, para a pacificação social através da justiça.

A mitificação da figura do juiz-antena, como sujeito capaz de captar a justiça pelos impulsos morais da sociedade, representa um inarredável sofisma. Em primeiro lugar porque é simplesmente impossível que alguém consiga reunir em si essa condição de síntese dos influxos de justiça a partir de uma sociedade tão plural quanto a nossa[14]. No máximo, o juiz, como qualquer pessoa, pode a partir de sua visão de mundo (*Weltanschauung*) passar a ler todos os demais acontecimentos por esta lente. Note, contudo, que isso não corresponde ao próprio "*sentimento da sociedade*" e sua "lente sobre o mundo" será sempre parcial e tendenciosa a partir das suas convicções e ideologias apriorísticas. Isso corresponde a dizer que a atuação judicial-instrumentalista a partir da justiça para a pacificação é a porta aberta para o voluntarismo (=julgamento a partir da vontade), decisionismo (=escolhas judiciais a partir de preferências pessoais) e o solipsismo (=julgamento a partir da verdade revelada por ente superior a partir de suas convicções ou o "*absolutismo do saber solitário*"), todos esses fenômenos cada vez mais presentes em nosso judiciário, principalmente nos tribunais superiores, e que, ao que parece, estão longe de extinção.

Em segundo, o juiz-antena tem um problema grave de ordem normativa. Ele massacra o direito a partir da moral, em nome de uma "legitimidade" social, para a obtenção da paz. É dizer, estando o direito em confronto com a *justiça* (=aquilo que o juiz pensa que seja justiça), que tombe o direito e seja realizada a *justiça*. Isso subverte totalmente o sis-

---

13. Ver por todos a crítica de SOUZA, Diego Crevelin. Teremos um Ano novo? (uma reflexão sobre e para a doutrina). Empório do Direito, disponível em https://goo.gl/Qy9Bei, acesso em 05.10.17.
14. Neste sentido: ABBOUD, Georges; LUNELLI, Guilherme. Ativismo judicial e instrumentalidade do processo. Diálogos entre discricionariedade e democracia, Revista de Processo [versão eletrônica], vol. 242/2015, Abr / 2015, p. 21 – 47.

tema jurídico-constitucional brasileiro, que é baseado na supremacia da *lei*. A prevalecer a metáfora do juiz-antena, o direito se amoldaria àquilo que o intérprete quer que ele seja[15], e não ao que ele é. Neste ponto, vale lembrar lição, que deveria já ter sido compreendida por todos, a respeito das seis hipóteses nas quais a lei não será aplicada: a) quando a lei (o ato normativo) for inconstitucional; b) quando for o caso de aplicação dos critérios de resolução de antinomias. c) quando aplicar a interpretação conforme a Constituição (*verfassungskonforme Auslegung*); d) quando aplicar a nulidade parcial sem redução de texto (*Teilnichtigerklarung ohne Normtextreduzierung*); e) quando for o caso de declaração de inconstitucionalidade com redução de texto; f) quando for o caso de deixar de aplicar uma regra em face de um princípio[16].

Ainda neste ponto é necessário desmitificar o juiz.

A um, porque ele não é ser superior dotado de inteligência especial ou capacidades metafísicas de compreensão da sociedade e atuação volitiva para atendimento dos seus anseios. Deste modo, qualquer alegoria que o messianize é, ao mesmo tempo, o próprio veneno da sua existência, porque jamais o juiz terá condições de atender a todas essas prescrições. Os próprios motivos para a criação do instrumentalismo serão o seu calvário. Dirão alguns, "isso é enfraquecer o juiz". Pelo contrário, juiz hipertrofiado não caracteriza Estado-Juiz constitucionalmente forte. É necessário humanizar o juiz para a sua condição própria de falibilidade-humana. É dizer que ele, interpretando o personagem Estado-Juiz, não possui autorização republicana ou democrática para se colocar no "Monte Sinai" e passar a julgar com base em "*justiça*" os conflitos que lhe são submetidos[17].

A dois, por conta da função contramajoritária do próprio Poder Judiciário. A contramajoritariedade se sustenta a partir do paradigma da

---

15. SCHMITZ, Leonard Ziesemer. Fundamentação das decisões judiciais: a crise na construção de respostas no processo civil, São Paulo : Editora Revista dos Tribunais, 2015, p. 187.
16. STRECK, Lenio Luiz. As seis hipóteses de que fala lenio streck em sua teoria da decisão. Disponível em https://goo.gl/2WSQHV. Acesso em 05.10.17. Para aprofundamento: STRECK, Lenio Luiz. Jurisdição constitucional e decisão jurídica. 4. ed. São Paulo : Editora Revista dos Tribunais.
17. As qualidades pessoais do julgador, mesmo as mundanas, não devem qualificar o seu agir institucional. Neste sentido: DIAS, Ronaldo Brêtas de Carvalho. Processo Constitucional e estado democrático de direito. 2. ed. Belo Horizonte : Editora Del Rey, 2012, p. 128

vinculação do juiz ao direito, entendido como o complexo de normas (em uma perspectiva de hermenêutica filosófica gadameriana) a partir dos enunciados normativos da Constituição da República e das leis. É, pois, o direito quem constrange e limita a todos, inclusive ao juiz. É com base nisso que a formação da norma através da interpretação, *grosso modo*, não pode passar pela via da moral. O seu trânsito deve ser pela via jurídico-normativa. O texto legal (*lato sensu*) é quem baliza a formação da norma e impede as inflexões morais de seu conteúdo. Fazer ceder o direito frente a moral em julgamentos judiciais é o mesmo que aniquilar a contramajoritariedade, garantia constitucional decorrente do devido processo legal. Portanto, deve o juiz estar blindado das pressões sociais (e morais) da maioria (e porque não dizer da minoria), exercendo com altivez republicana a sua independência judicial e julgar com base no direito. A função contramajoritária é, senão, o *contra-juiz-antena*, como o é a própria Constituição da República que há pouco completou 29 anos de vigência. Dito de outro modo, ao contrário dos outros poderes da república, o Poder Judiciário não tem qualquer compromisso com a maioria[18], mas com o direito. Caso contrário, sucumbindo o direito, vencerá o arbítrio, triunfará a barbárie da suposta maioria e se exaltará a figura heroica do juiz, pronto para salvar o seu povo débil e carente.

A três, porque somente o Poder Legislativo ostenta legitimidade popular para presentar o povo na feitura das leis. O povo, pressionando os parlamentares através da moral, da justiça e da ética (e sua função corretiva[19]), exige a criação de leis que vão ao encontro desses valores, passando a ter força vinculativa cogente por ser integrante do direito. Uma vez criadas as leis, é defeso ao juiz interpretá-las a partir da moral ou de critérios de justiça. Possibilitar, em outras palavras, a participação da moral (ou da justiça) na análise do direito é reunir no mesmo titular as figuras do Poder Judiciário e do Poder Legislativo, o que acarreta o exercício arbitrário do poder sobre a vida e a liberdade dos cidadãos, o

---

18. COSTA, Eduardo José da Fonseca. Los criterios de la legitimación jurisdiccional según los activismos socialista, facista y gerencial, in: Revista Brasileira de Direito Processual : RBDPro. – ano 21, n. 82, (abr./jun. 2013) – Belo Horizonte: Fórum, 2013, p. 205.
19. STRECK, Lenio Luiz. O (pós-)positivismo e os propalados modelos de juiz (Hércules, Júpiter e Hermes) – Dois decálogos necessários, *in* Revista de Direitos e Garantias Fundamentais, n. 7, 2010, disponível em https://goo.gl/gu8VJm, acesso em 03.10.17, p. 25.

que se verifica até mesmo nas lições de Montesquieu[20]. A fonte de legitimação do Estado-Juiz não é aquela político-representativa, mas a sujeição à lei[21].

Contudo, vemos todos os dias a moral triunfar frente ao direito. Garantias fundamentais são solapadas em comportamentos flagrantemente autoritários, decorrentes da melhor filosofia *"dateniana"* (=visão popularesca do *"pau no réu"* e não apenas nele). O juiz se vê na qualidade de guardião da sociedade, de último bastião da justiça e de soldado a serviço da guerra contra a impunidade, do combate à corrupção e como verdadeiro agente da segurança pública.

O instrumentalismo processual catequisou (e catequisa) gerações de bacharéis de direito e introjeta como premissa de qualquer estudo sobre o processo o dogma da pacificação com justiça a partir dos anseios da sociedade. Com isso, o juiz, enquanto pessoa exercente do poder jurisdicional, passa a construir uma *"visão de si"* e uma *"visão que a sociedade tem de si"* a partir das agendas dos formadores de opinião desta sociedade – o *"palpitariado"* (a classe falante da imprensa e da sociedade civil).

Neste mundo de criminalidade intensa, de *"corrupção-sistêmica"* e de tempos líquidos de instantaneidade[22], o juiz se vê com a "missão" de fazer justiça, mesmo que não seja através do direito, mesmo que em violação à Constituição da República. Formam-se, a partir deste paradigma, os *"pitjudges"*, julgadores-totais, que passam a atuar em funções típicas de partes (violando a imparcialidade), que produzem prova "na busca da verdade real", que decretam prisões de ofício, que subvertem o sistema de cautelares penais, que condenam mesmo com pedido de improcedência do Ministério Público, tudo para dar as respostas que a sociedade quer (=as respostas que o juiz pensa que a sociedade quer) e para que fiquem com a consciência, solipsisticamente, tranquila. São

---

20. MONTESQUIEU. Do espírito das leis, São Paulo : Martin Claret, p. 166. BONAVIDES, Paulo. Teoria do Estado, 3. ed., São Paulo, Malheiros Editores, 1995, p.159.
21. FERRAJOLI, Luigi. Garantismo: uma discussão sobre direito e democracia, Rio de Janeiro: Lumen Juris, 2012, p. 70; CIPRIANI, Franco. El proceso civil italiano entre revisionistas y negocionistas, *in* Proceso civil e ideología, Juan Motero Aroca (coord), Valencia : Tirant lo blanch, 2006, p. 59.
22. BAUMAN, Zygmunt. Tempos Líquidos, Rio de Janeiro : Zahar, 2007, *passim*.

comportamentos tipicamente ativistas que se caracterizam como uma falha no "agir como judiciário" (act "like a judiciary")[23].

4. A REVIRAVOLTA PUBLICISTA-GARANTISTA

Vivemos o momento do império-do-instrumentalismo. Há, praticamente, um consenso sobre a visão publicista-instrumentalista do processo, essencialmente como utensílio do poder jurisdicional pelo agigantamento dos poderes judiciais. Mas é necessário advertir: Direito não é consenso. A instrumentalidade do processo e seu "*publicismo--estatólatra*"[24] demonstrou-se uma ilusão (prestidigitação)[25]. Mas todo espetáculo de "magia" tem um tempo de duração e a hora do desencantamento.

O desencantamento chegou! Estamos no raiar de uma reviravolta (de 180º) no processo. É tempo de vê-lo, definitivamente, como uma "instituição de garantia"[26], verdadeiro "DNA do processo"[27], que impõe limites (e não apenas controle) ao exercício do poder jurisdicional e consequentemente ao juiz em favor das partes.

O devido processo legal[28] (*procedural due process*) deve ser relido e densificado a partir das garantias constitucionais do processo[29]. Precisamos responder a quem serve o processo. E digo, com toda convicção

---

23. Neste mesmo sentido: ABBOUD, Georges; LUNELLI, Guilherme. Ativismo judicial e instrumentalidade do processo. Diálogos entre discricionariedade e democracia, Revista de Processo [versão eletrônica], vol. 242/2015, Abr / 2015, p. 21 – 47.

24. COSTA, Eduardo José da Fonseca. Los criterios de la legitimación jurisdiccional según los activismos socialista, facista y gerencial, in: Revista Brasileira de Direito Processual : RBDPro. – ano 21, n. 82, (abr./jun. 2013) – Belo Horizonte: Fórum, 2013, p. 211.

25. *Cf.* por todos a crítica de PASSOS, J. J. Calmon de. Instrumentalidade do processo e devido processo legal, Revista de Processo [versão eletrônica], vol. 102/2001, Abr - Jun / 2001, São Paulo : Editora Revista dos Tribunais, p. 55 - 67.

26. COSTA, Eduardo José da Fonseca. O processo como instituição de garantia, *in* Revista Conjur, disponível em https://goo.gl/LdiZWh, acesso em 07.10.17.

27. COSTA, Eduardo José da Fonseca; PEREIRA, Mateus Costa. Processo não pode sufocar os direitos que nele são discutidos, in Revista Conjur, disponível em https://goo.gl/hDj7KA, acesso em 09.10.17.

28. NERY JUNIOR, Nelson. Princípios do Processo na Constituição Federal, 12. ed., São Paulo : Editora Revista dos Tribunais, 2016, p. 108-119.

29. LEAL, Rosemiro Pereira. Teoria Geral do Processo: primeiros estudos. 13. ed. Belo Horizonte : Editora Fórum, 2016, p. 158-186.

de certeza, que ele serve às partes! Processo não está a serviço da jurisdição. O processo tem sua dimensão essencialmente desenhada no plano jurídico-normativo e tem por função garantir a liberdade das partes durante o debate na jurisdição. É essa macrogarantia do processo que dirige a atividade legislativa para a criação de microgarantias no procedimento como forma de preencher a cláusula do devido processo legal – ou do processo devido que decorre da lei.

Essa releitura força o juiz – pessoa natural exercente do poder – a compreender que o personagem Estado-Juiz está limitado (= Estado Liberal) a partir de balizas constitucionais[30] e legais instransponíveis (*under the rule of law*), devendo julgar os conflitos a ele submetidos a partir do direito, evitando-se a discricionariedade judicial[31]. É necessário, portanto, que o juiz recupere o seu estado de serenidade republicano-democrática. O juiz não é super-herói, não é antena da sociedade, não julga a partir da maioria ou dos anseios sociais. A sua referência é o Direito! Isso é aplicar ao processo uma visão constitucionalizada e constitucionalizante, dando normatividade à hierarquia superior e fundante de todo o sistema da nossa Carta Magna.

Essa é uma das propostas desta acepção publicista-garantista[32] do processo, que continua sendo ramo do direito público, porém com vocação para a garantia das partes. É chegada a hora de derrubar o instrumentalismo processual em toda sua perversidade, antes que eles se torne o "Kevin" do Estado Democrático de Direito. Por isso, precisamos, de uma vez por todas, falar sobre o instrumentalismo processual.

5. BIBLIOGRAFIA

ABBOUD, Georges. Discricionariedade administrativa e judicial: o ato administrativo e a decisão judicial, São Paulo : Editora Revista dos Tribunais, 2014.

---

30. LEAL, André Cordeiro. Instrumentalidade do processo em crise, Belo Horizonte : Mandamentos, 2008, p. 142-149.
31. ABBOUD, Georges. Discricionariedade administrativa e judicial: o ato administrativo e a decisão judicial, São Paulo : Editora Revista dos Tribunais, 2014, *passim*.
32. Para aprofundamento: ALVARADO VELLOSO, Adolfo. El garantismo procesal, Disponível em https://goo.gl/jvBZgB, acesso em 03.10.17; RAMOS, Glauco Gumerato. Ativismo e garantismo no processo civil: apresentação do debate, *in* Ativismo judicial e garantismo processual, Fredie Didier Jr, José Renato Nalini, Glauco Gumerato Ramos e Wilson Levy (orgs.), Salvador : Editora JusPodivm, 2013, p. 273-286.

_____; LUNELLI, Guilherme. Ativismo judicial e instrumentalidade do processo. Diálogos entre discricionariedade e democracia, Revista de Processo [versão eletrônica], vol. 242/2015, Abr / 2015, p. 21 – 47.

ALVARADO VELLOSO, Adolfo. El garantismo procesal, Disponível em https://goo.gl/jvBZgB, acesso em 03.10.17.

BAUMAN, Zygmunt. Tempos Líquidos, Rio de Janeiro : Zahar, 2007.

CIPRIANI, Franco. El proceso civil italiano entre revisionistas y negocionistas, in Proceso civil e ideología, Juan Motero Aroca (coord), Valencia: Tirant lo blanch, 2006.

COSTA, Eduardo José da Fonseca. Los criterios de la legitimación jurisdiccional según los activismos socialista, facista y gerencial, in: Revista Brasileira de Direito Processual : RBDPro. – ano 21, n. 82, (abr./jun. 2013) – Belo Horizonte: Fórum, 2013.

_____. O processo como instituição de garantia, in Revista Conjur, disponível em https://goo.gl/LdiZWh, acesso em 07.10.17.

_____; PEREIRA, Mateus Costa. Processo não pode sufocar os direitos que nele são discutidos, in Revista Conjur, disponível em https://goo.gl/hDj7KA, acesso em 09.10.17.

DIAS, Ronaldo Brêtas de Carvalho. Processo Constitucional e estado democrático de direito. 2. ed. Belo Horizonte : Editora Del Rey, 2012.

DINAMARCO, Cândido Rangel. Instrumentalidade do Processo, 5. ed. São Paulo : Ed. Malheiros.

FERRAJOLI, Luigi. Garantismo: uma discussão sobre direito e democracia, Rio de Janeiro: Lumen Juris, 2012.

LEAL, André Cordeiro. Instrumentalidade do processo em crise, Belo Horizonte : Mandamentos, 2008.

LEAL, Rosemiro Pereira. Teoria Geral do Processo: primeiros estudos. 13. ed. Belo Horizonte : Editora Fórum, 2016.

MONTESQUIEU. Do espírito das leis, São Paulo : Martin Claret, p. 166. BONAVIDES, Paulo. Teoria do Estado, 3. ed., São Paulo, Malheiros Editores, 1995.

NALINI, José Renato. A rebelião da toga, 3. ed., São Paulo : Editora Revista dos Tribunais, 2015, p. 248.

NERY JUNIOR, Nelson. Princípios do Processo na Constituição Federal, 12. ed., São Paulo : Editora Revista dos Tribunais, 2016.

PASSOS, J. J. Calmon de. Instrumentalidade do processo e devido processo legal, Revista de Processo [versão eletrônica], vol. 102/2001, Abr - Jun / 2001, São Paulo : Editora Revista dos Tribunais, p. 55 - 67.

RAMOS, Glauco Gumerato. Ativismo e garantismo no processo civil: apresentação do debate, in Ativismo judicial e garantismo processual, Fredie Didier Jr, José Renato Nalini, Glauco Gumerato Ramos e Wilson Levy (orgs.), Salvador : Editora JusPodivm, 2013.

SCHMITZ, Leonard Ziesemer. Fundamentação das decisões judiciais: a crise na construção de respostas no processo civil, São Paulo : Editora Revista dos Tribunais, 2015, p. 187.

SOUZA, Diego Crevelin. Teremos um Ano novo? (uma reflexão sobre e para a doutrina). Empório do Direito, disponível em https://goo.gl/Qy9Bei, acesso em 05.10.17.

STRECK, Lenio Luiz. As seis hipóteses de que fala Lenio Streck em sua teoria da decisão. Disponível em https://goo.gl/2WSQHV. Acesso em 05.10.17.

_____. Jurisdição constitucional e decisão jurídica. 4. ed. São Paulo: Editora Revista dos Tribunais.

_____. O (pós-)positivismo e os propalados modelos de juiz (Hércules, Júpiter e Hermes) – Dois decálogos necessários, in Revista de Direitos e Garantias Fundamentais, n. 7, 2010, disponível em https://goo.gl/gu8VJm, acesso em 03.10.17.

_____. Verdade e Consenso, 5. ed., São Paulo: Editora Saraiva, 2014.

CAPÍTULO 14

COOPERAÇÃO PROCESSUAL: INCONSTITUCIONALIDADES E EXCESSOS ARGUMENTATIVOS TRAFEGANDO NA CONTRAMÃO DA DOUTRINA[1]

Lúcio Delfino

Sumário: 1. Considerações iniciais; 2. Facetas inautênticas da cooperação processual; 3. Cooperação processual e contraditório: incompatibilidades; 4. Cooperação processual como decorrência da boa-fé; 5. À guisa de conclusão.

1. CONSIDERAÇÕES INICIAIS

Quis o legislador pátrio que o novo Código de Processo Civil (novo CPC) ostentasse dispositivo bastante semelhante ao que consta do CPC Português, instituindo dever de cooperação *entre todos* os intervenientes processuais (CPC-2015, art. 6.º). A opção legislativa entre nós eleita, com as vênias de estilo, é deveras desafortunada.

Não é tarefa dificultosa extrair do referido comando legal leituras inconstitucionais, algumas delas já defendidas, com ares sobranceiros, no ambiente acadêmico e profissional, as quais irrompem em fórmulas

---

1. Agradeço aos amigos Diego Crevelin, Roberto Campos Gouveia Filho, Luciana Miziara e Patrícia Montalvão, que gentilmente leram a versão original do trabalho e apresentaram sugestões e críticas, todas devidamente analisadas e, de algum modo, incorporadas ao resultado final ora apresentado à comunidade jurídica.

que só fazem substituir a lógica do sistema jurídico positivado por razões argumentativas desassistidas do controle de constitucionalidade que forçosamente deveria incidir sobre a "boa-nova".[2] Uma espécie de embate no qual legislador e doutrina atuam avessos ao direito constitucional.

Aqui, deseja-se sublinhar distorções represadas em exegeses sobre a cooperação processual descoladas do sistema constitucional, indicando suas inautenticidades e, sobremodo, demonstrando que flertam com uma postura autoritária deletéria à autonomia do direito e ao devido processo constitucional, com resultados daninhos particularmente aos litigantes e a seus advogados. Trata-se, sem dúvida, de uma perspectiva crítica, porém não alimentada por diletantismos teóricos ou pelo prazer da crítica pela crítica. Nem de longe é o caso de uma "hermenêutica da má vontade"[3]. A proposta é, em específico, apontar problemas no mencionado art. 6.º do novo CPC para, dali em diante e via *filtragem hermenêutico-constitucional*, buscar resposta que possa vir a admiti-lo, nada mais que concretizar o clamor de Lenio Streck em sua cruzada para alçar a doutrina ao seu papel de constrangimento epistemológico.

Ao fim e ao cabo, demonstra-se que a cooperação processual prevista no novo CPC não tem por alicerce o princípio do contraditório. Ainda que seja possível extrair do contraditório alguma feição cooperativa, e efetivamente o é,[4] não se trata de fenômeno que se alinha ao aludido art.

---

2. Sobre o problema, numa perspectiva geral: STRECK, Lenio. *Lições de Crítica Hermenêutica do Direito.* Porto Alegre: Livraria do Advogado, 2014. E-mail: luciodelfino@rbdpro.com.br

3. Como bem alertam Teresa Arruda Alvim Wambier, Fredie Didier Jr., Eduardo Talamini e Bruno Dantas, hoje, com a aprovação do novo CPC, é inconcebível uma hermenêutica "da má-vontade". Em suas palavras: "Tem-se lei – e lei produzida em um sistema democrático. Com todas as suas mazelas, é o melhor que se pode ter. A partir de então, a opinião que cada um de nós poderia ter sobre qual seria a solução conveniente para cada ponto da nova disciplina torna-se, em grande medida, secundária. Cumpre verificar e apontar eventuais inconstitucionalidades, que não possam ser evitadas por uma interpretação conforme à Constituição. Mas, excetuada essa hipótese, o resto há de ser bem compreendido e aplicado." (ALVIM WAMBIER, Teresa Arruda; JUNIOR, Fredie Didier; TALAMINI, Eduardo; DANTAS, Bruno. *Breves Comentários ao Novo Código de Processo Civil.* São Paulo: Editora Revista dos Tribunais, 2015. p. 11-12).

4. Em artigo publicado nesta mesma revista se concluiu que a ideia de cooperação extraível do contraditório é mais restrita e alheia à cooperação processual prevista no art. 6º. do Novo CPC. Sugeriu-se, na ocasião, *interpretação conforme* que limitasse o alcance do referido dispositivo. Conferir: Lenio Luiz; DELFINO, Lúcio; DALLA BARBA, Rafael Giorgio; LOPES, Ziel. O "bom litigante": riscos da moralização do processo pelo dever de cooperação do

6°., mas de algo mais restrito, a envolver unicamente a cooperação "do juiz para com as partes". Ao que tudo indica, a feição cooperativa desejada e positivada no CPC-2015 encontra respaldo sobretudo na boa-fé.

2. FACETAS INAUTÊNTICAS DA COOPERAÇÃO PROCESSUAL

Reza o art. 6.° do CPC-2015 que *todos* os sujeitos do processo *devem* cooperar *entre si* para que se obtenha, em tempo razoável, decisão de mérito justa e efetiva. Mesmo por uma leitura desavisada do mencionado dispositivo, ao menos três acepções ruins vêm à mente de imediato:

i) **sugere o dispositivo que a obtenção de decisões justas, efetivas e em tempo razoável não seria propriamente *direito* dos cidadãos brasileiros e estrangeiros residentes no país, mas também *deveres* a eles impostos.** Ao que parece, o legislador sutilmente deposita sobre as costas do jurisdicionado parcela do peso da responsabilidade que compete ao Estado por determinação constitucional. É como se agora o art. 5.°, XXXV, da Constituição devesse ser lido com um acréscimo: a lei não excluirá da apreciação do Poder Judiciário lesão e ameaça a direito, *desde que as partes estejam dispostas a colaborarem entre si, com o juiz e com todos os sujeitos do processo*. Quer uma decisão justa, efetiva e tempestiva? Então, está obrigado a colaborar com o juiz e, sobretudo, com seu antagonista e esperar de ambos igual colaboração. Não é possível antever com exatidão que tipo de arbitrariedades uma receita assim produzirá em terras brasileiras. Contudo, parece crível conjecturar que talvez o dever cooperativo, *segundo o formato positivado pelo legislador brasileiro*, acabe sacrificando aqui e acolá a liberdade das partes (e a de seus advogados) em favor de tentativas endereçadas à solução (forçada) da crise abissal que assola o Judiciário.

ii) **o que significa exatamente essa imposição (também) endereçada às partes para colaborarem entre si? Afinal, é o que o art. 6.° estabelece, *de maneira expressa*, ao mencionar**

---

novo CPC. *Revista Brasileira de Direito Processual, 90 (RBDPro, 90).* Belo Horizonte: Editora Fórum, 2015. p. 340-354.

que *todos* os sujeitos processuais *devem* cooperar *entre si*. Parte, contraparte e advogados antagonistas unidos a serviço do bem comum, que é a justiça suprema. Seria isso?[5] Resolveu o legislador apostar em Jean-Jacques Rousseau (para alguns, o pai do totalitarismo moderno, chamado de "filósofo da vaidade", por Edmund Burke), em seu "homem bom"? Ao que parece, teremos agora o "bom litigante", aquele que não está preocupado em vencer a lide e sim cooperar para a obtenção de uma solução justa e superior.[6] É o *politicamente correto,* assenhorando-se da justiça brasileira. Queiramos ou não, o dispositivo flagrantemente ratifica uma interpretação assim. E o pior: como denunciado linhas atrás, já há quem pense dessa maneira idealista, desacoplada da realidade, apartada daquilo que se dá na arena processual, onde as partes se posicionam intencionadas a lograr êxito em suas pretensões ou ao menos almejando assegurar alguma vantagem lícita. *Estão ali olhando para seu próprio umbigo.* Digladiam e disputam coisas. Fosse diferente, não precisaríamos de direito, tampouco de processo.[7]

---

5. Ronaldo Brêtas, em recente artigo, observa que "o significado léxico da cooperação, ato ou efeito de cooperar não guarda compatibilidade lógica com a estrutura dialética do processo. Efetivamente, o conteúdo semântico da expressão cooperar indica o sentido de trabalhar em comum, colaborar, auxiliar, ajudar. Porém, a rigor, o trabalho ou a atividade em comum dos sujeitos do processo limita-se tão somente à obtenção de um pronunciamento decisório no processo". Segundo o mestre mineiro, a partir do cenário dialético do processo, apresenta-se difícil a possibilidade de os sujeitos processuais (juiz e partes) trabalharem "em comum, plenamente acordados, colaborando gentilmente uns com os outros ou se auxiliando fraternal e mutuamente, em todos os atos e etapas procedimentais, rumo à decisão final de mérito". (CARVALHO DIAS, Ronaldo Brêtas de. Novo Código de Processo Civil e processo constitucional. *Revista Brasileira de Direito Processual (RBDPro), 91.* Belo Horizonte: Editora Fórum, 2015. No prelo).

6. STRECK, Lenio Luiz; DELFINO, Lúcio; DALLA BARBA, Rafael Giorgio; LOPES, Ziel. O "bom litigante": riscos da moralização do processo pelo dever de cooperação do novo CPC. *Revista Brasileira de Direito Processual, 90 (RBDPro, 90).* Belo Horizonte: Editora Fórum, 2015. p. 340-354.

7. A essência litigiosa, atribuível ao fenômeno que se desenvolve processualmente, não escapou à percepção de Daniel Mitidiero. Tanto assim que, com Luiz Guilherme Marinoni, criticou o projeto do novo CPC apresentado ao Senado que, em seu art. 5º., previa que "as partes têm direito de participar ativamente do processo, cooperando entre si e com o juiz e fornecendo-lhe subsídios para que profira decisões, realize atos executivos ou determine a prática de medidas de urgência". Assinalou, enfim, que é "a própria estrutura adversária ínsita ao processo contencioso que repele a ideia de colaboração entre as partes". (MARINONI, Luiz Guilherme; MITIDIERO, Daniel. O projeto do CPC. São Paulo: Revista dos

iii) **o art. 6.º institui espécie de** álibi normativo **cujo manejo possibilita a invasão da moral no direito, passaporte para o autoritarismo judicial.** Não se trata de profetização: o que se está afirmando é algo coerente com um sistema de justiça no qual juízes julgam como querem, *segundo seu livre convencimento*, colorindo suas decisões com as ideologias que alimentam, sem a necessária suspensão de seus pré-juízos, humores e crenças, pautando-se por políticas ou moralismos e não por princípios.[8] É um escancarado *dar as costas* para a responsabilidade política que é (deveria ser) inerente à magistratura.[9] Nada disso é

Tribunais, 2010. p. 73). Este é também o posicionamento de Rennan Faria Kruger Thamay e Rafael Ribeiro Rodrigues: "... a ideia de que as partes devem cooperar entre si no curso da demanda para, em última análise, auxiliar o magistrado a obter a decisão mais acertada, parece contraditória se considerarmos que as mesmas partes – enquanto demandantes que são – estão em juízo exatamente pelo fato de não terem obtido coesão em suas tratativas antes do ajuizamento da ação. A lide ultrapassa o campo processual e está afeta, antes disso, ao campo do direito material e dos interesses contrapostos. Assim, nos termos do dispositivo, segundo o qual todos os sujeitos do processo devem cooperar entre si, não conseguimos nos convencer – em especial se considerarmos a realidade cultural brasileira – que autor e réu possam colaborar recíproca e verdadeiramente, com o outro, visto que seus objetos são amplamente contraditórios em relação ao objeto sob litígio". (KRUGER THAMAY, Rennan Faria; RODRIGUES, Rafael Ribeiro. *Novo CPC. Análise doutrinária sobre o novo direito processual brasileiro*. Coordenação: Alexandre Ávalo Santana e José de Andrade Neto. Campo Grande: Editora Contemplar, 2015. p. 66-67).

8. STRECK, Lenio Luiz. *Verdade e Consenso*. 5ª. ed. São Paulo: Saraiva, 2014. Em rota oposta, defendendo que a cooperação impõe deveres também às partes: BARREIROS, Lorena Miranda Santos. *Fundamentos constitucionais do princípio da cooperação processual*. Salvador: Editora JusPodivm, 2013.

9. Cárcova aponta o traço comum das novas democracias surgidas no cenário mundial a partir de certos episódios, como o fracasso dos modelos de ditadura militar na América Latina, a queda do Muro de Berlim e a implosão do Estado Soviético: "... las nuevas democracias ostentan un grave déficit de legalidad. Porque cuando, en un sistema democrático, un poder del Estado se arroga facultades o competências que la ley no le atribuye, conspira contra un pilar básico del sistema que es de la división de poderes y, al mismo tiempo, pone en crisis la noción misma de soberania popular, so capa de atender a la lógica de la 'razón de Estado' que, como há señalado Bobbio siguiendo a Spinoza, es precisamente la antíteses del Estado racional (...). Y cuando las decisiones son processadas y 'sancionadas' en âmbitos que no son los que prevé el ordem jurídico, aquella soberania popular resulta expropriada y, en consecuencia, aquel orden subvertido." (CÁRCOVA, Carlos Maria. *Derecho, política y magistratura*. *Derecho, política y magistratura*. Buenos Aires, 1996. p. 99-100). Também, na mesma toada, a advertência de Calmon de Passos: "Esquecemo-nos, nós, juristas, que não trabalhamos com assertivas controláveis mediante a contraprova empírica. Nosso saber só se legitima pela fundamentação racional (técnica, política e ética) de nossas conclusões. Se não nos submetermos à disciplina da ciência do Direito e aos limites que o sistema jurídico positivo impõe, estaremos nos tornando criadores originais

novidade.[10] Escudado na cooperação processual, terá agora o julgador condições de atuar solapando contraditório, ampla defesa e também outros direitos fundamentais. Sentir-se-á autorizado a: 1) determinar a quebra de deveres de sigilo; 2) ordenar a complementação da matéria fática que integra a narrativa de uma das partes, interferindo na formação do objeto litigioso; 3) debater abertamente teses fático-jurídicas com os advogados, *em paridade com eles*, como se também fosse contraditor; 4) suprimir etapas procedimentais que, por alguma razão, atravanquem a decisão de mérito; 5) satisfazer carências em matéria probatória ampliando sem contenções a determinação de provas de ofício;[11] 6) destituir advogados que, na visão subjetiva do próprio juiz, não estejam atuando de maneira cooperativa no processo (não é brincadeira; há quem já pense assim!); 7) assumir abertamente uma *parcialidade positiva* em favor do litigante débil e hipossuficiente, metamorfoseando o processo em estrutura meramente voltada ao justiçamento social;[12] 8) se va-

---

do direito que editamos ou aplicamos; consequentemente, nos deslegitimamos por nos atribuirmos o que numa democracia é inaceitável – a condição de deuses (se somos pouco modestos) – ou nos tornamos traidores de nosso compromisso democrático (se temos vocação para déspotas)." (PASSOS, J.J. Calmon. *Direito, poder, justiça e processo. Julgando os que nos julgam*. Rio de Janeiro: Editora Forense, 1999. p. 61).

10. STRECK, Lenio. O juiz, a umbanda e o solipsismo: como ficam os discursos de intolerância? *Revista Eletrônica Conjur*, 22/05/2014. Disponível em: http://www.conjur.com.br/2014-mai-22/juiz-umbanda-solipsismo-ficam-discursos-intolerancia Acessado: 15/05/2015.

11. STRECK, Lenio Luiz; DELFINO, Lúcio; DALLA BARBA, Rafael Giorgio; LOPES, Ziel. O "bom litigante": riscos da moralização do processo pelo dever de cooperação do novo CPC. *Revista Brasileira de Direito Processual, 90 (RBDPro, 90)*. Belo Horizonte: Editora Fórum, 2015. p. 340-354.

12. Um exemplo que bem retrata a *filosofia do socialismo processual* é aquilo que alguns chamam de "princípio da parcialidade positiva do juiz", com adeptos no Brasil, inclusive. Em palestra ganhadora do Prêmio "Humberto Briseño Sierra", apresentada em 19 de outubro de 2013, no XII Congresso Nacional de Direito Processual Garantista, realizado na cidade argentina de Azul, Eduardo José da Fonseca Costa elucidou, *em perspectiva crítica*, as características de um "bom juiz" segundo um conceito *socialista* – o chamado "juiz Hobin-Hood": "Para un concepto socialista, un buen juez es un Hobin-Hood, ejecutor de las ideas de los grandes iconos del 'romanticismo social'. A favor del 'eslabón más débil' de la relación procesal - una iniciativa conocida como 'parcialidad positiva' (?!) - el juez puede hacer más flexible el procedimiento estándar legal (aunque aquí, por regla general, sea realizado un procedimiento sumario y oral), invertir la carga de la prueba, relativizar *pro mísero* el rigorismo de la cosa juzgada (lo que explica la propagación *contra legem* de la cosa juzgada *secundum eventum probationis* en Brasil, especialmente en las lides sobre seguridad y

ler da *internet* por iniciativa própria, adotando postura inquisitorial para obter informações e proferir decisão mais alinhada à busca da *verdade real* (seja lá o que isso realmente signifique).[13]

Nada disso é exagero ou implicância de alguém que não tem o que fazer. Aquilo já vivido precisa ser sempre rememorado para que erros não sejam repetidos. As sementes do passado dão frutos no presente; e às vezes, frutos azedos. Nenhum legislador no Estado Constitucional pode olvidar, por exemplo, que a colaboração, a envolver todos os sujeitos processuais, serviu à doutrina processual comunista e que, por seu intermédio, o processo teve sua natureza transmudada: não mais se prestava a solver disputas entre litigantes porque se converteu em mecanismo voltado à busca de uma tal verdade objetiva.[14] Nesse estado

---

asistencia social), interferir en la formación del objeto litigioso, satisfacer las carencias en materia de prueba (esto no insulta a la 'imparcialidad'?) y conceder medidas autosatisfactivas *ex officio* [activismo autoritario 'socioequilibrante', que los críticos ven como praxis *gauchiste*]." Mais à frente, concluiu: "(...) el activismo autoritario *engagée* del procesualismo socialista predica la 'parcialidad positiva' como criterio de legitimidad de la actividad jurisdiccional (que no es más que una degradación de la imparcialidad). Dentro de la trilogía estructural del proceso, el objetivo socialista de desestructuración es el concepto de *jurisdicción* (y el principio constitucional que lo protege - la *imparcialidad*)". (FONSECA COSTA, Eduardo José. Los criterios de la legitimación jurisdiccional según los activismos socialista, facista y gerencial. *Revista Brasileira de Direito Processual, 82*. Belo Horizonte: Editora Fórum, 2013. p. 205-216).

13. STRECK, Lenio. Graças ao princípio da conexão, encomendarei um kit de (tecno) verdade. *Consultor Jurídico*. Disponível: <http://www.conjur.com.br/2015-jun-18/senso-incomum-gracas-principio-conexao-encomendarei-kit-tecnoverdade>. Acessado em 14/11/2015.

14. Segundo uma perspectiva ideológica, a ideia de cooperação é um dos motes do socialismo, como demonstra Andrew Heywood. Encarando os seres humanos como animais sociais, os socialistas acreditam que a relação natural entre eles é de cooperação e não de competição. Aliás, defendem que a competição coloca as pessoas umas contra as outras, encorajando-as a negar ou ignorar sua natureza social, em vez de abraçá-la, além de fomentar nelas o egoísmo, a agressividade e apenas uma gama limitada de qualidades. De outro lado, advogam que a cooperação faz sentido tanto do ponto de vista moral como econômico: os indivíduos que trabalham juntos desenvolvem laços de solidariedade e de afeição, sendo possível canalizar as energias da comunidade e não de um único indivíduo. Para os socialistas, é possível motivar os seres humanos via incentivos morais e não meramente materiais. Em teoria, o capitalismo recompensa os indivíduos pelo trabalho que realizam, isto é, quanto mais trabalham, ou quanto mais habilidade possuem, maiores são as recompensas. O incentivo moral para trabalhar, no entanto, é o desejo de contribuir para o bem comum, que deriva da compaixão, do senso de responsabilidade para com os seres humanos, em especial os mais necessitados – exemplo de incentivo importante para alcançar o crescimento econômico é que este ajuda a financiar o fornecimento de serviços assistenciais aos mais pobres e mais vulneráveis da sociedade. O compromisso socialista com a cooperação estimulou o surgimento de empresas cooperativas para substituir as

de coisas, o juiz era o protagonista e dispunha de toda sorte de funções assistencialistas que devia operar inclusive quando as partes compareciam assistidas por advogados.[15] Não é difícil imaginar quão diminuídos restavam partes e advogados em um ambiente formatado ideologicamente segundo esse pano de fundo.

Palavras têm a leveza do vento e a força da tempestade, já disse famoso escritor. Acendem fogueiras nas mentes dos homens. Possuem vigor e geram consequências – o que se intensifica especialmente quando decorrem de leis. A cooperação processual foi trazida do passado, mas o legislador, pela redação do art. 6.º, foi mal-afortunado, errou a mão e seguiu rumo para além do que a cautela exigia, optando por palavras que sugerem o constrangimento de parte, contraparte e seus advogados a cooperarem *entre si*, instituindo em favor do juiz poderes para obrigá-los, *contra sua vontade e avessamente àquilo em que acreditam*, a atuar cooperativamente em prol de uma decisão "justa".[16]

---

empresas competitivas e hierárquicas que proliferaram com o capitalismo. (HEYWWOD, Andrew. *Ideologias políticas. Do liberalismo ao fascismo*. v. I. São Paulo: Editora Ática, 2010. p. 112).

15. AROCA, Juan Montero. *Proceso civil e ideología. Un prefacio, una sentencia, dos cartas y quince ensayos*. Valencia: Editora Tirant lo Blanch. Coordinación: Juan Montero Aroca. Sobre el mito autoritario de la "buena fe procesal", 2006. p. 315-316.

16. Sobre a ideia de justiça, Michell Villey é preciso ao denunciar sua imprecisão: "O que quer dizer para nós que o direito busca a justiça? Nada de preciso, que se possa explicitar. Segundo a doutrina (extremamente representativa) conhecida como neopositivismo, absolutamente nada: o termo justiça não remete a nenhum dado verificável, sendo portanto uma "palavra vazia", que se deve proscrever. Pois a justiça escapa das redes da ciência moderna. Com o desenvolvimento do movimento científico moderno, muitos autores, como Hume ou Marx, denunciaram este conceito obscuro, ideológico, ilusório. Um Kelsen está sendo muito consequente quando, de modo radical, exclui o justo da noção de direito. (...) E verdade que os positivistas ainda não conseguiram eliminar a palavra de nosso vocabulário. De fato ela permanece bastante frequente, mas muito mais nos discursos dos homens políticos, na grande imprensa, nos sermões dos padres progressistas, do que nos tratados de direito civil. Nossa ideia atual de justiça infletiu-se sob a influência do idealismo, que foi buscar (supra, § 10) a filosofia na razão pura subjetiva. A Justiça tornou-se um sonho do espírito humano, sonho de igualdade absoluta: a 'justiça social' significaria, no limite, que o senhor Dassault deixasse de ser mais rico que seus operários. Mas a Justiça é também sonho de liberdade, de 'respeito por cada ser humano', de exaltação dos 'direitos do homem', e de que cessem as interdições, as legislações repressivas. Estes dois sonhos são incompatíveis. Nossa ideia atual de justiça infletiu-se sob a influência do idealismo, que foi buscar a filosofia na razão pura subjetiva. A Justiça tornou-se um sonho do espírito humano, sonho de igualdade absoluta: a 'justiça social' significaria, no limite, que o senhor Dassault deixasse de ser mais rico que seus operários. Mas a Justiça é também sonho de liberdade, de 'respeito por cada ser humano', de exaltação dos 'direitos do homem', e de que

Cabe agora à doutrina encontrar um *meio-termo*. E como se verá adiante, a resposta não está em tomar o princípio do contraditório como alicerce da cooperação processual positivada no novo CPC.

3. COOPERAÇÃO PROCESSUAL E CONTRADITÓRIO: INCOMPATIBILIDADES

O que fazer para se evitar esse *bilhete de acesso* ao fantasma do socialismo processual, que deveria manter-se relegado às gavetas da história?[17] O ponto central é sempre ter em mente que o contraditório (CRFB, art. 5º., LV) não tem por escopo suplementar os poderes judiciais, mas sim o contrário disto. *Seu desígnio é apenas impor ao juiz alguns deveres intencionados ao seu próprio fortalecimento (do contraditório), o que não significa transmutá-lo para nele incluir o órgão jurisdicional juntamente com as partes no diálogo processual.*

Não bastasse o fato de que essa paridade entre juiz e partes no diálogo poderá produzir efeito reverso ao desejado, *a verdade é que ninguém está autorizado a profanar a literalidade de um direito fundamental e substituí-la por argumentos teóricos ou idealizações*.18 Com o devido

---

cessem as interdições, as legislações repressivas. Estes dois sonhos são incompatíveis. Ora, se a Justiça assim entendida alimenta as plataformas revolucionárias, a tarefa quotidiana do juiz nada tem a ver com a busca desses ideais irrealizáveis. Entre a Justiça do idealismo e, por outro lado, a aplicação da justiça (com "j" minúsculo), há uma cisão, um abismo entre Justiça e Direito; e se insistimos que o direito está a serviço da justiça, há o risco de equívocos. Esta fórmula esvaziou-se de sua substância original." (VILLEY, Michell. *Filosofia do Direito. Definições e fins do direito. Os meios do direito*. São Paulo: Martins Fontes, 2008. p. 52-53).

17. Sobre como as ideologias políticas subjazem concepções dogmático-processuais, recomenda-se a leitura de: FONSECA COSTA, Eduardo José da. Uma espectroscopia ideológica do debate entre garantismo e ativismo. *Ativismo judicial e garantismo processual*. Coordenadores: Fredie Didier Jr., José Renato Nalini, Glauco Gumerato Ramos, Wilson Levy. Salvador: Editora JusPodivm, 2013. p. 171-186.

18. Entre outros, Daniel Mitidiero (MITIDIERO, Daniel. *Colaboração no processo civil. Pressupostos sociais, lógicos e éticos*. São Paulo: Revista dos Tribunais, 3.ª ed. 2015) e Fredie Didier Jr. (JUNIOR, Fredie Didier. Comentários ao Novo Código de Processo Civil. Coordenação: Antonio do Passo Cabral e Ronaldo Cramer. Rio de Janeiro: Editora Forense, 2015) defendem que o juiz é paritário no diálogo processual com as partes. Mitidiero, contudo, em obra escrita em coautoria com Luiz Guilherme Marinoni e Sérgio Cruz Arenhart, procurou elucidar seu pensamento, demonstrando preocupação com a *delimitação* da cooperação processual. Dialogou abertamente com críticas contrárias à sua teoria (inclusive, críticas que eu próprio, respeitosamente, fiz). Fica claro que parte de um conceito restrito (ou fraco) de cooperação, extraído do contraditório, a envolver apenas deveres de cooperação "do

respeito, não há sentido em sustentar, *com base tem texto infraconstitucional (CPC-2015, art. 6º.)*, que o juiz participa do contraditório ou o exerce, *pois o que lhe cumpre é tão-somente assegurá-lo e provocar seu aprimoramento o mais efetivamente possível* – como, aliás, sugere o art. 7.º, última parte, do novo CPC.

Por decorrer de um preceito normativo cuja eficácia é relacional (CRFB, art. 5º., LV), o direito das partes ao contraditório impõe ao juiz condutas (=deveres), *daí originando-se uma relação jurídica, por enlaçar os deveres do juiz aos direitos das partes, de perceptível imperatividade, encontrando-se as últimas em posição privilegiada com relação ao primeiro.*19 No diálogo processual, a posição de protagonistas cabe aos litigantes com exclusividade. O juiz não age em paridade com eles, mas intencionado a maturar o contraditório, *em posição de sujeição em relação às partes.*

Em outros termos: reza o art. 5º., LV, da Constituição que *"aos litigantes*, em processo judicial ou administrativo (...) são *assegurados* o contraditório e a ampla defesa ...". Basta ser litigante, em processo judicial ou administrativo (*incidência do suporte fático*), para que o contraditório seja assegurado (eficácia jurídica). O que se tem aí é uma *situação jurídica relacional* envolvendo, de um lado, o Estado-juiz, a quem cumpre

---

juiz para com as partes". Em seu texto ele esclarece que isso jamais pode significar aniquilamento da autonomia individual e da autorresponsabilidade das partes. A colaboração – leciona o processualista – não elimina o princípio da demanda e as suas consequências básicas, a saber: o juízo de conveniência a respeito da propositura (ou não) da ação e a delimitação do mérito da causa, tarefas ligadas exclusivamente à conveniência das partes. O que há é um verdadeiro "dever de engajamento" do juiz em prol de uma decisão justa. Mitidiero também recusa qualquer possibilidade de cooperação entre partes (MARINONI, Luiz Guilherme; ARENHART, Sérgio Cruz; MITIDIERO, Daniel. *Novo Curso de Processo Civil. Tutela dos direitos mediante procedimento comum.* Vol. 2. São Paulo: Revista dos Tribunais, 2015. p. 71-74). Estamos plenamente de acordo com o autor, e até já esboçamos entendimento nesse sentido em artigo publicado na Revista Consultor Jurídico (citado ao longo deste artigo). Mas é preciso dizer que esse conceito de cooperação está aquém do pretendido pelo art. 6º. do novo CPC. Repita-se: trata-se de algo que se extrai unicamente do princípio do contraditório. Aqui, neste ensaio, o que se busca é avançar um pouco mais a fim de apresentar proposta de uma resposta exegética que assegure a constitucionalidade do art. 6º., nos moldes em que foi delineado. Por fim, é preciso registrar o seguinte: de lado naturais (e salutares) discordâncias surgidas no palco acadêmico, fica o registro do meu apreço por Daniel Mitidiero e Fredie Didier Jr., processualistas que tanto já fizeram, e continuam a fazer, para o avanço do direito processual civil no Brasil.

19. Sobre o tema, consultar: JUNIOR, Fredie Didier; PEDROSA NOGUEIRA, Pedro Henrique. *Teoria dos fatos jurídicos processuais.* Salvador: Editora JusPodivm, 2011.

o *dever* de assegurar o contraditório, de outro, os litigantes, que *detêm* o direito de exercer o contraditório. Por isso não há como vislumbrar *paridade entre juiz e partes* no diálogo processual decorrente do contraditório – o diálogo processual que caracteriza esse direito fundamental é algo que diz respeito *exclusivamente* às partes (e seus advogados). E tampouco é apropriado afirmar que o contraditório implica deveres de conduta (de esclarecimento, consulta, prevenção e auxílio) também para as partes – os deveres de conduta oriundos do contraditório são *unicamente* do juiz *para com* as partes.

O contraditório, portanto, deve ser encarado como a eficácia jurídica proveniente da incidência do suporte fático do art. 5.º, LV, da Constituição, isto é, uma *situação jurídica* de perspectiva dupla (*relação jurídica processual*) por engendrar *deveres* para o Estado-juiz (*situação jurídica passiva*) e direitos para as partes (*situação jurídica ativa*).[20] Assim é em razão dos limites semânticos que conferem contornos a um comando constitucional *cuja alteração não se admite nem pelo poder de reforma constitucional (CRFB, art. 60, §4.º, IV), quanto menos por anseios doutrinários e legislativos (contramajoritarismo).*[21] E não há espaço sequer para se pensar em *mutação constitucional*, porquanto a corrente doutrinária ora criticada sugere interpretação que transborda as possibilidades do texto (CRFB, art. 5.º, LV), culminando na quebra da ordem constitucionalmente estabelecida – *o que se verifica em tal caso é norma sem texto,22 e não há genuína mutação constitucional que desprestigie o próprio texto.*

---

20. O Supremo Tribunal Federal, de maneira acertada, já decidiu que "a garantia constitucional do contraditório e da ampla defesa, com os meios e recursos a ela inerentes, tem como destinatários os litigantes em processo judicial ou administrativo e não o magistrado que, no exercício de sua função jurisdicional, à vista das alegações das partes e das provas colhidas e impugnadas, decide fundamentalmente a lide". (STF, Segunda Turma, AgRg no RE 222.206/SP, Rel. Min. Maurício Corrêa, julgado: 30/03/1998, disponível em: <www.stf.jus.br>).
21. Para uma análise profunda do contramajoritarismo constitucional: TASSINARI, Clarissa. *Jurisdição e ativismo judicial – Limites da atuação do Judiciário*. Porto Alegre: Editora Livraria do Advogado, 2013.
22. Cabe aqui a advertência de Lenio Streck: "a crítica à discricionariedade judicial não é uma 'proibição de interpretar'. Ora, interpretar é dar sentido. É fundir horizontes. E direito é um sistema de regras e princípios, 'comandado' por uma Constituição. Que as palavras da lei (lato sensu) contêm vaguezas e ambiguidades e que os princípios podem ser – e na maior parte das vezes são – mais 'abertos' em termos de possibilidades de significado, não constitui nenhuma novidade. O que deve ser claro é que a aplicação desses textos (isto é, a sua transformação em normas) não depende de uma subjetividade assujeitadora (esquema

Noutra banda, ressalte-se que a perspectiva de análise defendida neste ensaio não prejudica de modo algum os ganhos substanciais agregados nas últimas décadas ao contraditório (ao menos não prejudica todos eles), sobretudo aqueles relacionados à influência, participação e proibição de decisões-surpresa. Em termos mais específicos:

i) **nada há na literalidade do art. 5º., LV, da Constituição que impeça encarar o contraditório como responsável pela infusão da democracia no âmbito da atividade jurisdicional**, concebendo-o para além de suas feições formais a fim de assegurar às partes um ativismo de atuação que lhes permita influir nos conteúdos fáticos e jurídicos das decisões, participando e animando o resultado do processo. Noutras palavras, os rendimentos substanciais hoje entrelaçados ao contraditório não se condicionam a uma hermenêutica capaz de esgarçar os limites semânticos do dispositivo que lhe confere sustentação, deses-

---

sujeito-objeto), como se os sentidos a serem atribuídos fossem fruto da vontade do intérprete, como que a dar razão a Kelsen, para quem a interpretação a ser feita pelos juízos é um ato de vontade. O 'drama' da discricionariedade aqui criticada é que esta transforma os juízes em legisladores. E mais que transformar os juízes em legisladores, o 'poder discricionário' propicia a 'criação' do próprio objeto de 'conhecimento', típica problemática que remete a questão ao solipsismo próprio da filosofia da consciência (e/ou de suas vulgatas voluntaristas) no seu mais exacerbado grau. Ou seja, concebe-se a razão humana como 'fonte iluminadora' do significado de tudo o que pode ser enunciado sobre a realidade. As coisas são reduzidas aos nossos conceitos e às nossas concepções de mundo. As 'coisas' ficam à disposição de um protagonista (no caso, o juiz, enfim, o Poder Judiciário)." (STRECK, Lenio Luiz. *Lições de Crítica Hermenêutica do Direito*. Porto Alegre: Livraria do Advogado Editora, 2014. p. 90). Em outro trecho de sua obra, lê-se o seguinte: "Na era do Constitucionalismo Contemporâneo, sustentar a importância dos limites semânticos da Constituição e, em consequência, aferir a validade das leis em conformidade com a Constituição constitui, sim, um efetivo avanço no plano hermenêutico. Não se trata, por óbvio, de um retorno a qualquer postura exegetista operante no passado. Defender, hoje, os limites semânticos da Constituição – naquilo que entendemos por 'limites' no plano hermenêutico, é claro – não quer dizer 'objetivismo' (nem no sentido 'clássico', nem no sentido filosófico do termo). Se o Direito tem um sentido interpretativo, um texto jurídico (lei, Constituição) não tem um sentido meramente analítico. Um texto só é na sua norma, para reproduzir a clássica assertiva de Muller e ratificar minha adaptação da diferença ontológica entre texto e norma. Por isso, não há sentidos em si. Consequentemente, não há conceitos sem coisas. E não há respostas antes das perguntas. Não há 'normas gerais' que contenham os sentidos de forma antecipada. Estes somente acontecem de forma aplicativa. Daí a noção de *applicatio*. Por ela, ficam superadas quaisquer dicotomias entre objetivismo e subjetivismo, seja no plano clássico entre vontade da lei e vontade do legislador, seja no plano filosófico." (STRECK, Lenio Luiz. *Lições de Crítica Hermenêutica do Direito*. Porto Alegre: Livraria do Advogado Editora, 2014. p. 112).

truturando-o para nele inserir o juiz como sujeito do diálogo processual em paridade com os litigantes (= juiz como destinatário do contraditório);

ii) **a visão ora defendida preserva a função de controle da atividade judicial também inerente ao contraditório.** Se o diálogo travado processualmente é considerado pelo juiz na formulação das decisões, é evidente que o contraditório se presta ao controle do poder estatal, legitimando-o mediante atuação balizada pelo devido processo legal, em deferência às expectativas alimentadas pelas partes ao longo do procedimento. Combatem-se com isso as incertezas, cerca-se a discricionariedade judicial, afronta-se a ausência de transparência e de previsibilidade, afastam-se as chamadas *decisões-surpresa* que só se coadunam com o arbítrio e, por conseguinte, dizimam o ideal democrático.[23] Suplementa-se, de outra banda, o papel das partes e de seus advogados no processo, fortifica-se a igualdade processual, além de valorizar a linguagem e o discurso.[24]

De mais a mais, o *modelo cooperativo de processo* ora censurado, *que vincula contraditório (CFRB, art. 5, LV) e cooperação processual (CPC-2015, art. 6º.)*, despreza estudos empíricos, elaborados por grandes centros de *psicologia comportamental cognitiva*, demonstrando que juízes igualmente soçobram perante automatismos mentais. Também os julgadores são vítimas de propensões e vieses cognitivos capazes de torná-los, mesmo inconscientes disto, parciais em seus julgamentos. Há hoje, por exemplo, provas indicando que: 1) o juiz da liminar tende a confirmá-la em sua sentença (*confirmation bias*), estando sujeito a sobrelevar provas e argumentos que confirmem sua posição inicial; 2) o juiz da instrução tende a sentenciar contaminado pela prova oral que diante

---

23. Segundo pontua Ronaldo Brêtas de Carvalho Dias, "deve ser energicamente descartada qualquer doutrina que sugira aos órgãos estatais (juízes e tribunais) o exercício da função jurisdicional sob critérios outros dissociados da constitucionalidade da jurisdição, ao revés, marcados de forma inconstitucional e antidemocrática pela arbitrariedade, pela discricionariedade, pelo subjetivismo, pelo messianismo, pelas individualidades carismáticas ou pela patologia que denominamos complexo de Magnaud". (CARVALHO DIAS, Ronaldo Brêtas de. Responsabilidade do Estado pela função jurisdicional. Belo Horizonte: Del Rey, 2004. p. 134).

24. DELFINO, Lúcio; ROSSI, Fernando. Juiz contraditor. *Revista Brasileira de Direito Processual*, 82. Belo Horizonte: Editora Fórum, 2013. p. 229-254.

dele foi produzida (*representativeness bias*), o que coloca em cheque a regra da identidade física do juiz; 3) o juiz tem dificuldade de ignorar provas apresentadas ao processo e, posteriormente, consideradas ilícitas (*anchoring-and-adjustment bias*); 4) o juiz tem dificuldade em ignorar impressões que recebeu das partes em razão de propostas de acordo (*anchoring-and-adjustment bias*); 5) o juiz tende a supervalorizar laudos produzidos por peritos oficiais (*in group bias*), seguindo a voz daqueles que "pertencem a seu grupo", o que no Brasil pode significar desprezo completo dos pareceres técnicos.

Impossível, por conseguinte, menosprezar o perigo de uma proposta teórica cujo mote é situar o juiz como destinatário do contraditório. Não parece exagero intuir que juiz paritário às partes, *que com elas exerce o contraditório*, caminha no *fio da navalha*, aventurando-se no terreno dos enviesamentos. Arrisca-se seriamente a tomar partido em prol de um dos litigantes antes mesmo de chegado o momento de solucionar o litígio. É temerário (e inconstitucional) desmerecer a feição de garantia agregada ao contraditório, percebida pelo fato patente de que a Constituição o assegura apenas e tão somente aos litigantes (e não ao Estado-juiz), daí extraindo-se perspectiva precaucional a impedir atuações de "juízes contraditores" no palco processual.[25] Não fosse assim, cairia por terra a blindagem contramajoritária (associada a todo e qualquer direito fundamental) e estaria aberta a temporada para o semeio de autoritarismos na prática forense a exasperar os males do ativismo judicial, hoje uma infeliz realidade brasileira.[26]

---

25. Sobre o ponto, ler: DELFINO, Lúcio; ROSSI, Fernando. Juiz contraditor. *Revista Brasileira de Direito Processual, 82*. Belo Horizonte: Editora Fórum, 2013. p. 229-254.

26. O estudo das propensões cognitivas me foi apresentado por Eduardo José da Fonseca Costa, quem na atualidade mais profundamente estuda o tema segundo um viés atrelado ao direito processual civil, objeto de sua tese de doutoramento a ser defendida no início de 2016 na PUC-SP, sob a orientação do Prof. Nelson Nery Jr. Textos relacionados: FONSECA COSTA, Eduardo José. Algumas considerações sobre as iniciativas judiciais probatórias. *Revista Brasileira de Direito Processual, 90* (RBDPro 90). Belo Horizonte: Editora Fórum, 2015. p. 153-173. ARANGUREN, Arturo Muñoz. La influencia de los sesgos cognitivos en las decisiones jurisdiccionales: el fator humano. Una aproximación. *Revista para el Análisis del Derecho (InDret) 2*. Barcelona: Universitat Pompeu Fabra abril, 2011. Disponível em: <www.dialnet.unirioja.es/ejemplar/278664>. KAHNEMAN, D. *Rápido e Devagar: Duas Formas de Pensar*. Rio de Janeiro: Editora Objetiva, 2012. KAHNEMAN, D.; TVERSKY, A. Judgement Under Uncertainty: Heuristics and Biases. In: *The Simulation Heuristic*. P. Slovic e A. Tversky (Orgs.). Nova York: Cambridge University Press. p. 201-208. ROSA, Alexandre Morais da; TOBLER, Giseli Caroline. *Teoria da Decisão Rápida e Devagar, com Kahneman*. Disponível em: <www.

O que se pode admitir, no máximo, é uma versão "fraca" de cooperação processual fundada no contraditório, a envolver, porém, apenas e tão-somente a colaboração "**do juiz para com as partes**". Estariam fora do contexto colaborações "das partes para com o juiz" e "das partes entre si". Duas conclusões: i) afirmar a existência de colaboração "do juiz para com as partes" é dizer algo já dito pelo constituinte, cuja substância pode e deve ser extraída diretamente do próprio direito fundamental ao contraditório; e ii) a cooperação processual prevista no novo CPC foi desenhada para ir além dos limites semânticos do art. 5º., LV, da Constituição, já que impõe colaborações "do juiz para com as partes", "das partes para com o juiz" e "das partes entre si", a demonstrar que o fenômeno previsto no art. 6º. do novo CPC é, portanto, diverso e mais abrangente que eventual ideia cooperativa extraível do art. 5º., LV, da Constituição.

4. COOPERAÇÃO PROCESSUAL COMO DECORRÊNCIA DA BOA-FÉ

Não se desconhece, de outro lado, serem muitos os processualistas comprometidos com o projeto constitucional-democrático que se esforçam para a elaboração de uma *teoria normativa da cooperação processual*. A ideia central aí é identificar todos os comandos normativos que funcionariam em um ambiente processual colaborativo. Entrariam em cena, além do próprio *contraditório*, sobretudo a *boa-fé*,[27] como também a *primazia do julgamento do mérito*, a *duração razoável* e a *efetividade*.

---

emporio-do-direito.jusbrasil.com.br/noticias/182398340/teoria-da-decisao-rapida-e-devagar-com-kahneman>. Acessado: 02/07/2015. NUNES, Dierle; BAHIA, Alexandre. Processo e república: uma relação necessária. *Revista Eletrônica Justificando*. Disponível: <http://justificando.com/2014/10/09/processo-e-republica-uma-relacao-necessaria/>. Acessado: 24/11/2015. NUNES, Dierle; DELFINO, Lúcio. Tribunais superiores devem ampliar debates ao formar precedentes. *Revista Eletrônica Conjur*. Disponível em: <http://www.conjur.com.br/2014-set-24/tribunais-superiores-ampliar-debates-formar-precedentes>. Acessado: 24/11/2015.

27. Entre outros, este é o pensamento de J.E. Carreira Alvim: "O art. 6º. consagra o princípio da cooperação, também chamado de princípio da colaboração, que nada mais é do que a conjugação do princípio da boa-fé objetiva (CPC, art. 5º.) e do princípio do contraditório, este de fundo constitucional (CF: art. 5º., LV)". De outro lado, o referido processualista defende, em passagem de sua obra, inexistir deveres de cooperação entre as partes: "Na prática, não será fácil determinar o alcance do art. 6º. do CPC, ao determinar que todos os sujeitos do processo devam cooperar entre si, para viabilizar a decisão de mérito, porque, sendo antagônicos os interesses materiais que movem as partes (autor e réu, no processo,

Trata-se, em verdade, de tentativa voltada a explicação de uma variedade de fenômenos processuais segundo uma nova perspectiva, a saber, pela via da atuação cooperativa entre todos os sujeitos processuais. Seriam desdobramentos dessa cooperação processual em sentido alargado: i) os negócios de procedimento (cooperação entre partes); ii) a delimitação consensual entre as partes acerca do tema da prova e das questões jurídicas discutidas (cooperação entre as partes); iii) a impossibilidade de sentenças terminativas sem que seja dado às partes possibilidade de manifestação (cooperação do juiz para com as partes); iv) a impossibilidade de não conhecimento de recursos sem que antes seja facultado ao recorrente oportunidade de superar o defeito (cooperação entre juiz e partes); v) a teoria dinâmica do ônus da prova (cooperação do juiz para com as partes); vi) ordem endereçada a terceiros para que apresentem informações em geral relacionadas ao objeto da execução (cooperação do juiz para com o credor); vii) ordem para o comparecimento das partes em audiência (cooperação das partes para com o juiz); viii) a proibição às partes de empregar expressões ofensivas nos escritos apresentados (cooperação entre partes e das partes para com o juiz); ix) a proibição de litigar de má-fé (cooperação entre partes e das partes para com o juiz); etc.

Eivado do propósito de salvaguardar o art. 6º. via interpretação condizente com a Constituição, avance-se no raciocínio em busca de uma

---

evidentemente que o autor não vai cooperar com o réu, da mesma forma que o réu não vai cooperar com o autor, e muito menos com o juiz, ao qual levam apenas fatos que suponham possam influir positivamente na sua convicção para acolher as suas teses". (CARREIRA ALVIM, J.E. *Comentários ao Novo Código de Processo Civil*. Vol. I. Curitiba: Editora Juruá, 2015. p. 49-55). Entendendo a cooperação processual também como fundamento da boa-fé: JUNIOR, Humberto Theodoro. *Curso de Direito Processual Civil*. Vol. I. São Paulo: Editora Forense, 2015. p. 81; JUNIOR, Fredie Didier. *Fundamentos do princípio da cooperação no direito processual civil português*. Coimbra: Coimbra Editora, 2010. p. 103. Ao que parece, Daniel Mitidiero segue rota contrária àquela defendida por Carreira Alvim, Didier e Theodoro Júnior, advogando ser a cooperação processual *via de mão única* (do juiz para com as partes), além de afastar do seu contexto a ideia de boa-fé: "(...) a colaboração no processo civil não implica colaboração entre as partes. As partes não querem colaborar. *A colaboração no processo civil que é devida no Estado Constitucional é a colaboração do juiz para com as partes*. Gize-se: não se trata de colaboração entre as partes. As partes não colaboram e não devem colaborar entre si simplesmente porque obedecem a diferentes interesses no que tange à sorte do litígio (*obviamente, isso não implica reconhecer o processo civil como um ambiente livre dos deveres de boa-fé e lealdade, assunto correlato, mas diverso*)." (Sem grifos no original). (MITIDIERO, Daniel. Colaboração no processo civil como prêt-à-porter: um convite ao diálogo para Lenio Streck. In: *Revista de Processo, v. 194*, São Paulo: RT, 2011. p. 62).

resposta possível. É preciso ter em mente, em primeiro lugar, a premissa defendida linhas atrás: o art. 6º. do novo CPC não encontra guarida no princípio do contraditório, isto é, ambos são verdadeiramente incompatíveis, sobretudo porque o primeiro prevê deveres de cooperação ("das partes para com o juiz" e "das partes entre si") que não podem ser extraídos do que reza o art. 5º., LV, do texto constitucional.

São importantes aqui as meditações de Roberto P. Campos Gouveia Filho,[28] em artigo inédito publicado também nesse volume da Revista Brasileira de Direito Processual. *Ele mostra a possibilidade de, no âmbito processual, despontarem diversas relações jurídicas decorrentes dos mais variados fatos jurídicos, às quais, todavia, não podem ser confundidas com a autêntica relação processual.* Em suas palavras, "[o] simples fato de surgirem no contexto do processo não é suficiente para atribuir a elas a significação de relação processual e nem permite, na metalinguagem da Ciência do Direito, assim compreendê-las". Ninguém, enfim, está autorizado a confundir as categorias, pois do contrário, de tão vulgarizada, a ideia de relação processual perde qualquer relevância prática.

O estudioso segue adiante e aponta fatos jurídicos surgidos ao longo do procedimento judicial que têm por efeito precípuo uma relação jurídica (e não se originam da relação processual): i) a responsabilidade civil decorrente do dano causado por efetivação de decisão antecipatória da tutela posteriormente revogada, na qual o beneficiário da tutela é devedor de indenização ao prejudicado; ii) o dever da parte que interpôs recurso protelatório de pagar multa em favor da parte lesada; iii) o dever do destinatário da ordem judicial pagar ao beneficiário dela o valor da multa cominada caso tenha havido descumprimento; iv) o dever da parte pagar ao perito honorários, fixados conforme decisão do juiz.

Não é o fato de relações jurídicas surgirem na facticidade processual ou, de algum modo, atuarem no contexto do processo, que permitiria admiti-las como relação jurídica processual: a última diferencia-se das demais exatamente por seu objeto – a necessidade de prestar a tutela jurisdicional. À base da relação processual – continua o processualista – está o problema da processualização, entendida esta não como aquilo

---

28. GOUVEIA FILHO, Roberto P. Campos. Uma crítica analítica à ideia de relação processual entre as partes. *Revista Brasileira de Direito Processual (RBDPro), 93*. Belo Horizonte: Editora Fórum, 2016. *No prelo.*

oriundo de um fato jurídico processual, mas como o que é levado à apreciação de um órgão titular do poder de prestar a tutela jurídica. A relação processual tem, em seu objeto, a afirmação de outra relação jurídica (*res deducta*), não importando se esta última surgiu fora ou dentro do contexto processual.

Seguindo no raciocínio, Gouveia Filho aborda a temática que mais interessa a este ensaio: as relações jurídicas existentes entre as partes e o problema da sua natureza jurídica. Admite acertadamente a possibilidade de surgimento, a partir das mais diversas formas, de relações jurídicas no âmbito processual que se distinguem da relação processual por um critério geral pensado *por exclusão*: as relações jurídicas surgidas no processo não têm por objeto a necessidade de prestar a tutela jurisdicional, isto é, são constatações acerca da ocorrência ou não de afirmações feitas pelas partes. Um exemplo disso seria a responsabilidade civil, regida pelo regramento geral do Código Civil, em hipótese de a parte, por força da antecipação de tutela concedida e depois revogada, causar dano a contraparte, surgindo daí relação jurídica a envolver parte e contraparte, na qual a parte lesada é credora da parte lesante.

E, finalmente, toca na questão da boa-fé de maneira primorosa:

> "Uma questão muito interessante é saber se os deveres de boa-fé surgem a partir do processo ou se, de algum modo, a ele antecedem. Tomando por base a ideia de que ninguém pode atentar contra a esfera jurídica alheia (algo relativo ao princípio da incolumidade das esferas jurídicas, por diversas vezes mencionado por Pontes de Miranda), pode-se fixar a ideia de que tal dever é inerente à própria condição de sujeito de direito: o fato de alguém ser sujeito de direito já lhe atribui o direito absoluto a que não tenha sua esfera jurídica violada. É por isso que, no âmbito do direito contratual, se defende que o dever de boa-fé antecede à formação do contrato. Sem óbice, pode-se dizer que, decorrente do processo e como componente da relação processual, há deveres de boa-fé da parte para com o Estado-juiz e deste para com a parte. No caso, o fato contrário à boa-fé ensejaria dupla incidência, gerando ilicitude em nível pré-processual e processual. Também antecedem ao processo os chamados deveres de boa-fé que uma parte tem para com a outra. São deveres decorrentes, na forma acima estabelecida, da própria condição de sujeito de direito. É claro que, se o descumprimento se der dentro do contexto processual, é possível que, no próprio processo, haja formação de relação processual para a solução do problema. É o que acontece, por exemplo, com a aplicação e a cobrança de muitas das multas previstas na legislação processual (como as *astreintes* e a

multa por litigância de má-fé, art. 81, CPC/15, e art. 18, CPC/73) que têm como beneficiário a parte lesada (isso se dá, pois, o fato jurídico ilícito diz respeito a um descumprimento de dever exigível não componente da relação processual, mas sim de outra relação jurídica). Desse modo, dizer que há relação processual entre as partes, pois elas têm de agir, entre si, de acordo com a boa-fé é, além dos equívocos sintático e semântico acima apontados, ignorar que os deveres decorrentes da boa-fé antecedem ao processo e, portanto, à formação da relação processual."[29]

De tudo isso, é adequado afirmar que a solução para a permanência do art. 6º. do novo CPC, via interpretação destinada a afugentar inconstitucionalidades, seja compreender a cooperação processual como corolário da boa-fé. Nada mais nada menos. Em outros termos, a cooperação processual decorreria da boa-fé, estando fora de sua substância bases fundadas no contraditório, em respeito à característica contramajoritária desse direito fundamental. Se no processo alguém atropela dever de boa-fé, *previsto expressamente em lei*, seja quem for (partes, terceiros, Ministério Público, juiz, auxiliares da justiça), estará em contrapartida ferindo dever (pré-processual) de cooperação processual, dando ensejo a uma relação jurídica que tem pleno potencial de, futuramente, fazer nascer relação processual endereçada a pacificação do novo conflito.[30]

---

29. GOUVEIA FILHO, Roberto P. Campos. Uma crítica analítica à ideia de relação processual entre as partes. *Revista Brasileira de Direito Processual (RBDPro), 93*. Belo Horizonte: Editora Fórum, 2016. *No prelo.*

30. Diego Crevelin, em diálogos travados com o autor via aplicativo Telegram, esboçou seu pensamento:"Penso que é necessária uma maior anamnese da BOA-FÉ OBJETIVA no sentido de perscrutar SE e COMO ela pode ser transposta para o direito processual. Ora, EXIGIR que os sujeitos da relação obrigacional ajam cooperativamente me parece possível, afinal o art. 3º, I, CRFB, ao falar de solidariedade social, vai exigir, penso, que uma relação obrigacional nasce para chegar a um único fim, o adimplemento. O auxílio mútuo dos sujeitos da relação obrigacional é, pois, exigido (=dever) porque o objetivo é comum. Porém, no plano processual as coisas não se passam assim. Ali há conflito. A animosidade é natural. Os resultados desejados são contrapostos e excludentes. Aquilo que é desejado por um é incompatível com o que é desejado pelo outro. Isso não quer dizer que a transposição da BOA-FÉ OBJETIVA para o processo não seja possível. Mas parece que não pode ser feita simplesmente à luz do que se produziu na doutrina do direito civil. O ambiente processual é – tem que ser! – diferente daquele do direito material. Neste, os interesses são convergentes; naquele, divergentes. Isso deve ser levado em consideração na compreensão da boa-fé processual. Seja como for, o que se tem de relevante é que a COOPERAÇÃO está CONTIDA na BOA-FÉ objetiva. A título de primeira aproximação, a cooperação pode ser imaginada na relação: (1) parte-parte; (2) parte-juiz; e (3) juiz parte. No processo, em relação à *res in iudicio deducta*, apenas (3) é exigível. Nas demais relações que podem surgir ao

5. À GUISA DE CONCLUSÃO

1. As preocupações objeto deste trabalho ligam-se sobretudo à *dinâmica* da cooperação processual. Há riscos reais de subversão do processo em suas bases constitucionais caso permaneça incólume a posição doutrinária de que o modelo cooperativo, *em toda a amplitude prevista pelo art. 6º. do novo CPC*, é corolário do contraditório.

2. Cooperação processual não implica *colaboração entre partes* (tampouco entre advogados) *visando uma tutela jurisdicional justa, efetiva e sem dilações indevidas* (perspectiva relacionada à *relação jurídica processual*). Partes são parciais fomentando cada qual interesses antagônicos. Inexiste um tal espírito filantrópico que enlace as partes no âmbito processual (próprio do cooperativismo socialista), pois o que cada uma delas ambiciona é seu próprio favorecimento. Quando alguém contrata um advogado, o faz para que esse profissional batalhe por ele. Não está o advogado autorizado a cooperar porque o direito em jogo pertence a seu constituinte, não a si mesmo. Advogado que coopera com a parte contrária adquire novo inimigo: seu próprio cliente.

3. Não é adequado trabalhar a cooperação processual, *ao menos tomando por base os contornos previstos no art. 6º. do novo CPC*, como fenômeno oriundo do contraditório. Não existe isso de redimensionamento do contraditório para nele inserir, como sujeito do debate processual, em paridade com as partes, o próprio juiz. Os limites semânticos do art. 5º., LV, da Constituição vedam uma interpretação nesse rumo. Contraditório significa, isso sim, o aperfeiçoamento dos anseios democráticos por meio da implementação de deveres "do juiz *para com as* partes" (parte final do art. 7.º do novo CPC) com o propósito de: i) fomentar o debate entre litigantes a fim de que dúvidas existentes sejam sanadas, forçando-os a explorar teses jurídicas ainda não enfrentadas; ii) buscar o esclarecimento de argumentos fáticos que compõem a causa de pedir não perfeitamente inteligíveis; iii) consultar as partes antes de decidir sobre qualquer questão, ainda que de ordem pública, assegurando a influência de suas manifestações na formação dos provimentos jurisdicionais. **O que se pode extrair do contraditório, no**

---

longo do processo, pode ser possível exigir (1) e (2). Talvez essa seja uma hipótese de que se possa partir".

máximo, é a ideia cooperação a envolver deveres "do juiz para com as partes".

4. Não se pode olvidar que a Constituição tem por papel estabelecer balizas ao poder estatal, protegendo certas matérias do processo decisório (CRFB, art. 6º., §4.º, IV). **A doutrina que prega um modelo *cooperativo de processo* caracterizado por inserir o juiz no mesmo patamar que as partes, em paridade com elas no diálogo processual (art. 6.º, CPC-2015), faz nada menos que esgarçar o contraditório, metamorfoseando-o para forçar significado exegético que transborda os limites semânticos do texto constitucional (CRFB, art. 5.º, LV).** Intérprete e legislador não estão autorizados a dilacerar o contraditório, a empreender espécie de "upgrade" de sentidos para nele incluir o juiz como destinatário, que se tornaria paritário aos litigantes no diálogo processual, pois uma empreitada assim, além de atropelar os limites semânticos do texto constitucional, implodiria por completo a natureza protetiva do contraditório, enfraquecendo sobremodo a posição das partes (e de seus advogados) no processo e vitaminando a figura do juiz, com risco real, inclusive, de quebra da sua imparcialidade. **Em atenção ao contramajoritarismo constitucional, cumpre a jurisdição atuar em favor da democracia, protegendo as conquistas consagradas historicamente pelo Estado Democrático de Direito contra inclinações e anseios momentâneos. E o contraditório, sem qualquer sombra de dúvidas, integra esse rol todo especial de direitos e garantias individuais presente em nossa Constituição e cuja guarida inexoravelmente há de prevalecer.**[31]

---

31. Embora absolvido pelo Tribunal de Nuremberg, as obras de Carl Schmitt acabaram diminuídas pelo estigma nacional-socialista. Parece evidente, hoje, que seu pensamento foi parcialmente alvo de interpretações deturpadas voltadas a adaptá-lo para fundamentar o regime nazista. Ao elaborar a teoria decisionista, seu propósito não era sustentar regimes totalitários, e sim explicar o nascimento da Constituição e, por conseguinte, do próprio Estado. Opondo-se a Kelsen, defendia que o direito não provém de uma "norma hipotética fundamental", mas de uma decisão soberana. E mais: o *decisionismo schmittiniano* apenas serve a épocas de "exceção normativa", vale dizer, presta-se à finalidade de superar um "nada jurídico" (SILVEIRA E SILVA, Frederico. O decisionismo de Carl Schmitt e sua relação com a discricionariedade e a medida provisória. *Revista CEJ, n. 39*. Brasília: Conselho da Justiça Federal, Ano XI, out./dez. 2007. p. 36-43). Dito isso, é preocupante verificar "déficits de legalidade" em um Estado Democrático de Direito, com reflexos nas bases formativas dos próprios direitos fundamentais. **Ninguém nega atualmente que juízes dispõem de dosagem criativa ao decidir, mas isso não pode significar um *cheque em branco* para a conspurcação de textos normativos, sobretudo àqueles que conferem identidade à**

5. Não se nega a relevância dos deveres "do juiz *para com* as partes" no âmbito processual oriundos do contraditório. Trata-se de fenômeno extraído do art. 5º., LV, da Constituição, já presente entre nós e que dispensa texto infraconstitucional para a sua concretização. O art. 6º. do novo CPC nada tem a ver com isso.

6. **Uma proposta possível para legitimar a cooperação processual,** *nos moldes previstos pelo art. 6º. do novo CPC*, é **admiti-la tendo por base a boa-fé.** Nada daquilo de redimensionar o contraditório para nele inserir a figura do juiz em paridade com as partes no diálogo processual. Nada relacionado com a relação jurídica processual. A ideia central aqui é a de que todos devem cooperar e atender os deveres de boa-fé previstos na legislação processual. Assim agindo, indiretamente, cooperam com a empresa jurisdicional. Há um ponto a ser destacado: a cooperação processual prevista no art. 6º. do novo CPC não é fenômeno inerente à relação processual – não há relação processual a envolver "parte e parte". Caso desrespeitado um dever de boa-fé no âmbito processual (por quem quer que seja, e em prejuízo de quem quer que seja), surgirá uma relação jurídica, *alheia à relação processual em curso*, com plena potencialidade de, no futuro, dar origem a uma nova relação processual destinada a resolver o conflito decorrente daquela recém-surgida relação jurídica.[32]

Constituição (cláusulas pétreas). Posturas judiciais indiferentes à ordem legal e constitucional guardam identidade com aquele decisionismo distorcido ao qual se referiu, fruto da corrupção dos ensinamentos de Carl Schmitt à maneira de Hitler, funcionando em período de normalidade estatal e em desprestígio patente à soberania popular.

32. Buscando apoio em Pontes de Miranda é correto afirmar que a relação jurídica processual exsurge, de ordinário, com a apresentação da demanda, no momento mesmo em que o juiz toma conhecimento da petição. A citação, de sua vez, completa a angularidade. Em suma, o despacho, na petição inicial, estabelece a relação jurídica processual "autor juiz", ao passo que a citação institui a relação jurídica processual "juiz réu". A soldagem aqui é angular e dela exsurgem direitos e deveres do autor frente ao Estado-juiz e do réu frente ao Estado-juiz. E naquilo que mais importa no momento: entre as partes, os deveres resultam unicamente da atividade ou inatividade no processo, *e não da própria relação jurídica processual*. Entre em cena, sem dúvida, a boa-fé a obrigar as partes a obrarem segundo as leis válidas, às quais obrigam-nas inclusive a conduzirem-se com lealdade e ética no palco processual. Em uma palavra: cooperação entre partes significa tão-só respeito aos deveres de boa-fé previstos expressamente na legislação processual. Nas próprias palavras do saudoso e festejado jurista: "Essa imagem [relação jurídica processual entre partes] foi repelida pela ciência e é, lamentavelmente, a que persiste na psique dos juristas de muitos países, ainda após a aceitação da configuração 'autor, Estado; Estado réu', por alguns dos grandes processualistas. Só o juiz tem deveres processuais e só perante ele têm deve-

BIBLIOGRAFIA

ALVIM WAMBIER, Teresa Arruda; JUNIOR, Fredie Didier; TALAMINI, Eduardo; DANTAS, Bruno. *Breves Comentários ao Novo Código de Processo Civil.* São Paulo: Editora Revista dos Tribunais, 2015.

ARANGUREN, Arturo Muñoz. La influencia de los sesgos cognitivos en las decisiones jurisdiccionales: el fator humano. Una aproximación. *Revista para el Análisis del Derecho (InDret) 2.* Barcelona: Universitat Pompeu Fabra abril, 2011. Disponível em: <www.dialnet.unirioja.es/ejemplar/278664>.

AROCA, Juan Montero. Proceso civil e ideología. *Un prefacio, una sentencia, dos cartas y quince ensayos.* Valencia: Editora Tirant lo Blanch. Coordinación: Juan Montero Aroca. Sobre el mito autoritario de la "buena fe procesal", 2006.

BARREIROS, Lorena Miranda Santos. *Fundamentos constitucionais do princípio da cooperação processual.* Salvador: Editora JusPodivm, 2013.

CÁRCOVA, Carlos Maria. *Derecho, política y magistratura. Derecho, política y magistratura.* Buenos Aires, 1996.

CARREIRA ALVIM, J.E. *Comentários ao Novo Código de Processo Civil.* Vol. I. Curitiba: Editora Juruá, 2015. p. 49-55).

CARVALHO DIAS, Ronaldo Brêtas de. *Responsabilidade do Estado pela função jurisdicional.* Belo Horizonte: Del Rey, 2004.

CARVALHO DIAS, Ronaldo Brêtas de. Novo Código de Processo Civil e processo constitucional. *Revista Brasileira de Direito Processual (RBDPro), 91.* Belo Horizonte: Editora Fórum, 2015. No prelo.

DELFINO, Lúcio; ROSSI, Fernando. Juiz contraditor. *Revista Brasileira de Direito Processual, 82.* Belo Horizonte: Editora Fórum, 2013. p. 229-254.

FONSECA COSTA, Eduardo José. Los criterios de la legitimación jurisdiccional según los activismos socialista, facista y gerencial. *Revista Brasileira de Direito Processual, 82.* Belo Horizonte: Editora Fórum, 2013. p. 205-216.

FONSECA COSTA, Eduardo José da. Uma espectroscopia ideológica do debate entre garantismo e ativismo. *Ativismo judicial e garantismo processual.* Coordenadores: Fredie Didier Jr., José Renato Nalini, Glauco Gumerato Ramos, Wilson Levy. Salvador: Editora JusPodivm, 2013. p. 171-186.

FONSECA COSTA, Eduardo José. Algumas considerações sobre as iniciativas judiciais probatórias. *Revista Brasileira de Direito Processual, 90* (RBDPro 90). Belo Horizonte: Editora Fórum, 2015. p. 153-173.

HEYWWOD, Andrew. *Ideologias políticas. Do liberalismo ao fascismo.* v. I. São Paulo: Editora Ática, 2010.

---

res processuais as partes." (MIRANDA, Pontes de. *Comentários ao Código de Processo Civil.* Tomo I. Rio de Janeiro: Editora Forense, 1973, p. XXIX-XXX).

JUNIOR, Fredie Didier. *Fundamentos do princípio da cooperação no direito processual civil português*. Coimbra: Coimbra Editora, 2010.

JUNIOR, Fredie Didier. Comentários ao Novo Código de Processo Civil. Coordenação: Antonio do Passo Cabral e Ronaldo Cramer. Rio de Janeiro: Editora Forense, 2015.

JUNIOR, Fredie Didier; PEDROSA NOGUEIRA, Pedro Henrique. *Teoria dos fatos jurídicos processuais*. Salvador: Editora JusPodivm, 2011.

JUNIOR, Humberto Theodoro. *Curso de Direito Processual Civil*. Vol. I. São Paulo: Editora Forense, 2015.

KAHNEMAN, D. *Rápido e Devagar: Duas Formas de Pensar*. Rio de Janeiro: Editora Objetiva, 2012.

KAHNEMAN, D.; TVERSKY, A. Judgement Under Uncertainty: Heuristics and Biases. In: *The Simulation Heuristic*. P. Slovic e A. Tversky (Orgs.). Nova York: Cambridge University Press. p. 201-208.

KRUGER THAMAY, Rennan Faria; RODRIGUES, Rafael Ribeiro. *Novo CPC. Análise doutrinária sobre o novo direito processual brasileiro*. Coordenação: Alexandre Ávalo Santana e José de Andrade Neto. Campo Grande: Editora Contemplar, 2015.

MARINONI, Luiz Guilherme; MITIDIERO, Daniel. O projeto do CPC. São Paulo: Revista dos Tribunais, 2010.

MITIDIERO, Daniel. Colaboração no processo civil como prêt-à-porter: um convite ao diálogo para Lenio Streck. *Revista de Processo, v. 194*, São Paulo: RT, 2011.

NUNES, Dierle; BAHIA, Alexandre. Processo e república: uma relação necessária. *Revista Eletrônica Justificando*. Disponível: <http://justificando.com/2014/10/09/processo-e-republica-uma-relacao-necessaria/>. Acessado: 24/11/2015.

NUNES, Dierle; DELFINO, Lúcio. Tribunais superiores devem ampliar debates ao formar precedentes. *Revista Eletrônica Conjur*. Disponível em: <http://www.conjur.com.br/2014-set-24/tribunais-superiores-ampliar-debates-formar-precedentes>. Acessado: 24/11/2015.

PASSOS, J.J. Calmon. Direito, poder, justiça e processo. Julgando os que nos julgam. Rio de Janeiro: Editora Forense, 1999.

ROSA, Alexandre Morais da; TOBLER, Giseli Caroline. *Teoria da Decisão Rápida e Devagar, com Kahneman*. Disponível em: <www.emporio-do-direito.jusbrasil.com.br/noticias/182398340/teoria-da-decisao-rapida-e-devagar-com-kahneman>. Acessado: 02/07/2015.

SILVEIRA E SILVA, Frederico. O decisionismo de Carl Schmitt e sua relação com a discricionariedade e a medida provisória. *Revista CEJ, n. 39*. Brasília: Conselho da Justiça Federal, Ano XI, out./dez. 2007. p. 36-43.

STRECK, Lenio Luiz. *Verdade e Consenso*. 5ª. ed. São Paulo: Saraiva, 2014.

STRECK, Lenio. *Lições de Crítica Hermenêutica do Direito*. Porto Alegre: Livraria do Advogado, 2014.

STRECK, Lenio. O juiz, a umbanda e o solipsismo: como ficam os discursos de intolerância? *Revista Eletrônica Conjur*, 22/05/2014. Disponível em: http://www.conjur.com.br/2014-mai-22/juiz-umbanda-solipsismo-ficam-discursos-intolerancia Acessado: 15/05/2015.

STRECK, Lenio. Graças ao princípio da conexão, encomendarei um kit de (tecno) verdade. *Consultor Jurídico*. Disponível: <http://www.conjur.com.br/2015--jun-18/senso-incomum-gracas-principio-conexao-encomendarei-kit-tecno-verdade>. Acessado em 14/11/2015.

STRECK, Lenio Luiz; DELFINO, Lúcio; DALLA BARBA, Rafael Giorgio; LOPES, Ziel. O "bom litigante": riscos da moralização do processo pelo dever de cooperação do novo CPC. *Revista Brasileira de Direito Processual, 90 (RBDPro, 90)*. Belo Horizonte: Editora Fórum, 2015. p. 340-354.

TASSINARI, Clarissa. *Jurisdição e ativismo judicial – Limites da atuação do Judiciário*. Porto Alegre: Editora Livraria do Advogado, 2013.

VIANELLO, Lorenzo Córdova. *Derecho y Poder*. Fondo de Cultura Economica: México, 2010.

VILLEY, Michell. *Filosofia do Direito. Definições e fins do direito. Os meios do direito*. São Paulo: Martins Fontes, 2008.

CAPÍTULO 15

JUIZ CONTRADITOR?[1]

Lúcio Delfino
Fernando F. Rossi

Sumário: 1. Delimitação do estudo; 2. O contraditório em seu sentido dinâmico; 3. A estruturação do contraditório e a impossibilidade de um juiz contraditor; 4. Considerações finais.

1. DELIMITAÇÃO DO ESTUDO

A proposta deste ensaio se limita a: (i) apontar os significados assumidos pelo contraditório no paradigma do Estado Democrático de Direito; (ii) esclarecer que apesar da renovação vivenciada, tanto as partes como o juiz possuem papéis bem definidos naquilo que diz respeito a esse direito fundamental; (iii) afastar a ideia de que o juiz é paritário no diálogo processual com as partes; (iv) refutar a impressão segundo a qual o contraditório implica deveres não só para o juiz mas também para as próprias partes; e, por fim, (v) assinalar que a *cooperação* deve ser trabalhada em sintonia com o caráter litigioso que distingue o objeto do processo, em respeito à liberdade das partes e sem desprezar que cada qual delas têm por alvo desideratos próprios e contrastantes entre si.

---

1. DELFINO, Lúcio; ROSSI, Fernando F. Juiz contraditor? **Revista Brasileira de Direito Processual (RBDPro), 82.** Belo Horizonte: Editora Fórum, 2013. p. 229-254.

2. O CONTRADITÓRIO EM SEU SENTIDO DINÂMICO

É lugar comum em doutrina a reverência dedicada hoje ao *princípio do contraditório*. Por vezes, é situado em condição de superioridade *qualitativa* se comparado a outros direitos constitucionais,[2] ou ainda se lhe insere em lugar central no que tange aos contornos do próprio *processo*,[3]

---

2. Essa é, por exemplo, a opinião de Leonardo Greco: "Hoje, o contraditório ganhou uma proteção humanitária muito grande, sendo, provavelmente, o princípio mais importante do processo. Ele é um mega-princípio que, na verdade, abrange vários outros e, nos dias atuais, não satisfaz apenas com uma audiência formal das partes, que é a comunicação às partes dos atos do processo, mas deve ser efetivamente um instrumento de participação eficaz das partes no processo de formação intelectual das decisões." (GRECO, Leonardo. *Instituições de processo civil. Introdução ao Direito Processual Civil*. Vol. I. 2a. ed. Rio de Janeiro: Editora Forense, 2010. p. 540-541).

3. Assim pensa Fazzalari: "(...) o processo é um procedimento do qual participam (são habilitados a participar) aqueles em cuja esfera jurídica o ato final é destinado a desenvolver efeitos: em contraditório, e de modo que o autor do ato não possa obliterar as suas atividades." (FAZZALARI, Elio. *Instituições de Direito Processual*. Tradução de Elaine Nassif. São Paulo: Bookseller, 2006. p. 118-119). Também segue entendimento similar, Hermes Zaneti Júnior: "Logo, se o processo é *specie* e o procedimento é *genus*, se o processo é a espécie de procedimento adjetivada do contraditório (*autiatur et altera pars*) e da racionalidade prática procedimental (com a formação da decisão no iter discursivo), consequentemente não há dúvida de que o contraditório é o 'valor-fonte' do processo (qualquer processo), em particular do processo judicial. Significa dizer que a estrutura dialética é a *ratio distinguendi* entre o processo e o procedimento, e que sem contraditório não há processo (...)." (JÚNIOR, Hermes Zaneti. *Processo constitucional. O modelo constitucional do processo civil brasileiro*. Rio de Janeiro: Editora Lumen Juris, 2007. p. 194). Em igual sentido a lição de Aroldo Plínio Gonçalves: "Pelo critério lógico, as características do procedimento e do processo não devem ser investigadas em razão de elementos finalísticos, mas devem ser buscadas dentro do próprio sistema jurídico que os disciplina. E o sistema normativo revela que, antes que distinção, há entre eles uma relação de inclusão, porque o processo é uma espécie do gênero procedimento, e, se pode ser dele separado é por uma diferença específica, uma propriedade que possui e que o torna, então distinto, na mesma escala em que pode haver distinção entre gênero e espécie. A diferença específica entre o procedimento em geral, que pode ou não se desenvolver como processo, e o procedimento que é processo, é a presença neste do elemento que o especifica: o contraditório. O processo é um procedimento, mas não qualquer procedimento; é o procedimento de que participam aqueles que são interessados no ato final, de caráter imperativo, por ele preparado, mas não apenas participam; participam de uma forma especial, em contraditório entre eles, porque seus interesses em relação ao ato final são opostos." (GONÇALVES, Aroldo Plínio. *Técnica processual e teoria do processo*. Rio de Janeiro: AIDE, 1992. p. 68). Cite-se ainda a pena de Daniel Mitidiero: "O processo, que é necessariamente um procedimento em contraditório adequado aos fins do Estado Constitucional, reclama para sua caracterização a estruturação de um formalismo que proponha um debate leal entre todas as pessoas que nele tomam parte." (MITIDIERO, Daniel. *Colaboração no processo civil. Pressupostos sociais, lógicos e éticos*. Revista dos Tribunais: São Paulo, 2009. p. 134).

sempre confiando-lhe novos horizontes de significado, que renovam a sua importância e finalidade.[4]

E, salvo engano, o *pano de fundo* dessa valorização experimentada relaciona-se umbilicalmente com a *legitimação do poder*. Um tema sensível que fere sobretudo o Judiciário, por se tratar de um órgão estatal, que a despeito de exercer importante função pública e cujas decisões afetam toda a coletividade – considerada individual, coletiva ou difusamente –, tem por regentes pessoas não eleitas pelo povo.

A atividade jurisdicional, em suma, não se ajusta ao regime da *democracia representativa* e, por isso, muitos veem nela um *déficit democrático*,[5] pois não compreendem como uma minoria de juízes, *não eleita democraticamente pelo povo*, possui autoridade para se sobrepor aos demais órgãos do poder, a exemplo do que ocorre quando, no exercício do controle de constitucionalidade, o Judiciário invalida leis e/ou

---

4. Sobre a evolução dos significados do princípio do contraditório, consultar os seguintes trabalhos: DELFINO, Lúcio. O processo democrático e a ilegitimidade de algumas decisões judiciais. *Direito processual civil: artigos e pareceres*. Belo Horizonte: Editora Fórum, 2011. p. 29-80. GONÇALVES, Aroldo Plínio. *Técnica processual e teoria do processo*. Rio de Janeiro: Aide, 1992. MADEIRA, Dhenis Cruz. *Processo de conhecimento & cognição: uma inserção no Estado democrático de direito*. Curitiba: Juruá, 2008. MITIDIERO, Daniel. *Colaboração no processo civil. Pressupostos sociais, lógicos e éticos*. Revista dos Tribunais: São Paulo, 2009. NUNES, Dierle José Coelho. O princípio do contraditório: uma garantia de influência e de não surpresa. *In*: DIDIER JR., Fredie; JORDÃO, Eduardo Ferreira (Coord.). *Teoria do processo: panorama mundial*. Salvador: JusPodivm, 2008. p. 151-172. OLIVEIRA, Carlos Alberto Alvaro de. Garantia do contraditório. Disponível em: <www.mundojuridico.adv.br>. PINTO, Junior Alexandre Moreira. *A causa petendi e o contraditório*. São Paulo: Revista dos Tribunais, 2007. THEODORO JÚNIOR, Humberto; NUNES, Dierle José Coelho. Uma dimensão que urge reconhecer ao contraditório no direito brasileiro: sua aplicação como garantia de influência, de não surpresa e de aproveitamento da atividade processual. *Revista de Processo*, São Paulo, n. 168, p. 107-141, 2009. ZANETI JÚNIOR, Hermes. *Processo constitucional: o modelo constitucional do processo civil brasileiro*. Rio de Janeiro: Lumen Juris, 2007.

5. Não é adequado resolver o problema segundo uma cômoda posição formalista, que atribui legitimidade à atividade jurisdicional porque a Constituição prevê a nomeação de juízes mediante concurso de provas e títulos (argumento normativo, formal, procedimental). Ainda que tal resposta não possa ser desprezada, é ela simplista e tangencial, pois negligencia o cerne da questão e, de tal modo, não colabora o suficiente para seu desenlace. Ou seja, afirmar que a Constituição é que determina a maneira pela qual os juízes são nomeados não esclarece, na essência, as razões pelas quais o poder jurisdicional, apesar de emanado do povo, não é exercido por intermédio de representantes eleitos (CF, parágrafo único do art. 1º, primeira parte). Tampouco responde como as decisões judiciais, proferidas por juízes não eleitos, detêm autoridade para invalidar atos legislativos e administrativos oriundos da atuação de representantes democraticamente eleitos pelo povo.

atos normativos oriundos da atuação de representantes democraticamente eleitos. Como resume, de maneira lapidar, Roberto Gargarella ao indagar: "Como é possível que um minúsculo grupo de juízes, não eleitos diretamente pela cidadania (como o são os funcionários políticos) e que não estejam sujeitos a periódicas avaliações populares (e, portanto, gozam de estabilidade em seus cargos, livres do escrutínio popular), possam prevalecer, em última instância, sobre a vontade popular?"[6]

E é justamente o princípio do contraditório, encarado segundo matizes renovados, que serve de alicerce a construção de um raciocínio bastante elaborado, cuja tônica, ao mesmo tempo em que afasta o argumento da ausência de legitimidade, possibilita ao Judiciário assumir-se como o mais democrático dos órgãos de poder. Um modo de pensar, portanto, capaz de atribuir o adjetivo *aparente* à tensão que alguns apregoam existir entre *democracia* e *jurisdição*.

Mas, afinal, que raciocínio é esse?

Trata-se de encarar o *processo* como *ambiente democrático*, considerar que os resultados dele oriundos não decorrem do labor solitário do julgador (*solipsismo judicial*),[7] sendo também fruto do empenho dos

---

6. GARGARELLA, Roberto. *La justicia frente al gobierno*. Barcelona: Editorial Ariel, 1996. p. 9. Não escapa de Luiz Guilherme Marinoni esta questão: "O debate em torno da legitimidade da jurisdição constitucional, ou melhor, a respeito da legitimidade do controle da constitucionalidade da lei, funda-se basicamente no problema da legitimidade do juiz para controlar a decisão da maioria parlamentar. Isso porque a lei encontra respaldo na vontade popular que elegeu o seu elaborador — isto é, na técnica representativa. Por outro lado, os juízes, como é sabido, não são eleitos pelo povo, embora somente possam ser investidos no poder jurisdicional através do procedimento traçado na Constituição, que prevê a necessidade de concurso público para o ingresso na magistratura de 1º grau de jurisdição — de lado outros critérios e requisitos para o ingresso, por exemplo, no Supremo Tribunal Federal" (MARINONI, Luiz Guilherme. *Teoria geral do processo*. 3. ed. São Paulo: Revista dos Tribunais, 2008. p. 431).

7. A expressão *solipsismo judicial* traduz-se num espaço subjetivo o qual se encontra blindado ao exercício pleno do contraditório, dele se originando decisões judiciais decorrentes do labor solitário do juiz, ao arrepio da necessária colaboração das partes. O *juiz solipsista* é aquele que se basta em si, egoísta, encapsulado, que atua solitariamente, pois compromissado apenas com a sua própria subjetividade. Para um aprofundamento acerca dos significados dessa expressão, verificar: DIAS, Ronaldo Brêtas Carvalho; FIORATTO, Débora Carvalho. A conexão entre os princípios do contraditório e da fundamentação das decisões na construção do Estado democrático de direito. *Revista Eletrônica de Direito Processual*, v. 5, 2010. p. 228-260. Disponível em: <www.redp.com.br>. MADEIRA, Dhenis Cruz. *Processo de conhecimento & cognição*: uma inserção no Estado democrático de direito. Curitiba: Juruá,

demais sujeitos processuais (partes, por intermédio de seus advogados), que *participam* da construção do provimento jurisdicional do qual eles próprios serão os destinatários. Ainda segundo essa visão, é *dever* do juiz assegurar às partes a sua participação efetiva na criação da *norma jurídica pacificadora* (=expressão do poder estatal), circunstância à qual instala a jurisdição, com suficiente perfeição, no coração do parágrafo único do art. 1º (segunda parte) da Constituição da República Federativa do Brasil, que prevê a *democracia participativa* também como meio de legitimação democrática do poder estatal — "*Todo* poder emana do povo, que o exerce por meio de representantes eleitos, *ou diretamente*, nos termos desta Constituição".[8] No Estado Democrático de Direito o *contraditório* é, nada menos, que a *ponte de ouro* entre *jurisdição* e *democracia*.[9]

2008. STRECK, Lenio Luiz. *O que é isto – decido conforme minha consciência?*. Curitiba: Livraria do Advogado, 2010.

8. Cleber Lúcio de Almeida apresenta visão bastante similar a que ora se defende: "O Estado Democrático de Direito tem como característica essencial a criação das normas jurídicas gerais e abstratas pelos seus destinatários (construção participada da ordem jurídica). Nesse sentido, estabelece o art. 1º, parágrafo único, da Constituição da República que todo poder emana do povo. Contudo, no verdadeiro Estado Democrático de Direito, não é suficiente a construção participada da ordem jurídica. Nele, o processo judicial, como instrumento de atuação de uma das funções do Estado, deve estar em sintonia com os princípios adotados constitucionalmente, dos quais decorre o direito fundamental de participação na tomada de decisões. Por essa razão, também a *norma jurídica concreta* — a norma regente do caso submetido ao Poder Judiciário ou o direito no caso concreto — deve ser construída com a participação dos destinatários dos seus efeitos (construção participada da decisão judicial ou do direito no caso concreto). A participação das partes na formação do direito no caso concreto opera em favor da consolidação do Estado Democrático de Direito, uma vez que ser senhor do próprio destino é participar não só da criação, mas também da aplicação das normas jurídicas gerais e abstratas a casos concretos". Mais à frente, leciona: "Participar da formação da decisão judicial é, também, participar da compreensão do significado das normas jurídicas gerais e abstratas (interpretação). Essa participação legitima a atribuição de significado à norma constante da decisão e a torna mais objetiva, uma vez que construída a partir de diversos pontos de vista." (ALMEIDA, Cleber Lúcio de. *A legitimação das decisões judiciais no Estado democrático de direito*. Disponível em: <http://direito.newtonpaiva.br/revistadireito/professor/professores.asp>. Acesso em: 08 fev. 2010).

9. DELFINO, Lúcio. O processo democrático e a ilegitimidade de algumas decisões judiciais. *Direito processual civil: artigos e pareceres*. Belo Horizonte: Editora Fórum, 2011. p. 29-80. Aceitar o contraditório como *direito de influência* implica obrigatoriamente rever o conceito de jurisdição para atribuir-lhe novos contornos, afeiçoados ao marco do Estado Democrático de Direito. Nesse rumo, leciona André Cordeiro Leal, em sua tese de doutoramento: "(...) no Estado Democrático de Direito, em sua visão procedimental, não mais se poderia afirmar a jurisdição como atividade do juiz no desenvolvimento do poder do Estado em

Vê-se daí que essa infusão de seiva democrática no âmbito da atividade judicial só se apresenta possível caso se encare o contraditório conforme feições que superem aquela de cunho meramente formal. É concebê-lo segundo seu sentido *dinâmico*, como se costuma ler em doutrina, e não mais aceitá-lo como mera garantia, endereçada aos litigantes, de *informação* acerca dos atos processuais que se sucedem no curso procedimental; tampouco traduzi-lo em simples direito de *resistir* a esses mesmos atos, mediante impugnações, produção de provas e contraprovas e requerimentos a serem registrados no caderno processual. Deve-se, insista-se na ideia, concebê-lo para além de suas feições formais a fim de assegurar às partes um ativismo de atuação que lhes permita *influir* nos conteúdos (fáticos e jurídicos)[10] das decisões judiciais – as partes não apenas *participam* do processo, mas *animam* seu resultado.[11]

---

dizer o direito ou em aplicá-lo ao caso concreto, mas, sim, como o resultado necessário da atividade discursiva dos sujeitos do processo a partir de argumentos internos ao ordenamento." (LEAL, André Cordeiro. *Instrumentalidade do Processo em Crise*. Belo Horizonte: Editora Mandamentos, 2008. p. 34).

10. Caso grave de lesão ao contraditório ocorre quando juiz conhece de controvérsia não suscitada na petição inicial – e, portanto, não impugnada pelo demandado –, decidindo a lide segundo *molde jurídico* (*enquadramento jurídico*) diverso daquele segundo o qual foi proposta. Assim agindo ulcera também de morte o denominado princípio da congruência, que vincula a decisão judicial à causa de pedir e ao pedido. Sob essa perspectiva, merecem revisão os brocardos *da mihi factum, dabo tibi ius e iura novit curia*. Atualmente não há como aceitar que a colaboração das partes se restrinja ao material fático; deve igualmente ser observada no que concerne às matérias jurídicas. A decisão não pode, pois, surpreender as partes, nem fática, nem juridicamente. E mais uma observação: a vedação de decisões-surpresas naquilo que toca às matérias jurídicas deve ser trabalhada em atenção ao compromisso que possui o magistrado com a ordem jurídica. Daí se afirmar, sempre, que o contraditório impõe ao magistrado o dever de *aperfeiçoar* o contraditório, algo que deve ser realçado quando o que está em jogo é o debate do *enquadramento jurídico dos fatos*. Afinal, o Código de Processo Civil prevê a possibilidade de manejo da ação rescisória quando a sentença (ou acórdão) *violar literal disposição de lei* (CPC, art. 485, V). Isso apenas significa que o juiz não está autorizado a aplicar ao caso concreto solução decorrente de norma legal que não se ajusta à realidade fática; é que, se assim proceder, seja por qual motivo for, violará o ordenamento jurídico, maculando sua decisão com vício gravíssimo passível de rescisão.

11. Esclarece Enrico Redenti que as partes têm o legítimo interesse de obter uma decisão e de influenciar, com aporte ou com a oferta de contribuições, tanto temáticas quanto informativas, demonstrativas, críticas ou polêmicas, a formação de seu conteúdo; o contraste dialético ou dialógico que deriva do contraditório fornece ao juiz, imparcial e prudente, os elementos necessários e suficientes (do ponto de vista da lei) sobre o tema e sobre o modo de decidir, com resultantes de relativa justiça (REDENTI, Enrico. *Diritto processuale civile*. 4ª ed. Milão: Giuffrè Editore, 1997. v. 2, p. 25-26). Nesse mesmo sentido, Daniel Mitidiero: "(...) exigir-se que o pronunciamento jurisprudencial tenha apoio tão-somente em elementos

Cap. 15 • JUIZ CONTRADITOR?

E ainda mais, como é até intuitivo – importante sublinhar –, o contraditório também assume outra função: controlar a atividade jurisdicional e os resultados dela oriundos e, deste modo, colaborar para o desígnio, igualmente democrático e legitimador, de obstar arbítrios provenientes do órgão jurisdicional.[12] Afinal, se o diálogo travado processualmente é pelo juiz considerado na formulação dos provimentos jurisdicionais, é evidente que o contraditório presta-se ao controle do poder estatal ju-

---

sobre os quais as partes tenham tido a oportunidade de se manifestar significa evitar a decisão-surpresa no processo. Nesse sentido, têm as partes de se pronunciar, previamente à tomada de decisão, tanto a respeito do que se convencionou chamar questões de fato, questões de direito e questões mistas, como no que atine à eventual visão jurídica do órgão jurisdicional diversa daquela aportada por essas ao processo. Fora daí há evidente violação à cooperação e ao diálogo no processo, com afronta inequívoca ao dever judicial de consulta, e ao contraditório." (MITIDIERO, Daniel. *Colaboração no processo civil. Pressupostos sociais, lógicos e éticos*. Revista dos Tribunais: São Paulo, 2009. p. 136-137). Em linha semelhante, Dierle José Coelho Nunes: "Neste Estado democrático os cidadãos não podem mais se enxergar como sujeitos espectadores e inertes nos assuntos que lhes tragam interesse, e sim serem participantes ativos e que influenciem no procedimento formativo dos provimentos (atos administrativos, das leis e das decisões judiciais), e este é o cerne da garantia do contraditório. Dentro desse enfoque se verifica que há muito a doutrina percebeu que o contraditório não pode mais ser analisado tão somente como mera garantia formal de bilateralidade da audiência, mas, sim, como uma possibilidade de influência (*Einwirkungsmöglichkeit*) sobre o desenvolvimento do processo e sobre a formação de decisões racionais, com inexistentes ou reduzidas possibilidades de surpresa. Tal concepção significa que não se pode mais na atualidade, acreditar que o contraditório se circunscreva ao dizer e contradizer formal entre as partes, sem que isso gere uma efetiva ressonância (contribuição) para a fundamentação do provimento, ou seja, afastando a idéia de que a participação das partes no processo pode ser meramente fictícia e mesmo desnecessária no plano substancial" (NUNES, Dierle José Coelho. O princípio do contraditório: uma garantia de influência e de não surpresa. *In*: DIDIER JR., Fredie; JORDÃO, Eduardo Ferreira (Coord.). *Teoria do processo*: panorama mundial. Salvador: JusPodivm, 2008. p. 151-172). Assim pensa, por igual, o festejado processualista mineiro, Ronaldo Brêtas: "A nosso ver, esse considerado trinômio estrutural do contraditório – informação-reação-diálogo – que se instala na dinâmica do procedimento acarreta a correlação do princípio do contraditório com o princípio da fundamentação das decisões jurisdicionais. Por consequência, no Estado Democrático de Direito, é esta forma de estruturação procedimental que legitima o conteúdo das decisões jurisdicionais proferidas ao seu final, fruto da comparticipação dos sujeitos do processo (juiz e partes contraditoras), gerando a implementação técnica de direitos e garantias fundamentais ostentados pelas partes." (CARVALHO DIAS, Ronaldo Brêtas de. *Processo Constitucional e Estado Democrático de Direito*. 2ª. ed. Belo Horizonte: Editora Del Rey, 2012. p. 104).

12. Segundo Fredie Didier Jr., "falar em processo democrático é falar em processo equilibrado e dialógico. Um processo em que as partes possam controlar-se, os sujeitos processuais tenham poderes e formas de controle previamente estabelecidos. Não adianta atribuir poder, se não houver mecanismos de controle desse poder" (DIDIER JR., Fredie. *Curso de direito processual civil*. 6. ed. Salvador: JusPodivm, 2006. v. 1, p. 62).

risdicional, legitimando-o mediante uma atuação balizada pelo devido processo legal, em deferência às expectativas alimentadas pelas partes ao longo do procedimento.[13]

Combate-se, com uma tal perspectiva, as incertezas, cerca-se a discricionariedade judicial, afronta-se a ausência de transparência e de previsibilidade, afastam-se às chamadas *decisões-surpresas* que só se coadunam com o arbítrio e, por conseguinte, dizimam o ideal democráti-

---

13. Vale sublinhar que essas funções de suplementação dos poderes das partes e de controle da atuação do Judiciário estão em consonância com o paradigma do Estado Democrático de Direito, mais especificamente com o movimento denominado constitucionalismo, sobretudo em seus moldes contemporâneos. É nessa perspectiva a lição de Lenio Streck: "(...) o constitucionalismo pode ser concebido como um movimento teórico jurídico-político em que se busca limitar o exercício do poder a partir da concepção de mecanismos aptos a gerar e garantir o exercício da cidadania." (FERRAJOLI, Luigi. Constitucionalismo principialista e constitucionalismo garantista. *In* Garantismo, hermenêutica e (neo)constitucionalismo: um debate com Luigi Ferrajoli. Coordenação: FERRAJOLI, Luigi; STRECK, Lenio Luiz; TRINDADE, André Karam. Porto Alegre: Editora Livraria do Advogado, 2012. p. 64). Também é essa a perspectiva defendida por Gustavo Calvinho: "Bajo estas circunstancias, la democracia – siempre en sentido amplio y apuntalada a su vez por los limites y controles al poder que agrega el Estado de derecho – aporta valores que pueden afirmarse desde la seguridad que brinda una Constituición receptora del derecho internacional de los derechos humanos. En consecuencia, queda el sistema orientado hacia el ser humano, hallando su procección la vida, la libertad, la dignidad, la igualdad, la seguridad, la paz, el diálogo, el respeto a la ley y los restantes derechos inherentes a la naturaleza humana." (CALVINHO, Gustavo. La ineludible vinculación de la imparcialidad del juzgador a un concepto de proceso alineado con los derechos fundamentales. *Revista Brasileira de Direito Processual, 66.* Belo Horizonte: Editora Fórum, 2009. p. 129-130). Na mesma toada, mas com enfoque no devido processo legal, leciona Calmon de Passos: "Devido processo constitucional jurisdicional, cumpre esclarecer, para evitar sofismas e distorções maliciosas, não é sinônimo de formalismo, nem culto da forma pela forma, do rito pelo rito, sim um complexo de garantias mínimas contra o subjetivismo e o arbítrio dos que têm poder de decidir. Exige-se, sem que seja admissível qualquer exceção, a prévia instituição e definição da competência daquele a quem se atribua o poder de decidir o caso concreto (juiz natural), a bilateralidade da audiência (ninguém pode sofrer restrição em seu patrimônio ou em sua liberdade sem previamente ser ouvido e ter direito de oferecer suas razões, a publicidade (eliminação de todo procedimento secreto e da inacessibilidade ao público interessado de todos os atos praticados no processo), a fundamentação das decisões (para se permitir a avaliação objetiva e crítica da atuação do decisor) e o controle dessa decisão (possibilitando-se, sempre, a correção da ilegalidade praticada pelo decisor e sua responsabilização pelos erros inescusáveis que cometer). Dispensar ou restringir qualquer dessas garantias não é simplificar, deformizar, agilizar o procedimento privilegiando a efetividade da tutela, sim favorecer o arbítrio em benefício do desafogo de juízos e tribunais. Favorece o poder, não os cidadãos, dilata-se o espaço dos governantes e restringe-se o dos governados. E isso se me afigura a mais escancarada anti-democracia que se pode imaginar." (CALMON DE PASSOS, J.J. Direito, poder, justiça e processo – julgando os que nos julgam. Rio de Janeiro: Editora Forense, 1999. p. 69-70).

co.[14] Lado outro, suplementa-se o papel das partes e dos seus advogados no processo, fortifica-se a igualdade processual, além de valorizar a linguagem e discursividade, em resgate a algumas ideias caras defendidas na Grécia antiga pelos mestres sofistas.[15]

3. A ESTRUTURAÇÃO DO CONTRADITÓRIO E A IMPOSSIBILIDADE DE UM JUIZ CONTRADITOR

Assevera Daniel Mitidiero, na defesa de um "modelo cooperativo de processo civil", que *"o contraditório acaba assumindo (...) um local destaque na construção do formalismo processual, sendo instrumento ótimo para a viabilização do diálogo e da cooperação no processo, que implica, de seu turno, necessariamente, a previsão de deveres de conduta tanto para as partes como para o órgão jurisdicional (deveres de esclarecimento, consulta, prevenção e auxílio). O juiz tem o seu papel redimensionado, assumindo uma dupla posição: mostra-se paritário na condução do processo, no diálogo processual, sendo, contudo, assimétrico no quando da decisão da causa."*[16] Em outro trabalho de sua lavra, agora escrito em coautoria com Carlos Alberto Alvaro de Oliveira, o posicionamento é reafirmado: *"(...) o juiz ocupa um duplo papel no processo: é paritário no diálogo e assimétrico na decisão. Vale dizer: ao longo do processo, o juiz faz observar e ele mesmo observa – isto é, submete-se – ao contraditório; quando decide, contudo, impõe a sua decisão, cuja imperatividade vincula as partes."*[17]

---

14. Segundo pontua Ronaldo Brêtas de Carvalho Dias, "deve ser energicamente descartada qualquer doutrina que sugira aos órgãos estatais (juízes e tribunais) o exercício da função jurisdicional sob critérios outros dissociados da constitucionalidade da jurisdição, ao revés, marcados de forma inconstitucional e antidemocrática pela arbitrariedade, pela discricionariedade, pelo subjetivismo, pelo messianismo, pelas individualidades carismáticas ou pela patologia que denominamos complexo de Magnaud." (CARVALHO DIAS, Ronaldo Brêtas de. Responsabilidade do Estado pela função jurisdicional. Belo Horizonte: Del Rey, 2004. p. 134).

15. Aqui a referência aos sofistas é feita de maneira elogiosa, em atenção ao legado positivo deixado por esses grandes mestres do embate discursivo. Bem diferentemente, portanto, da imagem que lhes era atribuída por Sócrates, Platão e Aristóteles, hoje muito questionada, que os viam como demagogos e falsos filósofos. Para um maior aprofundamento no tema: GUTHRIE, W.K.C. Os sofistas. São Paulo: Paulus, 1997.

16. MITIDIERO, Daniel. *Colaboração no processo civil. Pressupostos sociais, lógicos e éticos*. Revista dos Tribunais: São Paulo, 2009. p. 102.

17. ALVARO DE OLIVEIRA, Carlos Alberto; MITIDIERO, Daniel. O direito fundamental ao contraditório e sua centralidade no processo coletivo. *Processo coletivo e outros temas de direito*

Pergunta-se: o que exatamente significa a alusão de que o juiz é *paritário* no diálogo processual,[18] ou de que ele também não só faz observar, *mas igualmente observa* o contraditório? Qual o sentido da afirmação de que o contraditório traduz-se *em instrumento para a viabilização do diálogo e da cooperação no processo*? Estaria aí nessas lições a matéria prima para se gestar a figura de um *juiz contraditor*?

Muito já se dedicou à tratativa dos juízes *ditador, diretor, espectador* e *administrador*, mas ninguém patrocinou, ao menos abertamente,[19] a

---

processual. Coordenação: Araken de Assis, Carlos Alberto Molinaro, Luiz Manoel Gomes Junior e Mariângela Guerreiro Milhoranza. Porto Alegre: Livraria do Advogado, 2012 . p. 131.

18. Daniel Mitidiero, ao que tudo indica, usa a expressão *diálogo processual* com o propósito de se referir exclusivamente ao diálogo travado entre partes e juiz. Não estaria, assim, referindo-se ao contraditório em si mesmo, isto é, ao debate entre as partes, com a intenção de nele (=contraditório, debate entre as partes) incluir também a participação do juiz. O *diálogo processual* (=cooperação) seria para o mestre gaúcho um modo de distribuir poderes na *comunidade de trabalho* entre "partes ← → juiz" e "juiz ← → partes", e não entre parte ← → parte ← → juiz ← → parte. Ainda que tenha sido realmente essa a intenção do ilustre processualista – com a qual se concorda em sua plenitude –, crê-se, por razões adiante desenvolvidas, que: (i) não existe paridade no diálogo processual entre juiz e partes; (ii) o contraditório não implica deveres das partes para com o juiz.

19. É bem verdade que ninguém defende *abertamente* a possibilidade de um *juiz contraditor*. Não obstante, hoje em doutrina é prevalente o entendimento de que se deve incentivar um *protagonismo judicial* em matéria probatória a fim de tornar mais efetivo e justo o processo, além de assegurar a igualdade entre as partes. O próprio ordenamento processual, aliás, segue esse rumo (CPC, art. 130). Para os que assim pensam não haveria aí um risco à imparcialidade do julgador, desde que se respeite alguns limites, entre eles o próprio contraditório. (MATTOS, Luís Wetzel de. *Da iniciativa probatória do juiz no processo civil*. Rio de Janeiro: Forense, 2001. p. 103-104. BRAGA, Sidney da Silva. *Iniciativa probatória do juiz no processo civil*. 2ª. ed. São Paulo: Saraiva, 2008. p. 81-82. BEDAQUE, José Roberto dos Santos. *Poderes instrutórios do juiz*. 3ª. ed. São Paulo: Revista dos Tribunais, 2001. p. 158-159). Entretanto, há nesse raciocínio uma armadilha muitas vezes não percebida: é que ao introduzir provas ao processo, o juiz, muito sutilmente, deixa de lado a sua condição de terceiro (*impartialidad*) e passa a operar, ainda que inconscientemente, como verdadeira parte, ou como auxiliar de uma delas. E assim procedendo, atuando como deveria laborar a parte beneficiada pela prova, vulnera o contraditório, desequilibra o debate, tudo em prejuízo da contraparte, que agora terá que se voltar também contra o próprio magistrado. Portanto, a própria legislação brasileira – em artigo de lei concebido anteriormente à Constituição Federal de 1988 –, e também a doutrina, admite uma espécie de *juiz contraditor*: aquele que determina, de ofício, a produção de provas. Sobre o assunto, especificamente acerca da perda da qualidade de terceiro imparcial do juiz que no processo introduz oficiosamente meios de prova e da lesão ao contraditório que isso acarreta, adverte Girolamo Monteleone: "Nadie quiere un juez pasivo e inerte, impotente espectador de las astucias de las partes y de suas defensores, pero sí se quiere evitar que el proceso este permanentemente sustraído a la disponibilidad de los titulares de los interesses en juego para ser encomendado a un órgano autoritário e incontrolado, que produce resultados

legitimidade de um *juiz contraditor*. E advirta-se desde já: a expressão é naturalmente nada mais que um *recurso retórico*,[20] por aproximar ideias

> como los arriba ilustrados. Nadie quiera la injusticia y la ineficácia de la jurisdicción, pero precisamente, para evitar que ello ocurra, se requiere alejar diligentemente toda, aunque lejana, confusión de pepeles en el processo; es decir, que el juez y las partes permanezcan siempre en su sitio. En efecto, como ha perfectamente escrito tambíen Montero Aroca, atribuir al juez el poder de introducir de oficio médios de prueba en sentido estricto (no solo simples médios instructorios recognocitivos) significa exatamente atribuirle también el ropaje y los poderes de la parte. Si no hay duda de que el processo se resuelve en el contradictorio entre los contendientes y que éstos tienen el derecho y la carga de oferecer al juez las pruebas de los hechos alegados en sostén de suas demandas, excepciones y defensas con la finalidade de que éste pueda rectamente decidir, no hay igualmente duda que encomendar también a él el impulso pobatorio lo ponga en el mismo plano de la parte vulnerando el principio del contradictorio y el derecho de defensa. La parte, en efecto, actúa y se defende en juicio frente al adversário, no del juez, por lo que cuando entra en el ruedo, introduciendo a su discreción pruebas sobre hechos deducidos en litis, altera profundamente el contradictorio y perde su calidad más essencial y genética de tercero imparcial. De tal modo, no solo se corrompen irremediablemente la jurisdicción y el processo, sino que se abre el caminho a la arbitrariedade y a la injusticia." (MONTELEONE, Girolamo. El actual debate sobre las orientaciones publicísticas del processo civil. *Proceso civil y ideologia. Un prefacio, una sentencia, dos cartas y quince ensayos*. Coordenador: Juan Montero Aroca. Valencia: Tirant lo Blanch, 2006. p. 173-197). Em termos diversos, porém pontuando sua contrariedade com os chamados poderes instrutórios do juiz, leciona Pontes de Miranda: "Dar ao juiz o direito de ordenar produção de testemunhas que as partes não ofereceram, ou mandar que se exibam documentos, que se acham em poder da parte, e não foram mencionados pela parte adversa, ou pela própria parte possuidora, como probatórios de algum fato do processo, ou deliberar que uma das partes preste depoimento pessoal, é quebrar toda a longa escadaria, que se subiu, através de cento e cinquenta anos de civilização liberal." (PONTES DE MIRANDA, Francisco Cavalcanti. *Comentários ao Código de Processo Civil*. 3ª. ed. Rio de Janeiro: Editora Forense, 1997, t. 2. p. 514). Numa perspectiva diversa, vale aqui a lembrança do primoroso estudo, elaborado por Dierle Nunes, em que resgata os traços do *movimento da socialização processual*, ocorrido no segundo pós-guerra, especialmente nos países do Leste Europeu e sob a inspiração do sistema processual soviético (URSS). De suas conclusões sobressai uma espécie perigosíssima de juiz contraditor, que tudo podia e tudo devia fazer àquele tempo em nome dos ideais estatais. Leciona o mestre mineiro, com apoio na doutrina de Comoglio: "A adoção de poderes oficiosos do julgador ganhou uma dimensão que nem mesmo Menger imaginara, uma vez que, além do modelo convencional de ativismo judicial, permitiu-se àquele a não-vinculação às alegações e provas deduzidas pelas partes, estando autorizado a suscitar de ofício aspectos fáticos e questões relevantes para a decisão, podendo, inclusive, decidir ultra petita e atribuir formas de tutela não requeridas que considerasse mais apropriadas ao caso em discussão." (NUNES, Dierle José Coelho. *Processo jurisdicional democrático. Uma análise crítica das reformas processuais*. Curitiba: Editora Juruá, 2010. p. 110-111).

20. Aqui a expressão *juiz contraditor* é utilizada figurativamente; uma *imagem* cujo propósito é servir de expediente para *convencer*. O ideal, por conseguinte, seria que permanecesse no *plano da imaginação*. Mas isso não ocorre, infelizmente. O fantasioso, vez ou outra, materializa-se, tornando-se uma palpável (e incoerente) realidade: o *juiz contraditor* não é mero personagem de quadrinhos. Em nota de rodapé anterior já se aludiu ao art. 130 do Código

contrárias e apelar para o exagero como estratégia destinada a enfatizar os balizamentos do contraditório e apontar cada qual das funções das partes e do juiz naquilo que respeita a esse direito fundamental. Ou sob outra perspectiva: Alvaro de Oliveira e Mitidiero nem de longe defendem um *juiz contraditor* e o pensamento deles deve, isso sim, ser conhecido e apreendido, pois se afina ao paradigma do Estado Democrático de Direito por propor uma oxigenação democrática necessária no âmbito do processo judicial.[21]

Mas por que é inconcebível um *juiz contraditor*? O tema não é de todo novo e já fora objeto dos estudos de Elio Fazzalari,[22] Aroldo Plínio Gonçalves[23] e, mais recentemente, resgatado por Flaviane de Magalhães Barros Pellegrini[24] e Kelen Cristina Fonseca de Sousa.[25] A indagação que se coloca é: em seu papel de garantir às partes oportunidades no exer-

---

de Processo Civil que, ao atribuir poderes instrutórios ao juiz, transforma-o num contraditor, em desprestígio a alguns direitos fundamentais processuais integrantes do devido processo legal (contraditório, juiz natural, igualdade). Mas há outros exemplos dessa anomalia. A pretexto de limitar e corrigir contratações de natureza privada, envolvendo honorários entre advogados e seus clientes, alguns juízes trabalhistas do Rio Grande do Sul têm condicionado a homologação de acordos judiciais à renúncia da cobrança de honorários por parte dos advogados. Há casos em que os juízes fazem inserir, *por sua própria iniciativa*, nos termos de conciliação e em decisões judiciais, a "cláusula" de que os honorários contratuais não serão devidos (OAB-RS reage contra intromissão de juízes em honorários. Consultor Jurídico. Disponível: <www.conjur.com.br>. Acessado em: 24/08/2012). Sem contar os variados desvios ao ordenamento jurídico que daí se infere (problemas relacionados à competência, à lesão ao direito de ação e ao princípio do juiz natural), o exemplo ilustra a presença entre nós de juízes que agem como se partes fossem, pequenos déspotas que marcam, com a sua própria vontade e subjetivismo, acordos cuja característica mais relevante haveria de ser a liberdade das partes.

21. Entretanto, não se crê acertada a afirmação feita pelos mestres no sentido de que o juiz encontra-se em posição de paridade com as partes no diálogo processual.
22. FAZZALARI, Elio. *Instituições de Direito Processual*. Tradução de Elaine Nassif. São Paulo: Bookseller, 2006.
23. GONÇALVES, Aroldo Plínio. *Técnica processual e teoria do processo*. Rio de Janeiro: AIDE, 1992.
24. BARROS PELLEGRINI, Flaviane de Magalhães. O paradigma do Estado Democrático de Direito e as teorias do processo. *Revista Eletrônica da Faculdade Mineira de Direito*. Belo Horizonte: Puc Minas, ano 3, n. 1, jun. 2004. Disponível em: <http://www.fmd.pucminas.br>.
25. FONSECA DE SOUSA, Kelen Cristina. *O princípio do contraditório: uma reconstrução sob a ótica do paradigma do Estado Democrático de Direito*. Dissertação apresentada ao Programa de Pós-Graduação em Direito Processual da Faculdade de Direito da Pontifícia Universidade Católica de Minas Gerais, como requisito para obtenção do título de Mestre em Direito. 2009. Não publicada.

cício do contraditório, assegurar o direito delas de igual participação, oportunizar o debate sobre todas as questões surgidas ao longo do feito, enfim, essa participação ativa do juiz no *iter* processual o transforma também em um *contraditor*?

A resposta só poderia ser negativa. No debate processual o juiz não se situa em posição paritária com as partes simplesmente porque não é *destinatário* dos atos decisórios. Não é *contraditor* e sim um estranho no que tange aos interesses em contenda, não sendo parte interessada naquilo que se discute no processo; é o autor do provimento, não o seu alvo.[26] É *terceiro imparcial*, não *parte parcial*. O contraditório é exercido unicamente pelos contraditores (leia-se partes e seus advogados), aqueles que se digladiam ao longo do processo, defendem suas razões fáticas e jurídicas, produzem provas e contraprovas e que são titulares de posições jurídicas ativas e passivas perante o órgão jurisdicional, envolvidos na causa por seus próprios, parciais e pessoais interesses.

A expressão *juiz contraditor* denota então – reafirme-se em outros termos – um *oximoro*: aproxima conceitos que não combinam, com significados opostos e que verdadeiramente se repelem; onde se situa um, o outro não se ajusta.[27] Afinal, é incoerente pensar naquele que representa o Estado e cuja função é solucionar o conflito, defendendo, ele próprio, teses, formulando argumentos e produzindo provas, avançando rumo a uma participação de matriz exageradamente inquisitorial (e inconstitucional). Para dizer o óbvio: o juiz não é paritário no diálogo

---

26. Nessa linha, o discurso de Fazzalari: FAZZALARI, Elio. *Instituições de Direito Processual*. Tradução de Elaine Nassif. São Paulo: Bookseller, 2006. p. 121-124. Aroldo Plínio Gonçalves, por sua vez, adverte que o juiz colabora, enquanto sujeito do processo, do diálogo que deve resultar a decisão para o caso concreto, mas isso "não o transforma em contraditor, ele não participa 'em contraditório com as partes', entre ele e as partes não há interesses em disputa, ele não é 'interessado', ou um 'contra-interessado' no provimento. O contraditório se passa entre as partes porque importa no jogo de seus interesses em direções contrárias, em divergência de pretensões sobre o futuro provimento que o *iter* procedimental prepara, em oposição. (...) O contraditório realizado entre as partes não exclui que o juiz participe atentamente do processo, mas, ao contrário, o exige, porquanto, sendo o contraditório um princípio jurídico, é necessário que o juiz a ele se atenha, adote as providências necessárias para garanti-lo, determine as medidas adequadas para assegurá-lo, para fazê-lo observar, para observá-lo, ele mesmo" (GONÇALVES, Aroldo Plínio. *Técnica processual e teoria do processo*. Rio de Janeiro: Aide, 1992. p. 121-123).

27. Alguns exemplos de oximoros: *melodia calada, instante eterno, luz escura, visão cega, triste glória, vida morta, fogo gelado...*

processual com as partes porque, se caso o fosse, a posição de terceiro e a imparcialidade psicológica que o distinguem restariam prejudicadas,[28] em atentado mortal ao *princípio do juiz natural*,[29] que também integra os contornos do devido processo legal.

28. Alvarado Velloso apresenta a distinção entre *impartialidad* e *imparcialidad*. Segundo leciona, "la idea de imparcialidad indica que el tercero que actúa en calidad de autoridad para procesar y sentenciar el litigio debe ostentar claramente ese carácter: para ello, no ha de estar colocado en la posición de parte (impartialidad) ya que nadie puede ser actor o acusador y juez al mismo tiempo; debe carecer de todo interés subjetivo en la solución del litigio (imparcialidad) y debe poder actuar sin subordinación jerárquica respecto de las dos partes (independencia)." (VELLOSO, Adolfo Alvarado. *El garantismo procesal*. Rosário: Editorial Librería Juris, 2010. p. 20-21). Também sobre a temática, Gustavo Calvinho: "Retomando el examen conceptual, juntamente con la independencia de los poderes institucionales y no institucionales debe buscarse la imparcialidad intrajuicio, lo que significa – desde lo objetivo– que el órgano que va a juzgar no se encuentre comprometido por sus tareas y funciones ni con las partes –impartialidad– ni con los intereses de las partes –imparcialidad–. De esta forma se va a lograr entonces el famoso triángulo de virtudes del órgano jurisdiccional que son impartialidad, imparcialidad e independencia. La autoridad imparcial es aquella que no se involucra en el debate rompiendo el equilibrio y sustituyendo o ayudando a los contendientes en sus actividades específicas, como pretender, ofrecer prueba y producirla. Este elemento, por consiguiente, se relaciona con la actividad de procesar y el respeto a los roles de los litigantes y a las reglas preestablecidas de debate. La independencia, en cambio, marca el respeto por la libertad de decisión, sólo limitada en cuanto a la obediencia al ordenamiento jurídico, sin que se acepten presiones, órdenes o sometimiento a otros poderes institucionales o no institucionales ⊠como grupos económicos o medios masivos de comunicación⊠ sean o no sujetos del proceso. Un correcto sistema de designación y remoción de los jueces y ciertas garantías de intangibilidad de remuneraciones, permanencia e inamovilidad en sus funciones ayudan en este aspecto. (CALVINHO, Gustavo. La ineludible vinculación de la imparcialidad del juzgador a un concepto de proceso alineado con los derechos fundamentales. *Revista Brasileira de Direito Processual, 66*. Belo Horizonte: Editora Fórum, 2009. p. 123-142).

29. Como forma de impor freios à atividade estatal jurisdicional e evitar possíveis arbítrios, instituiu-se, também como *cláusula pétrea*, o direito fundamental de *proibição do juízo ou tribunal de exceção* (ou, simplesmente, *princípio do juiz natural*). Representa, destarte, mais uma engrenagem que compõe o complexo mecanismo de legitimação e controle da atividade jurisdicional e do seu resultado – *legitimação pelo devido processo legal*. De uma maneira singela, o princípio traduz a ideia de que o órgão jurisdicional, devidamente investido no cargo, e as regras de competência, às quais se encontra vinculado, hão de preexistir aos fatos envolvidos no julgamento, jamais, então, concebidos a partir deles. Afiançam-se, com isso, as diretrizes da *imparcialidade* e da *independência* do órgão judiciário, além de robustecer a garantia de *igualdade* entre as partes. Ao afirmar que *ninguém será processado nem sentenciado senão pela autoridade competente* (CRFB, art. 5.º, LIII), o constituinte estabeleceu uma condição prévia para validar a atuação do Estado-juiz. A atividade jurisdicional, assim, se legitimará não pela presença de qualquer autoridade, mas apenas pela da autoridade jurisdicional, pré-concebida conforme os ditames constitucionais, e cuja *competência* já se encontre antecipadamente estabelecida no ordenamento jurídico. Enfim, a jurisdição se legitima desde que presidida por um *juiz constitucional*, isto

Pense-se, ademais, que o contraditório é um direito fundamental e, como tal, sua observância (= dever de respeito, de atenção) cumpre ao Estado, especificamente ao Juiz que o representa no âmbito do processo judicial.[30] E uma vez destinado (i) a conferir às partes efetivas possibilidades de participação no debate travado processualmente e (ii) de influência na construção das decisões públicas dali emergidas, além (iii) de protegê-las contra excessos eventualmente praticados pelo órgão jurisdicional, não há mesmo racionalidade em enxergar o contraditório como algo que cumpre também ao juiz exercitar como se contraditor fosse. Sobretudo na ótica do seu papel protetivo, traduz-se em direito-poder nas mãos das partes,[31] cuja finalidade – como já esclarecido alhures - é justamente demarcar e controlar a atividade jurisdicional. Num *método de trabalho* iluminado pelo devido processo não há, por conseguinte,

---

é, aquele que, além de prévia e legitimamente investido no poder jurisdicional, é o autorizado, mediante regras de competência antecipadamente positivadas em abstrato, a atuar em dada circunstância e num específico caso concreto. Também se constata a mesma intenção do constituinte quando afirma que *não haverá juízo ou tribunal de exceção* (CRFB, art. 5.º, XXXVII): tal dispositivo reforça a vedação da admissão de órgãos jurisdicionais criados *ex post facto*, cuja essência se prende à preocupação implícita de assegurar não só a *independência* e a *imparcialidade* do juiz, mas também a própria *igualdade* das partes no curso do procedimento judicial. Há de se lembrar, sempre, que num Estado Democrático de Direito, no qual o exercício do poder não se resume a uma atividade solitária do juiz – já que oriunda da participação de todos os atores processuais (partes e juiz) –, seria mesmo inconcebível admitir-se a criação de órgão jurisdicional – ou mesmo de regras de competência – depois de ocorrido o fato a ser julgado, sobretudo pela alta dose de autoritarismo que essa circunstância representaria, sabe se lá viciada por quais interesses escusos e inescrupulosos do Estado ou mesmo de grupos de interesses a ele vinculados.

30. Não se ignora a possibilidade de os direitos fundamentais protegerem eventualmente o próprio Estado. Afinal, não obstante em sua origem terem por titularidade as pessoas naturais, limitando a atuação do Estado em prol do indivíduo, com a evolução dos tempos as Constituições asseguraram direitos fundamentais também às pessoas jurídicas e, depois, às pessoas estatais. Isso, entretanto, não autoriza a ilação de que todo e qualquer direito fundamental tem como titulares pessoas naturais, jurídicas e estatais, uma vez que alguns deles encontram-se restritos a determinadas classes. Na que diz respeito ao contraditório, sua titularidade atinge todo aquele que se encontra na situação de parte, indistintamente, seja indivíduo, pessoa jurídica ou ente estatal. Nem é necessário dizer que o juiz não se situa no âmbito processual como parte, mas, sim como autoridade jurisdicional, representante do Estado, equidistante dos litigantes e sem qualquer interesse pessoal no litígio.

31. Para José Carlos Barbosa Moreira o conteúdo da garantia do contraditório traduz-se em fonte dos poderes das partes no âmbito do procedimento. (BARBOSA MOREIRA, José Carlos *apud* RICCI Edoardo E. Princípio do contraditório e questões que o juiz pode propor de ofício. In *Processo e Constituição: Estudos em homenagem ao Professor José Carlos Barbosa Moreira.* Coordenadores: Luiz Fux, Nelson Nery Jr. e Teresa Arruda Alvim Wambier. São Paulo: Revista dos Tribunais, 2006. p. 495-499).

espaço para o emparelhamento de posições entre juiz e partes (leia-se: "contraditor-decisor" e contraditores-destinatários), pois isso significaria o esvaziamento de direitos fundamentais processuais essenciais à legitimação da atividade jurisdicional, entre eles o próprio contraditório.

Noutro giro, o contraditório não torna os sujeitos processuais paritários no diálogo processual, como se estivessem em posições equivalentes, de equilíbrio, em harmonia ou simetria, porque decorre de um *preceito normativo* cuja eficácia é *relacional* (CF/88 art. 5º., LV – "*aos* litigantes, em processo judicial ou administrativo, e *aos* acusados em geral *são assegurados* o contraditório e ampla defesa, com os meios e recursos a ela inerentes") e, como tal, precisamente por engendrar uma *relação jurídica*,[32] enlaça o direito das partes com o dever do juiz (bilateralidade

---

32. Fredie Didier Jr. e Pedro Henrique Pedrosa Nogueira, em sua original obra, "Teoria dos Fatos Jurídicos Processuais", analisam pormenorizadamente o *fato jurídico processual*. Elucidam que a norma, enquanto *proposição*, prevê *hipoteticamente* fatos de possível ocorrência no mundo – fatos ou conjuntos de fatos previstos *abstratamente*, cuja denominação corrente é "suporte fático". Quando aquilo que está previsto na norma se concretiza, dá-se a *incidência*, e o fato passa a ser considerado *jurídico*. É então a partir da ideia de *fato jurídico* como produto da *incidência* da norma sobre seu *suporte fático* que se separa *mundo dos fatos* e *mundo jurídico* – o *mundo jurídico* traduz-se no conjunto delimitado pelos fatos que adquiriram, em razão da *incidência*, relevância para o direito. Essas as suas palavras: "pela juridicização do fático, o direito adjetiva os fatos para serem considerados jurídicos e assim tecerem o mundo jurídico." Dessa premissa, por conseguinte, decorre a divisão do *mundo jurídico* em três planos distintos: *existência* (entram todos os fatos jurídicos, sem exceção), *validade* (restrito aos fatos jurídicos caracterizados pela relevância da vontade no suporte fático; os atos jurídicos *lato sensu*); e *eficácia* (incluem-se os fatos jurídicos aptos a produzirem seus efeitos típicos) (JUNIOR, Fredie Didier; PEDROSA NOGUEIRA, Pedro Henrique. *Teoria dos fatos jurídicos processuais*. Salvador: Editora JusPodivm, 2011. p. 26-27). No que tange propriamente ao *plano da eficácia*, Didier e Nogueira pontuam que as *situações jurídicas* são um tipo de *eficácia jurídica*, vale dizer, são *categorias eficaciais*, que não obstante pressuporem um fato jurídico, já estavam previstas *em abstrato* no consequente, ou no preceito, da norma. E, para os mestres, as *situações jurídicas*, encaradas *lato sensu*, "abarcam todo o tipo de eficácia jurídica, inclusive a *relação jurídica*, que é a mais importante das categorias eficaciais." As *relações jurídicas* seriam, pois, espécie de *situação jurídica*, normalmente produzidas pelos fatos jurídicos, e que para existirem pressupõem: (i) a vinculação de, pelo menos, dois sujeitos (princípio da intersubjetividade); (ii) um objeto (princípio da essencialidade do objeto); (iii) com correspectividade de direitos, deveres e demais categorias coextensivas (pretensão, obrigação etc.) (princípio da correspectividade de direitos e deveres). (JUNIOR, Fredie Didier; PEDROSA NOGUEIRA, Pedro Henrique. *Teoria dos fatos jurídicos processuais*. Salvador: Editora JusPodivm, 2011. p. 119-120). Ainda mais precisamente, lecionam: "O traço característico da relação jurídica está na circunstância de que ela vincula, pelo menos, dois sujeitos de direito a respeito de um objeto, tendo como conteúdo mínimo um direito (prestacional ou potestativo) e a sua correlata situação jurídica passiva (dever ou estado de sujeição), além de suas respectivas extensões,

e imperatividade). [33] Detém sobretudo, como se diz, caráter deontológico, gera sujeições por prescrever algo de forma obrigatória.[34] Especificamente, impõe uma conduta de observância ao Estado-juiz em favor do direito de os litigantes exercerem sua ampla defesa em seu significado dinâmico,[35] estabelece entre eles, obrigado e destinatários, uma relação

---

como as pretensões, ações, obrigações, e situação de acionado." (JUNIOR, Fredie Didier; PEDROSA NOGUEIRA, Pedro Henrique. *Teoria dos fatos jurídicos processuais*. Salvador: Editora JusPodivm, 2011. p. 128). Segundo se pensa, é esse o caso da preceito constitucional que dispõe sobre o contraditório: ele estabelece uma relação jurídica. Reza o art. 5°., LV, da Constituição que *"aos* litigantes, em processo judicial ou administrativo (...) são *assegurados* o contraditório e a ampla defesa ...". Ora, o contraditório é previsto como eficácia jurídica da incidência do suporte fático do aludido enunciado normativo. Basta, portanto, ser litigante, em processo judicial ou administrativo (*incidência do suporte fático*), para que o contraditório seja assegurado (eficácia jurídica). É o contraditório uma *situação jurídica relacional*, a envolver, de um lado, o Estado-juiz, a quem cumpre o *dever* de assegurar aos litigantes o contraditório, e, de outro, os litigantes (demandante e demandado), que *detêm* o direito de exercer o contraditório. Em tal perspectiva, não há como vislumbrar *paridade entre juiz e partes* no diálogo processual decorrente do contraditório – o diálogo processual que caracteriza o contraditório é algo que diz respeito *exclusivamente* às partes (e seus advogados). Tampouco é apropriado afirmar que o contraditório implica deveres de conduta (de esclarecimento, consulta, prevenção e auxílio) também para as partes – os deveres de conduta oriundos do contraditório são *unicamente* do juiz para com as partes. Ou em outros termos: o contraditório pode ser encarado como a eficácia jurídica (de cunho relacional) proveniente da incidência do suporte fático do art. 5°., LV, da Constituição, isto é, uma *situação jurídica* de perspectiva dupla (*relação jurídica processual*), porque engendra *deveres* para o Estado-juiz (*situação jurídica passiva*) e direitos para as partes (*situação jurídica ativa*).

33. GUSMÃO, Paulo Dourado de. *Introdução à ciência do direito*. 5ª. ed. Rio de Janeiro: Editora Forense, 1972.p. 69.

34. Afirmar que os princípios constitucionais – em especial o contraditório – detêm caráter deontológico não quer significar desprezo ao seu caráter axiológico. Nessa linha, elucida André do Vale Rufino, em apego aos ensinamentos de Habermas: "Pode-se dizer então que as normas apresentam uma dupla face: por um lado, determinam o que é devido (elemento normativo, diretivo, imperativo, isto é, deontológico); por outro, contêm um juízo de valor ou critério de valor (de justificação ou de crítica) sobre o que é devido (elemento valorativo ou axiológico). Os elementos deontológico e axiológico representam, por assim dizer, as duas faces de uma mesma norma." (RUFINO, André do Vale. *Estrutura das normas de direitos fundamentais – repensando a distinção entre regras, princípios e valores*. São Paulo: Editora Saraiva, 2009. p. 160).

35. Equivocam-se aqueles que pensam que o direito fundamental à ampla defesa é algo inerente apenas àqueles que se encontram no polo passivo da relação jurídica processual. Bem diferentemente, trata-se de um direito fundamental conexo ao contraditório, cujos destinatários são demandante e demandado, voltado a permitir que ambos exercitem amplamente suas posições jurídicas ao longo do processo, desenvolvam e debatam as suas teses, produzam provas e contraprovas, etc. Aliás, a literalidade do art. 5°., LV, da Constituição, não deixa dúvidas quanto aos destinatários da ampla defesa e também do contra-

de imperatividade, envolve direito e deveres. Essa relação imperativa, que faz parte da disciplina daquilo que se denomina *processo*, não é paritária, mas assimétrica, ou seja, desigual, por implicar subordinação ou sujeição: de um lado encontra-se o Estado-juiz, terceiro imparcial com deveres a cumprir para assegurar o contraditório em toda a sua amplitude; de outro, as partes, que têm a faculdade de exigir e fiscalizar justamente os tais deveres decorrentes da norma constitucional.[36]

Sublinhe-se, por fim, que o entendimento ora esposado distancia-se daquela visão, defendida por autores como Vittorio Denti, para quem o *debate travado processualmente entre as partes* e a *cooperação que envolve juiz e partes* seriam ambas expressões do contraditório.[37] Também não se aceita que a melhor linha de raciocínio seja aquela defendida por Edoardo Ricci, que não enxerga a colaboração entre juiz e partes como

---

ditório: "*aos litigantes, em processo judicial ou administrativo*, e aos acusados em geral são assegurados o contraditório e a ampla defesa, com os meios e recursos a ela inerentes."

36. Daniel Mitidiero não nega essa imperatividade decorrente do princípio do contraditório. Em artigo escrito para responder algumas críticas formuladas por Lenio Streck, esclarece o processualista quais as consequências do não atendimento aos deveres de colaboração: "(...) inconstitucionalidade por afronta ao direito fundamental ao processo justo (art. 5°., LIV, CF/1988), possibilidade de responsabilização judicial (art. 133, CPC) e, especificamente no caso de dever de auxílio, possibilidade de multa punitiva à parte que, indiretamente, frustra a possibilidade de colaboração do juiz para com a parte contrária (art. 14, CPC)." E continua: "O juiz que se omite no cumprimento de seus deveres de cooperação viola o direito ao processo justo. Os deveres de esclarecimento, de diálogo e de prevenção, como se resolvem em deveres que o juiz pode cumprir independentemente de qualquer conduta a ser adotada pela parte contrária perante a qual tem o dever de colaborar, podem gerar responsabilização do juiz por ausência (art. 133, CPC). Já o dever de auxílio, que muitas vezes depende de determinado comportamento da parte contrária para que o juiz possa colaborar com a outra, dá lugar à possibilidade de o órgão jurisdicional sancioná-la por descumprimento de seu dever de obediência ao juízo (art. 14, CPC)." (MITIDIERO, Daniel. Colaboração no processo civil como prêt-à-porter? Um convite ao diálogo para Lenio Streck. *Revista de Processo*, São Paulo, n. 194, p. 55-69, 2011). Parece claro que a maioria dessas consequências decorrem justamente da normatividade que caracteriza o contraditório, sobretudo de sua face deontológica, que une partes e juiz numa relação que envolve direitos e deveres. E, frente a esses deveres destinados a concretizar um direito (fundamental) daqueles que litigam no âmbito judicial, crê-se realmente que não é adequado defender uma atuação paritária no diálogo processual entre partes e juiz. Eles, partes e juiz, não atuam nessa engrenagem em igualdade, mas, sim, em posição de subordinação, de sujeição.

37. DENTI, Vittorio apud RICCI Edoardo E. Princípio do contraditório e questões que o juiz pode propor de ofício. In *Processo e Constituição: Estudos em homenagem ao Professor José Carlos Barbosa Moreira*. Coordenadores: Luiz Fux, Nelson Nery Jr. e Teresa Arruda Alvim Wambier. São Paulo: Revista dos Tribunais, 2006. p. 495-499.

decorrentes do contraditório.[38] Defende-se, isso sim, o posicionamento que encara os chamados "deveres de colaboração"[39] como oriundos do contraditório, provenientes da sua observância pelo Estado-juiz, cuja implementação se destina a permitir um julgamento mais acertado em atenção às questões fáticas e jurídicas debatidas ao longo do processo.[40] Essa perspectiva, por certo, não significa ampliar os contornos do contraditório para admitir em seu núcleo conceitual a participação paritária do juiz, mas apenas aceitar que seus reflexos implicam deveres correlatos ao Estado-juiz necessários à sua adequada concretização.

38. Essas as palavras exatas de Edoardo Ricci quanto ao ponto: "À luz dessas premissas, o problema da definição do contraditório como garantia fundamental pode ser abordado com clareza. Evidentemente, tal garantia concerne aos poderes das partes no processo. Mas, por outro lado, diria respeito à sua cooperação com o juiz, na busca da solução mais justa e, ainda, à cooperação do juiz com as partes por razão de solidariedade? Acreditamos que não. A busca de decisão mais justa mediante debate das partes e a solicitação do juiz como cooperação não dizem respeito ao contraditório como garantia, mas à sua utilização em razão de outras finalidades." (RICCI Edoardo E. Princípio do contraditório e questões que o juiz pode propor de ofício. In Processo e Constituição: Estudos em homenagem ao Professor José Carlos Barbosa Moreira. Coordenadores: Luiz Fux, Nelson Nery Jr. e Teresa Arruda Alvim Wambier. São Paulo: Revista dos Tribunais, 2006. p. 495-499).

39. Fala-se muito hoje em "princípio" da colaboração (ou da cooperação), tanto na doutrina nacional como na estrangeira. Crê-se, todavia, acertada a crítica de Lenio Streck no sentido de que não há propriamente um "princípio" da cooperação". O que existem, acredita-se, são deveres do magistrado para com as partes decorrentes da norma legal que prevê o contraditório. Sobre o embate doutrinário sobre ser ou não a cooperação um princípio, é válido consultar: STRECK, Lenio Luis. Verdade e consenso. 3ª. ed. Rio de Janeiro: Lumen Juris, 2009. P. 485. MITIDIERO, Daniel. Colaboração no processo civil como prêt-à-porter? Um convite ao diálogo para Lenio Streck. Revista de Processo, 194. São Paulo: Revista dos Tribunais, 2011. p. 55-68.

40. Apesar de o contraditório ser um direito fundamental processual, cujo exercício cabe às partes, decorrem dele deveres dirigidos ao juiz. O juiz não exerce o contraditório, mas está obrigado a assegurar o seu exercício pelas partes e também prima pelo seu aprimoramento. É nessa perspectiva que se pode concluir que a ideia de colaboração do juiz para com as partes advém do contraditório, não significando isso, todavia, a legitimação de um juiz contraditor, que atue no âmbito processual em paridade com as partes. Salvo engano, Dierle Nunes encampa entendimento semelhante: "No entanto, na ótica democrática, o contraditório vem reassumir o seu papel de fomentador e garantidor da compartição e do debate, ao ser encarado em perspectiva normativa." E conclui: "Seria, assim, resgatado o seu papel fundamental no dimensionamento processual, de forma a assegurar a influência dos argumentos suscitados por todos os sujeitos processuais e garantir que, nas decisões, não aparecessem fundamentos que não tivessem sido submetidos ao espaço público processual." (NUNES, Dierle José Coelho. Processo jurisdicional democrático. Uma análise crítica das reformas processuais. Curitiba: Editora Juruá, 2010. p. 258).

4. CONSIDERAÇÕES FINAIS

De tudo o que foi aqui trabalhado, arremate-se com as seguintes conclusões:

1. Na atualidade não mais se concebe o contraditório mediante feições meramente formais. Para além do binômio *informação-reação*, hoje surge como um direito de *influência* na construção do provimento jurisdicional, pautado num viés exegético mais consentâneo aos ideários constitucionais, em especial à concepção de democracia.

2. Esse vigor democrático que se imputa atualmente ao contraditório, de outro lado, eleva sobremaneira a sua importância de controlar a atividade jurisdicional e o seu resultado. Afinal, a imperatividade proveniente da norma fundamental obriga o juiz a curvar-se diante dela, a respeitar seu conteúdo substancial, a observá-la em atenção principalmente aos seus novos matizes. Isso somente quer significar mais segurança jurídica, transparência e previsibilidade, vale dizer, representa uma garantia no sentido de que se encontra vedada a produção de decisões judiciais em desatenção à dialética processual, decorrente do labor solitário do julgador (=*solipsismo judicial*).

3. O juiz tem o dever de assegurar o contraditório e de provocar o seu amadurecimento. Isso, contudo, não o torna um contraditor porque não é destinatário dos atos decisórios. É *terceiro imparcial* e não *parte parcial*. Enfim, o contraditório é um tributo à liberdade das partes no processo – exercitada segundo os limites da lei, naturalmente –, um coringa que lhes avaliza a autoridade do seu discurso, do seu labor argumentativo e probatório em prol de seus interesses pessoais, a garantia de que a decisão judicial seguirá um rumo previsível, alheio à surpresa, estranho a raciocínios *solipsistas*. É um direito em favor dos litigantes contra o arbítrio estatal por assegurar que o poder jurisdicional exerce-se segundo ditames democráticos e, portanto, baliza-se pelo debate, pelo labor discursivo e probatório das partes.

4. O contraditório traduz-se em direito fundamental e, deste modo, sua observância (= dever de cumprimento, de respeito) cumpre ao juiz, que representa o Estado no âmbito do processo

judicial. Atribuir ao julgador a qualidade de contraditor significaria o esvaziamento da importância desse direito fundamental, especialmente naquilo que diz respeito à sua esfera protetiva, destinada a resguardar as partes contra os efeitos deletérios oriundos de eventuais arbítrios judiciais.

5. Também o ordenamento jurídico alienígena, normalmente citado para sustentar a nova feição dinâmica conferida ao contraditório, não autoriza – e nem poderia ser diferente – uma exegese inclusiva, que coloque o juiz na posição de contraditor. O que está positivado ali – nas legislações francesa, portuguesa e alemã – é uma estrutura de colaboração envolvendo os sujeitos processuais, todos concorrendo "para obter, com brevidade e eficácia a justa composição do litígio" (Código de Processo Civil português, art. 266). Estrutura-se, portanto, uma *comunidade de trabalho*41 cuja finalidade é regulamentar o diálogo entre juiz e partes, algo bem diferente que inserir todos num mesmo patamar, como se o primeiro exercesse juntamente com as últimas o contraditório, debatendo teses, argumentando e rebatendo argumentos, produzindo provas e contraprovas, etc.

6. Juiz e partes não são paritários no diálogo processual. Não é adequado afirmar que o juiz participa do contraditório ou o exerce, pois o que lhe cumpre é tão-somente assegurá-lo e aprimorá-lo o mais amplamente possível. Por decorrer de um preceito normativo cuja eficácia é relacional, o contraditório impõe ao juiz uma conduta (=deveres) em favor das partes: o papel do magistrado é atuar a fim de possibilitar aos antagonistas o exercício pleno e dinâmico de sua ampla defesa. *O que daí se origina é, pois, uma relação jurídica, por enlaçar os deveres do juiz aos direitos das partes, de perceptível imperatividade, encontrando-se as últimas em posição privilegiada com relação ao primeiro.* No diálogo processual a posição de protagonistas cabe aos liti-

---

41. A expressão *comunidade de trabalho* denota que o processo é método *civilizado* destinado a resolver *conflitos de interesses*, que se presta, sobretudo, a legitimar (e controlar) a jurisdição e os seus resultados. Contudo, rotular o processo de *comunidade de trabalho* ou de *método civilizado de diálogo*, não significa desconsiderar que em seu bojo o que há é verdadeiramente um litígio entre dois antagonistas, que buscam a vitória mediante o alcance de objetivos diversos, parciais e singulares.

gantes com exclusividade; o juiz não age em paridade com eles, mas, sim, em prol do aperfeiçoamento do contraditório, em posição de sujeição em relação as partes.

7. De forma mais técnica: reza o art. 5°., LV, da Constituição que *"aos* litigantes, em processo judicial ou administrativo (...) são *assegurados* o contraditório e a ampla defesa..."*.* O contraditório corresponde à eficácia jurídica decorrente da incidência do suporte fático do aludido enunciado normativo. Basta, portanto, ser litigante, em processo judicial ou administrativo (*incidência do suporte fático*), para que o contraditório seja assegurado (eficácia jurídica). É o contraditório uma *situação jurídica relacional*, a envolver: de um lado, o Estado-juiz, a quem cumpre o *dever* de assegurar aos litigantes o contraditório; de outro, os litigantes (demandante e demandado), que *detêm* o direito de exercer o contraditório. Daí é que se conclui: (i) não há como vislumbrar *paridade entre juiz e partes* no diálogo processual decorrente do contraditório – o diálogo processual que caracteriza o contraditório é algo que diz respeito *exclusivamente* às partes (e seus advogados); (ii) tampouco é apropriado afirmar que o contraditório implica deveres de conduta (de esclarecimento, consulta, prevenção e auxílio) também para as partes – os deveres de conduta oriundos do contraditório são *unicamente* do juiz para com as partes. Em síntese: o contraditório pode ser encarado como a eficácia jurídica (de cunho relacional) proveniente da incidência do suporte fático do art. 5°., LV, da Constituição, isto é, uma *situação jurídica* de perspectiva dupla (*relação jurídica processual*), porque engendra *deveres* para o Estado-juiz (*situação jurídica passiva*) e direitos para as partes (*situação jurídica ativa*).

8. O novo CPC equivoca-se quando aposta em seu art. 6°, *de duvidosa constitucionalidade,* cuja redação estabelece que "*todos os sujeitos* do processo *devem* cooperar *entre si* para que se obtenha, em tempo razoável, decisão de mérito justa e efetiva". Sugere o dispositivo, já numa primeira leitura, que a obtenção de decisões justas, efetivas e em tempo razoável não seria propriamente *direito* dos cidadãos brasileiros e estrangeiros residentes no País, mas também, e sobretudo, *deveres* a eles impostos. É o

legislador, de modo sutil, depositando sobre as costas do jurisdicionado parcela do peso da responsabilidade que compete ao Estado por determinação constitucional. Talvez pior ainda seja a determinação no sentido de que as partes devem cooperar entre si, como se a lei tivesse o vigor de, *num passe de mágica*, superar o hiato que separa parte e contraparte justamente em razão do litígio. Uma visão idealista e irrefletida, desacoplada da realidade e distante daquilo que se dá na arena processual, onde as partes se posicionam, principalmente, para lograr êxito em suas pretensões. Pode-se, ademais, avançar e concluir que o dispositivo institui espécie de álibi normativo cujo manejo tem o condão de avalizar a invasão da moral no direito, passaporte para o absolutismo e seu *princípio epocal* revelado pela *vontade de poder*. Escudado na cooperação, terá o juiz meios de atuar solapando (ou relativizando) a ampla defesa das partes, em interferência na liberdade que possuem, elas e seus advogados, para elegerem as linhas de argumentação narrativa e estratégica que melhor atendam aos seus interesses.[42]

9. Não se nega a relevância da colaboração do juiz para com as partes no âmbito processual. Muito pelo contrário. Afinal, tal desiderato (colaboração, cooperação, compartipação) sintoniza-se aos anseios democráticos, fomenta soluções de conflitos mediante transações, além de favorecer decisões mais amoldadas aos aspectos fáticos e jurídicos desenhados pelo litígio. É sobretudo uma vacina poderosíssima contra as chamadas decisões-surpresa. *O problema denunciado aqui liga-se, isso sim, à dinâmica dessa colaboração.* Até onde pode avançar o juiz, em seu diálogo com as partes, alicerçado em seu dever de cooperar? Qual o limite a ser respeitado por ele a fim de que não se torne também um contraditor? Acredita-se que as intervenções do juiz devem se pautar pela prudência. Cumpre-lhe influir nos arrazoados apresentados para indicar ali pontos que se lhe apresentem obscuros, ou lhe pareçam equivocados, vale dizer,

---

42. STRECK, Lenio Luiz; DELFINO, Lúcio; DALLA BARBA, Rafael Giorgio; LOPES, Ziel Ferreira. A cooperação processual do novo CPC é incompatível com a Constituição. *Revista Consultor Jurídico*, 23/12/2014. Disponível: < http://www.conjur.com.br/2014-dez-23/cooperacao--processual-cpc-incompativel-constituicao >. Acessado em: 28/01/2015.

é sua função provocar o debate entre os contraditores a fim de sanar dúvidas existentes, forçar a exploração pelas partes de aspectos fáticos e jurídicos ainda não adequadamente aclarados ou amadurecidos (*dever de esclarecimento*).[43] Compete-lhe, por igual, prevenir as partes do perigo de frustração de seus pedidos pelo uso inadequado do processo (*dever de prevenção*).[44] Também é dever do órgão jurisdicional consultar as partes antes de decidir sobre qualquer questão, *ainda que de ordem pública*, assegurando a influência de suas manifestações na formação dos provimentos (*dever de consulta*).[45] E, por fim, seu papel auxiliar as partes na superação de dificuldades que as impeçam de exercer direitos e faculdades ou de cumprir ônus ou deveres processuais (*dever de auxílio*).[46] Afora isso, é enorme o risco que se corre de transmudar o juiz em um contraditor, com prejuízo às próprias bases fundadoras do Estado Democrático de Direito.

10. A palavra *colaboração* (ou *cooperação*) detém *poder icônico*: denota *um agir conjunto, participação, comparticipação*,[47] apoio, conectando-se, por isso mesmo, e de modo bastante acentuado, com a *democracia*. Cai por terra, todavia, os aspectos positivos dessa simbologia se o seu uso servir apenas de *maquiagem* para escamotear uma ideologia arbitrária, alimentada pela sanha socializadora do processo,[48] a fim de maximizar ainda mais os po-

---

43. SOUSA, Miguel Teixeira de. *Estudos sobre o novo processo civil*. 2ª. ed. Lisboa: Lex, 1997. p. 65
44. SOUSA, Miguel Teixeira de. *Estudos sobre o novo processo civil*. 2ª. ed. Lisboa: Lex, 1997. p. 65-66.
45. SOUSA, Miguel Teixeira de. *Estudos sobre o novo processo ci*vil. 2ª. ed. Lisboa: Lex, 1997. p. 66-67.
46. SOUSA, Miguel Teixeira de. *Estudos sobre o novo processo civil*. 2ª. ed. Lisboa: Lex, 1997. p. 67
47. A expressão *comparticipação* é muito cara a Dierle Nunes: "O resgate do papel da participação no espaço público processual de todos os envolvidos (cidadãos ativos), na perspectiva policêntrica e comparticipativa, permitirá o redimensionamento constitucional da atividade processual e do processo, de modo a guindá-lo a seu real papel de garantidor de um debate público e dos direitos fundamentais, de uma estrutura dialógica de formação de provimentos constitucionalmente adequados." (NUNES, Dierle José. *Processo jurisdicional democrático. Uma análise crítica das reformas processuais*. Curitiba: Editora Juruá, 2010. p. 260).
48. Um exemplo que bem retrata a *filosofia do socialismo processual* é aquilo que alguns chamam de "princípio da parcialidade positiva do juiz", com adeptos no Brasil, inclusive. Em palestra ganhadora do Prêmio "Humberto Briseño Sierra", apresentada em 19 de outubro

deres do juiz em prejuízo, sem dúvida, à própria liberdade das partes e aos seus direitos mais elementares.[49] Sob o signo da

---

de 2013, no XII Congresso Nacional de Direito Processual Garantista, realizado na cidade argentina de Azul, Eduardo José da Fonseca Costa, com o seu brilho característico, elucidou, *em perspectiva crítica*, as características de um bom juiz segundo um conceito *socialista* – o chamado "juiz Hobin-Hood": "Para un concepto socialista, un buen juez es un Hobin-Hood, ejecutor de las ideas de los grandes iconos del "romanticismo social". A favor del "eslabón más débil" de la relación procesal - una iniciativa conocida como "parcialidad *positiva*" (?!) - el juez puede hacer más flexible el procedimiento estándar legal (aunque aquí, por regla general, sea realizado un procedimiento sumario y oral), invertir la carga de la prueba, relativizar *pro misero* el rigorismo de la cosa juzgada (lo que explica la propagación *contra legem* de la cosa juzgada *secundum eventum probationis* en Brasil, especialmente en las lides sobre seguridad y asistencia social), interferir en la formación del objeto litigioso, satisfacer las carencias en materia de prueba (esto no insulta a la "imparcialidad"?) y conceder medidas autosatisfactivas *ex officio* [activismo autoritario "socioequilibrante", que los críticos ven como praxis *gauchiste*]." Mais a frente, concluiu o mestre: "(...) el activismo autoritario *engagée* del procesualismo socialista predica la "parcialidad positiva" como critério de legitimidad de la actividad jurisdiccional (que no es más que una degradación de la imparcialidad). Dentro de la trilogía estructural del proceso, el objetivo socialista de desestructuración es el concepto de *jurisdicción* (y el principio constitucional que lo protege - la *imparcialidad*)." (FONSECA COSTA, Eduardo José. Los critérios de la legitimación jurisdiccional según los activismos socialista, facista y gerencial. *Revista Brasileira de Direito Processual, 82*. No prelo. Belo Horizonte: Editora Fórum, 2013).

49. Ao denunciar uma crise de identidade vivenciada pelo processo civil brasileiro, Glauco Gumerato Ramos, com a inteligência que lhe é característica, apresenta contundente crítica ao protagonismo judiciário: "Mas um fator preponderante continua a lhe marcar o perfil e isso a despeito do ambiente democrático e republicano estabelecido pela Constituição de 1988: continua sendo um CPC 'do juiz', um CPC autoritário, um CPC viabilizador das mais perversas arbitrariedades. Ou seja: mudou-se muito, mas nada – ou muito pouco – mudou. Na essência, os matizes metodológicos do nosso CPC continuam a movimentar uma engrenagem na qual o processo civil se desenvolve como categoria jurídica a serviço da jurisdição (=Poder), e não como estrutura democrática e republicana viabilizadora da dialética que caracteriza o devido processo legal (=Garantia). E a prova de que pouco mudou está no fato de que atualmente tramita na Câmara dos Deputados um anteprojeto de novo CPC. Eis aí o 'processo civil gattopardista' a que me refiro no título acima. Queremos mudar novamente, mas pouco será mudado! A atuação do prático diante do Poder Judiciário 'civil' nos mostra isso, apesar de a dogmática (doutrina) continuar a nos seduzir com um discurso legitimador desse 'poderoso juiz' que tudo pode em nome da 'verdade', da 'justiça' e da concretização de um 'processo justo'. O processo civil dos livros (law in books) é romântico; o processo civil da prática (law in action) é assustador, ao menos na perspectiva dos artífices da postulação (advocacia, MP, defensoria pública). Estes são testemunhas do ultraje que a garantia do devido processo legal sofre no dia a dia do foro cível – além do penal, é claro! – nas mãos desse 'juiz redentor' dos males da sociedade, tão decantado em verso e prosa nas lições da grande maioria dos nossos processualistas e que tanta influência exerce sobre nossa jurisprudência. Ignoramos que de nossa Constituição da República transborda um modelo semântico-processual garantista e nos deixamos levar por um arbitrário e equivocado modelo pragmático-processual de viés ativista, onde avulta a figura de um juiz comprometido com a própria 'justiça subjetiva' que melhor lhe ocorrer

colaboração, segundo tal ângulo, vivenciaria um regime procedimental (e não processual) marcado pela indiferença em relação à participação dos litigantes, tudo legitimado pela busca da verdade.[50] Para ser ainda mais claro: o *modelo colaborativo de processo* não pode ser organizado à distância da realidade, sem considerar que no processo há verdadeiro *embate (luta, confronto, enfrentamento)*, razão pela qual as partes e seus advogados valem-se – e assim deve ser – de todos os meios legais a

---

diante do caso concreto. Não é incomum que na cena processual nos deparemos com justiceiros – e não com juízes – agigantados sob o sacrossanto manto da toga". (RAMOS, Glauco Gumerato. O processo civil gattopardista dos Juizados Especiais. *Revista Brasileira de Direito Processual, 77*. Belo Horizonte: Editora Fórum, 2012. p. 37-42).

50. Sobre o problema da verdade, esclarece Andrea A. Meroi, com amparo em Luigi Ferrajoli: "La verdad procesal en cuanto a los hechos (quaestio facti) consiste en la confirmación de la aserción a su respecto y se resuelve mayormente por vía inductiva conforme a los datos probatorios. La idea según la cual es posible alcanzar y afirmar una verdad objetiva, cierta, absoluta es 'en realidad una ingenuidade epistemológica que las doctrinas jurídicas ilustradas del juicio como aplicación mecânica de la ley comparten con el realismo gnosiológico vulgar' (Luigi Ferrajoli). Y si aune n el campo de las llamadas 'ciencias duras' se afirma hoy que a lo máximo que podemos aspirar es a una verdad aproximativa, cuánto más cabrá decir respecto de la verdad procesal, condicionada adicionalmente por sérios limites: a) la verdad procesal de la quaestio facti es apenas probabilística (...); b) el conocimiento judicial de esa verdad sobre las aserciones fácticas es ineludiblemente subjetivo (...); c) el conocimiento judicial de la quaestio facti es un 'discurso institucionalizado', sometido a un 'método legal de comprobación procesal', que hace de la verdad sobre los juicios de hechos una verdad inevitabelmente aproximativa (...). (MEROI, Andrea A. Resignificación del 'contradictorio' en el debido proceso probatorio. *In Controversia procesal*. Medellín: Centro de Investigaciones Jurídicas de la Universidad de Medellín, 2006. p. 80-83). Na mesma vereda, ensina Adolfo Alvarado Velloso que a verdade não é um problema primordial do Direito; primordial é a sua missão básica e elemental de alcançar e manter a paz dos homens que convivem em um tempo e lugar determinado. Complementa o mestre argentino: "Si la verdad fuere realmente un problema jurídico primordial y su búsqueda la exclusiva o principal determinante de toda y de cualquiera actuación de los jueces, poderían coexistir con él los institutos del sobreseimiento, de la absolución por la duda, de cualquier tipo de caducidade (de la instancia, de la producción de la prueba, etc), de las cargas probatórias, de la congruência procesal como clara regla de juzgamiento, de la prescripción liberatória, de la cosa jusgada, de la imposibilidad de decuzir excepciones relacionadas con la causa obligacional en la ejecución de títulos cambiários, etc., etc? La respuesta negativa es de toda obviedade...?" (VELLOSO, Adolfo Alvarado. La imparcialidade judicial y el sistema inquisitivo de juzgamiento. *Proceso civil y ideologia. Un prefacio, una sentencia, dos cartas y quince ensayos*. Coordenador: Juan Montero Aroca. Valencia: Tirant lo Blanch, 2006. p. 217-247). Para situar a crítica em termos nacionais, pense-se apenas no instituto da *revelia*, que autoriza o juiz a admitir como verdadeiros os fatos afirmados pelo demandante em caso de ausência de defesa (CPC, art. 319).

seu alcance para atingirem um fim parcial.[51] Não é crível, enfim, atribuir aos contraditores o dever de perseguirem uma "verdade superior",[52] mesmo que contrária aquilo que acreditam e postulam em juízo, sob pena de privá-los de sua necessária liberdade de litigar, transformando-os, eles mesmos e seus advogados, em meros instrumentos a serviço do juiz na busca da tão almejada "justiça".[53]

---

51. A essência litigiosa, atribuível ao fenômeno que se desenvolve processualmente, não escapou à percepção de Daniel Mitidiero. Tanto assim que, juntamente com Luiz Guilherme Marinoni, criticou o projeto do novo CPC apresentado ao Senado, que, em seu art. 5°., previa que "as partes têm direito de participar ativamente do processo, cooperando entre si e com o juiz e fornecendo-lhe subsídios para que profira decisões, realize atos executivos ou determine a prática de medidas de urgência." Assinalou, enfim, que é "a própria estrutura adversarial ínsita ao processo contencioso que repele a ideia de colaboração entre as partes." (MARINONI, Luiz Guilherme; MITIDIERO, Daniel. O projeto do CPC. São Paulo: Revista dos Tribunais, 2010. p. 73).

52. Confira-se, em rota oposta, o que pensa o mestre paulista, Cassio Scarpinella Bueno: "Certo que as partes, como sujeitos *parciais* da relação processual, e o juiz, na qualidade de sujeito *imparcial*, não têm interesses iguais refletidos no contraditório. Este, o juiz, não pode, por definição, ter interesse nenhum naquilo que julga, sob pena de ruptura com um dos sustentáculos da jurisdição, que é a *imparcialidade*; aquelas, as partes, têm interesses seus deduzidos em juízo, e que são, por definição, também colidentes. Isso, contudo, não significa que não exista *outro* tipo de interesse, que é comum a todos os sujeitos processuais, que é o de resolver a questão pendente de apreciação pelo Poder Judiciário da melhor forma possível, imunizando-a de ulteriores discussões." (BUENO, Cassio Scarpinella. *Amicus Curiae no Processo Civil Brasileiro. Um Terceiro Enigmático*. São Paulo: Editora Saraiva, 2006. p. 55). Inquestionável que partes e juiz, respectivamente sujeitos *parciais* e *imparcial*, têm interesses diversos em juízo. Cada qual das partes busca fazer valer aquilo no que acredita, suas razões de fato e de direito; o juiz, de sua vez, não alimenta interesse algum no objeto do litígio, pois o que lhe cabe é resolver o conflito em conformidade com o ordenamento jurídico. Entretanto, crê-se, com a devida vênia, inexistir esse *outro* interesse ao qual se refere Cassio Scarpinella, que seria *comum* a todos os sujeitos processuais, como se as partes desejassem, de maneira uníssona e conjunta, realmente resolver "a questão pendente de apreciação pelo Poder Judiciário da melhor forma possível". Não há, de regra, um tal espírito filantrópico que contagie as partes no âmbito processual; o que quer cada uma delas, sem dúvida, é mesmo resolver a questão da melhor forma possível, desde que isso signifique favorecê-la em prejuízo do adversário – *cada parte quer a sardinha para o seu próprio prato*.

53. Essa a linha do pensamento de Juan Monteiro Aroca: "(...) Las 'reglas del juego', de cualquier juego, incluso el del proceso, deben ser observadas por los jugadores, naturalmente, pero a estos no se les puede pedir que todos ellos, los de un equipo y los de otro, colaboren en la búsqueda de cuál es el mejor de ellos, ayudando al árbitro a descobrir a quién debe declarar ganhador, pues si las cosas fueran así no tendría sentido jugar el partido. El 'juego' se basa en que cada equipo luche por alcanzar la victoria utilizando todas las armas a su alcance, naturalmente respetando las reglas, y con un árbitro imparcial." (AROCA, Juan Montero. El proceso civil llamado 'social' como instrumento de 'justicia' autoritária. Proce-

BIBLIOGRAFIA

ALMEIDA, Cleber Lúcio de. *A legitimação das decisões judiciais no Estado democrático de direito.* Disponível em: <http://direito.newtonpaiva.br/revistadireito/professor/professores.asp>. Acesso em: 08 fev. 2010.

ALVARO DE OLIVEIRA, Carlos Alberto; MITIDIERO, Daniel. O direito fundamental ao contraditório e sua centralidade no processo coletivo. *Processo coletivo e outros temas de direito processual* (versão eletrônica). Coordenação: Araken de Assis, Carlos Alberto Molinaro, Luiz Manoel Gomes Junior e Mariângela Guerreiro Milhoranza. Porto Alegre: Livraria do Advogado, 2012. p. 128-137.

AROCA, Juan Montero. El processo civil llamado 'social' como instrumento de 'justicia' autoritária. *Proceso civil y ideologia. Un prefacio, una sentencia, dos cartas y quince ensayos.* Coordenador: Juan Montero Aroca. Valencia: Tirant lo Blanch, 2006. p. 129-165.

BARBOSA MOREIRA, José Carlos *apud* RICCI Edoardo E. Princípio do contraditório e questões que o juiz pode propor de ofício. *In Processo e Constituição: Estudos*

---

so civil y ideologia. Un prefacio, una sentencia, dos cartas y quince ensayos. Coordenador: Juan Montero Aroca. Valencia: Tirant lo Blanch, 2006. p. 129-165). Em linha de entendimento idêntica, Adolfo Alvarado Velloso elucida o risco de se defender a ideia de um processo como método segundo o qual os advogados e partes colaboram solidária e ativamente na busca da verdade e na formação de uma decisão justa. Elucida que um tal modo de pensar despreza a realidade social do litígio, que nada mais é que uma guerra. Sem armas, é verdade; mas mesmo assim uma guerra e não um passeio alegre e despreocupado das partes de mãos dadas e caminhando pelo parque. E arremata: "Cuando un acreedor presenta al juez su demanda, no lo hace en acto de alocada aventura sino meditadamente, lleno de incertidumbres, temores, gastos y expectativas, luego de haber hecho lo imposible para lograr un acuerdo con el deudor. De tal modo, sólo porque no tiene otro camino para recorrer, elige la última alternativa que le oferece la civilidade: el processo. Cómo pretender ahora que estos dos antagonistas – que ya se odian por haber hablado y discutido hasta el cansancio del tema que los aqueja – salgan a buscar como buenos amigos, del brazo y solidariamente, la verdad de lo acontecido y una decisión justa? Justa para quien? Para el desesperado y cuasi exámine acreedor o para el deudor impenitente?" (VELLOSO, Adolfo Alvarado. La imparcialidade judicial y el sistema inquisitivo de juzgamiento. *Proceso civil y ideologia. Un prefacio, una sentencia, dos cartas y quince ensayos.* Coordenador: Juan Montero Aroca. Valencia: Tirant lo Blanch, 2006. p. 114). Daniel Mitidiero, por sua vez, é esclarecedor acerca do risco de se banalizar a colaboração: "Estamos de pleno acordo com a necessidade de controlarmos a utilização indevida e desordenada de normas jurídicas que, por vezes, ocorre na prática judicial do nosso país. É preciso, contudo, separar o joio do trigo. A colaboração é um projeto autêntico do processo justo no Estado Constitucional – para usarmos uma expressão em homenagem a Lenio Streck. Banalizá-la, tratando-a sem maiores cuidados, constitui empresa no mínimo temerária. Cumpre evitá-la – a bem da necessidade de moldarmos o processo civil a partir dos fundamentos do Estado Constitucional a fim de torná-lo tão democrático quanto o acesso à moda com o advento do prêt-à-porter." (MITIDIERO, Daniel. Colaboração no processo civil como prêt-à-porter? Um convite ao diálogo para Lenio Streck. *Revista de Processo,* São Paulo, n. 194, p. 55-69, 2011).

em homenagem ao Professor José Carlos Barbosa Moreira. Coordenadores: Luiz Fux, Nelson Nery Jr. e Teresa Arruda Alvim Wambier. São Paulo: Revista dos Tribunais, 2006. p. 495-499.

BARROS PELLEGRINI, Flaviane de Magalhães. O paradigma do Estado Democrático de Direito e as teorias do processo. *Revista Eletrônica da Faculdade Mineira de Direito*. Belo Horizonte: Puc Minas, ano 3, n. 1, jun. 2004. Disponível em: <http://www.fmd.pucminas.br>.

BONAVIDES, Paulo. *Curso de direito constitucional*. 18ª. ed. São Paulo : Malheiros Editores, 2006.

BUENO, Cassio Scarpinella. *Amicus Curiae no Processo Civil Brasileiro. Um Terceiro Enigmático*. São Paulo: Editora Saraiva, 2006.

CALMON DE PASSOS, J.J. Direito, poder, justiça e processo – julgando os que nos julgam. Rio de Janeiro: Editora Forense, 1999.

CALVINHO, Gustavo. La ineludible vinculación de la imparcialidad del juzgador a un concepto de proceso alineado con los derechos fundamentales. *Revista Brasileira de Direito Processual, 66*. Belo Horizonte: Editora Fórum, 2009. p. 123-142.

CARVALHO DIAS, Ronaldo Brêtas de. Responsabilidade do Estado pela função jurisdicional. Belo Horizonte: Del Rey, 2004.

DELFINO, Lúcio. O processo democrático e a ilegitimidade de algumas decisões judiciais. *Direito processual civil: artigos e pareceres*. Belo Horizonte: Editora Fórum, 2011.

DENTI, Vittorio apud RICCI, Edoardo E. Princípio do contraditório e questões que o juiz pode propor de ofício. *In Processo e Constituição: Estudos em homenagem ao Professor José Carlos Barbosa Moreira*. Coordenadores: Luiz Fux, Nelson Nery Jr. e Teressa Arruda Alvim Wambier. São Paulo: Revista dos Tribunais, 2006. p. 495-499.

DIDIER JR., Fredie. *Curso de direito processual civil*. 6. ed. Salvador: JusPodivm, 2006. v. 1.

DIAS, Ronaldo Brêtas Carvalho; FIORATTO, Débora Carvalho. A conexão entre os princípios do contraditório e da fundamentação das decisões na construção do Estado democrático de direito. *Revista Eletrônica de Direito Processual*, v. 5, 2010. p. 228-260. Disponível em: <www.redp.com.br>.

FAZZALARI, Elio. *Instituições de Direito Processual*. Tradução de Elaine Nassif. São Paulo: Bookseller, 2006.

FERRAJOLI, Luigi. Constitucionalismo principialista e constitucionalismo garantista. *In* Garantismo, hermenêutica e (neo)constitucionalismo: um debate com Luigi Ferrajoli. Coordenação: FERRAJOLI, Luigi; STRECK, Lenio Luiz; TRINDADE, André Karam. Porto Alegre: Editora Livraria do Advogado, 2012.

FONSECA COSTA, Eduardo José. Los critérios de la legitimación jurisdiccional según los activismos socialista, facista y gerencial. *Revista Brasileira de Direito Processual, 82*. No prelo. Belo Horizonte: Editora Fórum, 2013.

FONSECA DE SOUSA, Kelen Cristina. *O princípio do contraditório: uma reconstrução sob a ótica do paradigma do Estado Democrático de Direito*. Dissertação apresentada ao Programa de Pós-Graduação em Direito Processual da Faculdade de Direito da Pontifícia Universidade Católica de Minas Gerais, como requisito para obtenção do título de Mestre em Direito. 2009. Não publicada.

GARGARELLA, Roberto. *La justicia frente al gobierno*. Barcelona: Editorial Ariel, 1996.

GONÇALVES, Aroldo Plínio. *Técnica processual e teoria do processo*. Rio de Janeiro: AIDE, 1992.

GRECO, Leonardo. *Instituições de processo civil. Introdução ao Direito Processual Civil*. Vol. I. 2a. ed. Rio de Janeiro: Editora Forense, 2010.

GUSMÃO, Paulo Dourado de. *Introdução à ciência do direito*. 5ª. ed. Rio de Janeiro: Editora Forense, 1972.

GUTHRIE, W.K.C. *Os sofistas*. São Paulo: Paulus, 1997.

JUNIOR, Fredie Didier; PEDROSA NOGUEIRA, Pedro Henrique. *Teoria dos fatos jurídicos processuais*. Salvador: Editora JusPodivm, 2011.

JÚNIOR, Hermes Zaneti. *Processo constitucional. O modelo constitucional do processo civil brasileiro*. Rio de Janeiro: Editora Lumen Juris, 2007.

LEAL, André Cordeiro. *Instrumentalidade do Processo em Crise*. Belo Horizonte: Editora Mandamentos, 2008.

MADEIRA, Dhenis Cruz. *Processo de conhecimento & cognição: uma inserção no Estado democrático de direito*. Curitiba: Juruá, 2008.

MARINONI, Luiz Guilherme. *Teoria geral do processo*. 3ª. ed. São Paulo: Revista dos Tribunais, 2008.

MARINONI, Luiz Guilherme; MITIDIERO, Daniel. *O projeto do CPC*. São Paulo: Revista dos Tribunais, 2010.

MEROI, Andrea A. Resignificación del 'contradictorio' en el debido proceso probatório. In *Controversia procesal*. Medellín: Centro de Investigaciones Jurídicas de la Universidad de Medellín, 2006. p. 80-83

MITIDIERO, Daniel. *Colaboração no processo civil. Pressupostos sociais, lógicos e éticos*. Revista dos Tribunais: São Paulo, 2009.

MITIDIERO, Daniel. Colaboração no processo civil como prêt-à-porter? Um convite ao diálogo para Lenio Streck. *Revista de Processo, 194*. São Paulo: Revista dos Tribunais, 2011. p. 55-68.

MONTELEONE, GIROLAMO. El actual debate sobre las orientaciones publicísticas del processo civil. *Proceso civil y ideologia. Un prefacio, una sentencia, dos cartas y quince ensayos*. Coordenador: Juan Montero Aroca. Valencia: Tirant lo Blanch, 2006. p. 173-197

NUNES, Dierle José Coelho. *Processo jurisdicional democrático. Uma análise crítica das reformas processuais*. Curitiba: Editora Juruá, 2010.

NUNES, Dierle José Coelho. O princípio do contraditório: uma garantia de influência e de não surpresa. *In*: DIDIER JR., Fredie; JORDÃO, Eduardo Ferreira (Coord.). *Teoria do processo: panorama mundial*. Salvador: JusPodivm, 2008. p. 151-172.

OLIVEIRA, Carlos Alberto Alvaro de. *Garantia do contraditório*. Disponível em: <www.mundojuridico.adv.br>.

PINTO, Junior Alexandre Moreira. *A causa petendi e o contraditório*. São Paulo: Revista dos Tribunais, 2007.

PONTES DE MIRANDA, Francisco Cavalcanti. *Comentários ao Código de Processo Civil*. 3ª. ed. Rio de Janeiro: Editora Forense, 1997, t. 2.

RAMOS, Glauco Gumerato. O processo civil gattopardista dos Juizados Especiais. *Revista Brasileira de Direito Processual*, 77. Belo Horizonte: Editora Fórum, 2012. p. 37-42.

REDENTI, Enrico. *Diritto processuale civile*. 4ª ed. Milão: Giuffrè Editore, 1997. v. 2.

RUFINO, André do Vale. *Estrutura das normas de direitos fundamentais – repensando a distinção entre regras, princípios e valores*. São Paulo: Editora Saraiva, 2009.

SOUSA, Miguel Teixeira de. *Estudos sobre o novo processo civil*. 2ª. ed. Lisboa: Lex, 1997.

STRECK, Lenio Luiz. *O que é isto – decido conforme minha consciência?*. Curitiba: Livraria do Advogado, 2010. Disponível em: <http://www.redp.com.br/arquivos/redp_5a_edicao.pdf>. Acesso: 11 abr. 2011.

STRECK, Lenio Luis. *Verdade e consenso*. 3ª. ed. Rio de Janeiro: Lumen Juris, 2009.

STRECK, Lenio Luiz; DELFINO, Lúcio; DALLA BARBA, Rafael Giorgio; LOPES, Ziel Ferreira. A cooperação processual do novo CPC é incompatível com a Constituição. *Revista Consultor Jurídico*, 23/12/2014. Disponível: < http://www.conjur.com.br/2014-dez-23/cooperacao-processual-cpc-incompativel-constituicaohttp://www.conjur.com.br/2014-dez-23/cooperacao-processual-cpc-incompativel-constituicao>. Acessado em: 28/01/2015.

THEODORO JÚNIOR, Humberto; NUNES, Dierle José Coelho. Uma dimensão que urge reconhecer ao contraditório no direito brasileiro: sua aplicação como garantia de influência, de não surpresa e de aproveitamento da atividade processual. *Revista de Processo*, São Paulo, n. 168, p. 107-141, 2009.

VELLOSO, Adolfo Alvarado. *El garantismo procesal*. Rosário: Editorial Librería Juris, 2010.

VELLOSO, Adolfo Alvarado. La imparcialidad judicial y el sistema inquisitivo de juzgamiento. *Proceso civil y ideologia. Un prefacio, una sentencia, dos cartas y quince ensayos*. Coordenador: Juan Montero Aroca. Valencia: Tirant lo Blanch, 2006. p. 217-247.

Capítulo 16

O QUE DEVE SER DITO SOBRE (E ENFRENTADO N)A COMPREENSÃO DE PRECEDENTES DOS HERMENEUTAS

Diego Crevelin de Sousa

Sumário: 1. O convite e algumas advertências iniciais; 2. Um problema metodológico; 3. Uma questão mal posta; 4. O que é vinculação, afinal? A existência do debate depende dessa resposta; 5. Fragilidade da crítica em seus próprios argumentos; 6. Rigidez do *Stare Decisis*?; 7. Hermeneutas brasileiros alinhados a realistas americanos?; 8. O nascimento do precedente; 9. É proibido interpretar precedentes?; 10. Conclusão.

1. O CONVITE E ALGUMAS ADVERTÊNCIAS INICIAIS

Ravi Medeiros Peixoto abriu sessão pública no site www.academia.edu para considerações, apontamentos e críticas a respeito de um ensaio que elaborou com o suposto intuito de analisar se precedentes vinculam ou não no *common law*. Isso porque, segundo ele, "na doutrina brasileira, tem ganhado força uma relevante discussão que aborda a existência ou não de vinculação dos precedentes no *common law*. Afinal, existem tanto autores que interpretam que há vinculação dos precedentes no *common law*, enquanto outros interpretam que há tão somente uma eficácia persuasiva". O texto foi produzido, principalmente, com base em autores dos EUA e da Inglaterra[1].

---

1. Eis o convite formulado, via Telegram, pelo sobrecitado autor: "Caros amigos, escrevi um breve ensaio para verificar se efetivamente a vinculação dos precedentes no common law

Registro que a iniciativa é louvável, pois a abertura ao diálogo é fundamental para a frutificação da desejável maturidade intelectual do ambiente acadêmico.

Ademais, registro que este texto não pretende enveredar na discussão entre hermeneutas e transcendentalistas, tomando partido sobre quem tem razão. Não se trata sequer de um exame das razões de lado a lado para que o leitor adote a posição que achar mais convincente. Objetivo apenas apresentar panoramicamente os argumentos hermeneutas que, segundo penso, devem ser necessariamente examinados por quem pretenda antagonizar essa corrente. Inclusive, considero que, nos moldes em que feita, essa demonstração pode ser feita até mesmo por quem não se alinha aos hermeneutas. Trata-se daquilo que minimamente se deve conhecer para criticar, portanto.

Portanto, não examinei as ideias de Ravi para dizer se estão certas ou erradas. Apenas apontei o que reputo algumas omissões e questões merecedoras de dimensionamento mais detido, para, quem sabe, contribuir para o aprimoramento do ensaio. Estou convencido de que tudo o que disse aqui poderia ser dito por quem concorda com Ravi.

A linguagem deste texto será o mais informal possível, quase coloquial. Espero que o leitor não se melindre. E que leve para o lado positivo: quem sabe a leitura fique menos maçante.

2. UM PROBLEMA METODOLÓGICO

Partindo do título "A vinculação dos precedentes no *common law*: mito ou realidade?", Ravi assim situa os objeto e objetivo de seu texto: "na doutrina brasileira, tem ganhado força uma relevante discussão que aborda a existência ou não de vinculação dos precedentes no *common law*. Afinal, existem tanto autores que interpretam que há vinculação dos precedentes no *common law*, enquanto outros interpretam que há tão

---

seria um mito ou realidade. Isso porque há, na doutrina brasileira, uma relevante corrente que defende haver tão apenas uma eficácia persuasiva nos precedentes do common law e há quem diga exatamente o contrário. Gostaria muito de contar com as críticas e sugestões dos amigos, inclusive porque considero que o texto ainda está completamente em aberto. A ideia de criar uma sessão é justamente o de discutir abertamente as ideias nele contidas. Quem tiver interesse de ler o texto, ele pode ser visualizado por meio do seguinte link: http://migre.me/vL4cA

somente uma eficácia persuasiva. O objetivo deste texto é o de encarar, especialmente com base na literatura estrangeira, qual a situação atual acerca da vinculação de precedentes tanto nos EUA, como na Inglaterra".

Daí se tira que, para ele, o debate que se estabelece no Brasil – e logo na sequência do seu texto ficará claro que se trata da disputa entre hermeneutas e transcendentalistas[2] – envolve autores que defendem que no *common law* os precedentes são apenas persuasivos – os hermeneutas –, e autores que defendem que os precedentes vinculam em razão da autoridade que os produz – os transcendentalistas.

Isso dá a impressão de que o texto será basicamente expositivo, como que um inventário das opiniões de juristas do *common law* que confirmam sua tese – de que lá os precedentes vinculam pela autoridade que os produz. Ou seja, ao invés de tomar partido em tal debate – se os precedentes devem, ou não, vincular –, o resumo promete entregar uma espécie de notícia sobre o atual estado da arte da doutrina daquela tradição.

Precisamente aqui está o problema metodológico: Ravi diz que se limitará a noticiar a doutrina do *common law*, quando, na verdade, vai além, assumindo partido no debate entre hermeneutas e transcendentalistas. Claro, não há mal algum em entrar no debate e assumir um lado – qualquer que seja ele, frise-se –, mas é necessário deixar isso claro desde sempre, inclusive no resumo. Decididamente, "encarar (...) qual a situação atual acerca da vinculação de precedentes tanto nos EUA, como na Inglaterra" é apenas fazer um diagnóstico e não uma defesa. Quando se promete uma descrição do que é não se pode fazer uma prescrição do que deve ser. Não se pode prometer um inventário (exposição) e entregar um libelo (posição).

Mas justiça seja feita: esse problema talvez se limite ao resumo. Como todo o texto de Ravi é uma inequívoca tomada de posição – e, repito, não há mal algum nisso –, quem sabe o único reparo a ser feito por força da presente observação recaia sobre o título e o resumo, pois no

---

2. Prefere-se o termo transcendentalistas, cunhado por Eduardo José da Fonseca Costa, a precedentalistas, utilizado por Lenio Luiz Streck, apenas para evitar a falsa impressão de que os hermeneutas são contra os precedentes. Sobre o extraordinário texto de Eduardo José da Fonseca Costa, conferir aqui: http://www.conjur.com.br/2016-dez-03/eduardo--costa-tribunais-superiores-sao-orgaos-transcendentais. Acessado em 21.12.2016.

mais o texto é bem claro quanto ao que se propõe. Seja como for, essa consideração não poderia deixar de ser feita.

Feito esse reparo, passo ao texto.

3. UMA QUESTÃO MAL POSTA

A questão de fundo não me parece bem posta.

Ravi diz que para os hermeneutas brasileiros os precedentes são sempre persuasivos *no common law*, nunca vinculantes. Vejo com estranheza o título e o resumo do texto ao dizerem isso, pois das leituras que fiz dos hermeneutas brasileiros – e aqui me limito a Lenio Luiz Streck, Georges Abboud, Maurício Ramires, Francisco Borges Motta e Júlio César Rossi –, nunca concluí que eles defendem a falta de vinculação dos precedentes no *common law*. Os hermeneutas não dizem isso nem pensam assim. Essa é a opinião de Ravi sobre a doutrina dos hermeneutas, isso sim. Mas convém ter o cuidado de não transformar uma opinião própria em manifestação alheia.

Nesse ponto, a clareza das ideias depende de uma diferenciação fundamental: uma coisa é definir *se* os precedentes vinculam; outra, bem diferente, é definir o *fundamento* dessa vinculação.

A respeito da vinculação dos precedentes, não há divergência. Todos, hermeneutas e transcendentalistas, concordam que precedentes vinculam.

O desacordo se estabelece a respeito do fundamento da vinculação. Enquanto os hermeneutas defendem que os precedentes vinculam pela tradição, os transcendentalistas advogam a tese da vinculação deriva da autoridade que forma o precedente.

Assim, quando os hermeneutas brasileiros dizem que nos países de *common law* não há determinação constitucional ou legal para que juízes sigam precedentes, eles não querem dizer que a vinculação só pode decorrer de previsão legal *lato sensu* e, por conseguinte, que por isso os precedentes não são vinculantes naquela tradição.

Na verdade, o texto de Ravi não é firme nesse ponto: ora dá a entender que os hermeneutas brasileiros negam a vinculatividade dos precedentes no *common law* ("na doutrina brasileira, tem ganhado força uma relevante discussão que aborda a existência ou não de vinculação dos precedentes no *common law*. Afinal, existem tanto autores que interpretam que há vinculação dos precedentes no *common law*, enquanto outros interpretam que há tão somente uma eficácia persuasiva"), ora afirma que essa é a sua compreensão da doutrina deles ("apontar que o precedente vincula tão somente por suas razões é o mesmo que se trabalhar com o conceito de precedente persuasivo, que, ao contrário do vinculante, depende primordialmente de um aspecto formal, a hierarquia do tribunal").

Insista-se: hermeneutas não negam que os precedentes vinculam no *common law*. Ao contrário, defendem que vinculam pela tradição. É possível que tal argumento esteja viciado por incoerência interna? Então que se isso deve ser demonstrado, ou seja, que embora os hermeneutas *digam* que os precedentes vinculam a sua argumentação leva a conclusão diversa. O que não se pode é dizer que os próprios hermeneutas negam a vinculatividade dos precedentes no *common law* (e no *civil law*!). Definitivamente, isso eles não fazem.

Na verdade, parece-me que um dos grandes problemas do texto de Ravi é pretender criticar a doutrina dos hermeneutas brasileiros sem enfrentar alguns dos seus principais pilares de sustentação. Claramente, sua avaliação da doutrina hermeneuta é construída a partir de um conjunto muito singelo de elementos. A teoria do direito como integridade, de Ronald Dworkin, e a crítica hermenêutica do direito, de Lenio Streck, por exemplo, não são devidamente consideradas e enfrentadas. Verdade seja dita, não são tocadas nem de passagem. Passo a demonstrar como isso seria imprescindível para conferir maior robustez à pretendida crítica de Ravi.

Sobre Dworkin, todos os hermeneutas que citei há pouco e que tratam de precedentes o adotam como referencial teórico, ainda que com intensidades diversas entre si. Só isso já deveria ser suficiente para despertar a atenção de Ravi quanto à necessidade de enfrentar o seu pensamento. Feito isso, seria imperativo concluir que nenhum dos hermeneutas brasileiros é contra a vinculação dos precedentes, afinal a *metáfora do romance em cadeia* desenvolvida pelo jusfilósofo estadunidense para explicar a teoria do direito como integridade é tanto mais pertinente exatamente no contexto do respeito aos precedentes.

Embora sem me aprofundar na noção do direito como integridade, vale lembrar que a metáfora do romance em cadeia. Por esta, o juiz deve decidir como se fosse coautor de uma obra coletiva, considerando os capítulos anteriores, dando continuidade a ele e preparando o terreno para o próximo participante. Não é possível que cada coautor/julgador se veja como uma ilha e escreva um conto desconectado das obras anteriores/decida sem atenção aos precedentes. O trabalho judicial deve ser como uma obra única, íntegra e coerente, um empreendimento conjunto cujo êxito demanda compromisso, responsabilidade e engajamento dos seus integrantes. Não é desejável que tal labor seja comparável a obras individuais, isoladas e dispersas, sem atenção a um ponto comum capaz de oferecer parâmetros confiáveis para o tráfego jurídico.

No entanto, como se opera sob o signo da resposta correta (Dworkin fala da única resposta correta, enquanto Lenio Streck fala da resposta correta, nem a única nem a melhor), se o coautor/julgador de hoje encontrar razões suficientes/corretas para realinhar o enredo, deve fazê-lo justificando seu agir para demonstrar que não se trata de um conto interrompendo o romance em cadeia, ou seja, que não se trata de uma deliberação discricionária sua, mas de uma imperiosa mudança de caminho. O romance pode sofrer guinadas, mudanças de rumo, desde que os autores dos novos capítulos demonstrem a presença de elementos que justifiquem a necessidade de assim proceder.

Portanto, os juízes devem considerar e seguir precedentes, só podendo desgarrar-se deles quando demonstrarem razões que justifiquem a mudança.

Então, se Dworkin criou a metáfora do romance em cadeia e a sua valia se dá de modo ainda mais claro no contexto dos precedentes, seria extraordinariamente equivocado dizer que ele nega a vinculação dos precedentes! E é por isso os hermeneutas brasileiros dizem que precedentes corretos (dworkianamente falando) devem ser seguidos no *common law*. Nessa medida, são vinculantes. Uma vinculação decorrente da tradição (correlação de sentidos por juízos de correção, consoante precisa expressão de Marco Paulo Di Spirito), e não imposição constitucional, legal ou mesmo do simples fato de ser proveniente de determinado tribunal (vinculação formal). Mas vinculação. Aliás, se os hermeneutas brasileiros dissessem algo diferente disso seria necessário afirmar que eles simplesmente não entenderam Dworkin...

Sobre isso, porém, o texto de Ravi não reflete uma linha sequer.

Por outro lado, Ravi se volta expressamente contra Lenio Streck, ainda que o faça de modo bastante superficial. Segundo Ravi, ao fim e ao cabo, Streck defende uma concepção meramente persuasiva dos precedentes. Não se trata de uma afirmação trivial, contudo, bastando lembrar do próprio conceito de direito sustentado pelo professor gaúcho, tantas vezes repetido até mesmo em sua coluna semanal Senso Incomum, no Conjur: "Direito é um conceito interpretativo e é aquilo que é emanado pelas instituições jurídicas, sendo que as questões e ele relativas encontram, necessariamente, respostas nas leis, nos princípios constitucionais, nos regulamentos e *nos precedentes que tenham DNA constitucional*, e não na vontade individual do aplicador".

Ora, concorde-se ou não com o conceito interpretativo de direito proposto por Streck, uma coisa é certa: não dá pra negar que para ele os precedentes são vinculantes (dês que tenham DNA constitucional, não só pela autoridade que o formou). Ou se aceita isso ou se tem a firmeza de dizer que para Streck a Constituição e as leis também são elementos meramente persuasivos, afinal são colocados ao lado dos "precedentes que tenham DNA constitucional" como elementos integrantes do direito. Sendo mais claro, será necessário afirmar que para Lenio Streck o direito (e não só os precedentes!) são uma mera persuasão, sem qualquer normatividade. A questão é: alguém chegará a tanto? Ravi afirmará isso?

Penso que essas indagações são suficientes, no mínimo, para demonstrar como o enfrentamento mais profundo da doutrina de Lenio Streck é imprescindível para que a crítica de Ravi seja forte. Sim, a crítica que faz à doutrina hermeneuta é muito rasa.

Claro, pode-se discordar dos fundamentos utilizados pelos hermeneutas brasileiros para dizerem que precedentes vinculam no *common law*. Certamente, há boas razões para isso. Mas não chega nem perto desse propósito a afirmação equivocada de que eles negam a vinculatividade dos precedentes naquela tradição, pois, como visto, isso não ocorre. Sem um enfrentamento superficial que seja da obra de Dworkin e de Streck a crítica aos hermeneutas fica muito aquém do mínimo. Por isso me permito parafrasear o título do texto de Ravi para dizer que crendice mesmo – só crendice, porque de crítica teórica robusta definitivamente não se trata – é afirmar que os hermeneutas brasileiros negam que precedentes vinculam no *common law*.

Faço uma última observação. Ravi afirma que "na doutrina brasileira, tem ganhado força uma relevante discussão que aborda a existência ou não de vinculação dos precedentes no common law. (...) existem (...) autores que interpretam que (...) há tão somente uma eficácia persuasiva". Mas o único autor por ele citado e que textualmente diz isso é Michele Taruffo, que não é brasileiro e muito menos hermeneuta. E convenhamos, não se pode colar nos hermeneutas brasileiros uma etiqueta merecida apenas pelo respeitável autor italiano.

4. O QUE É VINCULAÇÃO, AFINAL? A EXISTÊNCIA DO DEBATE DEPENDE DESSA RESPOSTA

Na verdade, a própria razão de ser do debate depende da delimitação do que se entende por precedente vinculante.

Quer dizer, precedente vinculante é aquele que deve ser seguido, ou, de forma mais restrita, é aquele que deve ser seguido em razão a autoridade que o formou (com ou sem previsão legal que assim determine)?

A questão é importante porque se se entender que precedente é vinculante porque deve ser seguido – primeira hipótese –, aí estão incluídos tanto os hermeneutas quanto os transcendentalistas brasileiros. Abarca os hermeneutas, porque para eles os precedentes são vinculantes no *common law* (e no *civil law*) em razão da tradição, e não de uma imposição formal (lembre-se da metáfora do romance em cadeia). E agasalha os transcendentalistas, porque para eles o fato de uma decisão ser prolatada por determinado órgão (as ditas Cortes Supremas) faz dela precedente vinculante.

Mas se o precedente se vinculante é o precedente que deve ser seguido apenas porque produzido por determinada autoridade – e esse é o critério assumido por Ravi, como fica nítido ao longo de todo o texto e, em especial, no item 3 –, então, de fato, os hermeneutas brasileiros não defendem que os precedentes são vinculantes no *common law* (nem em lugar nenhum). Definitivamente, os hermeneutas não defendem que o precedente vincula em razão da autoridade que o forma.

Mas o que isso prova? Prova que quando Ravi parte desse conceito (que vou chamar de) estrito de efeito vinculante *o debate* entre hermeneutas e transcendentalistas brasileiros sobre a vinculatividade dos precedentes no *common law* (e em qualquer lugar) simplesmente *deixa de existir*.

Sim, porque se o significante *vinculante* só pode significar obrigatoriedade decorrente da autoridade produtora – com ou sem previsão legal, como quer Ravi –, então, de fato, os hermeneutas brasileiros não defendem que os precedentes são vinculantes.

Restrito o sentido de vinculação à formação por determinada autoridade, estamos diante de um *falso debate*. Posta a questão nesses termos, basta um pacto semântico para resolvermos de vez a questão: o precedente só é vinculante porque obriga pela autoridade que o produz e hermeneutas brasileiros realmente defendem que os precedentes são apenas persuasivos (em qualquer tradição jurídica!). Posto o debate nesses termos, ouso afirmar que os hermeneutas brasileiros defenderiam essa posição de muito bom grado.

Ora, limitar o significante *vinculante* à produção por uma autoridade formalmente instituída – no sentido de Ravi – é uma apropriação significativa que interdita completamente o debate entre hermeneutas e transcendentalistas. É instituir uma "*regra para o debate*" que, de largada, impede o desenvolvimento do argumento hermeneuta. Trata-se de uma manipulação argumentativa: os transcendentalistas dirão que os precedentes vinculam em razão da autoridade e (que) os hermeneutas não poderão defender que os precedentes vinculam pela tradição, pois esta não obriga. Notem que interessante: os hermeneutas só poderiam dizer que os precedentes vinculam se concordassem com os transcendentalistas! Mas se isso é assim, qual é o debate? Se há apenas um fundamento para a vinculação, não há debate.

A teoria do direito tem exemplo semelhante. Refiro-me ao debate Dworkin *vs* Hart. Quando aquele defendeu, em oposição a este, que o direito não poderia ser apenas um sistema de regras, senão um sistema de regras e princípios, haja vista que, não raro, juízes decidiam casos com base em padrões interpretativos não positivados (=princípios), observou-se que a objeção mais importante contra tal tese era a afirmação de que princípios não podem pertencer ao direito porque não passam pelo filtro da regra de reconhecimento. Ocorre que essa objeção torna o debate impossível, pois "ela assume a verdade da teoria positivista. Se a existência de princípios jurídicos coloca em xeque a teoria positivista da regra de reconhecimento, essa própria não pode ser usada como argumento contra o caráter juridicamente vinculante dos princípios. Dworkin, aliás, acredita que, num confronto entre ambas, temos boas razões para optar pelo caráter jurídico dos princípios, o que implica uma rejeição do positivismo. O ponto fundamental da crítica de Dworkin, portanto, não é propriamente como distinguir tipos normativos distintos, mas sobretudo utilizar o recurso a princípios morais na argumentação jurídica para questionar a doutrina positivista dos *limites* do direito. (...) Se os princípios não são validados por uma regra social de reconhecimento, mas ainda assim são usados e reconhecidos como jurídicos pelos oficiais, parece plausível pensar que há um erro na tese do *pedigree* que demandará argumentação independente para mantê-la mesmo diante do fato – aparentemente inquestionável – de que juízes e advogados recorrem a princípios jurídicos na interpretação e aplicação do direito"[3]. Em suma, ou o debate é elevado para um nível metateórico, onde se poderá confrontar a tese positivista e a tese interpretativista, ou o debate é impossível. Se uma concepção nega a correção da outra o debate jamais pode ser feito a partir dos elementos internos de cada uma (um positivista não pode usar o positivismo para criticar o interpretativismo – e vice-versa).

Parece-me que é isso que ocorre aqui. Ravi atrela a vinculatividade à autoridade e nega a possibilidade de se defender qualquer outro fundamento à vinculação. Posto nesses termos, o debate é impossível. Só há debate se Ravi recorrer a um plano metateórico e de lá demonstrar que o correto é a vinculação derivar da autoridade e não da tradição. Criticar a tese hermenêutico-interpretativista a partir dos argumentos positivistas é um erro – e vice-versa. Ademais, também será necessário identificar a teoria do direito de base e a sua adequação a determinado contexto jurídico-positivo.

Aliás, isso é algo que precisa ser dito – e não vale apenas para o texto de Ravi: uma discussão sobre esse tema jamais pode ser feita em abstrato ou mesmo à luz de uma tradição jurídica – *common law* ou *civil law* –, mas considerando a institucionalidade vigente em cada país, pois mesmo aqueles filiados a uma mesma tradição podem apresentar peculiaridades internas capazes de influenciar decisivamente nessa questão. De modo que é totalmente impertinente insistir na crença (ingênua ou perversa) de uma teoria do direito universal, pronta e acabada (metafísica,

---

3. NEIVA, Horário Lopes Mousinho. *Introdução Crítica ao Positivismo Jurídico Exclusivo. A teoria do direito de Joseph Raz*. Jus Podivm. 2017, p. 45-46.

pois). As coisas não são assim. Para bem ou para mal, basta uma disposição específica do direito positivo, máxime da Constituição, para fazer ruína do mais pretensamente sofisticado edifício teórico. Sobretudo no nível da dogmática, mas não só, o direito posto conforma a teoria, não o contrário. Mas parece que essa obviedade tem sido ignorada por parte da doutrina – em geral, não só em relação ao tema dos precedentes.

5. FRAGILIDADE DA CRÍTICA EM SEUS PRÓPRIOS ARGUMENTOS

Está claro que, no fundo – convenhamos: nem tão no fundo assim –, o texto de Ravi é uma tomada de posição no debate iniciado por Lenio Streck, no Conjur[4]. Ele decidiu seguir aqueles que atrelam a vinculação à autoridade que o forma. Trata-se de uma decisão respeitável. Mas ela é isso, uma decisão, e não uma simples constatação, como promete o resumo do texto.

Mas o que cabe dizer, nesse ponto, é que essa decisão não é uma verdade imanente. Ah, mas não é mesmo! Querem ver? Lá pelas tantas, Ravi diz que "a vinculatividade do precedente advém da força institucionalizante da interpretação jurisdicional, não da força das suas razões".

Mas o que é isto – a força institucionalizante da interpretação jurisdicional? Por que isso é correto, e não o seu oposto? Basta dizer que um tribunal tem autoridade e por isso seus precedentes são vinculantes? De onde vem a correção dessa tese da autoridade? De Joseph Raz? Não é importante dizer qual é a base teórica e jurídico-positiva de uma afirmação dessa envergadura?

Por favor, não estou dizendo que isso está errado, muito menos diminuindo a tese da autoridade de Raz. Eu não faria isso, primeiro, porque tenha grande respeito por ela e, segundo, porque nem sei se é dela

---

[4]. Para conferir a tetralogia de Lenio Streck, acessar este link: http://www.conjur.com.br/2016-out-13/senso-incomum-precedentes-iv-final-interpretar-nao-ato-vontade. Acessado em 21.12.2016. Este link é do quarto texto, mas nele há um anexo onde é possível abrir os três textos anteriores da série. Os textos de Lenio Streck foram objeto de análise crítica de Guilherme Rizzo Amaral, disponível aqui: AMARAL, Guilherme Rizzo. Precedentes e a tetralogia de Streck. Disponível em: https://www.academia.edu/29309760/Precedentes_e_a_Tetralogia_de_Streck. Acesso às 20h, do dia 01 de novembro de 2016.

que Ravi está falando – ele não diz no texto. Estou simplesmente indagando de que autoridade ele está falando.

O fato é que a frase, inclusive em seu contexto, presta obediência à premissa (jamais explicada) da qual parte o autor (vinculação pela autoridade – qual?). Só que a assertiva não explica nada, não marca um trajeto; ela só conclui. Ocorre que um debate desse jaez merece e exige o esclarecimento do lugar de fala e das premissas dos interlocutores, como fez Lenio Streck na tetralogia já citada, mas não faz Ravi em seu ensaio.

O fato é que isso revela uma dupla falha do texto de Ravi: falta robustez tanto em relação à teoria em que ele se apoia quanto o exame aprofundado da teoria que ele critica, o que já demonstrei no item 3 me privarei de repetir.

Definitivamente, a crítica apresentada não é amparada por robusta argumentação das razões que defende, merecendo maior energia para atingir os fins a que se propõe.

6. RIGIDEZ DO *STARE DECISIS*?

Deixo claro desde já: hermeneutas e transcendentalistas concordam que precedentes podem ser afastados por distinção ou superação. Dizendo toscamente, ninguém defende que o afastamento pode ser feito de qualquer jeito.

Dito isso, ressalto que a flexibilidade ou rigidez do *stare decisis* é questão altamente controvertida na contemporaneidade. Se Ravi cita vários autores defensores da rigidez, Georges Abboud, notável hermeneuta brasileiro, invoca outros tantos que sustentam a flexibilidade (Castanheira Neves (1983) – também citado por Ravi, vale reconhecer –, Laurence Tribe (1978), Eduardo Sodrero (2004) e Keith Eddey (1970), entre outros – os anos referem-se aos textos de cada autor citado)[5].

Diante do racha, qual concepção merece ser acolhida? Evidentemente, o critério quantitativo mostra-se irrelevante. Então, resta admitir que seguir um ou outro corte demanda (ou deveria demandar) a consideração do direito positivo em questão e a assunção de determinado alinhamento ideológico e/ou epistemológico, envolvendo premissas as

---

5. in *Processo Constitucional Brasileiro*. RT, 2016. O tema é tratado no capítulo 6 da obra.

mais variadas sobre como se colocar e lidar com os problemas daí decorrentes. É exatamente a incidência desses fatores que vai definir, por exemplo, se hermeneutas ou transcendentalistas estão corretos no debate aqui tantas vezes noticiado.

Em outras palavras, a resposta sobre o estado atual do *stare decisis* no *common law* – se rígido ou flexível – variará conforme o lugar de fala assumido, tanto mais quando a análise é limitada à doutrina, como quer Ravi. Autores positivistas, realistas e interpretativistas (pós-positivistas), por exemplo, porque, em regra, partem de premissas distintas, poderão dar respostas variadas, podendo haver até mesmo variação interna a cada grupo, razão pela qual se nota que a abordagem exclusivamente doutrinária tende a oferecer uma visão bastante reduzida do fenômeno. Primeiro, porque deixa de fora justamente a análise da dinâmica concreta dos precedentes – situação inusitada, como a de que, falando sobre um perfume, prefere fazê-lo a partir da descrição que fazem dele a sentir a sua fragrância... Segundo, porque é improvável que esgotará toda a doutrina, conduzindo a conclusões diferentes e, não raro, parciais. Não imputo isso apenas a Ravi, muito menos sugiro má-fé. Na verdade, essa limitação é natural porque sempre se fala de determinado lugar. Ter isso em contra é importante até mesmo para não atribuirmos às nossas posições uma pretensão de completude que é desejada, mas jamais realizada.

Um caso concreto ilustra o que digo. Recentemente, no entremeio da instabilidade criada pelo STF relativamente ao tema da pressuposição de inocência (precisamente, saber se da condenação em segundo grau deve seguir-se automaticamente o início do cumprimento da pena, mesmo que na pendência de recursos ou demais meios impugnativos levados às instâncias extraordinárias), poucos meses depois da decisão do Pleno o Min. Celso de Mello, monocraticamente, deu liminar em sentido contrário ao entendimento colegiado. Na ocasião, Bruno Torrano, positivista exclusivo por quem tenho enorme respeito e admiração, escreveu um excelente texto dizendo, basicamente, que, conquanto equivocada, a decisão Plenária teria de ser seguida, podendo ser superada apenas pelo Plenário[6]. Ou seja, decisões monocráticas e de Turmas teriam de se curvar à do Pleno, até que este a superasse. Absolutamente coerente

---

6. http://www.conjur.com.br/2016-ago-24/doi-entendimento-hc-126292sp-respeitado. Acessado em 21.12.2016.

com a teoria do direito por ele seguida, devidamente explicitada em seu texto. Porém, diante do mesmo problema um dworkiano poderia dizer que o compromisso do intérprete é com a Constituição e com respostas corretas à sua luz, e que, como a decisão dada pelo Plenário do STF violou a Constituição – lesando direitos fundamentais, inclusive! –, um juiz deve deixar de aplicá-la[7].

Pois bem. Nessa contenda, quem estaria correto? Não me importa responder isso agora, mas destacar que é uma questão de premissa, de lugar de fala e que sequer se atém aos limites de uma teoria dos precedentes. Portanto, falar da rigidez ou flexibilidade do *stare decisis* não é tratar apenas disso, mas ir à teoria do direito, plano que antecipa e conforma essa discussão (ainda que deva se curvar ao direito positivo).

Ou seja, dependendo dos marcos jurídico-positivos e teóricos consultados chegaremos a respostas diferentes sobre a rigidez ou flexibilidade do *stare decisis* no *common law*, hoje. Por isso não me parece possível "definir questão" a este respeito, ainda mais quando em termos consideravelmente sumários como aqueles empregados por Ravi.

7. HERMENEUTAS BRASILEIROS ALINHADOS A REALISTAS AMERICANOS?

Esse é um ponto altamente problemático do texto de Ravi. Não porque esteja errado – já disse que não é isso que pretendo fazer aqui –, mas porque, em princípio, tais correntes teóricas são diametralmente opostas e o texto de Ravi não cuida de demonstrar como e em que medida os hermeneutas incorrem em contradição ao supostamente professarem o mesmo que os realistas estadunidenses. Devo dizer que já vi hermeneutas serem acusados de originalismo e até de relativismo, mas nunca de se alinharem aos realistas estadunidenses, especificamente. Mas vamos por partes.

Ravi diz haver contradição na posição dos hermeneutas porque eles estão defendendo o mesmo que os realistas estadunidenses, enquanto

---

7. Vale acrescentar: o texto de Bruno é insuspeito, pois ele é um dos autores que mais e melhor escreveu contra a decisão do STF, demonstrando seus enormes equívocos. Mesmo assim, submeteu-se à rigidez do stare decisis, no caso. A propósito, veja-se a tríade crítica que fez ao voto do Min. Luis Roberto Barroso, em relação ao tema, ainda que em julgado posterior: http://emporiododireito.com.br/o-ministro-barroso-e-a-execucao-provisoria-da-pena--criminal-parte-1-perigos-do-pos-positivismo-idealista-por-bruno-torrano/. Acessado em 21.12.2016. Neste texto há o link para a leitura dos outros dois dedicados ao tema.

Cap. 16 • O QUE DEVE SER DITO SOBRE (E ENFRENTADO N)A COMPREENSÃO DE PRECEDENTES

os autores ligados ao realismo genovês, aqui identificados como transcendentalistas, defendem a vinculação pela autoridade.

A afirmação deve ser compreendida no contexto do texto de Ravi, que, embora não se debruce sobre o conceito interpretativo de direito de Streck e da teoria do direito como interidade de Dworkin, interpreta a doutrina hermeneuta como se ela defendesse uma eficácia apenas persuasiva dos precedentes no *common law*, o que, como visto, não procede *(cf. capítulo 3)*.

Ademais – e a despeito do que disse acima –, a ligação dos hermeneutas brasileiros aos realistas estadunidenses demandaria uma boa, pormenorizada e consistente explicação.

Primeiro, porque Ravi fala de realismo estadunidense e realismo genovês sem diferenciá-los. E aí, para quem não os conhece, fica a dúvida: em que consiste cada um desses realismos e por que eles chegam a resultados diversos em relação ao mesmo problema? Considero que tais questões são fundamentais no contexto do ensaio de Ravi, mas passam ao largo de qualquer explicação.

Segundo, porque ele liga hermeneutas brasileiros a realistas estadunidenses sem expor nem minimamente o que caracteriza uns e outros – mesmo problema apontado no caso dos realismos genovês e estadunidense. E, de novo, poderia surgir a dúvida: de que modo correntes tão distintas (distinções essas sequer expostas no texto) chegam ao mesmo resultado? O texto não responde.

Terceiro, porque a suposta convergência conclusiva entre hermeneutas e realistas não é necessariamente (nem pode ser infundadamente taxada de) contraditória – embora eu não esteja dizendo que ela de fato ocorre. Afinal, não é nada raro que grupos teóricos diversos (*v.g.* positivistas e hermeneutas) comunguem da mesma opinião (conclusão), embora partindo de fundamentos distintos; eventualmente, acontece de grupos teóricos diversos comungarem determinadas premissas. Lembro do convite feito por Lenio Streck, um hermeneuta, a Bruno Torrano, um positivista exclusivo, para que defendessem bandeiras comuns, respeitadas as insuperáveis diferenças teóricas de cada um[8], convite que foi

---

8. Eis o link do convite: http://www.conjur.com.br/2016-fev-25/senso-incomum-hermeneutica-positivismo-estado-excecao-interpretativo. Acessado em 21.12.2016. Eis o link da res-

aceito já rendeu frutos[9]. A possibilidade dessa aliança prova que um hermeneuta pode continuar sendo um hermeneuta e um positivista pode continuar sendo um positivista caso comunguem determinadas premissas e conclusões.

Por tudo isso que considero fundamental Ravi esclarecer em que medida hermeneutas brasileiros e realistas estadunidenses estão convergindo, por que isso seria contraditório e por que a contradição seria dos primeiros e não dos segundos. Ora, quando se diz que um hermeneuta cai em contradição porque defende a mesma opinião/conclusão que um realista americano, não basta dizer que um hermeneuta cai em contradição porque... defende a mesma opinião/conclusão que um realista americano. Há um ônus argumentativo a atender. Deve-se perpassar, no mínimo e ainda que sumariamente, pelas características dessas teorias, seus pilares fundamentais e demonstrar, de fato, onde e como se revela a contradição, e quem se contradiz. Aliás, quem garante que, no caso, eventual contradição não é dos realistas estadunidenses ao invés dos hermeneutas brasileiros? Não estou dizendo que sim. Nem que não. Ravi fez a afirmação, então cabe a ele demonstrar (e não somente alegar). O que não cabe é a mera afirmação.

8. O NASCIMENTO DO PRECEDENTE

Será que no instante em que estão decidindo juízes têm condições de prever se estão formando um precedente?

Normalmente, essa indagação que permeia o presente aspecto do debate. Para os fins deste texto, não considero essa uma questão relevante. Mais importante é perquirir se hermeneutas e transcendentalistas brasileiros divergem a esse respeito.

Mas, sinceramente, penso que também essa questão é uma quimera. Ninguém duvida que, dependendo do caso, o julgador tem plena convicção de que a decisão que está proferindo poderá ser útil para a resolução de casos futuros.

---

posta, sinalizando o aceite do convite: http://www.conjur.com.br/2016-mar-23/alianca--estrategica-entre-positivismo-hermeneutica-streck. Acessado em 21.12.2016.

9. http://www.conjur.com.br/2016-jun-20/juizos-morais-stj-stf-fazem-retroagir-data-transito-julgado. Acessado em 21.12.2016.

Mesmo os hermeneutas? Sim. Mesmo defendendo que uma decisão deve contas ao caso que está sendo julgado, eles jamais negarão que o julgador pode, perfeitamente, conceber que a decisão que está proferindo tem potencial para se tornar um precedente. Eu mesmo nunca vi tal objeção. E seria estranho se defendessem o contrário, pois isso é da base da teoria do direito como integridade/metáfora do romance em cadeia – sempre voltamos a ela...

A questão é que os hermeneutas dirão: e daí? E daí que o decisor supõe que a sua decisão pode vir a ser um precedente? Isso significa que ela efetivamente será? Claro que não. E se não for, contrariando as previsões iniciais, jamais adquirirá tal *status*.

Talvez, o que se possa dizer aqui é que, enquanto os hermeneutas percebem que estão produzindo uma decisão que *pode se tornar precedente no futuro*, os transcendentalistas *têm a certeza de que ela deverá ser seguida no futuro*. Mas veja: a convicção de que deverá ser seguida não assegura que efetivamente será. Se restar alguma humildade nesse ponto, nenhum deles assegurará que isso ocorrerá, mas que, no máximo, isso deveria suceder.

Vale lembrar, por curioso, que nos países do *common law* inexistem instrumentos específicos para fazer valer a força do precedente, diferentemente do Brasil, que concebe reclamação – se bem que, com a reforma operada pela L. 13.256/16, que alterou o § 5º do art. 988 do Código Fux ainda no período de *vacatio legis*!, tal ação pressupõe o exaurimento das instâncias recursais ordinárias, a revelar que, hoje, no direito brasileiro, mais importa a capacidade performática dos tribunais superiores de administrarem seus acervos do que a autoridade dos seus "precedentes"... Um tremendo ato falho, denunciado pelo detalhe.

Mas voltando ao caso do *common law*, quero apenas pontuar que mesmo para um hermeneuta seria infantil dizer que o julgador jamais pode prever que a sua decisão pode se tornar um precedente. Claro que é possível, ainda que vagamente, embora também possa ocorrer sem qualquer mapeamento imediato (como se deu em *Mabury vs. Madison*, precedente que institui o *judicial review,* mas que não discutia essa questão especificamente nem deu a ela uma importância superlativa).

A questão é que, para os hermeneutas, a prioridade é o julgamento do caso, que não pode ser mero pretexto para a formação de uma tese, como foi, para o STF, p.ex., no caso em que se superou (sem qualquer consideração detida dos argumentos anteriores!) o entendimento sobre a pressuposição de inocência, cujas peculiaridades foram completamente ignoradas[10].

Vou além: talvez se possa dizer que, mesmo para os hermeneutas, o juiz tem, sim, que proferir uma decisão que se insira numa "cadeia precedental", na linha da metáfora do romance em cadeia, como imposição da tradição, da coerência e da integridade. A questão é que jamais decidirá tendo essa como sua principal tarefa, que sempre será a correta resolução do caso.

Mas os hermeneutas sabem que a decisão não será precedente apenas porque formada por determinado tribunal, mas que disso só se saberá posteriormente, quando do seu uso, ou não, como padrão decisório em casos futuros.

Portanto, a consciência de que a prolação de uma decisão poder virar um precedente não é uma característica peculiar dos transcendentalistas, alcançando também os hermeneutas. Ambos reconhecem que é possível perceber, quando da prolação da decisão, que ela pode se tornar precedente. A diferença está em outro lugar: desde já, hermeneutas reconhecem que uma decisão *pode* se tornar precedente (se for utilizada como padrão para julgamentos futuros), enquanto transcendentalistas defendem que ela *deve* se tornar precedente (posto interpretável, sua aplicação é obrigatória nos casos futuros).

9. É PROIBIDO INTERPRETAR PRECEDENTES?

Esse será o ponto mais breve, pois não me parece que hermeneutas e transcendentalistas digam que os juízes não podem interpretar os precedentes no *common law*. Apesar do consenso inicial, esse ponto merece alguma consideração.

Na verdade, os fins ora propostos impõem indagar o seguinte: o que significa interpretar o precedente? Significa verificar se há similitude fático-jurídica e, em caso negativo, afastar o precedente por distinção?

---

10. O impecável levantamento foi feito por Lenio Streck: http://www.conjur.com.br/2016--ago-11/senso-incomum-estranho-fez-stf-sacrificar-presuncao-inocencia. Acessado em 21.12.2016.

Sendo esse o caso, transcendentalistas e hermeneutas brasileiros estarão acordes. Todos concordam que os precedentes podem (ou melhor, devem) ser afastados por distinção.

Mas interpretar o precedente também é verificar se norma a ele atribuída (*ratio decidendi*) é correta? Aqui se instala a divergência.

Hermeneutas, máxime aqueles que propugnam que o cidadão tem o direito fundamental a uma resposta correta (conforme à Constituição), dirão que o precedente manifestamente equivocado (=contrário à Constituição ou às leis) não deve ser aplicado no caso concreto, mesmo inexistindo distinção. Há um juízo de reprovação do precedente pelo julgador do caso atual. Defendem que isso deve ser assim tanto no *common law* quanto no *civil law* – até porque, no caso Brasileiro, a Constituição consagra a centralidade da lei *lato sensu (art. 5º, II)*. No caso dos EUA, aliás, isso pode ser exemplificado no contexto das políticas raciais: o precedente firmado em *Plessy vs. Ferguson*, que consagrou o regime "separados, mas iguais", foi superado em *Brown v. Board of Education of Topeka*, que provocou a abolição das práticas segregacionistas sem que houvesse alteração jurídico-institucional, mas apenas de composição da USSC e de um contexto social intolerante às políticas separatistas, o que sinaliza para a temporalidade, a faticidade e a historicidade do processo hermenêutico-interpretativo.

Diversamente, os transcendentalistas não admitirão tal operação. Segundo me parece, eles defendem que precedentes proíbem determinadas interpretações, especificamente a interpretação contrária ao precedente. Explico valendo-me da doutrina de Daniel Mitidiero[11]. Ele edifica a distinção (que reputa ideal) entre Cortes Supremas vs. Cortes Superiores a partir da ideia de que as primeiras interpretam o direito/formam precedentes e que as segundas aplicam o direito interpretado/produzido pelas primeiras. Daí diz – coerentemente com a teoria que constrói, diga-se – que a interpretação do precedente consiste em verificar se ele é, ou não, aplicável ao caso; se há distinção, é possível o afastamento; se não, só resta aplica-lo. Nessa doutrina, apenas a Corte Suprema que formou o precedente pode afastá-lo por superação. Fora daí, ao julgador restaria, no máximo, ressalvar seu entendimento, quando ele

---

11. Conferir: MITIDIERO, Daniel. *Cortes Superiores e Cortes Supremas. Do controle à interpretação, da jurisprudência ao precedente.* 3ª Ed. RT. 2017.

enuncia sem poder de império, dando mera opinião. Assim, a rigor, os trancendentalistas não defendem que o precedente não possa ser interpretado, mas que não se pode decidir contra o precedente – até porque é humanamente impossível não interpretar e seria tolice defender isso...

De todo modo, quando Lenio Streck fala da relação entre precedentes e proibição de interpretar, o contexto central da sua crítica não é a doutrina ou as práticas jurisprudenciais do *common law* – afinal, Streck está entre aqueles que defendem que lá os precedentes vinculam pela tradição. Na verdade, quando entra no problema da proibição de interpretar, Streck está falando da doutrina e, fundamentalmente, das práticas jurisprudenciais do Brasil – nem sequer do *civil law* –, ponto que extrapola as raias do propósito do texto de Ravi[12].

Em suma, hermeneutas e transcendentalistas concordam que os precedentes devem ser interpretados. A diferença é até onde o intérprete pode ir. Eles concordam que qualquer intérprete pode afastar o precedente por distinção. Por outro lado, hermeneutas defendem que um precedente pode deixar de ser aplicado quando for incorreto (contrário à Constituição, às leis etc.), enquanto transcendentalistas defendem que um precedente só pode ser afastado por superação pelo tribunal que o produziu.

10. CONCLUSÃO

Com esse escrito, busquei demonstrar que Ravi:

- **incide em erro metodológico**, pois o que é anunciado no título e no resumo – uma descrição do estado da arte da prática dos precedentes no *common law* – não é o que se encontra no con-

---

12. Se me é permitido o aparte, quanto ao receio de que os precedentes à brasileira (Júlio Cesar Rossi) operem de modo desastrado e arbitrário, limito-me a dizer que receio que é o que vai ocorrer. É ver pra crer. Aliás, aqui parece inevitável invocar o fechamento do texto de Eduardo José da Fonseca Costa, anunciado no início deste trabalho: "*Decerto daqui a alguns anos, não sem algum tom de amargura, os transcendentalistas (os "commonlistas" a que alude Lênio Streck) – todos eles grandes processualistas, dignos da mais absoluta reverência – queixar-se-ão que as suas respeitáveis doutrinas jamais foram entendidas, assimiladas e praticadas pelo mundo forense em geral e pelos tribunais brasileiros em particular. Mas, na verdade, é mais provável que infelizmente o mundo forense em geral e os tribunais brasileiros em particular jamais hajam sido bem compreendidos, absorvidos e vivenciados pelos transcendentalistas*".

teúdo do texto – uma prescrição de como os precedentes devem funcionar;

- **atribuiu ao discurso dos seus antagonistas uma interpretação que é sua** – o texto oscila quando diz que os hermeneutas brasileiros defendem que precedentes são persuasivos no *common law*, ora parecendo que é isso que eles dizem, ora parecendo que essa é a interpretação de Ravi sobre os hermeneutas;

- **estabelece um falso debate entre os hermeneutas e os transcendentalistas** – considera que só há vinculação pela autoridade, algo de que priva os hermeneutas do debate, haja vista que o fundamento destes é o da vinculação pela tradição;

- **faz uma crítica grave aos hermeneutas sem demonstrar a procedência do seu ponto** – diz que se contradizem por defenderem o mesmo que os realistas estadunidenses, mas não demonstra como se dá essa contradição;

- **emprega caricaturas** – noticia de modo francamente incorreto o modo como os hermeneutas tratam o nascimento e a interpretação dos precedentes.

Pois bem.

Espero ter conseguido não ingressar no âmago do debate pelo qual Ravi avançou – se a razão está com os hermeneutas ou os transcendentalistas –, pois não foi essa a intenção. Apenas apontei omissões e pontos a respeito da doutrina hermeneuta que, a meu ver, merecem maior aprofundamento. E isso não é necessário para que Ravi dê razão aos hermeneutas, mas para que sua crítica se apresente efetiva e forte. Por isso, reputo que essa "consideranda" poderia mesmo ser elaborada até por alguém que concorda com o conteúdo do texto de Ravi, mas que deseja ver o debate realizado de modo robusto, profundo e profícuo. Torço para que possa ter contribuído para o aprimoramento do ensaio de Ravi, qualquer que seja o encaminhamento que ele dê ao seu pensamento – alinhando-se aos hermeneutas ou aos transcendentalistas.

Capítulo 17

UMA CRÍTICA ANALÍTICA À IDEIA DE RELAÇÃO PROCESSUAL ENTRE AS PARTES

Roberto P. Campos Gouveia Filho

Sumário: 1. À guisa de introdução; 2. Das premissas necessárias; 3. Em busca de um critério para a definição de relação processual; 4. Por uma noção de tutela jurisdicional; 5. Deveres de ambos os polos da relação; 6. O fato jurídico da relação processual; 7. Da dinamicidade da relação processual; 8. Relação processual e relações jurídicas surgidas em virtude do processo; 9. Das relações jurídicas existentes entre as partes: o problema de sua natureza jurídica; 10. Considerações finais; 11. Referências bibliográficas.

1. À GUISA DE INTRODUÇÃO

O presente texto tem horizonte próximo. Sem adentrar nos aspectos funcionais da ideia de relação processual (saber, por exemplo, se há utilidade no conceito), pretende-se demonstrar que, analiticamente, não há a possibilidade de falar numa autêntica relação jurídica processual entre as partes do processo.

Para tanto, faz-se necessário estabelecer algumas premissas, que, neste texto, desempenham função de verdadeiros pontos de partida, cuja falseabilidade escapa aos limites quantitativos e qualitativos do trabalho.

O texto, como aludido no título, parte de um corte epistemológico de viés analítico, embora, obviamente, se saiba que o estudo dos problemas a serem enfrentados pode ser feito em outras perspectivas, como a hermenêutica e a pragmática. Ou seja, a análise gira em torno da natureza jurídica, da definição (problemática conceitual) e da estruturação dos institutos analisados.

É necessário consignar que, nem de longe, a ideia deste texto é exaurir a problemática. Pretende-se, apenas, lançar as bases para uma melhor compreensão dela.

O trabalho, por fim, não tem por objetivo analisar a natureza jurídica do processo (se ele é relação jurídica, situação jurídica, instituição, procedimento em contraditório etc.). Toma-se, como ponto de partida, o fato de nele existir ao menos uma relação jurídica, dita jurídica-processual, para, a partir disso, analisá-la. Apresentando, pois, uma perspectiva semântica da relação processual (lançando as bases para uma possível Teoria Semântica da Relação Processual).

Ao final, já tendo o suporte teórico necessário, apresentar-se-á, tal como mencionado no título, a crítica à ideia de relação processual entre as partes.

2. DAS PREMISSAS NECESSÁRIAS

Conforme se disse acima, faz-se necessário, para o desenvolvimento do texto, estabelecer alguns pontos de partida (premissas). São os seguintes:

a) por seu caráter linguístico, toda noção do direito positivo (tido, aqui, por linguagem objeto) e da Ciência do Direito (ora tida por metalinguagem) é convencional. Não há, propriamente, uma essência nelas. Assim, até mesmo para uma análise estritamente analítica como esta, faz-se necessário partir de concepções (convenções) semânticas mínimas;

b) desse modo, toma-se o termo relação jurídica como o tipo de efeito de fato jurídico que vincula um sujeito de direito a outro, de modo que um deles (ou ambos) está em situação de vantagem em face do outro: tem-se, pois, algo contra o outro. Adota-se, portanto, a concepção pontiana[1] não só de fato jurídico, como também de relação jurídica, que do primeiro é apenas efeito;

---

1. "A noção fundamental do direito é a *de fato jurídico;* depois, a de *relação jurídica*" (PONTES DE MIRANDA, Francisco Cavalcanti. *Tratado de Direito Privado*. 3. ed. Rio de Janeiro: Borsoi, t. 1, p. XVI), com esta frase Pontes de Miranda coloca a ideia de fato jurídico no hipocentro do sistema. A partir daí, lança as bases fundamentais de sua teoria do direito.

c) relação jurídica é termo pertinente não só à linguagem objeto, como também à metalinguagem[2]. No direito positivo – realidade socialmente significativa – há vínculos entre os sujeitos de direito. À metalinguagem científica cabe, dando utilidade metodológica e correção epistemológica, definir e estruturar (apresentar classificações etc.) esse vínculo. Quando um juiz, analisando uma causa, diz, por exemplo: "A comprou de B o automóvel X e, em virtude disso, passou a dever R$ 100.000,00 (cem mil reais)"[3], está-se por referir ao plano da linguagem objeto, falar de um fato do mundo existente entre dois sujeitos; já quando um jurista (que pode ser o próprio juiz numa atividade não judicante) diz: "em tal caso, há uma obrigação, que consiste numa relação jurídica cujo objeto é uma promessa de prestação patrimonialmente mensurável", está-se por falar da metalinguagem científica (Ciência do Direito);

d) existem relações jurídicas dos mais variados tipos. Na Ciência do Direito, há várias formas de entendê-las e, com isso, classificá-las. A relação processual é uma delas. É preciso, assim, para ser possível qualquer análise da relação processual (como, por

---

2. Trabalha-se, aqui, com a tradicional distinção feita no âmbito do neopositivismo lógico, especialmente por Rudolf Carnap, entre linguagem objeto e metalinguagem (sobre a originalidade de Carnap, quanto ao ponto, ver OLIVEIRA, Manfredo Araújo de. *Reviravolta Linguístico-Pragmática na Filosofia Contemporânea*. São Paulo: Edições Loyola, 1996, p. 75). Ao fazê-lo, não se está por defender uma suposta hierarquização entre elas, pois o que, numa perspectiva, é metalinguagem pode, em outra, vir a ser linguagem objeto de uma metalinguagem que antes era sua linguagem objeto: "A Constituição como 'nível inviolável' foi reconstruída por níveis normativos 'inferiores'. Ela, que, em princípio, seria 'metaliguagem' normativa em relação aos atos da jurisdição constitucional, que constituiriam a respectiva 'linguagem objeto', tornou-se 'linguagem objeto' desses atos, que se transformaram, sob outro ângulo, em 'metalinguagem'", NEVES, Marcelo. *Transconstitucionalismo*. São Paulo: Martins Fontes, 2009, p. 296.

3. O referencial acima, para dizer ser linguagem objeto o ato judicial, é o fato de os relatos dos aplicadores do direito objetivo serem componentes do ordenamento jurídico como um todo. Não obstante, a linguagem do aplicador do direito pode ser dita metalinguística se considerarmos que ele se pronuncia sobre outra linguagem: a do direito positivo aplicável à espécie. A distinção entre linguagem objeto e metalinguagem é, sempre, dependente de um referencial, pois a segunda é linguagem sobre outra linguagem. Logo, para dizer que se está por falar de uma linguagem, precisa-se saber que linguagem é esta. A linguagem científica é, sempre, metalinguagem do objeto da respectiva ciência. Eis a razão de, acima, se dizer que a linguagem da Ciência do Direito é a metalinguagem da linguagem do direito positivo.

exemplo, dizer que "há relação processual entre as partes de um processo"), entender o que ela é. É necessário, pois, buscar uma convenção linguística mínima que, ao definir o termo, tenha a maior possível utilidade pragmática e a maior possível correção analítica. A tal intento, dedicar-se-á um item abaixo.

e) não se pretende, em hipótese alguma, reduzir a ideia de processo, como fenômeno jurídico, à relação processual. Tendo em vista as premissas pontianas deste trabalho, especialmente a teoria do fato jurídico, isso não seria correto nem mesmo numa perspectiva estritamente analítica. O certo, porém, é que o processo é continente de relação jurídica: a relação processual, eficácia de alguns fatos jurídicos processuais[4]. Didaticamente pode-se dizer que relação processual é subconjunto do conjunto processo.

Fixadas, portanto, as premissas, pode-se prosseguir.

3. EM BUSCA DE UM CRITÉRIO PARA A DEFINIÇÃO DE RELAÇÃO PROCESSUAL

Como dito acima, faz-se necessário estabelecer o que venha a ser relação processual. Essa é a convenção semântica mínima com a qual se deve trabalhar. Somente após a fixação disso será possível fazer qualquer análise da problemática, inclusive aquela de cunho estritamente analítico, cerne deste texto.

Sabendo que relação jurídica é uma convenção linguística muito ampla, é preciso estabelecer – não de forma aleatória, mas sim a partir de concepções pré-estabelecidas na intersubjetividade (no caso, a científico-jurídica) – critérios para diferenciar as diversas relações jurídicas existentes[5].

---

4. "No processo, há o procedimento, que é a série dos atos processuais, no tempo e no espaço (e. g. exigência de imediatidade ou de presença), quer das partes, quer dos juízes e outras pessoas que sirvam à justiça; e há *a relação jurídica processual*, uma ou totalizada (= totalidade das relações jurídicas processuais que ocorram)", PONTES DE MIRANDA, Francisco Cavalcanti. *Tratado das Ações*. São Paulo: RT, 1970, t. 1, p. 248.

5. Válido analisar os diversos critérios classificatórios das relações jurídicas estabelecido por MELLO, Marcos Bernardes de. *Teoria do Fato Jurídico:* plano da eficácia – 1ª. parte. 2. ed. São

Tais critérios, é necessário repisar, têm de ter utilidade pragmática e correção analítica, ou seja, têm de servir para o papel definidor de problemas inerente à Ciência do Direito, mas apresentando o máximo de unidade e coerência possíveis (estabelecimento de premissas, observância delas, conclusão que as sustente etc.).

Um dos critérios para tanto se dá a partir dos sujeitos que compõem a polo passivo da relação jurídica. Aqui se fala em relações de direito absoluto e de direito relativo: relações jurídicas de direito absoluto são aquelas cujo sujeito passivo é um ente indeterminado[6], por completo, sendo representado pela alteridade (= quem quer que seja); já as de direito relativo são aquelas cujo sujeito passivo ou é determinado ou, no mínimo, determinável, sujeição passiva esta que pode ser plurissubjetiva (relação jurídica de direito relativo ≠ relação jurídica de polaridade unissubjetiva). São exemplos das primeiras: a personalidade, a propriedade etc.

Outro critério se dá a partir do objeto da relação jurídica. Aquilo sobre o qual ela recai. Aqui ou se diz que, sendo o objeto coisa, a relação é de direito real, ou, sendo o objeto necessidade de o sujeito passivo prestar algo (um fazer[7] ou, a depender da espécie, não fazer), diz-se pessoal a relação. Neste último caso, por exemplo, pode-se continuar a especificar, identificando fatores diferenciais entre os diversos tipos de prestações possíveis em direito, tal como: se têm conteúdo patrimonial ou não, sendo denominada, no primeiro caso, a relação jurídica de obrigação.

Paulo: Saraiva, 2004, p. 187 e segs. Inclusive, o critério utilizado para descriminar a relação processual, referente ao objeto, é utilizado pelo autor.

6. Não se desconhece a crítica à ideia de relação jurídica em que um dos polos é a alteridade. Vide, por exemplo, a crítica pragmática feita por Torquato Castro Jr. à ideia de sujeição passiva total nas relações jurídicas de direito real. A seu ver, para a prática do regime jurídico da propriedade e para a solução das lides que o envolvam, a ideia de sujeito passivo total pouco importa. Podendo-se, sem maiores problemas, falar em relação entre um sujeito e uma coisa (*A Pragmática das Nulidades e a Teoria do Ato Jurídico Inexistente*. São Paulo: Noeses, 2009, p. 49). Não obstante, entende-se ser útil metodologicamente a ideia de sujeição passiva total para deixar patente a necessidade de que todos têm algum tipo de dever para com o proprietário, como, por exemplo, o dever de não atentar contra a coisa, objeto da propriedade. Adota a ideia de sujeição passiva total, dentre outros, VILANOVA, Lourival. *Causalidade e Relação no Direito*. 4. ed. São Paulo: RT, 2000, p. 172-174.

7. Em rigor, dar coisa e pagar quantia em dinheiro são apenas especificações do "fazer", objeto que é de prestações obrigacionais.

Este segundo critério é muito adequado para a delimitação do conceito de relação processual. Por certo, ela não se trata de relação jurídica cujo objeto seja a coisa. Relação processual é, pois, uma das tantas relações jurídicas pessoais existentes.

Estabelecido, portanto, que o objeto da relação processual é uma necessidade de o sujeito passivo prestar algo. Isso, porém, é muito pouco. É preciso ir além, estabelecendo-se, minimamente, o que seja este algo a ser prestado. Assim, dentro da primeira premissa deste trabalho, entende-se que ele é a tutela jurisdicional. Ou seja, a prestação devida pelo sujeito passivo da relação processual é a tutela jurisdicional.

Mesmo diante disso, vários problemas persistem. O que é tutela jurisdicional? Apenas um dos sujeitos da relação processual deve prestar algo? O que gera a relação processual? A relação processual tem um viés estático ou, ao contrário, seu conteúdo vai se amoldando aos variados fatos que ocorrem no processo? Dentro do fenômeno processual, é a relação processual, nos moldes acima delimitados, a única relação jurídica existente? A cada uma dessas questões (e também a outras), dedicar-se--á um item abaixo.

4. POR UMA NOÇÃO DE TUTELA JURISDICIONAL

Sem analisar os pormenores da problemática, por certo das mais complexas da processualística, parte-se da ideia de que tutela jurisdicional tem a ver com a realização de situações tuteláveis[8] pela atividade jurisdicional, a partir de um processo. A tutela jurisdicional, em apertada síntese, se expressa a partir das eficácias sentenciais possíveis: declaratória, constitutiva, condenatória, mandamental e executiva. Embora tenham a ver com o direito material (especialmente se se adotar a ideia de que a materialidade do direito está no fato de ser ele objeto de um processo jurisdicional), constituem – por força do monopólio estatal – objeto do dever do Estado-juiz: quem declara, constitui, condena, manda e executa é ele.

---

8. Em verdade, não apenas direitos subjetivos, mas também simples situações de fato como a posse podem ser objeto de tutela jurídica (= proteção pelo sistema jurídico) e, com isso, tutela jurisdicional. Há quem fale – Eduardo José da Fonseca Costa – na tutela jurisdicional de instituições, como o meio ambiente e o ordenamento jurídico (nas ações de controle, por exemplo).

Desse modo, tomando por premissa o fato de que as eficácias sentenciais são a expressão da tutela jurisdicional, deve-se dizer que, para qualquer tipo de prestação a ser cumprida pelo Estado-juiz, faz-se necessária a constatação de algo. Esta constatação é a eficácia declaratória-base de qualquer decisão judicial. Por menor que seja – como, ao menos aparentemente, ocorre com as decisões antecipatórias da tutela-, toda decisão judicial parte de uma declaração. Trata-se do *minimum* cognitivo necessário para qualquer ato intelectivo, até mesmo para atos de poder, como as decisões judiciais. Prestar tutela jurisdicional, portanto, é, antes de tudo, constatar a ocorrência (ou inocorrência) de algo. E a constatação é dever do Estado-juiz.

5. DEVERES DE AMBOS OS POLOS DA RELAÇÃO

Não obstante ao fato de que o dever de prestar a tutela jurisdicional é do Estado-juiz, o outro polo da relação processual, em cada um dos seus lados (adota-se, aqui, algo que será pormenorizado abaixo, a ideia de, em regra, ser a relação processual angular, tendo, pois, dois lados cujo vértice é o Estado-juiz), também tem de prestar algo. Tem deveres, portanto. São, por exemplo, os deveres inerentes à boa-fé, como o de cumprir as ordens judiciais, não praticar atos protelatórios etc.

Isso, contudo, não impede que se defina a relação processual a partir do objeto do dever precípuo do Estado-juiz: a tutela jurisdicional. Do mesmo modo que se define a obrigação a partir da prestação do devedor (entregar coisa, fazer algo, pagar valor em dinheiro etc.), mesmo ciente que o credor também tem deveres inerentes a ela, também é, de algum modo, devedor. O critério para a escolha do objeto de um determinado dever contido na relação, e não de outros, se dá, acima de tudo, por um viés qualitativo. Numa metáfora, o peso dele na relação.

6. O FATO JURÍDICO DA RELAÇÃO PROCESSUAL

Tendo por base que toda eficácia jurídica (potencialidade de efeitos jurídicos) decorre de um fato jurídico e sabendo que a relação processual é um dos tantos efeitos jurídicos existentes, é preciso delimitar qual é o fato jurídico que gera. Em verdade, na sua estrutura angular, a relação processual é formada por mais de um fato jurídico.

Sabe-se que o processo – como estrutura jurídico-fenomênica – contém um procedimento: uma série de atos logicamente concatenados formando um todo único, um ato complexo. Esses atos, por serem atos jurídicos, são estruturados para gerar efeitos (embora seja possível, *a posteriori*, ato processual ineficaz, como são os atos processuais sujeitos à condição e alguns atos processuais nulos, caso da citação). Tais efeitos ou são constitutivos da relação processual ou nela interferem. A relação processual, portanto, forma-se no processo e, ao longo dele, se transforma, aumentando ou diminuindo seu conteúdo.

Neste item, porém, é preciso delimitar quais dos atos que compõem a cadeia procedimental dão ensejo à formação da relação processual. Ou seja, aqueles que geram seu "esqueleto".

Basicamente[9], isso se dá em dois momentos espaço-temporais do processo: com a admissibilidade da demanda (exercício da pretensão à tutela jurídica, denominada comumente, não sem equivocidade, de direito de ação), cujo conteúdo é, antes de tudo, componível pela ação processualizada (= afirmação em juízo da titularidade do poder de impor algo contra outrem, poder este que consiste na ação material, daí se falar em "propositura da ação"), e com a citação válida. Com a simples propositura da demanda ainda não há surgimento da relação processual. O dever do Estado-juiz admitir ou não admitir a demanda é dever que se encontra no plano pré-processual, dever este que é o correspondente passivo da pretensão à tutela jurídica[10]. É, pois, o despacho de admissi-

---

9. A complexidade eficacial-subjetiva do processo pode ganhar maior dimensão com a participação de diversos outros entes no processo, como, e especialmente, os terceiros intervenientes. Na oposição interventiva, por exemplo (prevista no art. 59, CPC/73, e não reproduzida, na mesma estrutura, pelo CPC/15), o oponente ingressa no processo dando ensejo à formação de outra relação processual, em que são sujeitos passivos, em contraposição de interesses, o autor e o réu da relação processual primeva.

10. É preciso entender que a chamada pretensão à tutela jurídica ("direito de ação") é situação jurídica existente antes da formação do processo, até por ser anteceder logicamente o ato de demandar, que é exercício dela. Essa pretensão é componente, pois, de uma relação jurídica formada antes do processo, cujo suporte fático é composto pelo interesse de agir (necessidade da tutela jurídica) e pela capacidade de ser parte. Como toda situação jurídica existente no conteúdo de uma relação jurídica, a referida pretensão tem um lado passivo (correspectividade necessária), e este é exatamente o dever do estado de admitir ou, conforme o caso, não admitir o exercício dela. Ao não admitir a demanda, o Estado-juiz ou diz que demandante não tem pretensão à tutela jurídica, pois lhe falta interesse de agir ou capacidade de ser parte, ou não preenche os pressupostos necessários ao seu exercício. Sequer admite a processualização da questão. Relação processual é, portanto, efeito da

bilidade que faz surgir a relação processual e todas as situações jurídicas inerentes a ela. Ocorre que, nascida em tal momento, a relação processual ainda é linearizada, envolve apenas o autor e o Estado-juiz (a↔E-j). Os chamados efeitos da litispendência (= efeitos da relação processual), como prevenção do juízo, litigiosidade da relação deduzida, não repercutem, apenas com isso, para o réu[11]. Para tanto, faz-se necessário envolvê-lo. Na metáfora geométrica da relação processual, é preciso angularizá-la.

E a angularidade (ou seja, a formação do outro lado da relação) depende de outro ato processual. Este, em regra, é a citação válida[12]. No entanto, ela pode ser suprida caso o réu compareça espontaneamente (inclusive se, estando nula a citação, o réu comparecer e não questionar a nulidade, algo que pós-eficaciza o processo). De um modo ou de outro, completa-se a relação processual (a↔E-j;E-j↔r). Em verdade, têm-se duas relações unidas por um sujeito de direito: o Estado-juiz. Daí a ideia de ângulo: duas semirretas unidas num (e por um) ponto.

7. DA DINAMICIDADE DA RELAÇÃO PROCESSUAL

Como dito acima, diversos fatos jurídicos, componentes ou não da cadeia procedimental, podem repercutir na relação processual, alterando sua substância, pois.

---

admissibilidade da demanda. Sem o ato de admissão, há processo, no sentido de haver procedimento, mas não há relação processual. No entanto, caso o ato de inadmissão seja, pelos meios hábeis (como o recurso), impugnado, tem-se procedimento, cuja *res deducta* é a relação pré-processual inadmitida, e, com a admissibilidade do recurso, forma-se relação processual.

11. Aqui não se ignora, por óbvio, a ocorrência de alguns processos de angularidade não necessária, como o de divórcio consensual. Processos, portanto, de relação processual apenas linear.

12. A defeituosidade (chamada neste texto, por metonímia, de nulidade) do ato citatório é caso raro de ato processual ineficaz por sua debilidade (na grande maioria dos casos, pode-se dizer que a nulidade dos atos processuais não os impede de produzir efeitos). Isso se dá, como não poderia ser diferente, por opção político-positiva, consubstanciada no art. 214, *caput*, CPC/15 (art. 219, *caput*, CPC/73). Querer ter como questão *a priori* a eficácia dos atos processuais nulos, como alguns tentam fazer (curiosamente defensores da impossibilidade epistêmica de uma teoria geral da invalidade), é cometer grave erro epistemológico.

Isso se dá porque, embora idealidade linguística, a relação processual não é mera representação estática de algo: é o próprio direito em desenvolvimento. É o viés dinâmico do direito. O direito se desenvolve por relações jurídicas, até porque, por unirem sujeitos, refletem o aspecto intersubjetivo, condição de possibilidade da própria juridicidade.

Não é à toa que Clóvis do Couto e Silva[13], a partir de uma construção do Direito Processual, entende a relação obrigacional como processo, pois há mutabilidade dela pelas diversas contingências que podem ocorrer. Por exemplo: se o devedor inadimple, surge para o credor o poder de impor a satisfação (ação de cobrança), ampliando o conteúdo da relação obrigacional.

É de toda equivocada, portanto, a crítica de que a relação jurídica seria algo estático[14], que não refletiria, por isso, as intercorrências e contingências do fenômeno jurídico. No caso da relação processual, pode-se citar, como exemplos desses influxos, as seguintes hipóteses: a) se o réu, na contestação, alega fato impeditivo do direito afirmado pelo autor, surge para este a pretensão a replicar; b) se a sentença é contrária à parte, surge para esta, dentro da relação processual instaurada, um poder contra o Estado-juiz, o poder de recorrer; c) se o juiz conhece de ofício de determinada questão, como a prescrição, ele tem de intimar as partes,

---

13. SILVA, Clovis do Couto e. *A obrigação como processo.* São Paulo: FGV Editora, 2006, p. 118.
14. Essa é a posição defendida por Paula Sarno Braga que, com base em Paula Costa e Silva, afirma: "Falar-se num processo como relação dinâmica seria aceitar que uma situação jurídica mude. Na verdade, como a situação jurídica se define como o que é em dado momento, mudando o momento, sobrevindo fato novo, produz-se uma nova situação (ainda que seja uma situação cujo conteúdo se alterou). Não haveria, assim, situação dinâmica" (*Norma de Processo e Norma de Procedimento:* o problema da repartição de competência legislativa no direito constitucional brasileiro. Salvador: JusPODIVM, 2015, p. 130. O termo em itálico é do original). A crítica, além do dito acima, funda-se num jogo de ideias: não há dinamicidade, pois, qualquer mudança de conteúdo que ocorresse, geraria uma nova relação, não sendo simples alteração da mesma. Ora, isso é devido, não propriamente à relação jurídica, mas sim ao fato que a gera. Se se está diante de um fato jurídico de formação sucessiva, como o procedimento, a dinamicidade do todo vai repercutir, claro, na relação jurídica formada pelo fato. A relação, por ser efeito do fato jurídico, o acompanha e, portanto, é dinâmica. Pensar de modo diverso seria dizer que, num processo judicial, formada a relação processual pela admissão da demanda, toda eficácia jurídica dos atos que surgissem posteriormente na cadeia procedimental nada teria a ver com a relação antes formada, como se fosse, cada uma delas, uma nova relação. O juiz, portanto, ao sentenciar (praticar ato na cadeia procedimental) não estaria influenciando na relação jurídica antes formada entre ele e a parte, já que esta relação ficou estaticizada no passado. O equívoco, aqui, é manifesto.

principalmente aquela contra a qual a questão é oponível, para falar sobre a matéria algo de cognição. Ou seja, nasce para as partes pretensão processual para tanto (art. 10, CPC/15).

Nos casos acima, a modificação da relação processual se dá por atos jurídicos que compõem a cadeia procedimental (atos processuais em sentido estrito[15]). É possível, no entanto, que fatos jurídicos outros produzam tal efeito: a) caso a parte descumpra ordem judicial (ilícito processual), surge para o Estado, dentro da relação processual instaurada, o poder de puni-la, na forma do art. 77, § 2°, CPC/15 (art. 14, parágrafo único, CPC/73); b) se o réu não observa o prazo de resposta (ato-fato processual), perde o poder de contestar, poder este que era componente da relação processual; c) se o autor renuncia ao direito sobre qual se funda a ação (componente da *res deducta*), cessa o seu interesse de agir e, com isso, o Estado-juiz não mais precisa solucionar a lide.

Os influxos ao longo do processo podem até mesmo gerar novas relações processuais dentro do mesmo processo em que se encontra a originária. É o que ocorre, por exemplo, quando o réu reconvém (desde que, consoante se estabeleceu acima, a demanda reconvencional seja admitida), ou quando a parte (autora ou ré, a depender do contexto) excepciona, questionando a imparcialidade do juiz. Neste caso, surge relação processual onde o juiz da causa originária é o polo passivo do ângulo relacional.

8. RELAÇÃO PROCESSUAL E RELAÇÕES JURÍDICAS SURGIDAS EM VIRTUDE DO PROCESSO

Chega-se ao ponto principal deste texto. Não se nega, em hipótese alguma, a possibilidade de, na facticidade processual, diversas outras relações jurídicas poderem exsurgir dos mais diversos fatos jurídicos. Tais relações, todavia, não podem ser confundidas com a autêntica relação processual. O simples fato de surgirem no contexto do processo não é suficiente para atribuir a elas a significação de relação processual e nem permite, na metalinguagem da Ciência do Direito, assim compreendê-

---

15. O termo ato processual em sentido estrito, acima utilizado, nada tem a ver com a classificação dos atos jurídicos em atos *stricto sensu* e negócios jurídicos. Quando se fala em ato processual em sentido estrito faz-se alusão aos atos processuais que compõem a cadeia procedimental, podendo tais atos ser tanto atos jurídicos *stricto sensu* como negócios jurídicos.

-las. Não se pode confundir as categorias. Como diz, laconicamente, Pontes de Miranda: "Cumpre, assim, que não se confundam a relação jurídica processual, o processo, e as diversas relações e situações processuais nascidas durante o processo"[16]. Do contrário, de tão vulgarizada, a ideia de relação processual deixar de ter qualquer relevância prática. Retoricamente, pode-se dizer: "para que entender o que seja relação processual se todas as relações jurídicas surgidas num processo são relações processuais"? É uma questão que deve ser feita àquele que defendem a ideia de uma autêntica relação processual entre as partes.

Diversos fatos jurídicos que surgem ao longo do processo podem ter por efeito jurídico precípuo uma relação jurídica. São exemplos: a) a responsabilidade civil surgida em virtude do dano causado por efetivação de decisão antecipatória da tutela posteriormente revogada, na qual o beneficiário da tutela é devedor de indenização ao prejudicado; b) o dever da parte que interpôs recurso protelatório de pagar multa em favor da parte lesada; c) o dever do destinatário da ordem judicial pagar ao beneficiário dela o valor da multa cominada caso tenha havido descumprimento; d) o dever da parte pagar ao perito os honorários, fixados conforme decisão do juiz.

As relações mencionadas acima são, na esteira do dizer de Pontes de Miranda, algumas das diversas relações jurídicas que podem surgir no curso de um processo[17].

Em verdade, essa pluriocorrência de relações jurídicas num determinado contexto não é algo exclusivo do processo judicial. A título de exemplo, tome-se o caso da enfiteuse. Nela, além da relação jurídica real

---

16. PONTES DE MIRANDA, Francisco Cavalcanti. *Comentários ao Código de Processo Civil*. 2. ed. Rio de Janeiro: Forense, 1958, t. 1, p. XIX. De igual modo, quando do CPC/73: *Comentários ao Código de Processo Civil*. 2. ed. Rio de Janeiro: Forense, 1979, v. 1, p. XXV.

17. Já outros fatos jurídicos, embora não surjam propriamente na facticidade processual (são anteriores à sua formação, por exemplo), geram relações jurídicas que, de algum modo, atuam no contexto processual. Por exemplo: a) a convenção de foro, que, além de modificar a competência, gera para os pactuantes o dever de não proporem ação em foro diverso do eleito; b) a cláusula compromissória, que gera para o compromissário o dever de, diante do litígio, se submeter à arbitragem; c) o compromisso arbitral que encobre a eficácia da pretensão à tutela jurídica específica para a lide em questão, encobrimento este que pode, caso findo o compromisso, ser desfeito. Pelos motivos acima invocados, e aqui com mais força, as relações jurídicas geradas por eles não podem ser tidas por relações processuais.

(decorrente da propriedade), pela qual alguém passa a ter o domínio útil de coisa, surge relação obrigacional, na qual o enfiteuta tem de pagar ao senhorio direto os valores referentes ao foro e, quando da transmissão, ao laudêmio. Tal relação jurídica se torna real apenas pelo fato de ter surgido no contexto de um direito real? Não, por óbvio, ela permanece como relação obrigacional e, pela Ciência do Direito, precisa ser assim tratada.

Assim, não é o fato de a relação jurídica surgir na facticidade processual ou, de algum modo, atuar no contexto do processo que ela será tida como relação jurídica processual. Esta se diferencia das demais pelo seu objeto: a necessidade de prestar a tutela jurisdicional. Diante disso, pode-se estabelecer o seguinte: à base da ideia de relação processual está o problema da processualização, entendendo-se esta não como aquilo que decorre de um fato jurídico processual, mas sim como aquilo que é levado à apreciação de um órgão titular do poder de prestar a tutela jurídica. Ou seja, relação processual tem – em seu objeto – a afirmação de outra relação jurídica (*res deducta*), não importando se esta última surgiu fora ou dentro do contexto processual.

Nas relações jurídicas acima delineadas, havendo qualquer tipo de questionamento, é necessário, para solucionar o impasse, submetê-la à apreciação jurisdicional. Ou seja, é preciso, de algum modo, agir para a formação de uma relação processual a fim de que o Estado-juiz possa, prestando tutela jurisdicional, resolver a questão. Para tanto, é irrelevante o fato de esta relação processual dever ser formada no próprio processo instaurado ou em outro. Isso é apenas um problema de maior ou menor solenidade do processo, nada tendo a ver com o real sentido da relação processual.

Sintetizando, pergunta-se: como ter por processual uma determinada relação jurídica (*e. g.*, a continente do dever da parte agir em boa-fé para com a outra) se qualquer questão que surja no curso dela depende de outra relação para ser solucionada? Em verdade tê-la de tal modo é afrouxar conceito de relação processual, tornando-o frágil analiticamente e pragmaticamente pouco útil ou, até mesmo, fonte para diversos equívocos de comunicação, algo a ser explicitado abaixo.

Há, inclusive, vício lógico na construção: se relação processual é aquela que tem por objeto a necessidade de prestar a tutela jurisdicional e esta se principia na constatação de algo, como dizer ser processual uma determinada relação jurídica se a constatação dela depende de outra relação? A constatação dá-se na relação processual, e não em outra relação. Sem embargo, deve-se dizer que a constatação feita numa relação processual pode ser objeto de outra relação processual, como ocorre quando se recorre de uma decisão judicial: esta, embora seja prestação cumprida numa relação processual, passa a ser objeto da relação que exsurge com o recurso.

Sobre isso, poder-se-ia dizer que o raciocínio empreendido é falacioso, pois, de pronto, parte-se das noções do que sejam relação processual e tutela jurisdicional, de modo que, tudo que não se enquadrar nos perfis invocados (convenções linguísticas), não pode ser tratado como se pertencesse a eles. Tal crítica, todavia, incidiria no erro de não observar a primeira premissa estabelecida do item 2 deste trabalho: em termos linguísticos, qualquer análise científica, mesmo aquelas de cunho eminentemente lógico, como a feita no parágrafo anterior, deve partir de um conteúdo semântico mínimo, e este, para os termos em questão (relação processual e tutela jurisdicional), são os estabelecidos acima.

Assim, ao se afirmar que, pelo simples fato de surgir num processo, uma relação jurídica é denominável de relação processual, comete-se um dos seguintes equívocos analíticos: ou, na semântica, se peca por vagueza, já que o termo serve para designar um sem número de relações jurídicas possíveis, perdendo-se, além da analiticidade, sua praticidade; ou, na sintática, se comete vício lógico, porquanto, como fixado no penúltimo parágrafo acima, a conclusão não sustenta a premissa.

9. DAS RELAÇÕES JURÍDICAS EXISTENTES ENTRE AS PARTES: O PROBLEMA DE SUA NATUREZA JURÍDICA

De acordo com o mencionado acima, no âmbito processual é possível que surjam, das mais variadas formas, relações jurídicas entre as partes. Também como observado, o simples fato de elas surgirem em tal contexto não as torna relação processual. É preciso, porém, na perspectiva analítica, analisá-las, estabelecendo critérios para a definição de sua natureza jurídica. Tal empreitada, contudo, deve ser feita pontualmente, diante de cada relação jurídica possível, algo que, para cada caso, deve ser objeto de uma análise própria. Aqui, pretende-se apenas estabelecer um critério genérico para tanto.

Sabe-se que, embora surgida num processo, uma relação jurídica existente entre as partes não pode ser considerada como relação processual. Isso pelo simples fato de ser ela uma relação jurídica qualquer que, caso questionada, será, em seu relato linguístico (= o dizer sobre sua ocorrência), objeto da declaração de uma relação processual.

O critério genérico é, portanto, exatamente esse: por exclusão, elas são relações cujo objeto não é a necessidade de prestar a tutela jurisdicional, entendida, antes de tudo, como constatação acerca da ocorrência ou não da situação litigiosa (em geral, uma afirmação feita pela parte). Depois disso, é preciso, diante de cada relação jurídica que ocorra no âmbito processual, estabelecer seu regime jurídico, principalmente seu objeto, de forma individualizada. Ao final, deve-se atribuir, conforme cada regime jurídico específico, seu devido nome, como relação obrigacional, responsabilidade civil (tipo específico de relação obrigacional), relação de direito real etc.

Pragmaticamente, de pouco adianta falar que o processo é composto por um feixe de relações jurídicas, plexo delas ou congêneres[18]. Isso,

---

18. É mais ou menos isso que faz Fredie Didier Jr., com base em Francesco Carnelutti (*Derecho y Proceso*. Trad. Santiago Sentís Melendo. Buenos Aires: EJEA, 1971, p. 41), de quem adota o termo "feixe" de relações jurídicas, e em Pedro Henrique Nogueira (Situações Jurídicas Processuais. *Teoria do Processo – Panorama Doutrinário Mundial 2ª. Série*. DIDIER JR., Fredie (org.). Salvador: JusPODIVUM, 2010, p. 767), de quem absorve a ideia de que, para além da relação processual, há outras tantas decorrentes dos diversos fatos jurídicos processuais. Embora o referido autor, trabalhe com a ideia de que o processo pode ser entendido, na sua porção eficacial, como o: "*conjunto de relações jurídicas que se estabelecem entre os diversos sujeitos processuais (partes, juiz, auxiliares de justiça etc.)*", algo que adota de Reinhard Greger, e entenda pela necessidade de analisar o conteúdo eficacial da relação jurídica processual (a seu ver, um conceito lógico-jurídico) a partir do devido processo legal, não estabelece uma diferenciação mais precisa entre a relação jurídica processual e as diversas outras que podem surgir do âmbito do processo, tal como se faz neste texto a partir do objeto de cada uma delas. Que o estudo do processo – e, portanto, da relação processual – deve ser feito a partir da normatização constitucional do processo é algo inquestionável, mas isso nada tem a ver com a necessidade de, na metalinguagem, melhor definir os contornos dela para fins de o conceito ter maiores utilidades práticas. Em verdade, entende-se que Fredie acaba por agrupar, num mesmo acordo de linguagem (nominado, no caso, de relação jurídica processual), dados linguísticos que pouco ou quase nada se assemelham. Isso sem falar no equívoco analítico de se entender o termo "relação jurídica processual" como lógico-jurídico, pois, além se confundir o problema da formalização (nível lógico), com o da generalização (nível teórico), se ignora o fato de que relação jurídica é termo metalinguístico (e não metametalinguístico) pelo fato de, antes de tudo, servir para nominar fenômenos que se encontram na facticidade processual (linguagem objeto). Ou, numa pergunta que se deixa em aberto, o que, na metalinguagem,

além dos problemas sintático e semâtico acima apontados, não contribui para o correto enquadramento das diversas relações jurídicas que podem ocorrer no âmbito do processo.

A título de exemplos:

a) caso a parte, por força de fato processual (um pedido de concessão de antecipação de tutela, que, tendo sido deferida, vem a ser revogada posteriormente, *e. g.*), cause dano a outra, surge, entre elas, relação jurídica, na qual a parte lesada é credora da parte lesante. Como deve ser analisada essa relação jurídica? Como responsabilidade civil, regida, salvo especificidades do direito processual (como a questão desnecessidade de demonstração de culpa), pelo regramento geral de responsabilização, como o do CC;

b) ao estabelecer o usufruto judicial (sem entrar aqui na problemática, metalinguística do nome utilizado), chamado no CPC/15 de penhora de coisa móvel ou imóvel (art. 867 e segs.), gera-se relação jurídica na qual a parte exequente se torna titular de direito sobre a coisa, direito real (condicionada sua eficácia absoluta ao registro imobiliário, § 1º do art. 868, CPC/15). Essa relação jurídica deve ser analisada de que modo? Da mesma forma do dito acima, como relação jurídica de direito real limitado.

c) se, mediante negócio jurídico bilateral feito ao longo do processo, uma parte se compromete a não interpor recurso contra determinada decisão, surge relação jurídica na qual a parte compromissária titulariza um dever de não fazer (não interpor recurso), e a outra é beneficiária dele (titular de direito, portanto). Como deve ser entendida tal relação jurídica? Primeiramente, como uma relação obrigacional e, mais especificamente, de acordo com o regime jurídico adequado ao caso (por exemplo, se uma das partes for consumidora, qualquer abusividade existente eivará de nulidade a disposição negocial, não se podendo

---

se convenciona chamar de relação jurídica não compõe a estrutura do fenômeno jurídico (numa linguagem mais pontiana, não é termo designativo de efeito jurídico e de elemento de suportes fáticos)? Sobre tudo que foi atribuído ao mencionado autor, ver DIDIER JR., Fredie. *Curso de Direito Processual Civil*. 17. ed. Salvador: JusPODIVM, 2015, v. 1, p. 32-33. Os itálicos são do texto original.

aplicar o regramento geral de defeituosidade dos atos jurídicos previsto no CC), como relação consumerista, empresarial etc.

Esse último exemplo parece emblemático para demonstrar o quanto é, acima de tudo pragmaticamente, equivocado entender essa relação jurídica como processual. Entendê-la como relação processual pode dar azo a que, na prática, se dê a ela um regramento jurídico totalmente equivocado, como, no caso, aplicação do sistema geral de invalidades processuais (arts. 276-283, CPC/15; arts. 243-250, CPC/73). O erro na nominação pode dificultar a comunicação social. Eis a razão da necessidade do maior rigor analítico possível em qualquer estudo.

Ainda na questão dos chamados negócios jurídicos processuais bilaterais (especialmente os acordos), é preciso dizer que o juiz não atua como negociador (emissor de declaração de vontade formativa do ato jurídico), mas sim como responsável pela constatação da validade do ato[19]. Não teria sentido dizer que o mesmo agente praticante do negócio jurídico é, além disso, o "senhor" da validade do ato, nos moldes do parágrafo único do art. 190, CPC/15. Isso ocorre até mesmo no calendário, que, não obstante ao fato de a redação do *caput* do art. 191, CPC/15, dê a entender que o juiz pudesse ser negociador (ao falar em "de comum acordo, o juiz e as partes..."), se submete ao regramento geral de validade do mencionado parágrafo único.

Na linha deste texto, os acordos processuais, como o calendário (em que se estabelece, por exemplo), gera uma relação jurídica entre as partes do processo, relação esta que passa a ser *res deducta* de uma relação processual, ou seja, ele é levado ao Estado-juiz para ser chancelado, para ter sua eficácia integralizada à relação processual. É possível dizer, com Eduardo Costa[20], que os acordos processuais existem, valem e são efica-

---

19. É preciso consignar o fato de que, até pouco tempo, defendi, de modo informal, que, em alguns negócios jurídicos processuais, como no calendário, o juiz agiria como negociante. Fui convencido, após longo debate, pela professora de Direito Civil da Faculdade de Direito do Recife (FDR/UFPE) Larissa Maria de Moraes Leal, de modo que passei a adotar a posição por ela defendida, tal como está exposto acima.

20. COSTA, Eduardo José da Fonseca. Calendarização Processual. *Negócios Processuais*. CABRAL, Antonio do Passo; NOGUEIRA, Pedro Henrique (coords.). Salvador: JusPODIVM, 2015, p. 361. De modo similar, CABRAL, Antonio do Passo. *Convenções Processuais*: entre publicismo e privatismo. Tese de Livre-Docência apresentada à Faculdade de Direito do Largo do São Francisco da Universidade de São Paulo. São Paulo, 2015, p. 240-242.

zes antes da chancela do Estado-juiz, mas só adquirem, propriamente, eficácia processual quando homologados e, para a homologação, faz-se necessário ao Estado-juiz constatar a validade deles.

Uma questão muito interessante é saber se os deveres de boa-fé surgem a partir do processo ou se, de algum modo, a ele antecedem. Tomando por base a ideia de que ninguém pode atentar contra a esfera jurídica alheia (algo relativo ao princípio da incolumidade das esferas jurídicas, por diversas vezes mencionado por Pontes de Miranda), pode-se fixar a ideia de que tal dever é inerente à própria condição de sujeito de direito: o fato de alguém ser sujeito de direito já lhe atribui o direito absoluto a que não tenha sua esfera jurídica violada. É por isso que, no âmbito do direito contratual, se defende que o dever de boa-fé antecede à formação do contrato. Sem óbice, pode-se dizer que, decorrente do processo e como componente da relação processual, há deveres de boa-fé da parte para com o Estado-juiz e deste para com a parte. No caso, o fato contrário à boa-fé ensejaria dupla incidência, gerando ilicitude em nível pré-processual e processual.

Também antecedem ao processo os chamados deveres de boa-fé que uma parte tem para com a outra. São deveres decorrentes, na forma acima estabelecida, da própria condição de sujeito de direito. É claro que, se o descumprimento se der dentro do contexto processual, é possível que, no próprio processo, haja formação de relação processual para a solução do problema. É o que acontece, por exemplo, com a aplicação e a cobrança de muitas das multas previstas na legislação processual (como as *astreintes* e a multa por litigância de má-fé, art. 81, CPC/15, e art. 18, CPC/73) que têm como beneficiário a parte lesada (isso se dá, pois, o fato jurídico ilícito diz respeito a um descumprimento de dever exigível não componente da relação processual, mas sim de outra relação jurídica). Desse modo, dizer que há relação processual entre as partes pois elas têm de agir, entre si, de acordo com a boa-fé, além dos equívocos sintático e semântico acima apontados, é ignorar que os deveres decorrentes da boa-fé antecedem ao processo e, portanto, à formação da relação processual.

O que se colocou acima são apenas exemplos (outros podem ser pensados e utilizados) que servem à defesa, numa perspectiva analítica, da ideia de que é necessário diferenciar (e, por isso, se valer de nomes distintos) a relação jurídica processual e as diversas outras relações jurídicas que podem surgir no âmbito do processo, especialmente aquelas em que uma parte está em face da outra.

10. CONSIDERAÇÕES FINAIS

Por este trabalho, a partir de premissas fincadas, dentre outras coisas, numa Teoria da Linguagem, pretendeu-se demonstrar que não é possível falar em relação processual entre as partes.

Tomando por premissa a ideia de que toda análise jurídica, uma vez que é, antes disso, linguística, deve partir de convenções semânticas mínimas, entende-se relação processual a partir daquilo que mais pesa no complexo de seu objeto, ou seja, a necessidade de prestar a tutela jurisdicional, esta que, antes de qualquer coisa, consiste na constatação da ocorrência ou não de algo levado à apreciação (*res in iudicium deducta*, no termo tradicionalmente consagrado).

Assim, as chamadas relações jurídicas existentes entre as partes de um processo judicial, e no âmbito dele, são relações como outras quaisquer, pois, caso venha a ocorrer qualquer problema em sua vida (seja na sua formação, seja no seu desenvolvimento, seja no seu término), ela, para ser solucionada, terá de ser constatável noutra relação jurídica, esta que tem, no polo passivo, aquele que é obrigado a prestar a tutela jurisdicional.

Além disso, para evitar problemas de comunicação (nível pragmático), é preciso entender cada uma dessas relações jurídicas em suas especificidades. Logo, tratá-las, pura e simplesmente, como relação processual, além dos erros nos níveis sintático e semântico mencionados no texto, pode-se dar ensejo a sérios problemas pragmáticos, algo que, também, foi apresentado acima.

11. REFERÊNCIAS BIBLIOGRÁFICAS

BRAGA, Paula Sarno. *Norma de Processo e Norma de Procedimento:* o problema da repartição de competência legislativa no direito constitucional brasileiro. Salvador: JusPODIVM, 2015.

CABRAL, Antonio do Passo. *Convenções Processuais:* entre publicismo e privatismo. Tese de Livre-Docência apresentada à Faculdade de Direito do Largo do São Francisco da Universidade de São Paulo. São Paulo, 2015.

CARNELUTTI, Francesco. *Derecho y Proceso*. Trad. Santiago Sentís Melendo. Buenos Aires: EJEA, 1971.

CASTRO JR. Torquato. *A Pragmática das Nulidades e a Teoria do Ato Jurídico Inexistente*. São Paulo: Noeses, 2009.

COSTA, Eduardo José da Fonseca. Calendarização Processual. *Negócios Processuais*. CABRAL, Antonio do Passo; NOGUEIRA, Pedro Henrique (coords.). Salvador: JusPODIVM, 2015.

DIDIER JR., Fredie. *Curso de Direito Processual Civil*. 17. ed. Salvador: JusPODIVM, 2015, v. 1.

MELLO, Marcos Bernardes de. *Teoria do Fato Jurídico:* plano da eficácia – 1ª. parte. 2. ed. São Paulo: Saraiva, 2004.

NEVES, Marcelo. *Transconstitucionalismo*. São Paulo: Martins Fontes, 2009.

NOGUEIRA, Pedro Henrique. Situações Jurídicas Processuais. *Teoria do Processo – Panorama Doutrinário Mundial 2ª. Série*. DIDIER JR., Fredie (org.). Salvador: JusPODIVUM, 2010.

OLIVEIRA, Manfredo Araújo de. *Reviravolta Linguístico-Pragmática na Filosofia Contemporânea*. São Paulo: Edições Loyola, 1996.

PONTES DE MIRANDA, Francisco Cavalcanti. *Comentários ao Código de Processo Civil*. 2. ed. Rio de Janeiro: Forense, 1958, t. 1;

_____. *Comentários ao Código de Processo Civil*. 2. ed. Rio de Janeiro: Forense, 1979, v. 1;

_____. PONTES DE MIRANDA, Francisco Cavalcanti. *Tratado das Ações*. São Paulo: RT, 1970, t. 1;

_____. *Tratado de Direito Privado*. 3. ed. Rio de Janeiro: Borsoi, t. 1.

SILVA, Clovis do Couto e. *A obrigação como processo*. São Paulo: FGV Editora, 2006.

VILANOVA, Lourival. *Causalidade e Relação no Direito*. 4. ed. São Paulo: RT, 2000.

www.editorajuspodivm.com.br

Impressão e Acabamento
Bartira
Gráfica
(011) 4393-2911